Juhani Ilmarinen/Jürgen Tempel

Arbeitsfähigkeit 2010

Was können wir tun, damit Sie gesund bleiben?

Herausgegeben von Marianne Giesert im Auftrag des DGB-Bildungswerk e.V.

Mit einem Vorwort von Harald Schartau

VSA-Verlag Hamburg

www.vsa-verlag.de

Umschlaggestaltung unter Verwendung einer Grafik von René Blättermann,
die das DGB-Bildungswerk für den Bereich Arbeit und Gesundheit einsetzt.

Druck und Buchbindearbeiten: Idee, Satz & Druck, Hamburg
ISBN 3-87975-840-9

Inhalt

Vorwort

Die deutsche Bevölkerung wird im Durchschnitt immer älter. Die Relationen der Altersgruppen zueinander verändern sich. Der Anteil junger Menschen wird kleiner, derjenige älterer Menschen steigt. Damit steigt auch das Durchschnittsalter der Beschäftigten. Prognosen sagen aus, dass sich der Anteil älterer Beschäftigter an den betrieblichen Belegschaften in den nächsten Jahren stetig erhöhen und bis zum Jahre 2020 deutlich zunehmen wird.

Dieses »kollektive Altern« schafft neue Herausforderungen für die Unternehmen. Dabei greift es zu kurz, älter werdende Belegschaften ausschließlich aus einer Defizitperspektive heraus zu betrachten. Denn dem Nachlassen bestimmter Fähigkeiten und Körperfunktionen stehen spezifische Stärken des Älterwerdens gegenüber, die für die Unternehmen von großer Bedeutung sind. Gerade die Globalisierung und internationale Vernetzung sind es, die der »grauen Generation« zu neuen Ehren verhelfen. Denn sie verfügt über die Lebenserfahrung und Standfestigkeit, die Weisheit und die strategischen Kenntnisse, die für den langfristigen wirtschaftlichen Erfolg unverzichtbar sind.

Es gilt, diese Eigenschaften zu pflegen und zu entwickeln. Wer also als Unternehmen zukunftsfähig bleiben will, muss sich um das Älter-Werden kümmern. Er muss entsprechende Personal- und Organisationsentwicklungskonzepte umsetzen und sich Klarheit darüber verschaffen, wie er älter werdende Beschäftigte erfolgreich begleiten kann. Arbeitsgestaltung im biografischen Wandel rückt ins Zentrum der Betrachtung.

Das vorliegende Buch beschreibt Möglichkeiten und Schwierigkeiten, Stolpersteine und Fallen, auf die man bei dieser Reise stößt.

Grundlagen der Ausführungen sind die Forschungsergebnisse von finnischen Arbeitswissenschaftlern unterschiedlichster Fachgebiete, die im Verlauf von zwanzig Jahren intensiver Untersuchung gewonnen wurden. Sie werden durch deutsche und internationale Ergebnisse ergänzt und erläutert. Besonders wichtig ist der Vergleich der europäischen Staaten untereinander bezüglich grundlegender Fragen des Arbeits- und Gesundheitsschutzes und die Stellung, die die Bundesrepublik Deutschland dabei einnimmt. Deutlich sichtbar wird, dass wir hier von anderen Ländern Europas lernen können.

Um dabei erfolgreich zu sein, müssen die Konsequenzen des demografischen Wandels der Bevölkerung und seiner Auswirkungen auf das Arbeitsleben in der betrieblichen Praxis stärker berücksichtigt werden. Die Betriebe sind zum Umdenken aufgefordert, denn im Zentrum der

Betrachtung sollen nicht »Defizite« der Beschäftigten stehen, hier besonders der alternden und älteren, sondern ihr Potenzial, ihre Möglichkeiten und Ressourcen. Die Arbeitsfähigkeit zu erhalten und zu fördern, wird angesichts der sinkenden Bevölkerungszahlen eine entscheidende neue Aufgabe eines modernen Arbeits- und Gesundheitsschutzes sein.

Ich begrüße deshalb die Initiative des DGB-Bildungswerkes in Düsseldorf, den vorliegenden Wegweiser und Berater herauszugeben. Gleichzeitig fällt damit der Startschuss für eine Kampagne »Arbeitsfähigkeit 2010 – Was können wir tun, damit Sie gesund bleiben?«, die bundesweit vom DGB-Bildungswerk initiiert wurde.

Durch Seminare, Workshops und Supervisionen wird hierbei eine breite Diskussion zwischen den betrieblichen Akteuren gefördert. Beispielhaft sollen darüber hinaus in einem Unternehmen in Nordrhein-Westfalen der Stand der Arbeitsfähigkeit der Belegschaft ermittelt und auf dieser Grundlage Vorschläge zur alters- und alternsgerechten Arbeitsgestaltung entwickelt werden. Die dabei erreichte Erhaltung der Arbeitsfähigkeit hilft, eine hohe Produktivität und gute Produktqualität zu sichern. Sie ermöglicht gleichzeitig den Mitarbeitern, in Gesundheit und Wohlbefinden das Rentenalter zu erreichen. Beides bedingt sich gegenseitig.

Harald Schartau
Minister für Arbeit und Soziales,
Qualifikation und Technologie des Landes NRW

Anmerkungen der Autoren

Zukunftsvisionen beinhalten wenigstens zwei Aspekte: Zum einen entwickeln wir Fantasien und Träume, was wir wohl in der näheren oder ferneren Zukunft alles auf den Weg bringen möchten. Zum anderen versuchen wir, verbindliche Festlegungen zu treffen, wie es weitergehen soll.

Mit der Wahl des Untertitels wollen wir zu Ideen und Experimenten ermutigen: Was können Gesellschaften, Unternehmen und Institutionen alles in Angriff nehmen, damit Individuen gesund und leistungsfähig bleiben?

Zur Beantwortung dieser Frage stellen wir den Begriff der Arbeitsfähigkeit in den Mittelpunkt und möchten damit aufzeigen, dass es neue arbeitswissenschaftliche Erkenntnisse gibt, die bei der Gestaltung des zukünftigen Arbeitslebens dringend zu beachten sind. Nicht nur, weil im Arbeitsschutzgesetz europaweit festgehalten wurde, dass der Stand der wissenschaftlichen Erkenntnis zu beachten ist. Wir sind vielmehr der festen Überzeugung, dass Unternehmen, die die arbeitswissenschaftlichen Erkenntnisse der Gegenwart vernachlässigen oder missachten, in absehbarer Zukunft in erhebliche Schwierigkeiten geraten werden.

Im Zentrum der Auseinandersetzung steht dabei die Frage, wer sich an wen anpassen wird: der Mensch an die Maschine bzw. die Arbeitsbedingungen, auf die er stößt, oder Maschinen und Arbeitsbedingungen an den Menschen mit seinen individuellen Fähigkeiten und Möglichkeiten. Das Ergebnis dieser Entwicklung steht keineswegs fest.

Die aktuelle Begründung dafür, dass diese Auseinandersetzung geführt werden muss, ergibt sich aus dem demografischen Wandel, mit dem wir gegenwärtig konfrontiert sind, und aus dem anhaltenden Rückgang der Geburtenzahlen in den (europäischen) Industrienationen:

- Schon jetzt wird der Nachwuchs an qualifizierten Arbeitskräften knapp. Die so genannte Green-Card-Debatte weitet sich in Deutschland auf die unterschiedlichsten Branchen aus.
- Unternehmen, die den Wandel ihrer ökonomischen Grundlagen bewältigen wollen, stellen fest, dass sie dafür das Erfahrungswissen ihrer älteren Mitarbeiter benötigen. Wenn sie dann erkennen, dass sie viel zu viele dieser Mitarbeiter durch eine falsche Personalpolitik vorzeitig verloren haben, werden einige Verantwortliche die Frage stellen: Was können wir tun, damit Sie bleiben?
- In anderen Betrieben können die Personalabteilungen aus der kontinuierlichen Analyse der Altersstruktur der Belegschaft zu der Ein-

schätzung gelangen, dass neue Konzepte der Personal- und Organisationsentwicklung notwendig sind.

Darüber werden die Betroffenen zu entscheiden haben. Wir wollen in diesem Zusammenhang über die Erhaltung, Förderung und Entwicklung der »Arbeitsfähigkeit« reden. Dabei soll das Potenzial der Menschen, einer Frau oder eines Mannes beschrieben werden, eine gegebene Arbeit zu einem bestimmten Zeitpunkt zu bewältigen. Insofern verstehen wir Arbeitsfähigkeit als »Arbeitsbewältigungsfähigkeit«, und nur in diesem Sinne soll davon gesprochen werden.

In Finnland ist über dieses Thema seit etwa 20 Jahren geforscht worden, und die bis heute zusammengetragenen Einsichten und Erfahrungen bilden die Grundlage dieses Buches, das sich in drei große Abschnitte untergliedert.

– Im ersten Abschnitt (Kapitel 1-4) sind überwiegend Forschungserkenntnisse zusammengefasst worden,
– im zweiten Abschnitt (Kapitel 5-9) werden die praktischen Erfahrungen und Handlungsmöglichkeiten bei der Förderung der Arbeitsfähigkeit dargestellt, und
– im dritten Abschnitt (Kapitel 10-14) wird ein Ausblick gegeben, der die Fähigkeit des Menschen zu arbeiten in das Zentrum der Zukunftsvisionen stellt und nicht so sehr die Globalisierung der wirtschaftlichen Prozesse.

Welche Ziele setzen wir uns mit diesem Buch? Es soll einen Beitrag zur konkreten Gestaltung des Arbeitslebens leisten. Es soll die Schulung, die Seminararbeit und Supervision von Vorgesetzten und Mitarbeitern mit neuen Fakten, Fragestellungen und Lösungsvorschlägen unterstützen und die Betroffenen anregen, sich an diesem Entwicklungsprozess zu beteiligen. Wenn es aber darüber hinaus dazu beiträgt, auch Fantasien und Träume zu wecken, dann würden wir uns darüber freuen. Für Rückmeldungen und Kritik sind wir dankbar.

Schließlich gibt es Menschen, bei denen wir uns für die Unterstützung bei der Erstellung des Buches bedanken möchten. *Marianne Giesert* vom DGB-Bildungswerk in Düsseldorf hat unsere Arbeit mit Diskussionen und wichtigen Anmerkungen begleitet und unterstützt. *Maija Jokinen* vom Finnischen Institut für Arbeitsmedizin in Helsinki hat die Grafiken und Tabellen liebevoll bearbeitet. *Marga Müller* aus Hamburg hat in unermüdlicher Kleinarbeit die Texte geschrieben und von Anfang an mit ihren Korrekturen dazu beigetragen, dass sie lesbar wurden. Herzlichen Dank an sie alle.

Helsinki und Hamburg, im Winter 2001

Juhani Ilmarinen
Jürgen Tempel

Statt einer Zusammenfassung: Was ist neu in diesem Buch?

Wir wollen in diesem Buch vorhandene Erkenntnisse über die **»Arbeitsfähigkeit«** oder **»Arbeitsbewältigungsfähigkeit«** von Menschen zusammentragen, erläutern und so entsprechende Entscheidungsprozesse bei Unternehmensführung und Mitarbeitern anregen und unterstützen, dieses **Potenzial** zu erkennen, zu bewahren und/oder zu fördern. Denn:

- ❖ Die Fähigkeit von Menschen, ihre **Arbeitsaufgabe zu bewältigen, kann mit dem Alter nicht nur abnehmen, sondern auch zunehmen.** Dieser Entwicklung muss deshalb im Laufe eines Arbeitslebens große Aufmerksamkeit gewidmet werden, damit die, die sie benötigen, rechtzeitig Unterstützung bekommen können.
- ❖ Die weit verbreiteten **Defizitvorstellungen** über ältere oder alternde Arbeitnehmerinnen und Arbeitnehmer sind in ihrer Einseitigkeit falsch und sollten durch eine differenzierte Betrachtung ersetzt werden.
- ❖ Die Überprüfung und Gestaltung der Arbeitsanforderung und des **Führungsverhaltens der Vorgesetzten** haben darauf den größten Einfluss.
- ❖ Dabei bekommen alte und neue arbeitsphysiologische und -psychologische Erkenntnisse ein großes Gewicht. Deren praktische Umsetzung nützt allen Altersgruppen des Unternehmens durch eine **alters- und alternsgerechte Arbeitsgestaltung**.
- ❖ Obwohl die körperlichen Belastungen im Arbeitsleben abnehmen, arbeiten immer noch etwa 25% aller Werktätigen in den Staaten der Europäischen Union unter **belastenden physikalischen und physischen Bedingungen**. Daran wird sich vermutlich auch im Zeitalter der Informationstechnologie nur wenig ändern.
- ❖ Gleichzeitig beobachten wir aber in der Informationstechnologie und Kommunikationsdienstleistung einen **Rückgang der körperlichen und eine extreme Zunahme der psycho-sozialen Belastungen**.
- ❖ Die **psychosomatischen Beschwerden und Krankheiten**, die daraus gegebenenfalls resultieren, können durch »individuelle Gesundheitsförderung« gelindert, aber nicht wirklich ausgeglichen oder verhütet werden.
- ❖ In diesem Zusammenhang wird es immer schwieriger werden, »**Gesundheit**« oder »**Krankheit**« endgültig zu definieren. Wir benöti-

gen vielmehr ein Verständnis für die enorme **Anpassungsfähigkeit lebendiger Organismen** und die **Entwicklung altersunterschiedlicher Fähigkeiten**.

- ❖ Jüngere Mitarbeiterinnen und Mitarbeiter verfügen über ein **besseres Ausbildungswissen,** während die älteren **Erfahrungswissen und soziale Kompetenz** in die Arbeitsabläufe einbringen, die sie im Arbeitsleben selbst erworben haben. Diese Unterschiede gilt es systematisch zu beachten.
- ❖ Die **positiven Ergebnisse der gezielten Förderung der Arbeitsfähigkeit** bei älter werdenden oder älteren Arbeitnehmerinnen und Arbeitnehmern sind **qualitativ und quantitativ nachweisbar und wirtschaftlich berechenbar**.
- ❖ Eine **»intergenerative Personalpolitik«** ist die Basis für die Schaffung einer Arbeitskultur, die die Fähigkeiten und das Wissen aller Altersgruppen für das Unternehmen erhält und fördert.
- ❖ Eine solche Entwicklung hat auch günstige Auswirkungen auf das **»dritte Alter«** nach der Beendigung des Arbeitslebens.

Zukunftsvisionen eines Unbekannten

Abb./Tab. 1: Der aufrechte Gang in die Arbeit

Somewhere, something went terribly wrong

»Irgendwo ist irgendetwas ganz fürchterlich in die Hosen gegangen«

Quelle: Unbekannter Autor aus dem Internet, 2000

Die Leserinnen und Leser können für sich prüfen, was sie bei diesem Blick in die Zukunft am meisten berührt. Dass wir es geschafft haben, uns gegenüber dem Affen weiterzuentwickeln? Wohin? Der aufrechte – männliche? – Gang in die Beherrschung der Natur? Immer neue Produktivkräfte erleichtern uns die Arbeit und wir bleiben trotzdem gertenschlank, muskulös und leistungsfähig! Stimmt das? Was ist aus dem Jäger und Sammler der Vorzeit geworden? Ist Fitness eine Garantie für Arbeitsfähigkeit? Wer entscheidet über unseren Weg in die Zukunft? Ist das tatsächlich eine Zukunftsvision oder befinden wir uns bereits jetzt in einer solchen Lage als verbogenes Anhängsel des Computers?

Dieses Bild fand eine Mitarbeiterin des Finnischen Instituts für Arbeitsmedizin im Internet. Seitdem versuchen wir vergeblich, die Autoren ausfindig zumachen. Falls uns jemand weiterhelfen kann, würden wir uns sehr freuen. Bitte melden Sie sich!

Lesehilfe

Soweit Texte nur in englischer Sprache zur Verfügung standen, haben wir sie sinngemäß übersetzt. Um die Lesbarkeit zu fördern, haben wir bestimmte Gestaltungsmöglichkeiten benutzt. Diese sind:

– Zur einfachen **Hervorhebung** im unmittelbaren Zusammenhang,
❖ kennzeichnet **Sachverhalte** und **anerkannte wissenschaftliche Erkenntnisse**,
● hebt die **Analysen und Deutungen** hervor, die wir selber vornehmen und
➜ gibt unsere **Konsequenzen und Handlungsvorschläge** wieder.

Weiterhin benutzen wir **Kästen** für Fallbeispiele oder besondere Dokumentationen.

Begriffe, die zum ersten Mal auftauchen, werden **fettgedruckt**, Hervorhebungen im Satz *kursiv* ausgezeichnet.
Wenn uns eine Angelegenheit besonders wichtig ist, dann sprechen wir **Empfehlungen** aus.

Grafiken und **Schaubilder** werden – soweit es sinnvoll ist – mit **Lesebeispielen** erläutert. Viele Grafiken und Tabellen sind aus dem Englischen übertragen worden. Nur da, wo Zusammenhänge und Begriffe eindeutig waren, haben wir sie belassen. Viele englische Ausdrücke werden überdies im Text erläutert.

Am Ende finden die Leser ein ausführliches **Literatur- und ein Stichwortverzeichnis**.

I. Arbeitswissenschaftliche Erkenntnisse

Das Arbeitsschutzgesetz von 1996, das heute in allen Staaten der Europäischen Union gilt, fordert, »die Arbeit so zu gestalten, dass eine Gefährdung für Leben und Gesundheit möglichst vermieden und die verbleibende Gefährdung möglichst gering gehalten wird« (§4, Abs. 1). Auch sind »bei den Maßnahmen ... der Stand von Technik, Arbeitsmedizin und Hygiene sowie sonstige gesicherte arbeitswissenschaftliche Erkenntnisse zu berücksichtigen« (§4, Abs. 3). Damit soll erreicht werden, dass betriebliches Handeln beim Arbeits- und Gesundheitsschutz immer wieder auf gesicherte wissenschaftliche Erkenntnisse bezogen wird und auf neuen aufbauen kann.

Die meisten Leserinnen und Leser kennen weiterhin aus ihrem eigenen Arbeitsleben den **Betriebsarzt** oder den Arbeitsmediziner und die **Sicherheitsfachkraft**. Diese sind entweder im Unternehmen fest angestellt oder sie kommen – das gilt besonders für kleine und kleinste Unternehmen – zu bestimmten Zeiten bzw. auf Anforderung zur Betreuung der Mitarbeiter. Weiterhin finden **Betriebsbegehungen** statt, an denen in der Regel Betriebsarzt, Sicherheitsfachkraft, ein Vertreter der Geschäftsleitung oder der Personalbteilung und ein Vertreter des Betriebs- bzw. Personalrats beteiligt sind.

Solches Vorgehen ist ein Bestandteil dessen, was wir als arbeitswissenschaftliche Forschung und Betreuung verstehen: »Die Arbeitswissenschaft ist eine interdisziplinär angewandte Wissenschaft, die sich mit allen Fragen menschlicher Arbeit im Betrieb befasst. Im Mittelpunkt steht der ökonomische Einsatz menschlicher Arbeitskraft unter Anpassung der Arbeitsbedingungen an die körperlichen, geistigen und seelischen Eigenschaften des Menschen. Das (deutsche, d. Verf.) Betriebsverfassungsgesetz fordert von Arbeitgeber und Betriebsrat, Erkenntnisse der Arbeitswissenschaft zu berücksichtigen (§ 90).« (Brockhaus)[1] Im Mittelpunkt steht aber auch das Spannungsfeld zwischen dem »Humankapital« Mensch und seinem Stellenwert im Wirtschaftsleben. Wie werden die Beschäftigten im Arbeitsleben in Zukunft behandelt werden? Welche Bedeutung wird der Frage eingeräumt werden: Wie geht es Ihnen?

Zur Umsetzung in der Praxis stellen wir uns am ehesten einen »**betrieblichen Gesundheitsdienst**« (Occupational Health Service) vor, in dem die verschiedenen *Fachrichtungen und Disziplinen gleichbe-*

---

[1] Soweit aus dem Brockhaus zitiert wird, handelt es sich um: Der Brockhaus in 15 Bänden, © F.A. Brockhaus GmbH, Leipzig/Mannheim 1997

rechtigt zusammenarbeiten werden. So können unterschiedliche Kenntnisse, Erfahrungen und Sichtweisen eingebracht werden, um an einer gesundheitsförderlichen betrieblichen Arbeitskultur mitzuwirken.

Die Abbildung 2 gibt einen Überblick über die innerbetrieblichen und außerbetrieblichen Akteure des betrieblichen Arbeits- und Gesundheitsschutzes, die der Umsetzung des geltenden Arbeitsschutzgesetzes entsprechen.

Abb./Tab. 2: Kooperation der Instanzen für Sicherheit und Gesundheit

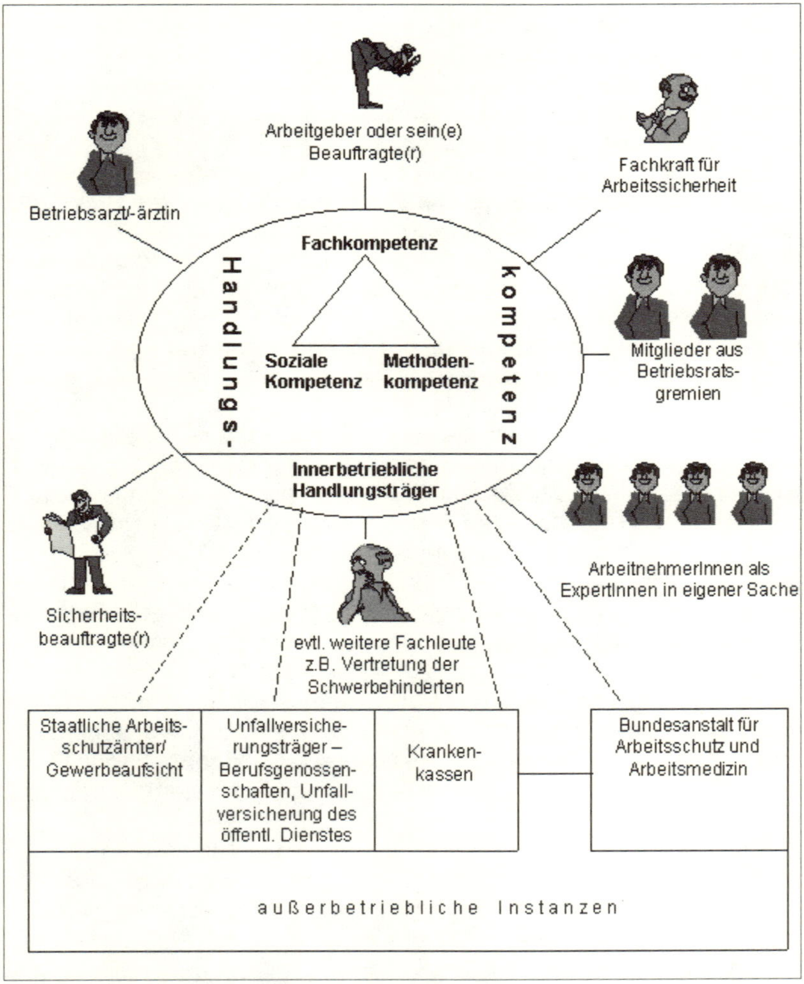

Quelle: Giesert und Tempel 2001:106

Der Stand der Erkenntnisse und Forschungen dieser Fachgebiete soll im folgenden, ersten Abschnitt zusammengetragen werden. Die Gesichtspunkte, nach denen er gegliedert wird, ergeben sich aus den Aufgaben und Problemen eines »Unternehmens im Wandel«.

1. Unternehmen im Wandel

»Wir stehen an der Schwelle zum 21. Jahrhundert drei großen Trends gegenüber: Der erste Trend ist die zunehmende Globalisierung der Weltwirtschaft, der zweite ist der wirtschaftliche Strukturwandel hin zur Dienstleistung, und der dritte Trend ist die Entstehung des Wissensgesellschaft.« (Mangold 1999: 12)

Wir wissen aber auch, dass dieser strukturelle Wandel zu einer erheblichen Veränderung der Arbeitsanforderungen, der Personalsituation und der Kostenentwicklung führen wird. Derartige Umgestaltungen – das ist heute besser bekannt als früher – werden nicht nur die sozialen betrieblichen Verhältnisse erheblich beeinflussen, sondern auch die Leistungsfähigkeit und die Zufriedenheit ganzer Abteilungen sowie das individuelle Befinden und Engagement einzelner Mitarbeiterinnen und Mitarbeiter. Damit sind solche Veränderungsprozesse trotz ihrer konkreten Bedeutung nicht einfach »objektive Realität«, die es zu bewältigen gilt. Vielmehr kann das individuelle Verhalten einzelner Beschäftigter dadurch richtungsweisend – positiv oder negativ – beeinflusst werden.

So wurde 1998 in der Industrie die Zahl der Beschäftigten um 400.000 Personen vermindert und die Zahl der Arbeitsplätze bei deutschen Dienstleistungsunternehmen um 120.000 Stellen erhöht (ebd.). Gleichzeitig »sinkt der Anteil der Arbeiter gegenüber den Angestellten überproportional« in den Belegschaften (Rüdiger 2000:168):

Abb./Tab. 3: Entwicklung der Beschäftigungsverhältnisse in einem Großbetrieb (Fa. Siemens)

Jahr	Mitarbeiter	Arbeiter	Anteil Arbeiter
1993	185.000	75.000	1:2,47
1995	167.000	65.000	
1997	150.000	55.000	
1999	142.000	45.000	1:3,16

Quelle: Rüdiger 2000

Unabhängig davon, wie sich der Trend in Zukunft fortsetzen sollte, bleiben für die Betroffenen neben allen – vereinbarten oder nicht vereinbarten – sozialen Absicherungen verschiedene Fragen offen:

- Wie werden die einzelnen Mitarbeiter auf diesen Wandel reagieren?
- Wie bewältigen sie den Veränderungsdruck?
- Inwieweit gelingt es ihnen, sich mit einem persönlichen und tragfähigen Handlungskonzept an der zukünftigen Entwicklung eines Unternehmens zu beteiligen?
- In welcher Weise und in welchem Umfang kann das Unternehmen sie dabei unterstützen?

Diese Fragen sind nicht nur für die Betroffenen von erheblicher Bedeutung, sondern auch für das Unternehmen selber. Denn auch in Zukunft wird gelten: »Kapital statt Arbeit ist eine Utopie. Wenn unsere derzeitige Aufmerksamkeit auf die Börsenplätze der Welt gelenkt ist, so ist dies lediglich das Schwingen eines Pendels bei der Suche nach dem nächsten Element, das für eine weitere Wohlstandssteigerung sorgen kann. Heute mag das Augenmerk auf den Möglichkeiten liegen, die vom Kapital ausgehen, morgen schon wird wieder die Arbeit im Mittelpunkt des Interesses stehen. Arbeit wird dabei in unserer Gesellschaft einen dem Kapital überlegenen Stellenwert innehaben, der über die Eigenschaft als Produktionsfunktion hinausgeht. Schließlich ist sie durch zusätzliche Charakteristika gekennzeichnet, über die das Kapital nicht verfügt.« (Liedtke 2000:10)[2]

1.1 »Autonomie«, »Flexibilität« und »Projekte«: Entfaltung des Mitarbeiterpotenzials?

> In der kalten Jahreszeit erforderte das Jagen mehr Kraft als gewöhnlich. Deshalb bekamen die Jäger zuerst zu essen, denn ihr Geschick war es, von dem das Leben des Volkes abhing. Doch da so viele Mäuler zu stopfen waren, war der Vorrat an Nahrung sehr schnell erschöpft. Obwohl alle sich größte Mühe gaben, mit dem Vorhandenen auszukommen, litten viele Frauen und Kinder an Unterernährung, und einige verhungerten sogar.
> Immer wenn die Gruppe einen neuen Lagerplatz erreichte, wies der Häuptling die jüngeren Männer an, für diese zwei alten Frauen einen Unterschlupf zu errichten und sie mit Nahrung und Wasser zu versorgen. Die jüngeren Frauen zogen die Habseligkeiten der beiden älteren Frauen von einem Lager zum nächsten, und als Gegenleistung gerbten die alten Frauen Tierhäute für die, die ihnen halfen. Diese Übereinkunft funktionierte gut.
> Die zwei Alten besaßen jedoch eine unschöne Eigenschaft, die zu jenen Zeiten nur selten vorkam. Ständig beklagten sie sich

[2] Robert Bolt hat es in seinem Vorwort zu dem Stück »Ein Mann für alle Jahreszeiten« verblüffend einfach ausgedrückt: »Because men work we may speak of an economy, not the other way round« – »Weil die Menschen arbeiten, können wir von einer Ökonomie sprechen, nicht umgekehrt« (Vintage International 1990).

über Wehwehchen hier und Zipperlein da. Und zum Beweis ihrer Kümmerlichkeit gingen sie an Stöcken. Überraschenderweise machte das den anderen nichts aus, obwohl sie alle von Kindheit an gelernt hatten, dass Schwäche bei den Bewohnern dieses rauen Mutterlandes nicht geduldet war. Dennoch machte niemand den zwei alten Frauen Vorhaltungen, und sie wanderten weiter mit den Stärkeren – bis zu jenem verhängnisvollen Tag.
(Aus: Zwei alte Frauen)[3]

Im Gespräch mit Vorgesetzten, insbesondere aus dem Dienstleistungsbereich, entsteht manchmal ein Bild der zukünftigen »Traum-Mitarbeiter«:

- Sie sind bestens ausgebildet, beherrschen eine zweite Sprache in Wort und Schrift, sind entscheidungsfreudig und bereit, die unterschiedlichsten Formen von Verantwortung zu tragen.
- Sie sind flexibel bezüglich Arbeitszeit und Arbeitsort und können auch unter schwierigen Bedingungen die jeweils gestellte Aufgabe zufriedenstellend bewältigen. Da Dienstleistungen mittlerweile weltweit angeboten werden, sind sie bereit, zu jeder Tages- und Nachtzeit in ein Flugzeug zu steigen, um vor Ort den Service zu optimieren oder technische Probleme zu lösen.
- Sie sind weiterhin jederzeit bereit, sich neu zu qualifizieren und alte, einmal erworbene Qualifikationen aufzugeben. Dafür erwarten sie vom Unternehmen, dass sie diese Fähigkeiten allseits einsetzen können und ihnen der entsprechende Entscheidungsspielraum eingeräumt wird.
- Sie identifizieren sich mit entwickelten Unternehmensgrundsätzen und sind in erstaunlichem Umfang in der Lage, Unternehmensinteressen in die eigene Lebensführung zu integrieren.
- Ihr Gesundheitszustand ist exzellent, und trotz ihrer knappen Freizeit betreiben sie Ausgleichssport, damit sie für die Belastungen des Arbeitsalltags besser gerüstet sind.

Unter **Autonomie** versteht man in diesem Zusammenhang die Fähigkeit zum selbstständigen und unabhängigen Handeln. Im Arbeitsleben wird sie durch den individuellen **Entscheidungsspielraum** charakterisiert, über den Mitarbeiter verfügen können. Dieser Entscheidungsspielraum setzt sich zusammen aus dem **verfügbaren beruflichen Wissen** und der **spezifischen Qualifikation** sowie der konkret im Unternehmen eingeräumten **Entscheidungskompetenz.** (Karasek und Theorell 1990:58)[4]

---

[3] Wallis, V. (1994). Zwei alte Frauen. München, Wilhelm Heyne Verlag.

[4] In deutscher Sprache sind die Forschungsergebnisse und Überlegungen von Karasek und Theorell ausführlich dargestellt u.a. bei: Siegrist, J. (1996): Soziale Krisen und Gesundheit. Göttingen u.a., Hogrefe; Österreich, R. und W. Volpert, Eds.

Zwischen diesen beiden Dimensionen besteht eine sich wechselseitig verstärkende Beziehung, die aus der Tatsache erwächst, dass das Aneignen von Wissen auf die Dauer die Voraussetzungen dafür schafft, dass ein Mitarbeiter auf den Arbeitsprozess Einfluss und Kontrolle ausüben kann.

Positives Beispiel: Die Mitarbeiterin einer Abteilung für Personalentwicklung einer Lebensversicherung erhält die Möglichkeit, jeweils einen Monat in einer Leistungsabteilung des Unternehmens zu verbringen, um einen guten Überblick über die verschiedenen betrieblichen Aufgaben zu gewinnen. Dadurch wird eine Grundlage dafür geschaffen, dass sie an den Entscheidungen über die Reorganisation verschiedener Abteilungen teilnehmen kann.

Negatives Beispiel: Man findet Schreibkräfte in dem gleichen Unternehmen, die niemals eine grundlegende Ausbildung in der Anwendung von Computersystemen erhalten haben und aus diesem Grunde nicht in der Lage sein werden, die vorgegebenen Arbeitsaufgaben zu verlassen und neue Fähigkeiten zu entfalten. (Karasek und Theorell 1990:59)

❖ An dieser Stelle soll festgehalten werden, dass das Ausmaß des Entscheidungsspielraums im Arbeitsleben nicht nur für das individuelle Befinden am Arbeitsplatz bedeutsam ist, sondern – wie Abbildung 4 zeigt – auch für die langfristige Gesundheit bis hin zur Lebenserwartung.

Lesebeispiel: Auf der Y-Achse finden wir eine Reihe von Berufen, die sich sowohl nach Qualifikation wie Handlungsmöglichkeiten im Arbeitsleben unterscheiden. Auf der X-Achse finden wir die noch zu erwartenden Lebensjahre im Alter von 35 Jahren.

Es zeigt sich, dass ein Professor im Durchschnitt noch 43 Jahre zu leben hat, während ein ungelernter Arbeiter im Durchschnitt noch 34 Lebensjahre erwarten kann. Je niedriger die Qualifikation und die Entscheidungskompetenz im Arbeitsleben, desto niedriger ist auch die Zahl der noch zu erwartenden Lebensjahre. Autonomie im Arbeitsleben verbessert also langfristig die Gesundheit und die Lebenserwartung.[5]

Die **Flexibilität** beschreibt die Biegsamkeit und die Fähigkeit, sich wechselnden Situationen anzupassen (Brockhaus). Im Arbeitsleben lassen sich die Auswirkungen und Anforderungen an Flexibilität zusammenfassen wie in Abbildung 5 dargestellt.

(1998): Psychologie gesundheitsgerechter Arbeitsbedingungen. Schriften zur Arbeitspsychologie. Bern u.a., Verlag Hans Huber; Stark, H., G. Enderlein et al. (1998): Streß am Arbeitsplatz und Herz-Kreislaufkrankheiten. Bremerhaven, Wirtschaftsverlag NW.

[5] Es handelt sich zwar um eine ältere Untersuchung. Die Ergebnisse sind aber allgemein anerkannt und gelten in den Industrienationen als übertragbar.

Abb./Tab. 4: Lebenserwartung und Beruf

Noch zu erwartende Lebensjahre im Alter von 35 Jahren nach Berufen, Frankreich 1975-1980

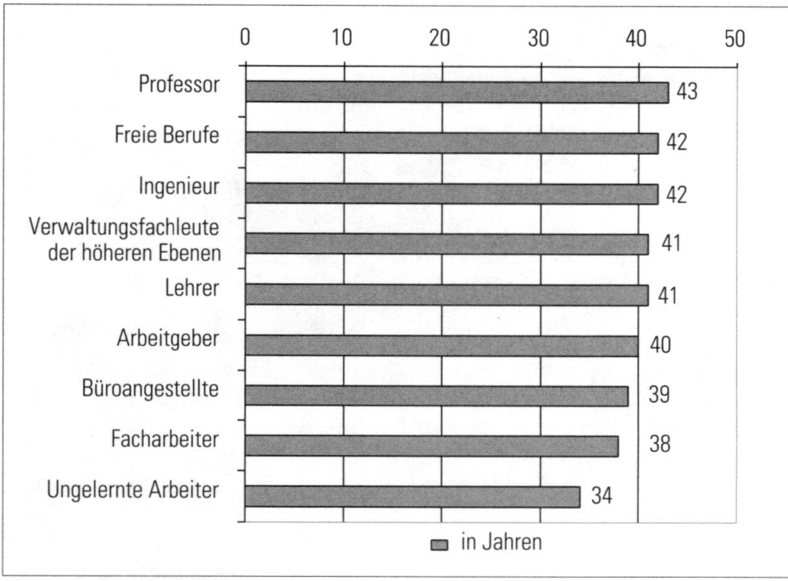

Quelle: Probsting 1984, Wirtschaft und Statistik, Heft 1
Zitiert aus: Korte 1997

Abb./Tab. 5: Einfluss der Flexibilisierung auf das Arbeitsleben

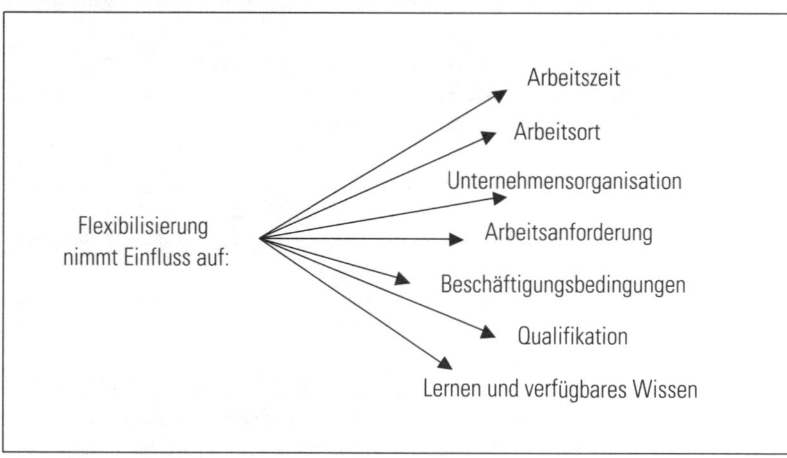

Quelle: Ertel 1999, modifiziert

Im Zusammenhang mit einer solchen Entwicklung ist davon auszugehen, dass es zu einer »*Abkehr von der Normalbiografie*« kommen wird. »Diese basiert auf einem Normalarbeitsverhältnis, das als Vollzeitarbeit ein ganzes Arbeitsleben lang bei ein und demselben Arbeitgeber bis zum gesetzlichen Rentenalter ausgeübt werden kann.« (Volkholz und Köchling 1999:243) Das durchschnittliche Arbeitsleben einer Mitarbeiterin oder eines Mitarbeiters wird sich also erheblich verändern. Dabei werden unterschieden (ebd.):

1. **Wechsler, die sich Mobilität leisten können und tendenziell eher Vorteile daraus ziehen:** jüngere Beschäftigte; Beschäftigte mit Abitur; Beschäftigte mit (Fach-)Hochschulausbildung; Vielverdiener (nur Berufswechsel); Vorhandensein eines berufsunspezifischen Humankapitals mit hohen Möglichkeiten der Wissensübertragung; lange Dauer der Betriebszugehörigkeit (nur Berufswechsel im gleichen Betrieb).
2. **Wechsler, die mangels besserer Alternativen wechseln müssen:** Beschäftigte mit einer mindestens 2-jährigen vorangegangenen Nichterwerbstätigkeit; Wenigverdiener (nur Berufswechsel); Vorhandensein eines berufsspezifischen Humankapitals bei kurzer Dauer der Betriebszugehörigkeit mit geringen Möglichkeiten der Wissensakkumulation; Beschäftigte in Berufen mit hoher Arbeitslosenquote.
3. **Nicht-Wechsler, die sich in ihrem »Stammarbeitnehmertum« eingerichtet haben und daraus eher Vorteile ziehen:** Beschäftigte mit Lehre und mittlerer Berufsausbildung; Vorhandensein von berufsspezifischem Humankapital bei langer Dauer der Betriebszugehörigkeit mit guten Möglichkeiten der Akkumulation von Wissen (Meister, Facharbeiter); Beschäftigte in Berufen mit niedriger Arbeitslosenquote; Vielverdiener (nur Betriebswechsel); lange Dauer der Betriebszugehörigkeit (nur Betriebswechsel).
4. **Nicht-Wechsler, deren »Stammarbeitnehmertum« auf mangelnde Optionen zurückgeführt werden kann:** ältere Beschäftigte; Beschäftigte mit Hauptschulabschluss; Beschäftigte ohne Berufsausbildung; Wenigverdiener (nur Betriebswechsel); Beschäftigte mit vorheriger Nichterwerbstätigkeit von über zwei Jahren Dauer.

Diese Kategorienbildung gibt einen Eindruck davon, wie Alter, Qualifikationsniveau, Stellung im Beruf (Meister, Facharbeiter) als Ausprägung von berufsspezifischen Kenntnissen und Fähigkeiten (Humankapital), berufliche Vorgeschichte und Arbeitsmarktcharakteristika die Bewältigung solcher Flexibilitäts- und Mobilitätsanforderungen beeinflussen.

Ein solcher Bruch in der Normalbiografie kann auch dadurch gefördert werden, dass an die Stelle der kontinuierlichen Vollzeitarbeit das Arbeiten, Denken und Handeln in **»Projekten«** tritt. Die Mitarbeiter übernehmen eine bestimmte Tätigkeit für einen relativ kurzen Zeitraum, müssen sich schnell einarbeiten, ihre Aufgaben umgehend erledigen, um dann sofort – evtl. zur Vermeidung von Arbeitslosigkeit – eine neue Tätigkeit in einem anderen Bereich aufzunehmen. Insbesondere Beschäftigte in Berufen mit langen handwerklichen Traditionen können unter diesen neuen Arbeitsbedingungen in erhebliche Schwierigkeiten geraten.

- Ob nun im Zusammenhang mit solchen Veränderungen der Arbeitsorganisation und Arbeitsinhalte tatsächlich das Mitarbeiterpotenzial entfaltet wird, muss im konkreten Einzelfall untersucht und entschieden werden. Jüngere Mitarbeiter – besonders in der Informationstechnologie (IT-Branche) berichten davon. (S. dazu auch: Reindl 2000)
- Es ist weiterhin festzuhalten, dass Mitarbeiter mit geringem Entscheidungsspielraum im Arbeitsleben durchaus eine persönliche Zufriedenheit mit ihrer Arbeit entwickeln können und deshalb an einer Veränderung, Höherqualifizierung und Ausweitung des Entscheidungsspielraums nicht besonders interessiert sind (s.o. Nicht-Wechsler, Typ 4).

Ein Werksarzt beschreibt eine solche Erfahrung aus der Automobilindustrie: Im Rahmen der Vorbereitung eines neuen Produktionsabschnittes werden den Mitarbeitern am Band zwei Möglichkeiten angeboten: Ein kurzer, deutlich inhaltsentleerter Arbeitsgang in 2 Minuten und ein komplexerer, bei dem sie das Werkstück am Band über 15 Minuten begleiten und Tätigkeiten unterschiedlichen Inhalts ausführen. Ca. 70% der Befragten sprechen sich für den kurzen Arbeitsgang aus (Birkholz 2000).

- Andere Mitarbeiter können unter wachsendem Veränderungsdruck in erhebliche physische, psychische und soziale Schwierigkeiten geraten, die sich vordergründig als vegetative Störungen, reaktive Versagenszustände und Depressionen darstellen.
- Es wird zu oft oder zu schnell eine individual-medizinische Diagnose an die Stelle einer sorgfältigen Analyse der Situation am Arbeitsplatz gestellt (Tempel 1995:1346).

Wenn die Arbeit zum Alptraum wird

Der Patient, gelernter Mechaniker, griechischer Staatsbürger, arbeitet seit 22 Jahren in Wechselschicht, kommt seit einem Jahr in die Praxis. Bei der Einstellungsuntersuchung in Athen durch deutsche Ärzte wurde er gesund übernommen, jetzt fühlt er sich »als Wrack«. Da er gut deutsch gesprochen hat, war er anfangs im Betrieb allseits beliebt und konnte vielseitig eingesetzt werden. Belastend war für ihn jahrelang der Umgang mit Chemikalien, Lacken, Entrostungsmitteln, dazu Arbeit unter wachsendem Zeitdruck, in ungünstiger Körperhaltung und unter schlechten Klima-

bedingungen. In den letzten Jahren arbeitet er fest am Fließband, die Stückzahlen steigen, aber »gleichzeitig weniger Mitarbeiter«. Er ist nun in der »härtesten Abteilung« und bekommt wachsende Schwierigkeiten mit seinem Meister, der ihn als Simulanten und »Krankmacher« einstuft.
Ca. 1990 wird die Schichtzeit verlängert, dafür bekommen die Beschäftigen eine Freischicht in der Woche, die ihnen aber wegen Personalmangels oft wieder »abgepresst« wird. 1992 und 1995 kommt es zu schweren seelischen und körperlichen Zusammenbrüchen, der Patient leidet an Schlaf- und Konzentrationsstörungen, häufigen Infekten, therapieresistenten Körperschmerzen. Er gerät zunehmend in einen (depressiven) psychosomatischen Versagenszustand.
In dieser Situation begibt er sich zu einem Arzt für Neurologie und Psychiatrie, der ihm eine »depressive Neurose« und eine »neurasthenische Persönlichkeit« bescheinigt und zum Arbeitsleben des Patienten nur »häufige Arbeitsunfähigkeit« feststellt (aus dem Arztbrief). Therapie: Equilibrin 0 – 0 – 30 mg, ein Psychopharmakon, das der Patient nicht einnimmt (Tempel 1995).

Insgesamt kann bei solchen Entwicklungen – Abbau des Produktionssektors und Ausweitung des Dienstleistungssektors – durchaus der Eindruck entstehen, dass die Arbeit körperlich immer leichter wird. Für die Bundesrepublik Deutschland gibt Abbildung 6 einen Eindruck von der Entwicklung.

Lesebeispiel: Auf der Y-Achse finden wir den Prozentanteil der abhängig Beschäftigten, die mit bestimmten Arbeitsformen belastet sind. Auf der X-Achse finden wir den zeitlichen Verlauf einmal für den Zeitraum 1960 bis 1983 und dann in der zweiten Grafik 1979 bis 1992.

»Der Anteil der von Belastungen betroffenen Beschäftigten sinkt im Zeitraum 1979 bis 1985 zunächst in den traditionellen Belastungsarten (Konzentration,

Abb./Tab. 6: Entwicklung der Arbeitsbelastung in Deutschland

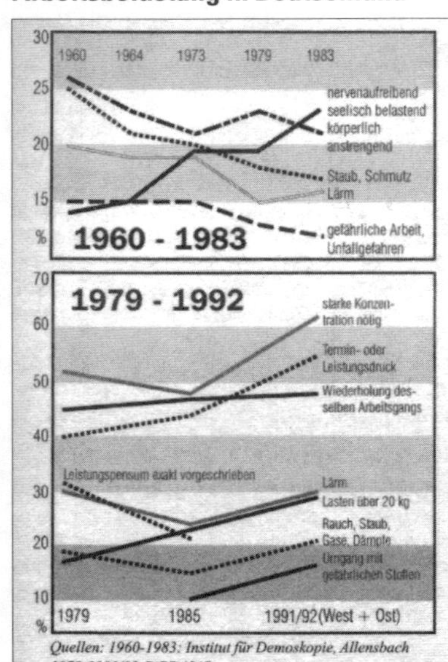

Zitiert aus: Marstedt und Müller 1998

Lärm, Heben von Lasten, Rauch/Staub/Gase/Dämpfe) in Fortsetzung des bisherigen Trends. Dann jedoch im Zeitraum 1985 bis 1991/92 steigen durchgängig über alle Belastungsfaktoren hinweg – mit nur einer Ausnahme (Leistungspensum exakt vorgeschrieben) – die Arbeitsbelastungen aus Sicht der Beschäftigten wieder an. Unerwartet erscheint dies vor allem für den Bereich körperlicher Belastungen und Umgebungsbelastungen. Zusammengefasst bedeutet dies, dass die häufig schon als obsolet (veraltet: unüblich, d. Verf.) betrachteten ›traditionellen‹ Belastungsfaktoren wieder im Vormarsch sind.« (Marstedt und Müller 1998:25) Diese Tendenz wird auch durch EU-weite Daten bestätigt (s. Abb. 7, S. 28).

Lesebeispiel: Auf der (linken) Y-Achse finden wir die verschiedenen EU-Länder und am Ende den europäischen Durchschnitt, in diesem Fall abgekürzt EUR 15. 15 steht für die 15 EU-Länder. Auf der X-Achse finden wir den Prozentanteil der entsprechend belasteten, abhängig Beschäftigten, und auf der rechten Y-Achse finden wir Angaben über die Differenz in Prozent zwischen Beschäftigten über 45 Jahre und unter 45 Jahre. Die Länder sind entsprechend der Rangfolge der Häufigkeiten sortiert.[6]

Deutschland liegt in beiden Fällen im Mittelfeld. Der senkrechte Strich bezieht sich auf den europäischen Durchschnittswert. Man kann dann sehr gut erkennen, welche Länder überdurchschnittlich und welche unterdurchschnittlich hohe Werte haben.

Für Deutschland beschreibt die obere Grafik, dass etwa 20% der Männer über 45 schwerere körperliche Arbeit leisten müssen. Die Differenz zwischen den Altersgruppen beträgt ca. –1%. Das bedeutet, dass Männer über 45 fast genauso oft mit schwererer körperlicher Arbeit belastet sind wie Männer unter 45.

Bei den Frauen finden wir in Deutschland 14% der Befragten über 45 Jahre. Die Differenz beträgt ca. +2%. Dies bedeutet, dass ältere Frauen entsprechend mehr schwerere körperliche Arbeit leisten.

Wenn in solchem Umfang Beschäftigte in Deutschland mit dem Heben von Lasten über 20 Kilogramm belastet sind, dann finden wir hier die Bestätigung, dass

- bestimmte traditionelle Tätigkeiten mit einem höheren Anteil an körperlicher Arbeit weiterhin vorhanden sind. Man muss davon ausgehen, dass in einem bestimmten Umfang solche physisch belastenden Arbeitsplätze erhalten bleiben (s. z.B. die Arbeitsbedingungen

[6] Dieses Verfahren, die Differenzen zwischen den Altersgruppen *»45+«* und *»45-«* in Prozentpunkten darzustellen, wird in diesem Buch bei fast allen europäischen Statistiken benutzt. Wichtig sind die *5%-Differenzen,* da sie in der Regel auch als statistisch signifikant eingestuft werden können. Es war jedoch nicht möglich, dies in jedem Einzelfall zu überprüfen. *Prozentangaben* werden auf eine Stelle hinter dem Komma auf- oder abgerundet.

Abb./Tab. 7: Arbeit mit schweren Lasten in Europa: Ländervergleich

Arbeit mit Tragen oder Bewegen von schweren Lasten wenigstens für die Hälfte der Zeit. Prozentanteil von belasteten Männern und Frauen älter als 45 Jahre und die Differenz in Prozentpunkten zwischen älteren und jüngeren belasteten Männern und Frauen in den EU-Mitgliedsstaaten (EURO-Barometer 1996), EUR 15 = gewichteter Durchschnitt

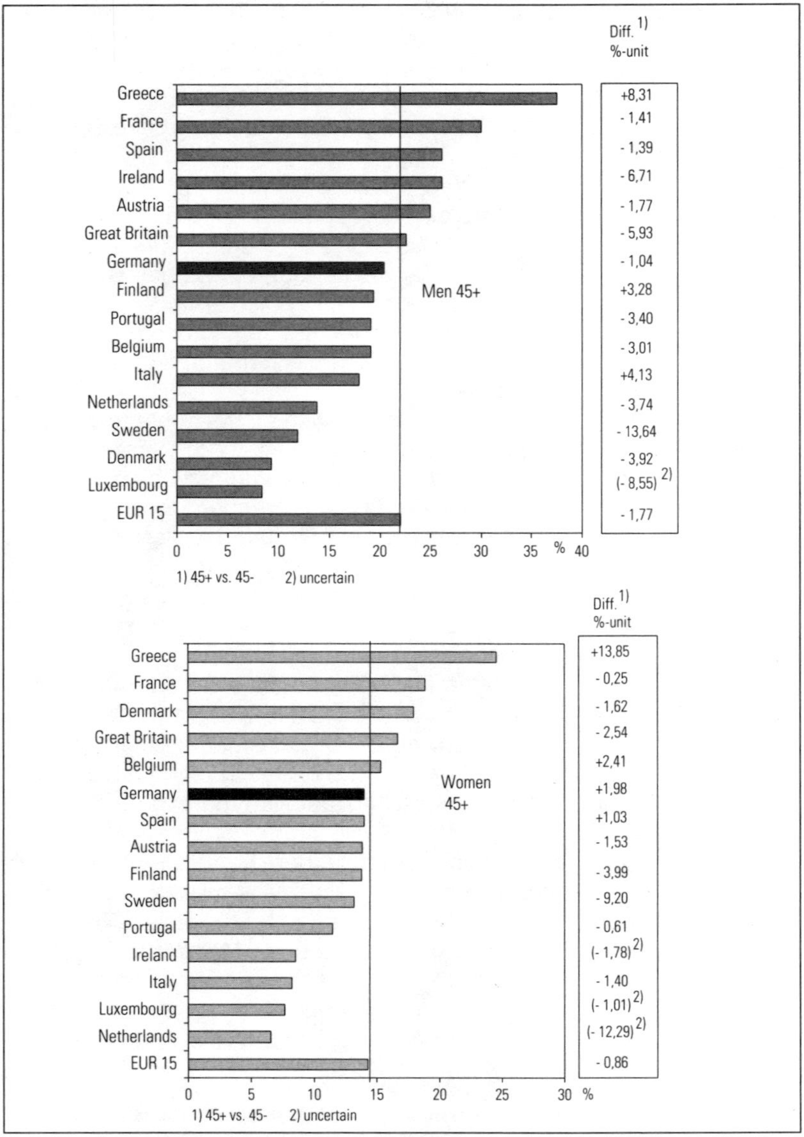

Quelle: Ilmarinen 1999:102

im Groß- und Einzelhandel, im Handwerk oder auch im Öffentlichen Dienst).

- Es ergeben sich weiterhin erste Hinweise (Tendenzen), dass bestimmte körperlich schwere Tätigkeiten eher von älteren als von jüngeren Mitarbeitern ausgeübt werden, teilweise sogar eher von Frauen als von Männern. Darauf wird in den einzelnen Kapiteln eingegangen.
- In jedem Fall ist auch in Zukunft eine sorgfältige Analyse der verschiedenen Belastungsfaktoren am Arbeitsplatz zu fordern. (S. dazu auch die Ausführungen zur Gefährdungsbeurteilung im Arbeitschutzgesetz.)

1.1.1 Moderne Dienstleistung und traditionelle Berufe: »Wie wir arbeiten werden«

Die Arbeit erfüllt im Leben eines Menschen und in einer sozialen Gemeinschaft folgende Funktionen (Liedtke 2000:10):

1. Die *Produktionsfunktion*: Die Arbeit verleiht den Menschen die Möglichkeit, die für ihren Lebensunterhalt notwendigen Mittel zu verdienen. Diese Funktion ist diejenige, die seit der Entstehung des Homo Oeconomicus im Rahmen des Kalvinismus und des Kapitalismus für eine weitgehende Gleichsetzung von Arbeit mit bezahlter Erwerbsarbeit gesorgt hat.
2. Die *Allokationsfunktion:*[7] Die Arbeit sorgt durch Verteilungsmechanismen für eine Neuzuteilung der der Gemeinschaft zur Verfügung stehenden Mittel. Diese Funktion ist weniger umfassend wissenschaftlich behandelt als die Produktionsfunktion, und ihre Analyse konzentriert sich stark auf die monetäre Umverteilung und weniger die Allokation von unbezahlten Leistungen.
3. Die *Solidarfunktion*: Die Arbeit fördert durch ihre sozialen Komponenten die Organisation von Gemeinschaften und sorgt für gesellschaftliche Kohäsion (Zusammenhalt, Zusammenhang, d. Verf.). Die vor allem bei Langzeitarbeitslosen zu findende Ausgrenzung durch die und von der Gesellschaft ist ein Beleg für die enge Korrelation zwischen Arbeit und gesellschaftlicher Integration.
4. Die *Sinnfunktion*: Die Arbeit erlaubt den Menschen, sich zu entfalten und ihre Wertvorstellung auszudrücken – »Wir sind, was wir produzieren/tun.«

Die beschriebenen Funktionen der Arbeit können zwar in unterschiedlichen historischen Abschnitten unterschiedlich bewertet werden, in

---

[7] *Allokation* ist die Verteilung der begrenzten Produktionsfaktoren einer Volkswirtschaft auf unterschiedliche Verwendungszwecke. Kriterien für eine optimale Allokation werden von der Wohlfahrtsökonomik untersucht. Unter marktwirtschaftlichen Bedingungen fällt dem Preis auf den verschiedenen Märkten Allokationsfunktion zu. (Brockhaus)

dem einzelnen Menschen wirken sie doch gemeinsam und prägen das gesundheitsförderliche (salutogene) Potenzial der Arbeit wie auch das krankheitsverursachende (pathogene).

Dieses Potenzial wird ausführlicher in den folgenden Kapiteln besprochen.

Der Wandel des Arbeitslebens von den traditionellen Berufen und Produktionsformen zur modernen Dienstleistung ändert daran nichts. Ursprünglich wird die Wirtschaft unterteilt in drei Sektoren: »Landwirtschaft als einstiges Herz der Wirtschaft«, »Güterproduktion als das wachsende Segment« und »Dienstleistung als völlig unabhängige und nicht auf die ersten beiden Segmente bezogene Tätigkeit«. (Giarini und Liedtke 1998:38)

Diese Sektoren werden auch als Primär-, Sekundär- und Tertiärsektor beschrieben. Giarini und Lietke charakterisieren die Situation und den weiteren Verlauf in Deutschland seit Ende des 19. Jahrhunderts: Es »waren etwa 40% der Arbeitsbevölkerung in Deutschland (ein typisches Beispiel für ein frühindustrialisiertes Land) im Primärsektor und etwa 35% im Sekundärsektor tätig. Die Bedeutung des Primärsektors hat stets abgenommen, und heute arbeiten weniger als 5% der Erwerbsbevölkerung in der Landwirtschaft. Der Sekundärsektor wuchs bis 1950 auf 45% und verharrt seitdem offiziell auf diesem Niveau. Der Tertiärsektor beanspruchte bis in die 50er Jahre weniger als ein Drittel der Wirtschaft und wuchs dann stark bis auf gegenwärtig 50% an.

Den Wandel unserer Wirtschaft zeigt nicht allein diese leicht feststellbare Abwanderung von Erwerbstätigen aus den ersten beiden Sektoren in Richtung Dienstleistungssektor. Auch die wachsende Vorherrschaft der Dienstleistung innerhalb der anderen beiden Sektoren verdeutlicht den Übergang vom Zeitalter der Industrialisierung zur modernen Dienstleistungswirtschaft.

Intrasektorale Dienste des Sekundärsektors sind Schätzungen zufolge von weniger als 15% der Gesamtwirtschaft im Jahre 1950 auf 30% im Jahre 1990 angestiegen und stellen mehr als die Hälfte aller Arbeitsplätze in der Industrie.

Addiert man diese Zahlen vom traditionell geschätzten Anteil des Dienstleistungssektors hinzu, dann bietet er etwa 80% der Arbeitsplätze in der modernen Wirtschaft. Nur ein schrumpfender Teil der bezahlten Arbeit – gegenwärtig 20% in den weiterentwickelten industrialisierten Ländern – steht noch in Zusammenhang mit Güterherstellung im engeren Sinne.

Die Dienstleistungen beherrschen alle Produktionssektoren der Wirtschaft, die zunehmend abhängig sind von Forschung und Entwicklung, Qualitätskontrolle, Wartung, Finanzierung, Versicherung, Werbung und Distribution, Kundendienst, Recycling usw., um die bestmöglichen Resultate zu erzielen.« (ebenda 38-39, Hervorhebungen im Text)

Unter dem Gesichtspunkt der Dienstleistung[8] teilt sich die Produktion in verschiedene Stadien auf, die insgesamt an der Entstehung oder Senkung von Kosten beteiligt sind. Jeder Produktionsabschnitt hat seine eigene Bedeutung, seine eigenen Bedingungen, setzt seine eigenen Kenntnisse und Fähigkeiten voraus. Daraus ergibt sich:

- dass Mitarbeiter der Zukunft flexibel zwischen verschiedenen Abschnitten der Produktion wechseln können und dies auch müssen,
- dass innerhalb einer komplexen Produktion traditionelle Tätigkeiten begrenzt erhalten bleiben bzw. fortgesetzt werden und teilweise oder ganz verloren gehen können und
- dass neben den spezifischen Fähigkeiten und Erfahrungen eines Menschen im Arbeitsleben dessen Potenzial an Bedeutung gewinnt, die unterschiedlichsten Aufgaben zu bewältigen.

1.1.2 Tarifverträge und Arbeitszeiten: Arbeit ohne Grenzen?

Der menschlichen Arbeitsfähigkeit sind Grenzen gesetzt, die sich auch in Verträgen und Regelungen zur Arbeitszeit widerspiegeln. Solche Verträge und Regelwerke sichern also nicht nur einen bestimmten Lohn für ein bestimmtes Quantum Arbeit, sondern schützen auch die Mitarbeiter vor – lang dauernden – Überschreitungen ihrer Leistungsgrenzen. Abbildung 8 (S. 32) zeigt – in schematischer und vereinfachender Weise – verschiedene Aspekte von Leistungsfähigkeit im Verhältnis zur Tageszeit und den vorgegebenen biologischen Rhythmen (Tag-Nacht-Rhythmus).

Lesebeispiel: Auf der Y-Achse sehen wir das Verhältnis von aktueller Leistungsfähigkeit zu maximaler Leistungsfähigkeit, angegeben in Prozent. Das bedeutet, dass zu einem gegebenen Zeitpunkt jeweils nur ein bestimmter Anteil von Leistungsfähigkeit vorhanden ist. Auf der X-Achse sehen wir den zeitlichen Verlauf über 24 Stunden.

Die **automatisierte Leistung** entspricht dem Bereich von 0 bis 40%. Sie umfasst die körperlichen Funktionen, die wesentlich durch das vegetative Nervensystem gesteuert werden und Voraussetzung sind für Lebendigkeit (am Leben sein). Diese vegetativen Funktionen sind praktisch unbeeinflussbar und auch vom Tagesrhythmus völlig unabhängig, wie der Verlauf der Geraden bei 40% parallel zur X-Achse aufzeigt. Die sog. **physiologische Leistungsbereitschaft** umfasst einen Bereich, in dem wir unseren Alltag oder z.B. unseren Urlaub sehr gut regeln können. Sie entspricht beim Wandern einem Tempo von vier bis sechs Kilometern/Stunde und sie unterliegt Tagesschwankungen, wie der Verlauf der Kurve deutlich zeigt:

---

[8] Eine ausführliche Darstellung der Entwicklung im Dienstleistungssektor findet sich bei Bullinger, H.-J., (Hrsg.) (1999): Dienstleistungen – Innovation für Wachstum und Beschäftigung. Herausforderungen des internationalen Wettbewerbs. Wiesbaden, Gabler.

Abb./Tab. 8: Wandel der Leistungsfähigkeit im Tagesrhythmus

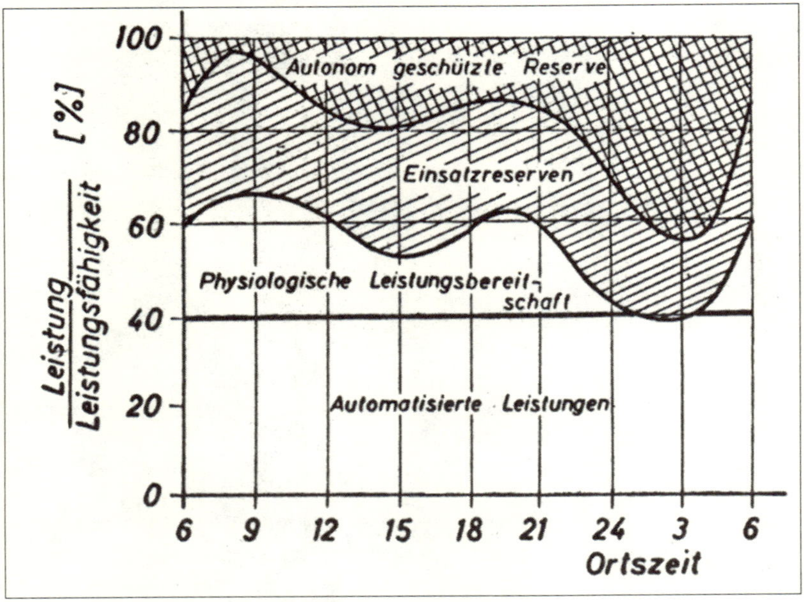

Quelle: Köck 1976:67 (Nach O. Graf aus Stegemann, 1971)

Bereits im Schlaf zwischen vier Uhr und sechs Uhr steigt die physiologische Leistungsbereitschaft langsam an und erreicht dann gegen neun Uhr einen Höhepunkt, mittags zwischen 13 und 16 Uhr sinkt sie etwas ab auf etwa 50%, steigt dann gegen Abend noch einmal an und nähert sich dann gegen 23, 24 Uhr dem Bereich der automatisierten Leistungen. Dies entspricht der Nachtruhe und der Schlafenszeit. Es folgt dann der Bereich der **Einsatzreserven**, in dem uns eine gewisse Handlungs- und Variationsbreite zur Verfügung steht. Wir können uns gegen neun Uhr maximal auf fast 100% steigern, abends können wir uns mit unseren Einsatzreserven noch bis auf 90% steigern.

❖ Entscheidend ist, dass der ganze Bereich der Einsatzreserven der Tagesrhythmik unterliegt und nachts deutlich absinkt.
❖ Nachts um drei würde das bedeuten, dass selbst bei Mobilisierung aller Einsatzreserven die körperliche Leistungsfähigkeit bei 55 bis 60% liegt.

Der Bereich der **autonom geschützten Reserven** kann nur unter besonderen Bedingungen von z.B. Lebensgefahr oder Gefährdung einer anderen Person mobilisiert werden. Leistungen in diesem Bereich sind nicht beliebig wiederholbar und können in der Regel im Arbeitsleben nicht mobilisiert werden. Eine Ausnahme bildet der sogenannte Voll-

Abb./Tab. 9: Leistung pro Stunde und Dauer der Arbeitszeit

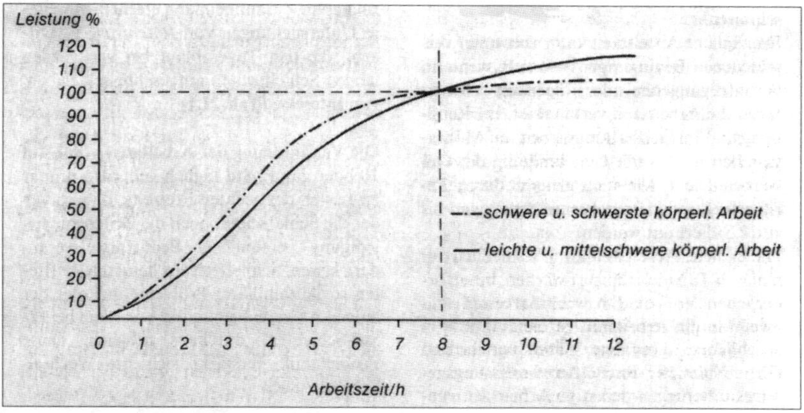

Quelle: Hettinger 1985:533, nach Lehmann

zugsdienst wie Feuerwehr, Polizei und Justizvollzug. Hier können in kürzester Zeit physische, psychische und soziale Höchstbelastungen anfallen, die entsprechend bewältigt werden müssen.

Der in der Grafik dargestellte Tag-Nacht-Rhythmus wird ebenfalls bestimmt durch das vegetative Nervensystem (siehe auch Kap. 8.3: Die Organisation der Arbeitszeit bzw. 8.3.1: Nacht- und Schichtarbeit). Daraus lässt sich weiterhin ableiten, dass der sog. Normalarbeitstag in die Phase der besten physiologischen Leistungsbereitschaft wie auch der besten Mobilisierbarkeit von Einsatzreserven fällt. Sie erklärt weiterhin, worum die Masse der Mitarbeiterinnen und Mitarbeiter bemüht ist, nicht in Schichtarbeit beschäftigt zu sein. Und sie zeigt schließlich, dass große Teile unseres sozialen und kulturellen Lebens in Zeitabschnitte fallen, die von den in diesem Bereich Beschäftigten erhebliche Mehranstrengungen verlangen.

Abbildung 9 zeigt, dass unabhängig von der Tageszeit der Dauer der Belastungen Grenzen gesetzt sind und eine Begrenzung bzw. Senkung der täglichen Arbeitszeit vernünftige arbeitsphysiologische Grundlagen hat.

Lesebeispiel: Auf der Y-Achse finden wir den Anteil der vorgegebenen Arbeitsleistung und auf der X-Achse die Stunden bzw. die Dauer der Arbeitszeit. Weiterhin finden wir eine Unterscheidung zwischen schwerer und schwerster körperlicher Arbeit (unterbrochene Linie) und leichter und mittelschwerer körperlicher Arbeit (durchgehende Linie).

Folgt man zunächst dem Verlauf der leichteren Arbeit, dann findet sich am Anfang ein relativ langsamer Anstieg der Leistung pro Stunde (Anlaufschwierigkeiten, Aktivierung von Knochen, Muskeln, Sehnen und geistigen Fähigkeiten) und dann ein kontinuierlicher Anstieg der

Leistung pro Stunde bis zum Erreichen der 100% entsprechend der 8-Stunden-Schicht. Wenn man die Arbeit darüber hinaus fortsetzt, verläuft die weitere Leistung bis max. 120% in den folgenden vier Stunden. Betrachtet man den Verlauf oberflächlich, dann kann dabei durchaus ein »verführerischer Eindruck« entstehen: Beim Mitarbeiter die Tendenz, »das mach ich noch schnell fertig« und beim Vorgesetzten der Wunsch, »das muss heute noch gemacht werden«. Es kommt aber insgesamt zu einer deutlichen Abflachung der Kurve, das Leistungspensum pro weiterer Stunde – in diesem Fall pro jeder weiteren Überstunde – ist deutlich vermindert. Bei der schweren und schwersten körperlichen Arbeit verläuft die Kurve im Bereich der 1.-8. Stunde parallel, nach der 8. Stunde ist der weitere Verlauf deutlich flacher. Das heißt, in den folgenden vier Stunden kann kontinuierlich immer weniger Arbeit geleistet werden.

❖ Solche Formen von Arbeitsbelastung sind möglich, weil sie zulasten der **Leistungsreserven** gehen, deren vorzeitiger Verschleiß subjektiv zunächst kaum wahrnehmbar ist.

Abbildung 10 zeigt den »Trend der Ermüdungszunahme in Abhängigkeit von der täglichen Arbeitszeit«. Dieser »folgt keiner linearen (s. durchbrochener Pfeil, d. Ver.), sondern einer Exponentialfunktion. Das heißt bei absolut gleich bleibender Belastung wird die Beanspruchung durch die Arbeit mit zunehmender Arbeitszeit höher. Die Kurve verläuft immer steiler.«

Umgekehrt ergibt sich daraus folgendes Ergebnis: »Setzt man z.B. die Leistung der 8-Stunden-Schicht = 100%, so findet man bei der 10-Stunden-Schicht eine mittlere Leistung von rd. 87% und der 12-Stunden-Schicht von ca. 76% pro Stunde.« (ebenda)

Abb./Tab. 10: Ermüdung und Arbeitszeit

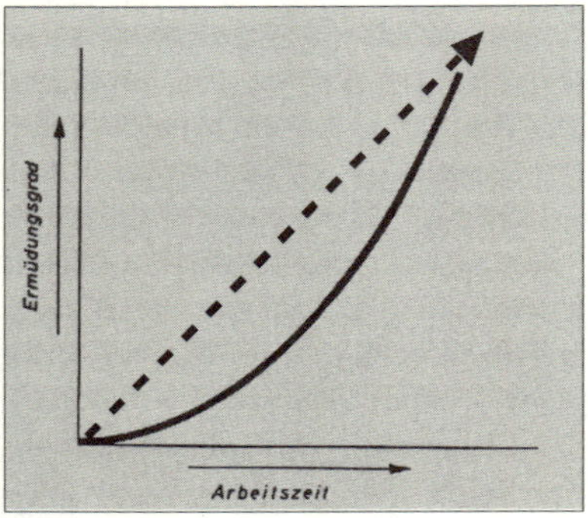

Quelle: Hettinger 1985: 534, nach Lehmann, modifiziert

Bei diesen Untersuchungen handelt es sich um jahrzehntealte Ergebnisse, die wichtigen Einfluss auf die Pausenregelung hatten: Das folgende Schaubild zeigt eine Arbeitszeit-/Pausenverteilung, die praktisch dem Manteltarifvertrag der Metallindustrie Nordwürttemberg-Nordbaden entspricht (s. Abb. 11).

Lesebeispiel: Die Grafik vergleicht die mittleren Stückzeiten, die Arbeits-/Pausenverteilungen pro Schicht und den prozentualen Anteil einzelner Tätigkeits- und Pausenelemente bei zwei verschiedenen Pausensystemen. Wir finden bei den mittleren Stückzeiten auf der Y-

Abb./Tab. 11: Arbeitszeiten, Pausen und Arbeitsleistung

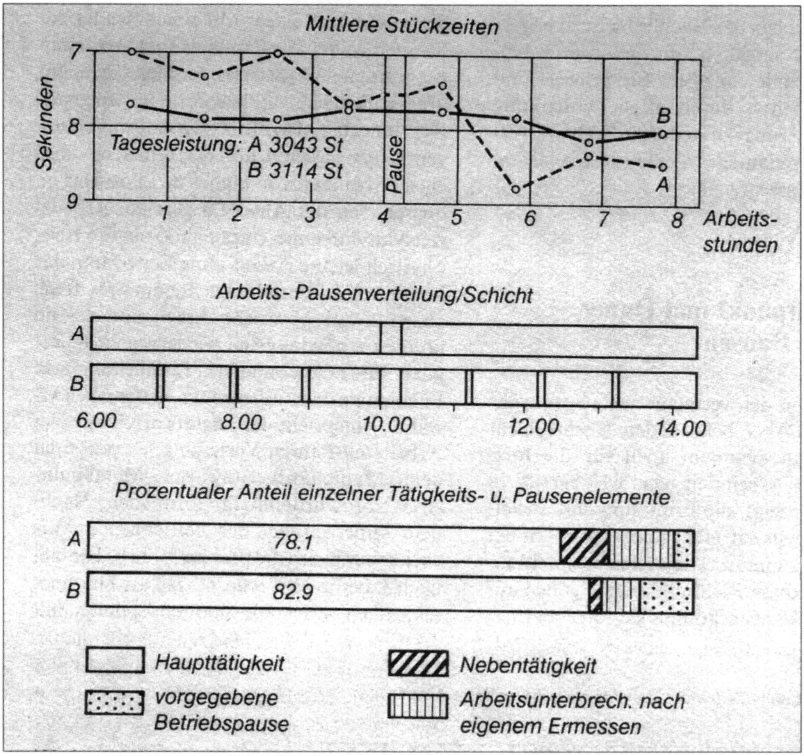

Quelle: Hettinger 1985:540; Effekt der »Kurzstunde« nach Graf

Achse Stückzeiten von 7-9 Sekunden und auf der X-Achse den Verlauf der Schicht in Stunden.

Für die **Schicht A** ergeben sich am Anfang niedrige Stückzeiten bei etwa 7 Sekunden, die im Verlauf der Schicht zunehmend schwanken und sich dann gegen Schichtende zwischen der 5. und 6. Stunde auf etwa 8,6 Sekunden verlängern. Diese Schicht hat eine Arbeitsleistung von 3.043 Stück.

Die **Schicht B** beginnt mit einer etwas längeren mittleren Stückzeit von ca. 7,7 Sekunden und bleibt dann kontinuierlich in diesem Bereich um die 8 Sekunden pro Stück über die ganze Schicht. Die Stückleistung ist mit 3.114 Stück etwas höher.

Betrachtet man dann die **Arbeits-/Pausenverteilung** in der Schicht, dann hat die Schicht A eine große Pause um 10 Uhr, die Schicht B zusätzlich zu der großen Pause jeweils 5-Minuten-Pausen am Ende der vollen Stunden.

Der untere Teil der Grafik zeigt nun die Verteilung der unterschiedlichen Tätigkeiten und Pausenelemente: Schicht A hat 78,1% Haupttätigkeit, einen relativen hohen Anteil von Nebentätigkeiten, einen hohen Anteil von Arbeitsunterbrechungen nach eigenem Ermessen (»Maschinen putzen«) und entsprechend dem Pausenschema wenig Pausen. Das bedeutet, dass die Beschäftigten in der Schicht A sich durch Nebentätigkeiten und Arbeitsunterbrechungen nach eigenem Ermessen diejenigen Erholungselemente »besorgen müssen«, die sie auf Regelungsgrundlage nicht bekommen können.

Schicht B hat 82,9% Haupttätigkeit, deutlich weniger Nebentätigkeiten, deutlich weniger Arbeitsunterbrechungen nach eigenem Ermessen und deutlich mehr vorgegebene Betriebspausen. Es gibt nun zwei wesentliche Unterschiede bei diesen verschiedenen Regelungen:

- ❖ Die Schicht B hat ihre Erholungszeiten wesentlich besser eingeteilt, ohne dass dies effektiv zulasten der Arbeitsleistung ginge.
- ❖ Die Mitarbeiter haben einen Anspruch auf die Pause und können sie dementsprechend genießen.

Der Wert einer solchen Pausenregelung liegt nicht nur im physischen, sondern auch im psycho-sozialen Bereich und in der Auswirkung auf die Arbeitsatmosphäre in der jeweiligen Abteilung, in der solche Regelungen wirksam sind. Das bedeutet:

➜ Rechtzeitige, kleine Pausen nützen allen, Arbeitnehmern und Arbeitgebern.

Befragt man die Mitarbeiter, die nach dem Schichtschema B arbeiten, am Ende der Schicht, so berichten diese, dass ihr Ermüdungszustand am Schichtende nach Einführung der neuen Arbeitsverteilungsregelung geringer war als zuvor. [zitiert nach (Hettinger 1985:540)] Dies bedeutet auch, dass die Betroffenen den Arbeitsplatz in einer besseren körperlichen – und auch psychischen – Verfassung verlassen und über den Rest des Tages gut verfügen können.

In diesem Zusammenhang muss festgehalten werden, dass diese uralten Pausenregelungen mittlerweile fast vollständig abgeschafft worden sind. Wir werden später auf die Bedeutung solcher rechtzeitigen kleinen Pausen zurückkommen. (s. Kapitel 8.4)

1.1.3 Olympiareife Mannschaften

Nach unserer Kenntnis wurde der Traum von den »olympiareifen Mitarbeitern« zum ersten Mal in der Druckindustrie geträumt. Hier war mit der Verbesserung der Technologie und der Steigerung der Produktionsleistungen der Maschinen der Wunsch nach Ausdehnung der Maschinenlaufzeiten aufgetreten. Folgt man unseren Ausführungen in Kapitel 1.1.2, dann sind olympiareife Mitarbeiter solche, die ohne jegliche Anlaufschwierigkeiten Höchstleistungen vollbringen. Sie können dies kontinuierlich im Verlauf eines Arbeitstages oder einer Schicht beibehalten, und selbst gegen Ende des Arbeitstages sind sie noch willens und in der Lage, ihre Leistungsfähigkeit an der oberen Grenze der Einsatzreserven bis hin zu den autonom geschützten Reserven zu entfalten. Mit anderen Worten: Sie folgen den technischen Merkmalen einer Maschine, die von allen Tagesschwankungen der Leistungsfähigkeit unabhängig »vor sich hin« läuft.

Abb./Tab. 12: Maschine und Leistung

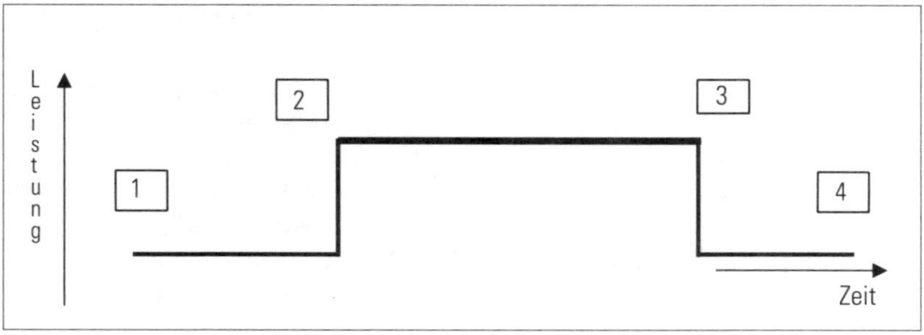

Quelle: eigene Darstellung

1) Die Maschine läuft auf einem bestimmten Leistungsniveau ohne jede Schwankung.

2) Zu einem beliebigen Zeitpunkt wird (fast) ohne Verzögerung diese Leistung auf ein neues Niveau gesteigert und verbleibt dort ohne Schwankung.

3) Bei Bedarf kehrt sie ebenfalls (fast) ohne Verzögerung zu ihrer Ausgangsleistung zurück

4) und »wartet« auf neue Kommandos.

Dieses utopische Bild, das nicht nur in den Köpfen von Vorgesetzten, sondern auch von Mitarbeitern entsteht, ist verknüpft mit der Vorstellung von Jugend, die nicht vergeht, und ewiger Gesundheit, die durch keinerlei Krankheit getrübt wird. Dies bedeutet vor allem langdauernde Arbeitsfähigkeit und hohe Produktivität: »Ein glücklicher Arbeiter ist ein produktiver Arbeiter. Das persönliche Wohlbefinden ist dabei nachgeordnet« (Karasek und Theorell 1990:169). Außerdem sind lebendige Wesen nicht in der Lage, solche konstanten Leistungen ohne jede Schwankung zu vollbringen, denn ihre Leistungsfähigkeit verläuft annäherungsweise nach dem Muster einer Sinuskurve (Abb. 13, S. 38).

Lesebeispiel: Wir befinden uns bei 1 in einem beliebigen (durchschnittlichen) Leistungszustand und werden plötzlich bei 2 mit einem Problem, einer Aufgabe oder einer lebensgefährlichen Situation konfrontiert. Der Körper reagiert mit der Ausschüttung von Stresshormonen (Adrenalin und Noradrenalin), erhöht schnell, aber doch mit einer deutlichen Verzögerung das Leistungsniveau bis zu einem Maximum, das er nur für kurze Zeit halten kann. Dann kann er nicht einfach zu

Abb./Tab. 13: Organismen und Leistung

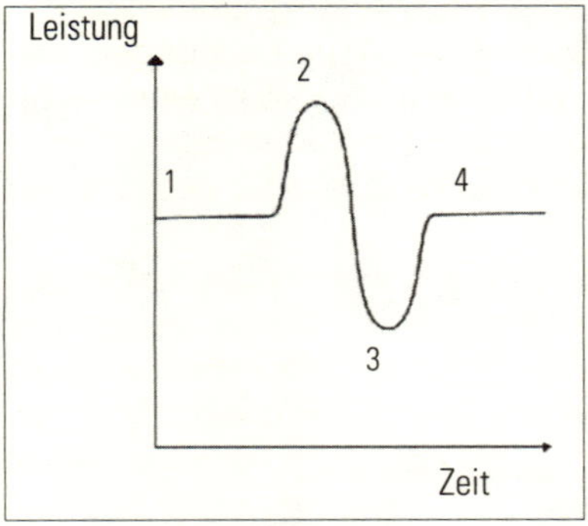

Quelle: Ornish 1990:111, modifiziert

dem Niveau von 1 zurückkehren, sondern auf die Anspannung folgt eine Entspannung bei 3, die erst nach einer gewissen Zeit zu 4, das ist das Leistungsniveau wie in 1, zurückkehrt.

Manche erleben diese Entspannungsphase als »Schwäche«, »weiche Knie« oder einen Schwindelanfall, besonders nach bedrohlichen Situation. Entscheidend ist jedoch, dass in einer gesunden und unbelastendenden Leistungssituation der Organismus die Möglichkeit bekommt, alle diese Phasen zu durchlaufen. Dann ist der »Stress« völlig unschädlich. Das ist das Geheimnis, warum z. B. ein Herz in Deutschland zwischen 74 (Männerherz) und 80 (Frauenherz) Jahre lang schlagen kann. Auf jede Kontraktion des Herzmuskels beim Weiterpumpen des Blutes erfolgt eine kurze Erschlaffung des Muskels, in der er sich wieder entspannt. Es ist bis heute nicht gelungen, Maschinen mit solchen Laufzeiten zu konstruieren oder nachzubauen.

Wir wissen nur zu gut, dass unser Arbeitsleben nicht nach einem solchen Rhythmus abläuft und vielleicht auch nicht ablaufen kann. Tatsächlich besteht die Tendenz – aus welchen Gründen auch immer – die Leistungen kontinuierlich zu steigern durch immer neue Belastungen ohne ausreichende Entspannung zwischen den einzelnen Phasen der Anspannung. Wir geraten auf die »Stresstreppe« (Ornish 1990:113):

Abb./Tab. 14:
Die Stresstreppe im Arbeitsleben

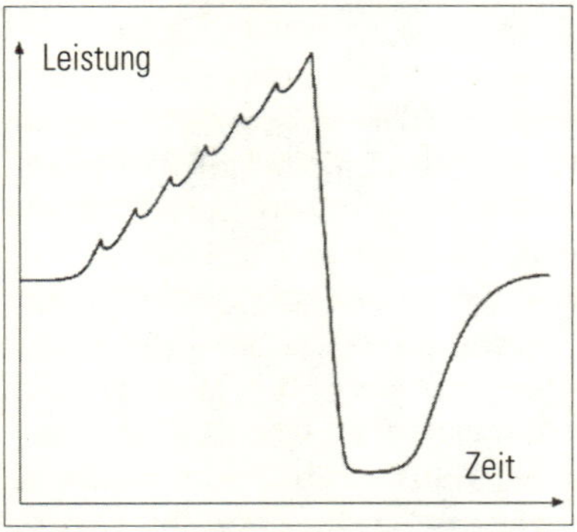

Quelle: Ornish 1990:113, modifiziert

Lesebeispiel: Wir beginnen den Arbeitstag mit einer durchschnittlichen Leistungsfähigkeit, die dann durch die Anforderungen schrittweise gesteigert wird. Der Abstand zwischen zwei Leistungsanforderungen ist zu gering, sodass die Rückkehr zur Ausgangssituation nicht möglich ist. Das typische »Sägezahnphänomen« der Stresstreppe entsteht dadurch, dass der Organismus zwar gegensteuert, aber dies nicht ausreichend durchführen kann. Am Ende der Stresstreppe ist die benötigte Erholungsphase zeitlich deutlich länger und das Ausmaß der Entspannung, die der Körper benötigt, deutlich tiefer. Dazu ein paar Überlegungen und Deutungen:

- Ein Mensch kann über viele Stunden unglaubliche Leistungen vollbringen. Tatsächlich ist es möglich, die Stresstreppe über einen Acht-Stunden-Tag zu entwickeln und den Leistungsabschwung der Erholungs- bzw. Entspannungsphase auf das Schicht- oder Arbeitsende bzw. in die Freizeit zu verlegen.
- Aus dem Beispiel der Stresstreppen-Kurve kann man weiterhin das »*Phänomen des gelaufenen Tages*« ableiten und besser verstehen: Menschen kommen völlig überdreht und gleichzeitig erschöpft von der Arbeit nach Hause und haben nur noch einen Wunsch: Abschalten. Die Erholungsphase kann dann so ausgeprägt verlaufen, dass von der Freizeit nichts mehr übrig bleibt.
- Es ist nicht möglich, die Höchstleistungssituation bei einem sportlichen Wettkampf auf den Arbeitsalltag zu übertragen.
- In der Praxis bewegen wir uns zwischen der optimalen Sinuskurve und der Stresstreppe, die dann unterschiedlich ausgeprägt sein wird. Etwa nach dem Motto »Gute Tage – schlechte Tage«.

Wie steht es nun mit der »Gesundheit« der jungen und den »Krankheiten« der älteren Mitarbeiterinnen und Mitarbeiter?

Abb./Tab. 15: Abwesenheitsrate in Europa

Abwesenheitsrate als Folge von Gesundheitsproblemen während der letzten 12 Monate nach Geschlecht und Altersgruppen in der Europäischen Union, Prozent (EURO-Barometer 1996)

Altersgruppe	Männer, n=9178		Frauen, n=6808	
	1-2 Tage	3-11 Tage	1-2 Tage	3-11 Tage
< 45 Jahre	83,10	16,90	84,50	15,50
> 45 Jahre	82,30	17,70	80,44	19,56
n	7601	1507	5668	1140

Quelle: Ilmarinen 1999:48

Die Zahlen zeigen, dass die Unterschiede zwischen den Jüngeren unter 45 und den Älteren über 45 nicht besonders ausgeprägt sind. Dies gilt auch für die Geschlechter. Als Nächstes betrachten wir die einzelnen Staaten der Europäischen Union (s. Abb. 16, S. 40).

Lesebeispiel: Die Grafik zeigt die Unterschiede der Länder nach Rangfolge. Dabei liegt die Bundesrepublik Deutschland sowohl für Männer über 45 wie für Frauen über 45 an zweiter Stelle. Männer über 45 liegen demnach bei etwa 27,5%, unterscheiden sich aber von den Männern unter 45 mit etwas über 4%, d.h. Männer über 45 sind etwas weniger arbeitsunfähig. Anders bei den Frauen: Hier liegen die Frauen über 45 für die Bundesrepublik Deutschland bei fast 30% und sind um

Abb./Tab. 16: Abwesenheitsrate in Europa im Ländervergleich

Abwesenheitsrate wegen Krankheitsproblemen (3-11 Tage) in den letzten 12 Monaten bei Männern und Frauen über 45 Jahre (Prozent). Dazu die Abwesenheitsrate zwischen älteren und jüngeren Männern und Frauen in den EU-Mitgliedsstaaten in Prozentpunkten. (EURO-Barometer 1996), EUR 15 = gewichteter Durchschnitt

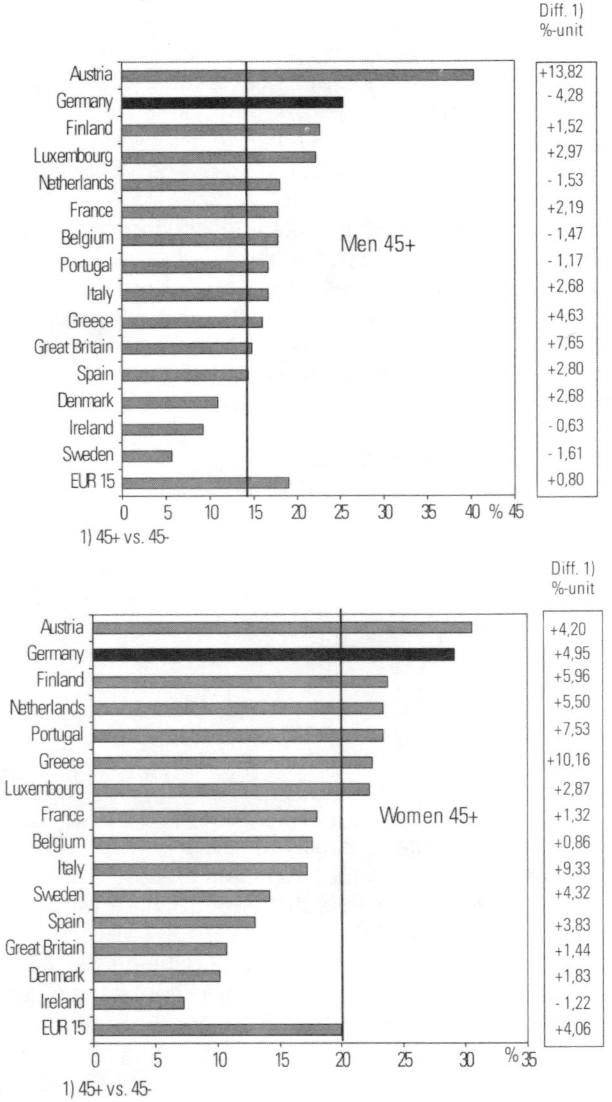

Quelle: Ilmarinen 1999:49

ca. 5% häufiger arbeitsunfähig wegen Krankheit als die Frauen unter 45.

➔ Solche Ergebnisse können auf Betriebsebene überprüft werden.

Entsprechend den Ergebnissen des EURO-Barometers (1996) war bei den Älteren die Anzahl der Kurzzeitarbeitsunfähigkeit kleiner, aber die Anzahl von länger dauernder Arbeitsunfähigkeit größer, wenn als Vergleichspunkt das Alter über und unter 45 Jahre genommen wird. Man sieht im Ländervergleich erhebliche Unterschiede bei der länger dauernden Arbeitsunfähigkeit, wenn man den Jahreszeitraum betrachtet. Zum Beispiel sind die Werte in Dänemark fast halb so hoch wie die bei finnischen Männern und Frauen. Das gilt noch deutlicher im Vergleich mit Deutschland. Es ist unklar, wie weit die erheblichen Unterschiede durch unterschiedliche Datenerfassungen und Differenzen in den Regeln und Bestimmungen der einzelnen Länder verursacht werden. Zusammenfassend kann man davon ausgehen, dass Arbeitsunfähigkeit wegen Krankheit sowohl die Möglichkeit älterer Menschen widerspiegelt krank zu werden, als auch das Ausmaß, in dem chronische Krankheiten das Arbeiten behindern.

Tabelle 17 bearbeitet die Frage, wie weit chronische Krankheiten Einfluss auf das Arbeitsleben nehmen.

Abb./Tab. 17: Gesundheitsprobleme und Arbeitserschwernis in Europa

Wird ihre Arbeit für sie dadurch erschwert, dass sie an einem chronischen oder lang dauernden Gesundheitsproblem leiden? Auffassung nach Geschlecht und Altergruppe in der Europäischen Union, Prozent (EURO-Barometer 1996).

Altersgruppe	Männer, n=9054		Frauen, n=6728	
	Ja	nein[a]	Ja	Nein
< 45 Jahre	12,54	87,46	13,82	86,18
= 45 Jahre	18,42	81,58	21,58	78,15
n	1323	7731	1096	5632

[a] nein = keine chronischen Krankheiten

Quelle: Ilmarinen 1999:50

Lesebeispiel: Benutzt man die Einteilung über/unter 45 Jahre, dann findet man bei den Jüngeren 12,5% der Männer und 13,8% der Frauen, die durch ein chronisches Leiden im Arbeitsleben behindert werden.

❖ Für die ältere Gruppe liegt die Differenz bei ungefähr 6,7 Prozentpunkten sowohl für Männer als auch für Frauen.

Abb./Tab. 18: Gesundheitsprobleme und Arbeitserschwernis in Europa im Ländervergleich

Wird ihre Arbeit erschwert durch irgendein chronisches oder lang dauerndes Gesundheitsproblem? Verhältnis der Ja-Antworten (Prozent) von Männern und Frauen über 45 Jahre und Differenzen (in Prozentpunkten) zwischen älteren und jüngeren Männern und Frauen in den Mitgliedsländern der Europäischen Union (EURO-Barometer 1996), EUR 15 = gewichteter Durchschnitt

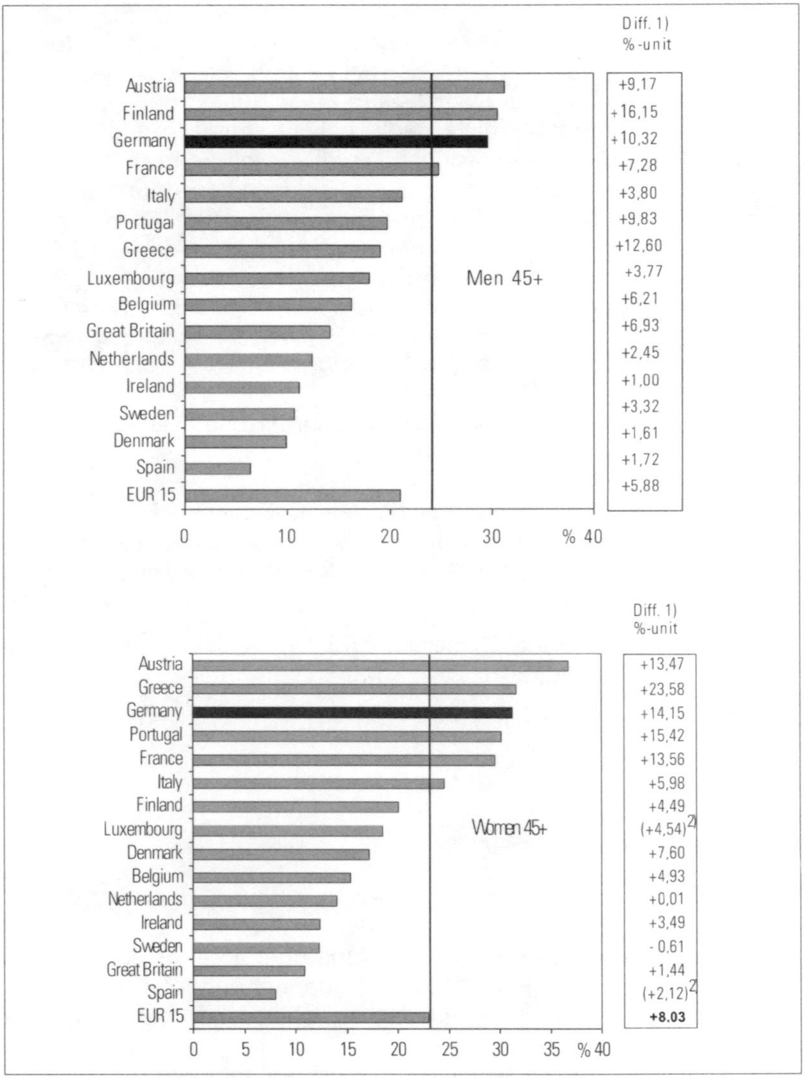

Quelle: Ilmarinen 1999:51

Untersucht man die Verhältnisse genauer nach EU-Ländern, dann finden wir erhebliche Unterschiede zwischen den einzelnen Nationen (s. Abb. 18). Bei dieser Tabelle sind zwei Punkte zu beachten:

- Einerseits die erheblichen Unterschiede in der Wahrnehmung der Behinderung durch ein chronisches Leiden. Hier spiegelt die Tabelle die Rangfolge wider. An der Spitze liegen bei den Männern Österreich, Finnland, Deutschland, Frankreich (überdurchschnittliche Werte) und bei den Frauen Österreich, Griechenland, Deutschland, Portugal, Frankreich und Italien (überdurchschnittliche Werte). Genauso wichtig ist aber die Frage, warum z.B. in Spanien, Dänemark und Schweden die angegebene Behinderung durch ein chronisches Leiden bei der Arbeit geringer wahrgenommen wird.
- Andererseits gibt es bei der Frage nach den Differenzen zwischen beiden Altersgruppen erhebliche Länderunterschiede. So sind bei den Männern die Unterschiede in Finnland, Griechenland, Deutschland und Österreich am größten. Bei den Frauen finden wir die höchsten Prozentpunkt-Differenzen in Griechenland, Portugal, Deutschland, Frankreich und Österreich. Hier ergeben sich z.B. Überlegungen, warum finnische Frauen (+4,5%) sich so erheblich von finnischen Männern (+16,2%) unterscheiden. Weiterhin wäre im Detail zu untersuchen, warum sich bei niederländischen Frauen praktisch keine Differenz zwischen den beiden Altersgruppen findet. Ähnliches gilt z.B. auch für irische Männer und schwedische Frauen.

Es gibt zwei Möglichkeiten, solche Unterschiede zu interpretieren. Die erste ist, dass wahrscheinlich – dies ist zumindest für die finnische Bevölkerung anzunehmen – ein Mann, wenn er über 45 Jahre alt ist und krank wird, dies nicht gerne zeigen möchte. Es werden große Anstrengungen unternommen, dies zu verschleiern, man soll nicht erkennen können, dass er in Schwierigkeiten geraten ist, die gestellte Arbeitsaufgabe zu bewältigen. Daraus entwickelt sich schrittweise ein weit verbreitetes – im Grunde negatives – Bewältigungsmuster durch Leugnung oder Verdrängung eines Problems.
Die zweite Möglichkeit besteht darin, dass die Vorarbeiter und unmittelbaren Vorgesetzten gegenüber der Entwicklung von Schwäche und Krankheit eine negative Haltung einnehmen, die dann – mit allen negativen Konsequenzen – die geschilderte Bewältigungsform verstärkt und unterhält.
Wir finden andere Entwicklungen in Schweden und Dänemark, wo man offen darüber spricht, dass bestimmte Schwierigkeiten im Arbeitsleben alters- oder krankheitsabhängig auftreten, dass man sich dem Problem stellen und nach neuen Lösungen suchen muss.

Die *chronischen Leiden oder lang dauernden Gesundheitsprobleme*, die Einfluss auf das Arbeitsleben haben, sind deshalb so bedeutsam, weil diese sich (fast) immer langfristig entwickeln (s. z.B. die Spätschäden bei Nachtschichtarbeit).

❖ Da der menschliche Organismus über eine Reihe von Regulations- und Kompensationsmöglichkeiten verfügt, mit deren Hilfe Leistungseinschränkungen und/oder beginnende Erkrankungen ausgeglichen werden, können Fehlbelastungen über lange Zeit ertragen und ausgeglichen werden.

Zum Traum von den jungen, olympiareifen Mannschaften ist abschließend festzustellen, dass es diese im Kern nicht gibt, weil auch jüngere Menschen von Krankheit und Arbeitsunfähigkeit belastet sind und insgesamt zwei Drittel aller Befragten über 45 Jahre keine chronische Erkrankung angaben, die sie im Arbeitsleben behindert. Anderseits findet man ein Drittel der Arbeitnehmer über 45, die von krankheitsbedingten Einschränkungen im Arbeitsleben berichten. Das Ergebnis unterstreicht zwei zentrale Punkte, die mit den Veränderungen des Gesundheitszustandes von älter werdenden Menschen verknüpft sind:

- Die Schwierigkeiten, die chronischen Kranken im Arbeitsleben entstehen, könnten besonders dadurch abgemildert werden, dass am Arbeitsplatz, bei der Arbeitsaufgabe und den Arbeitsmethoden Veränderungen vorgenommen werden, die besser mit dem jeweiligen Gesundheitszustand des Individuums zusammenpassen.
- Dies würde für jüngere wie ältere Arbeitnehmer gleichermaßen gelten, wenn sie unter einer chronischen oder lang dauernden Krankheit leiden. Dabei ist gleichzeitig eine optimale medizinische Behandlung dieser Krankheit notwendig.
- In diesem Zusammenhang wird die Bedeutung der betrieblichen Gesundheitsdienste zunehmen, weil deren Kenntnisse über die konkreten Arbeitsbedingungen der Betroffenen benötigt werden, um ihre Integration auch bei nachlassender Arbeitsfähigkeit zu sichern.

Der Verlauf des Arbeitslebens wird durch diese chronischen Leiden und Gesundheitsprobleme entschieden, nicht durch einzelne akute Erkrankungen. Die Abbildung 19 zeigt den Prozentsatz derjenigen, die in den verschiedenen Berufen »normal« das Rentenalter erreichen, und derjenigen, die aus Krankheitsgründen ausscheiden und vorzeitig wegen verminderter Erwerbsfähigkeit berentet werden müssen.

- Daraus ergeben sich nicht nur Hinweise auf Defizite, sondern auch
- auf Gestaltungsspielräume für Unternehmen wie Mitarbeiter, ihre Positionen in den einzelnen Branchen durch Verbesserung der betrieblichen Gesundheitsförderung zu stärken.

➔ Weiterhin könnte es sinnvoll sein, die Kosten zu berechnen, die dadurch entstehen, dass die individuelle Rehabilitation eines Versicherten nicht ausreichend mit spezifischen Veränderungen am Arbeitsplatz verknüpft ist.

Abb./Tab. 19: Rentenzugänge nach Berufen in Deutschland

Rentenzugänge 1997 nach ausgewählten Berufen vor Rentenbeginn (ohne Renten wegen Todes). (Quelle: VDR Statistik, Bd. 125, 1998; sowie eigene Berechnungen)

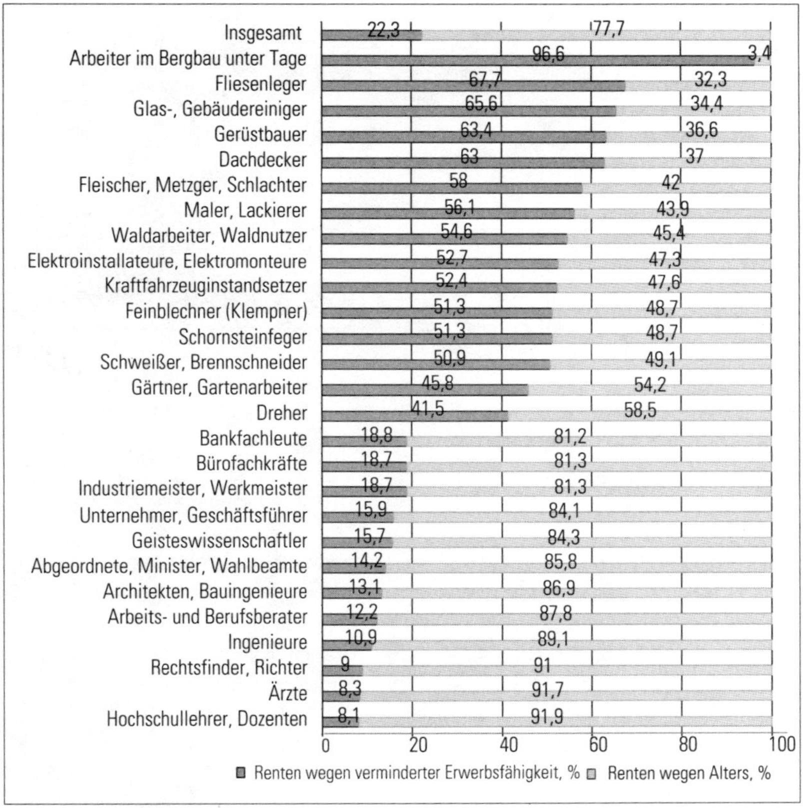

Quelle: Morschhäuser 1999:106

Lesebeispiel: Auf der Y-Achse finden wir die verschiedenen Berufe, auf der X-Achse im dunklen Feld die Renten wegen verminderter Erwerbsfähigkeit und im hellen Feld die Renten wegen Erreichen der Altersgrenze. Insgesamt erreichen nur 77,7% der Versicherten die Rente aus Altersgründen. Je höher der Anteil an körperlicher Belastung in den einzelnen Berufen ist, desto größer ist der Anteil der vorzeitig Berenteten wegen Minderung der Erwerbsfähigkeit.

Diese Erkrankungen haben ihre Ursprünge aber keineswegs in den letzten Berufsjahren, sondern beginnen prozesshaft in den jüngeren Altersgruppen und erreichen dann mit steigendem Lebensalter ihren Höhepunkt.

Abb./Tab. 20: Arbeitsunfähigkeit nach Alter und Krankheitsarten in Deutschland

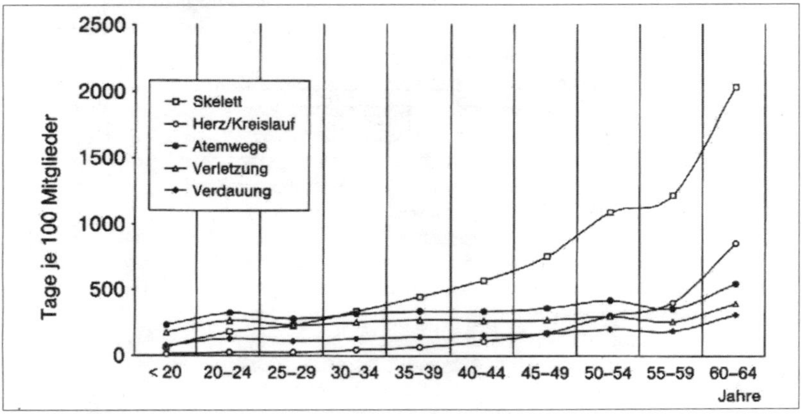

Arbeitsunfähigkeitstage in Deutschland 1996 nach dem Alter und nach Krankheitsarten (Quelle: BKK Bundesverband 1998)

Quelle: Morschhäuser 1999:109

Lesebeispiel: Die Y-Achse zeigt die Arbeitsunfähigkeitstage je 100 Mitglieder (Bundesverband der Betriebskrankenkassen), die X-Achse die Altersgruppen. Die Skeletterkrankungen beginnen teilweise schon in der Lehrzeit durch falsche Unterrichtung der Lehrlinge und Missachtung der einfachsten Regeln des Hebens und Tragens und steigen dann innerhalb von 25 Jahren auf das Dreifache.

Bei den Herz-Kreislauf-Erkrankungen, hier insbesondere bei der koronaren Herzerkrankung und dem Herzinfarkt, wissen wir heute viel genauer, dass der Herzinfarkt selber zwar ein hoch akutes, lebensbedrohliches und dramatisches Ereignis ist, sich die Bedingungen für eine solche Erkrankung aber über Jahre und Jahrzehnte entwickeln.[9]

[9] Eine ausführliche Darstellung dieses Tatbestands findet man u.a. bei: Friczewski, F. , W. Maschewski, et al. (1987): Herz-Kreislauf-Krankheiten und industrielle Arbeitsplätze. Frankfurt u.a., Campus; Ornish, D. (1990): Program for Reversing Heart Disease. The only system scientifically proven to reverse heart disease without drugs or surgery. New York, Random House. S. auch Kapitel 1.2.1 und 1.2.2.

Wenn der Meister den Lehrling »streckt« oder:
»der lange Arm der Arbeit«[10]

Aus der berufsbezogenen Anamnese des Patienten zu seinen Kreuz- und Rückenbeschwerden (Einlage zur Krankenakte, gekürzt), in Behandlung seit 1987, 42 Jahre:
Schwere Beschwerden erstmals 1985, damals 18 Monate arbeitsunfähig. Es bestehen mittlerweile Dauerschmerzen, an die er sich zu gewöhnen versucht.
1971-74, in der Bauschlosserlehre, hat er bereits ein- bis zweimal im Jahr belastungsabhängige Rückenschmerzen gehabt, die jedoch durch »einfache Maßnahmen vorübergingen«. Sein Meister stellte sich gerne Rücken an Rücken zu ihm, die Arme wurde ineinandergehakt und dann hat er ihm durch Vorbeugen die Wirbelsäule gestreckt.
Bei der Bundeswehr 1975-76 war er beschwerdefrei. 1976-77 Kranfahrer in einem Aluminiumwerk ohne körperliche Belastung, aber Abbruch der Arbeit wegen Staubbelastung und »chronischem Husten« (Beschwerdefreiheit durch Entlastung bzw. Arbeitsplatzwechsel).
1977-79 körperliche Schwerstarbeit in einem Eisenhandellager. Er muss Eisenwaren zuschneiden, die Gewichte schwanken von 10 kg bis zu Schwerstgewichten. Er hat einen Kran zur Verfügung, benutzt ihn aber wenig; auch den zweiten Mann, der eigentlich immer im Lager war, holt er eher selten.
1980-86 LKW-Fahrer im Baustoffhandel, Auf- und Abladen von Hand. Nahverkehr, Terminlieferung, 200-300 km Wegstrecke pro Tag: Betonplatten, Zementsäcke, Fenster. Er hat damals – nicht ohne Stolz – auf jeder Körperseite 50 kg Zement getragen. Der Fahrersitz in seinem LKW war völlig veraltet und »verschlissen«, Servolenkung, synchronisiertes Getriebe. Damals 18 Monate AU mit Unterbrechungen, erste Kur 1985.
1987 Umzug und Arbeit in einem Tanklager. Be- und Entladen von Kesselwagen mit Schlauchleitungen. Als Schichtführer will er auch Vorbild sein und scheut keinerlei Belastung, Dreischichtarbeit. Bis 1990 mehrmals Arbeitsunfähigkeit bis zu vier Wochen.
Das Krankeitsbild ist inzwischen chronifiziert. Weder fachärztliche Diagnostik und Behandlung noch Krankengymnastik, Massagen oder Fango bringen irgendeine Veränderung. Die röntgenologischen Befunde sind vergleichsweise unauffällig. Schließlich entscheidet er sich zu einem Arbeitsplatzwechsel und macht

---

[10] Meissner 1971, zitiert aus: Österreich, R. und W. Volpert, (Hrsg.) (1998): Psychologie gesundheitsgerechter Arbeitsbedingungen. Schriften zur Arbeitspsychologie. Bern u.a., Verlag Hans Huber.

sich selbständig als Kleintransportunternehmer. Er hofft, dass er sich die Arbeit dann besser einteilen und aus der Schichtarbeit herauskommen kann:
Ab 1990 Kleintransporte, Pakete bis 25 kg. Das Unternehmen läuft gut an, scheitert aber an einem nicht arbeitsbedingten Problem. Ab 1991 wieder Lagermeister mit schwerster körperlicher Belastung bis 150 kg. Dies führt dann 1993 zum endgültigen Zusammenbruch und Arbeitsunfähigkeit bis Ende 1994. Aus einer zweiten Kur 1993 wird er arbeitsunfähig entlassen.
Der Zustand des Patienten wird mittlerweile von der Ausweglosigkeit der Situation bestimmt, und er zieht sich immer weiter zurück. (Tempel 1995)

Dieses Fallbeispiel beschreibt die individuelle Entwicklung eines Arbeiters zum erwerbsunfähigen Frührentner, und manchem mag dieses als ein Sonderfall vorkommen. Dass dies keineswegs der Fall ist, zeigen die finnischen Studien. Dabei wurde die Häufigkeit von Muskel- und Knochenerkrankungen bei drei Altersgruppen von Männern und Frauen untersucht, die über einen Zeitraum von 11 Jahren von 1981-1992 beobachtet wurden. Es handelt sich also um eine echte Verlaufsstudie (Längsschnittstudie), bei der die Entwicklung einer größeren Personenzahl systematisch erfasst wurde (s. Abb. 21).

Lesebeispiel: Die Y-Achse zeigt den Prozentsatz der Personen, die an einer oder mehreren muskuloskelettalen Erkrankungen leiden, die X-Achse die Altersgruppen für Frauen und Männer. Die schwarze Säule entspricht der Erstuntersuchung 1981, die weiße Säule der Kontrolluntersuchung 1992. Dabei erkennt man, dass bereits

- ❖ bei den Frauen in der Altersgruppe 44-48 der Anteil derjenigen, die an Knochen- und Muskelerkrankungen leiden, von 31 auf 56% ansteigt.
- ❖ Bei den Männern sind es in der gleichen Altersgruppe 27 bzw. 50%.

Der entscheidende Anstieg erfolgt also im mittleren Lebensalter, während im weiteren Verlauf die Werte eher konstant erhöht bleiben. »Im Allgemeinen kann man sagen, dass jeder zweite Mitarbeiter im Betrieb wenigstens eine diagnostizierte muskulo-skelettale Erkrankung hat. Wir können davon ausgehen, dass diese Probleme nicht ausreichend mit individuellem Verhalten (z.B. zu wenig Gymnastik in der Freizeit oder anderes) erklärt werden können.« (ebenda)

➜ Vielmehr ist die Frage zu untersuchen, welche Faktoren im Arbeitsleben solche Krankheitsverläufe begünstigen.

Abb./Tab. 21: Muskelskeletterkrankungen und Alter in Finnland

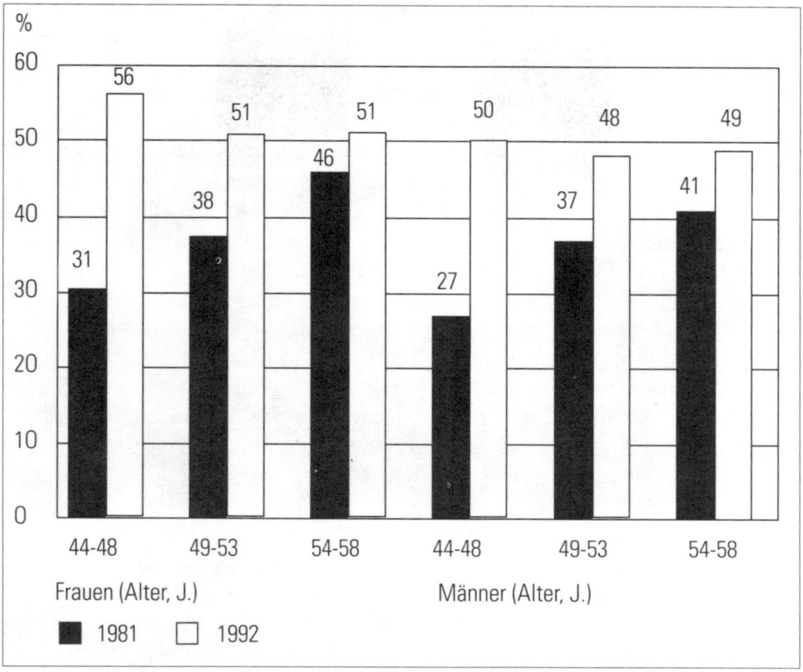

Die Häufigkeit von muskuloskelettalen Erkrankungen im Verlauf des Alterungsprozesses, nach: Seitsamo und Klockars 1997

Quelle: Ilmarinen und Tempel 2000

1.2 Friss Vogel oder stirb: Mitarbeiter in Schwierigkeiten

Um zu überleben, waren die Menschen gezwungen, sich in mancherlei Weise wie Tiere zu verhalten. Ähnlich jungen, kräftigen Wölfen, die sich vom alten Führer des Rudels absetzten, so pflegten die Menschen ihre Alten zurückzulassen, um sich ohne jene Extrabelastung schneller bewegen zu können.
Die beiden Frauen saßen vor der Feuerstelle, alt und schmal, doch mit stolz erhobenem Kinn. So verbargen sie ihr Entsetzen. Als sie jünger waren, hatten sie erlebt, wie alte Menschen zurückgelassen worden waren. Aber sie hätten niemals gedacht, dass dieses Schicksal sie selbst treffen könnte. Sie starrten betäubt vor sich hin, so als hätten sie nicht gehört, dass der Häuptling sie zum sicheren Tod verurteilt hatte, ihrem Schicksal überlassen in einem Land, das nur Stärke verstand. Zwei schwache,

alte Frauen hatten keine Chance gegen dieses Gesetz der Stärke. Sie wussten sich keinen Rat, als sie die Botschaft vernahmen, und es fehlten ihnen die Worte zu ihrer Verteidigung.
Als seine Mutter sich daran machte, ihre Sachen zusammenzupacken, wandte (der Junge) sich zu seiner Großmutter. Obwohl sie so tat, als sehe sie einfach durch ihn hindurch, vergewisserte er sich, dass keiner ihn beobachtete, und zeigte auf seinen leeren Gürtel und dann auf die Fichte. Noch einmal schaute er seine Großmutter mit einem Ausdruck der Verzweiflung an, wandte sich widerstrebend um und ging fort zu den anderen. Und mit sinkendem Mut wünschte er sich, er könnte ein Wunder vollbringen, um diesem albtraumhaften Tag ein Ende zu bereiten. Der lange Zug des ausgehungerten Volkes setzte sich langsam in Bewegung, und zurück blieben die zwei Frauen. Sie saßen immer noch wie betäubt auf ihren aufgehäuften Fichtenzweigen. Das kleine Feuer warf einen weichen orangefarbenen Schein auf ihre verwitterten Gesichter. (Aus: Zwei alte Frauen)

Volkholz betrachtet die bereits beschriebene Umschichtung der Erwerbstätigen detaillierter und verweist darauf, dass »die traditionellen Dienstleistungstätigkeiten (z.B. Verkehr, Handel) stagnieren (Sektor III). Die neuen informationsverarbeitenden Tätigkeiten sind in den Jahren 1960 bis 2000 nahezu explosionsartig gewachsen (Sektor IV).

Für die erste Verdoppelung des Anteils der informationsverarbeitenden Tätigkeiten in den Berufen der Erwerbstätigen wurden etwa 80 Jahre (1882-1960) benötigt; die zweite gegenwärtige Verdoppelung vollzieht sich in der Hälfte der Zeit (1960-2000).

Man kann sagen: Im Vergleich zu früher hat sich die Geschwindigkeit des Strukturwandels verdoppelt. Es ist relativ selten, dass sich solche Aussagen – wie hier geschehen – messbar objektivieren lassen.« (Volkholz 2000:18)

Siehe dazu die Abbildung 22: Die Grafik zeigt nicht nur die Geschwindigkeit, mit der der Informationsbereich IV zunimmt, und die Geschwindigkeit, mit der der Sektor II, der eigentliche Produktionsbereich, von 40 auf 20% absinkt. Hinter diesen mehr statistisch-epidemiologischen Betrachtungen verbirgt sich das individuelle Problem, dass immer mehr Menschen gezwungen sind, ihre alten und ihnen persönlich lieb gewordenen Tätigkeiten aufzugeben, neue Qualifikationen zu erwerben und wiederholt Phasen der Instabilität im Arbeitsleben zu bewältigen.

Wie viele Beschäftigte erleben solche Veränderungen als Fortschritt und als Auflösung von verkrusteten und überholten sozialen Strukturen im Arbeitsleben? Mitarbeiter der jetzigen Deutschen Telekom AG erinnern sich manchmal kopfschüttelnd an die Zeiten, als bei Eintreten des Vorgesetzten in das Dienstzimmer jegliches Gespräch verstumm-

Abb./Tab. 22: Entwicklung der Sektoren des Arbeitslebens in Deutschland

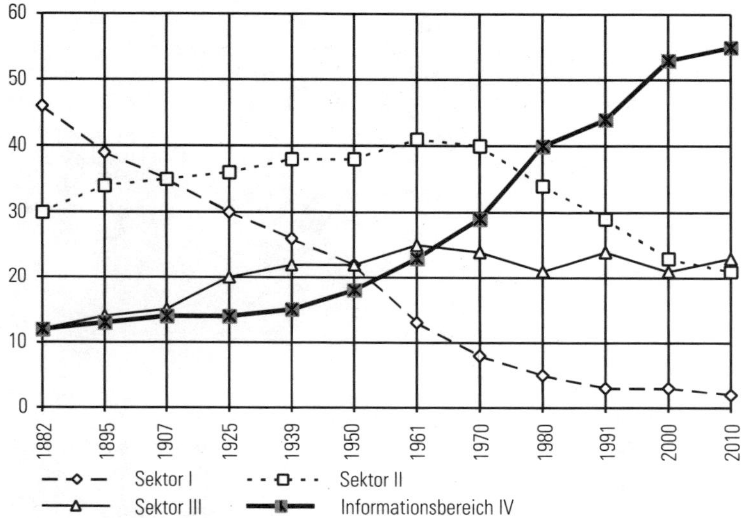

Erläuterungen:
Ein Beruf ist als Informationsberuf definiert, wenn zumindest 75% aller Tätigkeiten, die bei ihm anfallen, informationsverarbeitenden Charakter haben.
Die Herausfilterung der so definierten Informationsberufe aus den drei Wirtschaftssektoren erfolgt mittels Berufs-/Wirtschaftszweig-Matrizen. Die so aus den primären, sekundären und tertiären Sektoren abgezogenen Berufe werden sodann in dem Informationssektor (IV) zusammengefasst.
Auf diese Weise entstehen folgende vier Sektoren:

Sektor I: Agrar-Sektor – informationsverarbeitende Tätigkeiten = landwirtschaftliche Tätigkeiten (Sektor I)

Sektor II: Produzierender Sektor – informationsverarbeitende Tätigkeiten = produktionsorientierte Tätigkeiten (Sektor II)

Sektor III: Dienstleistungssektor – informationsverarbeitende Tätigkeiten = Dienstleistungstätigkeiten (Sektor III)

Sektor IV: Informationsverarbeitende Tätigkeiten aus den Sektoren I + II + III = informationsverarbeitende Tätigkeiten (Sektor IV)

Angegeben ist damit, wie durch Transformation aus dem 3-Sektorenmodell bestehend aus Wirtschaftsbereichen ein 4-Sektorenmodell bestehend aus Tätigkeiten wird. Mittels der Berufs-/Wirtschaftszweig-Matrizen lässt sich das 4-Sektorenmodell rückwärts und vorwärts (re)konstruieren.

Quelle: Volkholz 2000:19

Abb./Tab. 23: Das erlebte und gewünschte Tempo der Veränderung in Deutschland

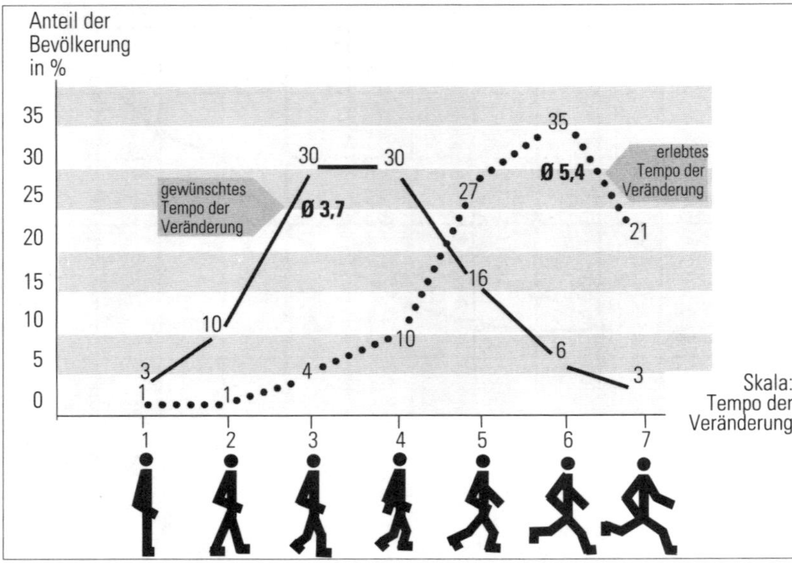

Quelle: Volkholz 2000:22

te, Telefongespräche abgebrochen wurden und manche Mitarbeiterin und mancher Mitarbeiter sich vom Stuhl erhoben, um den Vorgesetzten zu begrüßen.

Wie viele sind es, die andererseits die neue Entwicklung, »den neuen Kapitalismus als oft unverständliche Ausübung von Macht« erleben? »Vielleicht ist der am meisten verwirrende Aspekt von Flexibilität ihre Auswirkung auf den persönlichen Charakter.[11] ... Der Charakter konzentriert sich besonders auf die Langzeiteffekte unserer emotionalen Erfahrungen. Der Charakter drückt seine Qualitäten aus durch Loyalität und gegenseitige Verpflichtung oder durch das Verfolgen von langzeitigen Zielen oder durch die Bereitschaft, auf kurzfristige Gratifikation zu verzichten zum Wohle der zukünftigen Entwicklung. Aus der Verwirrung der Gefühle heraus, in der wir uns alle befinden zu einem gegebenen Zeitpunkt, versuchen wir, irgendetwas zu retten und aufrechtzuhalten; diese lang dauernden, verlässlichen Gefühle sind es, die unserer charakterlichen Entwicklung nützen. Es sind die persönlichen Eigenschaften und Merkmale, die wir an uns selbst schätzen und für die wir von anderen geschätzt werden wollen.« (Sennett und Cobb

[11] Der Begriff Charakter wird von Sennett im Sinne von Persönlichkeit oder Ich-Struktur benutzt.

1993:10). Es kommt somit zu einer deutlichen Verschiebung der Belastungen im Arbeitsleben in den psycho-sozialen Bereich.

Gleichzeitig verläuft dieser Prozess mit einer Geschwindigkeit, die diese beschriebene Belastung zusätzlich steigert. Befragt man Betroffene über ihre Wahrnehmungen zum »Tempo der Veränderung«, dann lässt sich eine erhebliche Diskrepanz zwischen gewünschtem und erlebtem Veränderungstempo beschreiben (s. Abbildung 23).

Lesebeispiel: Auf der Y-Achse findet sich der Anteil der Bevölkerung in Prozent. Die X-Achse beschreibt eine Skala von 1-7, mit deren Hilfe das Tempo der Veränderung eingestuft werden kann. Die Befragten haben ihre subjektive Wahrnehmung angegeben. Man kann das sehr schön mit Hilfe der benutzten Symbole erkennen. Weiterhin wurde gefragt, welches Veränderungstempo sie sich selber wünschten.

❖ Es zeigt sich dabei, dass ein Drittel der Befragten das **gewünschte Tempo** durchschnittlich im **Bereich 3,7** einstufen, während das **wahrgenommene Tempo** bei **5,4** eingestuft wird.

Unterteilt man nun die Auffassung der Befragten nach den Altersgruppen, so liegt die **Diskrepanz zwischen gewünschtem und erlebtem Tempo der Veränderung** im Durchschnitt bei **1,7**.

Abb./Tab. 24: Das erlebte und gewünschte Tempo der Veränderung nach Altersgruppen

	erlebte Zeit	gewünschte Zeit	Diskrepanz
16-29	5,2	4,2	1
30-44	5,6	3,9	1,7
45-59	5,7	3,8	1,9
60 u. älter	5,8	3,6	2,2
gesamt	5,6	3,9	1,7

Quelle: Volkholz 2000:22

Lesebeispiel: Die erste Säule beschreibt die Altersgruppen, nach denen unterschieden worden ist. Die zweite Säule gibt die erlebten, die dritte die gewünschten Werte. Die vierte Säule beschreibt die Diskrepanz (Wunsch minus Erleben).

❖ Jüngere Menschen in der Altersgruppe 16 – 29 sehen nur ein geringes Missverhältnis (1,0), während dies mit steigendem Alter deutlich zunimmt und schließlich ein Maximum von 2,2 bei der Gruppe 60 u. älter erreicht.

● Und: Wie fühlt sich ein Mensch, der auf Dauer anders lebt, als er es sich wünscht?

Volkholz fasst diese Ergebnisse zusammen: »Mit zunehmendem Lebensalter steigt die Diskrepanz zwischen erlebter und erwünschter

Zeitveränderung. Angesichts einer alternden Gesellschaft ist dies auch ein Hinweis auf das zukünftige Zeitgefühl der Bevölkerung. Im Übrigen ist keine Untersuchung bekannt, die nachgeprüft hat, wie weit die Angaben zu steigenden psycho-mentalen Anforderungen mit dem jeweiligen Muster des Zeitgefühls zusammenhängen.« (Volkholz 2000:23)

Insgesamt kann der beschriebene Wandel des Arbeitslebens eine wachsende Zahl von Beschäftigten in folgende Problemsituationen bringen:

- Die vorhandene Qualifikation geht ganz oder teilweise verloren. Daraus resultiert ein erheblicher Druck zur Weiterbildung bis hin zum Erwerb völlig neuer Qualifikationen.
- Die Gangart dieses Veränderungsprozesses wird richtungsweisend durch Zeitdruck bestimmt, der im Gegensatz zum Wunsch der Betroffenen steht, über ausreichend Zeit zu verfügen, um die neue Lebens- und Arbeitssituation zu bewältigen.
- Solche Veränderungsprozesse treten meistens kombiniert auf (z.B. Umstrukturierung in Kombination mit Personalabbau), so dass Beschäftigte in Situationen geraten, in denen sie mit dem Rücken an der Wand stehen und die Alternative nur im Verlassen oder im Verlust des Arbeitsplatzes besteht.

1.2.1 Die Sorgen um den Arbeitsplatz

Stellen Sie sich zunächst die folgende Szene vor: Im Rahmen ihrer Weiterbildung auf dem Gebiet der Arbeitsmedizin nehmen Ärztinnen und Ärzte an einer Betriebsbesichtigung teil. Es handelt sich um ein Unternehmen, das hoch qualifiziertes technisches Hilfsgerät herstellt, z.T. in Handarbeit ohne jeglichen Zeitdruck, um die Qualität des Produktes zu sichern. Dieses Unternehmen steht unter erheblichem Konkurrenzdruck, und es gibt verschiedene Bestrebungen, Personal- wie auch Produktionskosten zu senken.

Im Rahmen dieser Besichtigung stoßen zwei der Teilnehmer auf eine Stellwand, die öffentlich im Betrieb einzusehen ist, auf der eine »Hitliste« derjenigen aufgezeichnet ist, die in den letzten Monaten am häufigsten krank waren. Die Betroffenen werden mit vollem Namen genannt, also öffentlich wegen ihrer häufigeren Arbeitsunfähigkeit an den Pranger gestellt.

Auf die entsetzte Frage der Teilnehmer, wie denn so etwas möglich sei, erfolgt die lapidare Erklärung: »Das Unternehmen ist von einem amerikanischen Konzern übernommen worden, unsere Produktionskosten sind zu hoch, da stehen wir mit dem Rücken an der Wand.« Auf weiteres Nachfragen war zu erfahren, dass auch der Betriebsrat keine Möglichkeit gefunden hat, das Aufstellen dieser Tafeln zu verhindern.

Weiterhin mögen die Leserinnen und Leser sich an eigene Erfahrungen im Arbeitsleben, im Rahmen der Familie oder des Bekanntenkreises erinnern: Wie oft und wie lange wurde in den letzten Jahren mit

Schließung der Abteilung oder des Unternehmens gedroht, wenn die eine oder andere Bedingung von den Arbeitnehmern nicht erfüllt würde?

Solche Drohungen haben Wirkungen nicht nur auf Verhandlungspartner und bestehende Verträge im Rahmen betrieblicher Auseinandersetzungen. Sie haben auch Wirkungen auf die seelische Verfassung der betroffenen Mitarbeiterinnen und Mitarbeiter und gelten mittlerweile als wichtige Bestandteile der oben beschriebenen psycho-sozialen Belastungen, die jetzt durch den kontinuierlichen Wandel des Arbeitslebens entstehen und untersucht werden können.

Bereits 1991 hat Siegrist dazu eine Studie veröffentlicht: »Wir verfolgten eine Gruppe mehrerer hundert Metallarbeiter, die zu Beginn ohne Anzeichen von Herzkrankheiten waren, prospektiv (verlaufsbezogen nach Risikofaktoren und Krankheitsentwicklungen, d. Verf.) über 6,5 Jahre. 5,9% dieser Arbeiter erlebten in diesem Zeitraum einen Herzinfarkt (stumm oder manifest, nicht-tödlich oder tödlich).

Wie erwartet wiesen die zukünftigen Infarktopfer höhere Blutfettwerte und Blutdruckwerte auf als die Gesundgebliebenen, und sie waren in ihrem Alter etwas weiter fortgeschritten.« (Siegrist 1991:5) Eine genauere Analyse ergab dann:

- »Das relative Risiko eines zukünftigen Herzinfarktes war bei jenen Metallarbeiters, die zu Beginn unter der Befürchtung litten, arbeitslos zu werden, drei Mal so hoch wie bei den Stabilbeschäftigten.« (ebd.)
- Diese Ergebnisse waren unabhängig von anderen Risikofaktoren, die zu einem Herzinfarkt führen können, wie Bluthochdruck, Blutfett, Alter und Körpergewicht.
- Man kann also sagen, dass die chronische Sorge um den Arbeitsplatz oder ggf. die lang dauernde Androhung des Verlustes des Arbeitsplatzes zur Entwicklung eines Herzinfarktes beitragen können.

Dass Sorgen um den Arbeitsplatz allgemein krankheitsverursachende (pathogene) Wirkungen haben können, wurde mittlerweile auch in einer anderen Studie nachgewiesen. In Sachsen hat man in den Jahren 1991-1994 die gesundheitlichen Folgen der zunehmenden Arbeitslosigkeit untersucht. Bei der Bearbeitung der Daten ergab sich dann eine besondere Gruppe von Befragten: Berufstätige, die »in Sorgen um ihren Arbeitsplatz waren.« (Harych 1995:84) (s. Abb. 25, S. 56)

Lesebeispiel: Auf der Y-Achse findet sich die Anzahl der chronischen Krankheiten auf je 1.000 untersuchte Personen. Auf der X-Achse wird unterschieden nach Geschlecht. Die Säulen stellen die unterschiedlichen Gruppen der Befragten dar. Die Erhebungen wurden durchgeführt im Rahmen von Arztbesuchen.

Man fand heraus, dass Berufstätige ohne Sorge um ihren Arbeitsplatz den niedrigsten Anteil von chronischen Krankheiten hatten, während z.B. Berufstätige in Sorge um den Arbeitsplatz deutlich mehr chro-

Abb./Tab. 25: Stand im Berufsleben und chronische Krankheiten in Deutschland

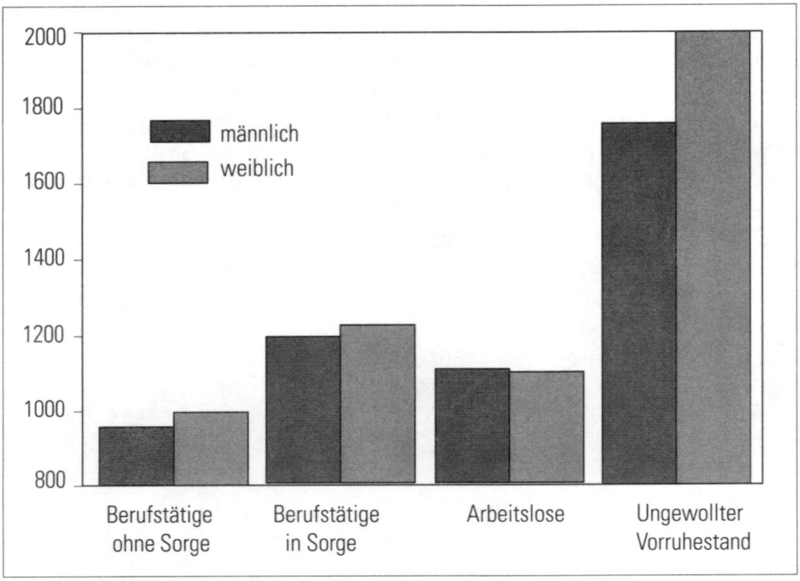

Quelle: Harych 1995:84

nische Krankheiten hatten als die vorherige Gruppe, aber auch als die Arbeitslosen. Weiterhin fällt auf, dass diejenigen Untersuchten, die ungewollt in den Vorruhestand versetzt oder gedrängt worden waren, den höchsten Anteil an chronischen Krankheiten in der Stichprobe hatten (s. Tab. 26).

Abb./Tab. 26: Ungewollter Vorruhestand und chronische Krankheiten in Deutschland

	Stand im Berufsleben			
Anzahl chronischer Erkrankungen	Berufstätige %	Arbeitslose %	Ungew. Vorruhestand %	Gesamt %
Keine	48,4	38,1	28,8	43,8
Eine	28,7	30,3	12,0	27,6
2-3	19,3	25,4	42,4	23,1
Mehr als 3	3,6	6,2	16,8	5,5
n abs.	865	386	125	1376

Quelle: Harych 1995:107

Berufstätige in Sorge um den Arbeitsplatz befinden sich aber nicht nur in einer äußerst instabilen Arbeitssituation, an der sie erkranken können. Sie unternehmen gleichzeitig große Anstrengungen, dieses Problem zu bewältigen und entweder den vorhandenen Arbeitsplatz abzusichern oder in einen anderen, möglichst sicheren hinüberzuwechseln.

Die englische **Whitehall II-Studie** untersucht das Gesundheitsverhalten bzw. die mögliche Entwicklung von riskanten Verhaltensweisen bei Beschäftigten, denen über mehrere Jahre der Verlust des Arbeitsplatzes durch Privatisierung ihrer speziellen Abteilung drohte. (Ferrie, Shipley et al. 1995) Auch hier konnte erhoben werden, dass sich das subjektive *Gesundheitsbefinden* der Betroffenen im Vergleich mit 19 anderen Abteilungen, die nicht von Privatisierung bedroht waren, deutlich verschlechtert hat. Es konnte aber außerdem dokumentiert werden, dass das konkrete *Gesundheitsverhalten* dieser Menschen keine wesentlichen Unterschiede im Vergleich mit den anderen Beschäftigten aufwies.

Zusammenfassend muss festgehalten werden, dass

- ❖ Mitarbeiterinnen und Mitarbeiter in lang dauernder Sorge um den Arbeitsplatz und die weiteren Perspektiven im Arbeitsleben zusätzlichen gesundheitlichen Risiken ausgesetzt sind und
- ❖ dass sie aus eigener Kraft Anstrengungen unternehmen, um diese schwierige Situation zu bewältigen.
- ● Diese Potenziale, die von Menschen dabei entwickelt werden, können in den von Veränderung betroffenen Betrieben berücksichtigt und gefördert werden (Umschulung, Weiterbildung, Beschäftigungsfähigkeit).

1.2.2 »Dequalifizierung«[12] und Umsetzung

Arbeit dient nicht nur der materiellen Sicherung der Existenz, sondern auch der subjektiven Befriedigung; sie soll zudem sinnvoll sein und Freude machen. In Übungen, Seminaren und Diskussionen taucht bei allen Teilnehmern immer wieder der Wunsch auf, dass sie sich weiterqualifizieren können und ihnen im Arbeitsleben mehr Entscheidungsspielraum und Handlungsfreiheit eingeräumt wird. Wir betrachten zunächst den Sachverhalt. (s. Abb. 27, S. 58)

Lesebeispiel: Das dreidimensionale Modell zeigt die Zusammenhänge zwischen Entscheidungsspielraum (Kontrolle) und psychischer Anforderung im Arbeitsleben. Es wird unterschieden zwischen hoher und niedriger Kontrolle und hoher und niedriger psychischer Anforde-

---

[12] Dequalifizierung wird hier verstanden als Verlust von Qualifikation, Erfahrungswissen und betrieblich eingeräumter Einscheidungskompetenz (mit oder ohne Lohneinbußen) durch betriebliche Umsetzung oder Verlust des Arbeitsplatzes und Neueinstellung in einer niedriger eingestuften Tätigkeit.

Abb./Tab. 27: Arbeitsmerkmale und Häufigkeit von Herzkrankheiten in Schweden

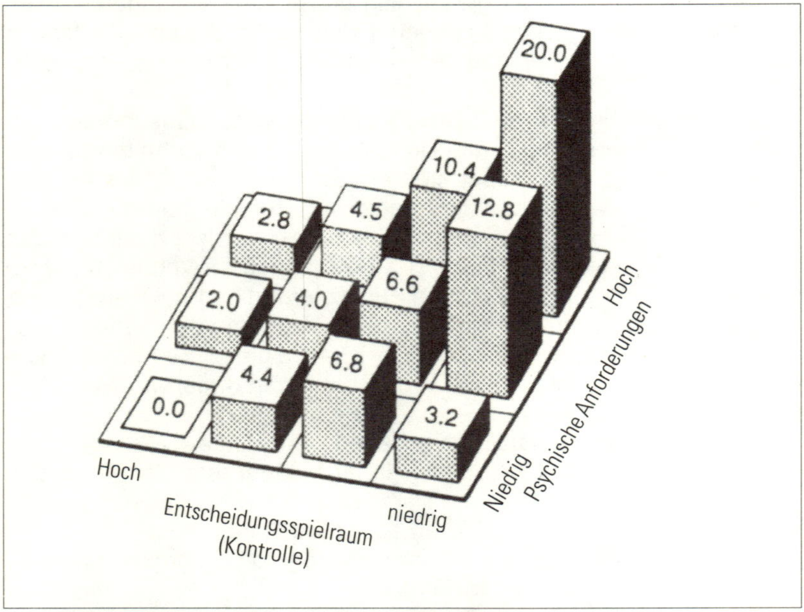

Arbeitsmerkmale (job characteristics) und Häufigkeit von Herzerkrankungen bei schwedischen Männern, 1974, N = 1.161. Die Zahl auf den Säulen gibt den Prozentsatz in jeder Arbeitskategorie mit Symptomen und Beschwerden an.
Quelle: Karasek und Theorell 1990:6

rung. Die Säule mit den Werten 0,0 findet sich im Bereich des hohen Entscheidungsspielraums und der niedrigen psychischen Anforderung im Arbeitsleben. Dieser Wert bildet das Durchschnittsrisiko. Demgegenüber finden wir die höchsten Werte mit 20,0 bei den Berufen, in denen der Entscheidungsspielraum sehr gering und die psychische Anforderung sehr hoch ist. Dadurch wird die Bewältigungsmöglichkeit erheblich eingeschränkt. Langfristig haben diese Menschen ein deutlich höheres Herzerkrankungsrisiko.

Abbildung 28 beschreibt einige typische Tätigkeiten in ihrer Zuordnung zu den oben genannten Tätigkeitsmerkmalen.

Lesebeispiel: In dem Koordinatensystem charakterisiert die Y-Achse den Umfang der Entscheidungskapazität und die X-Achse das Ausmaß der psychischen Belastung im Arbeitsleben. Der Schnittpunkt der beiden Achsen ist der Nullpunkt. Die Achsen sind skaliert, um das Ausmaß der Unterschiede zu dokumentieren. Zur besseren Lesbarkeit haben wir nun die Darstellung in vier Quadranten eingeteilt:

Abb./Tab. 28: Das Verhältnis von psychischen Anforderungen zu Entscheidungsbefugnissen bei amerikanischen Beschäftigten nach Berufsgruppen

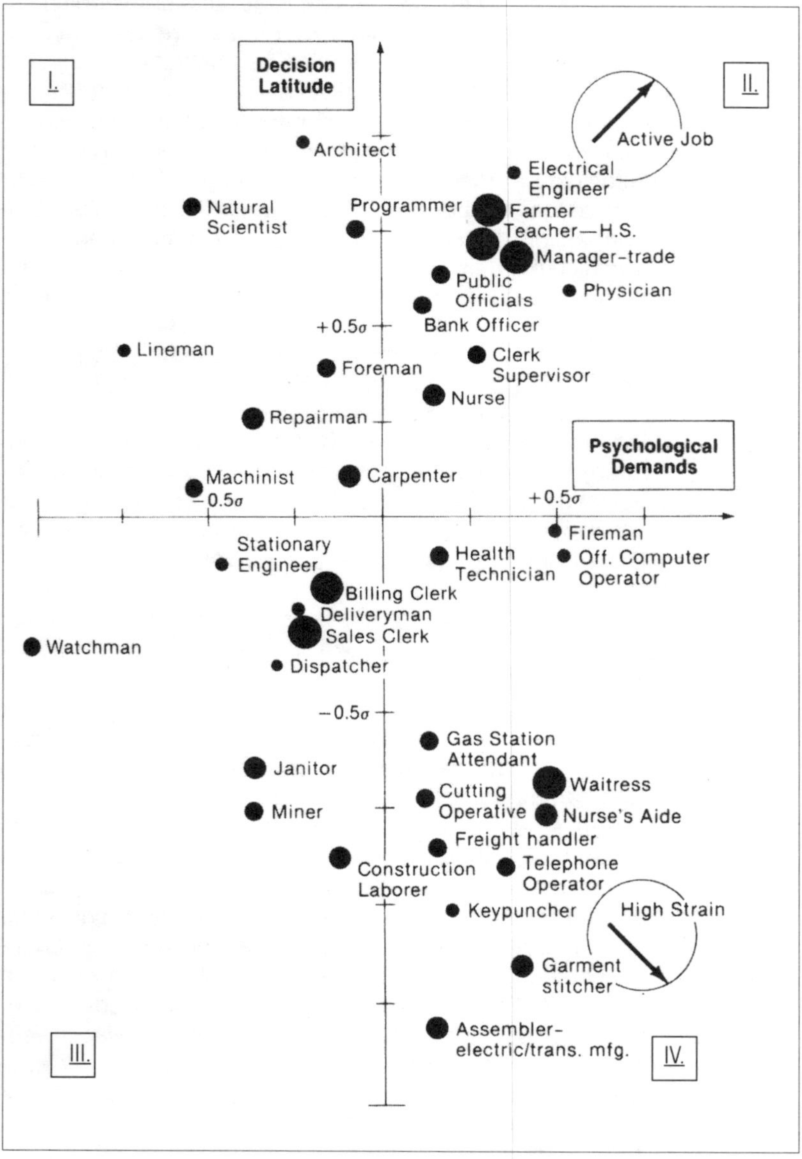

Quelle: Karasek und Theorell 1990:43; modifiziert.
Für die Übersetzung der amerikanischen Berufsbezeichnungen im Rahmen der Abbildung verweisen wir auf den erläuternden Text.

Im *I. Quadranten* findet man die Berufe, die wenig psychische Belastung und – je nach Position entlang der Y-Achse – niedrige oder hohe Entscheidungskapazität haben. Interessant ist für uns der Bereich um den Nullpunkt (Schnittpunkt der Achsen). Hier finden wir z.B. den Zimmermann (Carpenter) unmittelbar im Bereich des Schnittpunktes. Das bedeutet, dass dieser Beruf durchschnittliche psychische Belastung und etwas überdurchschnittliche Entscheidungsbefugnisse hat. In diesem Sektor finden wir auch den Maschinenarbeiter (Machinist), den Reparaturarbeiter (Repairman) und den Vorarbeiter (Foreman). Hier ist interessant, dass gegenüber dem Maschinenführer beim Vorarbeiter vor allen Dingen die Entscheidungsbefugnisse zunehmen, während z.B. im Vergleich mit dem Reparaturarbeiter oder dem Maschinisten die psychischen Belastungen nur geringfügig höher eingestuft werden.

Wir gehen nun in den *II. Quadranten* und finden hier die sog. »Active Jobs«, in denen die psychische Anforderung überdurchschnittlich hoch ist, aber gleichzeitig die Entscheidungsbefugnisse deutlich überdurchschnittlich sind. Hier finden wir die (amerikanische) Krankenschwester (Nurse),[13] den Arzt (Physician), den Lehrer an der Oberschule/Gymnasium (Highschool-Teacher) und z.B. den Elektroingenieur (Electrical Engineer). Diese »Aktiven Berufe« wurden in den 70er und 80er Jahren z.B. in der Bundesrepublik als sog. Managerberufe beschrieben mit einem hohen Risiko, an Herzinfarkt zu erkranken (»Manager-Herzinfarkt«). Wir wissen heute, dass dieses Risiko in dieser Form nie existiert hat (siehe dazu Kapitel 1.1 über die Lebenserwartung verschiedener Berufe).

Im *Quadranten III* finden wir die Berufe mit geringer psychischer Belastung und geringem Entscheidungsspielraum, so z.B. der Wachmann (Watchman), der Pförtner (Janitor), der Verkäufer (Sales Clerk) und z.B. der Telegrammbearbeiter (Dispatcher).

Am wichtigsten sind für unsere Betrachtungen die Berufe im *Quadranten IV,* denn hier finden wir kombiniert eine hohe psychische Belastung mit geringem, unterdurchschnittlichem Entscheidungsspielraum. So hat z.B. der Feuerwehrmann (Fireman) eine überdurchschnittlich hohe psychische Belastung während seiner Arbeit, aber nur durchschnittliche Entscheidungsbefugnisse. Das gilt auch für die Kellnerin (Waitress) bzw. den Kellner, die in unmittelbarem Kontakt mit dem Kunden relativ wenig zu entscheiden haben, oder auch für die Hilfsschwester (Nurse's Aids). Besonders wollen wir hier die Mitarbeiter in der Telefonauskunft oder -zentrale (Telephone Operator) hervorheben, da diese Berufe im Rahmen der Dienstleistung und der Informationstechnologie erheblich an Bedeutung gewinnen.

---

[13] Diese Position entspricht vermutlich nicht der einer deutschen Krankenschwester.

Im Rahmen von Seminaren oder kleineren Abteilungsversammlungen können wir die folgende Übung empfehlen: Das Koordinatensystem (Y-Achse = Entscheidungsspielraum, X-Achse = psychische Anforderungen) wird auf eine Klarsichtfolie aufgetragen, und die Teilnehmer bzw. Mitarbeiterinnen und Mitarbeiter werden gebeten, ihre eigene Position im Rahmen dieses Koordinatensystems einzutragen. Das kann je nach Situation in anonymisierter oder offener Form gemacht werden. Entscheidend ist dabei die Selbsteinschätzung der aktuellen Tätigkeit, wie sie von den Befragten im Augenblick ausgeübt wird. Man kann dann eine zweite Folie mit der hier dargestellten Grafik über diese Folie legen und sehen, wie weit die Zuordnungen zusammenpassen. Es wird so eine Diskussion ermöglicht über die aktuellen Belastungsfaktoren und die Möglichkeiten, etwas daran zu ändern.

Besonders nützlich kann diese Übung dann sein, wenn innerbetriebliche Umsetzungen geplant sind, wobei hier die Sicht- und Erlebnisweisen der Mitarbeiter in Bezug auf die zukünftige Tätigkeit besonders wichtig sind. Man kann dann überprüfen, ob z.B. die neue Tätigkeit mit einem »Quadrantenwechsel« verbunden ist.

Am problematischsten sind die Wechsel von Quadrant I oder II nach IV, weil hier in der Regel die **Umsetzung mit einer Dequalifizierung** kombiniert ist. Völlig unabhängig von den finanziellen Folgen, die solche Umsetzungen haben können, ist darauf zu achten, dass Menschen, denen im Rahmen einer Umsetzung (innerbetrieblich oder durch Betriebswechsel) der Entscheidungsspielraum verringert wird bzw. die damit verbundene Qualifikation aberkannt wird, i.d.R. in der neuen Tätigkeit erhebliche Probleme bekommen können.

Harych und Harych haben in ihrer Untersuchung über »Arbeitslosigkeit und gesundheitliche Folgen in Ostdeutschland« diese Mischung von Umsetzung artfremder Arbeit und Dequalifizierung umfassend dokumentiert:

»In der Zusammenfassung des Dequalifizierungsgeschehens konnte man folgende Aussagen treffen:

a) Jeder achte Facharbeiter, vierte Fachschul- und fünfte Hochschulabsolvent hatte Tätigkeiten angenommen, die unter der jeweiligen beruflichen Qualifikation lag. Facharbeiter waren dabei zu nicht geringen Anteilen ›ungelernt, angelernt‹ tätig. Selbst jeder sechste Teilfacharbeiter war ungelernt tätig.
b) Hohe Anteile der Beschäftigten hatten in eine andere fachfremde Tätigkeit wechseln müssen (31% bei Facharbeitern). Mehr als jeder Vierte (26%) hatte neben der Fachfremdheit zusätzlich eine Dequalifizierung in Kauf nehmen müssen.

c) Hoch- und Fachschulabsolventen hatten durch hohe Inkaufnahme einer Dequalifizierung die Arbeitslosigkeit bei 17-18% halten können. Facharbeiter hatten dagegen eine erhöhte Arbeitslosigkeit (28%) bei geringer Dequalifizierung von ›nur 12%‹ aufzuweisen.

Die nachfolgende Auflistung beschreibt einige Beispiele für ursprünglich vorhandene berufliche Qualifikation und später ausgeübte Tätigkeit im Sinne einer Dequalifizierung unter den derzeitigen Bedingungen des Arbeitsmarktes.

Schneider, Fachverkäufer	→ Küchenhilfe
Buchhändler	→ Hilfskraft
Sekretärin	→ Hilfspflegerin
Agrotechniker	→ Wachmann
Facharbeiter Textiltechnik	→ Reinigungskraft
Zimmermann	→ Wachmann
Weberin	→ Reinigungskraft
Montagefacharbeiter	→ Herdhilfe
Frisör	→ Raumpfleger
Kleidungsfacharbeiter	→ Raumpfleger
Fleischer	→ Wachmann
kirchlicher Verwaltungsangestellter	→ Reinigungskraft
Industriekaufmann	→ Raumpfleger
Facharbeiter Lederbekleidung	→ Gebäudereiniger
Funkmechaniker	→ Hilfsarbeiter
Glaser	→ Zeitungszusteller
Facharbeiter Anlagentechnik	→ Postzusteller
Landwirt	→ Küchenhilfe
Zootechniker	→ Raumpfleger
Ingenieur Maschinenbau	→ Kellner
Dipl.-Jurist	→ Facharbeiter Recht
Dipl.-Ingenieur	→ Produktionsarbeiter
Dipl.-Jurist	→ Archivar
Handelsökonom	→ Verkäufer
Ingenieurin Textiltechnik	→ Sekretärin
Agrochemieingenieur	→ Sachbearbeiter

Während die ›soziale‹ Marktwirtschaft die höher Qualifizierten eher ausgrenzt, weil sie zu teuer sind (›Wir können Sie wegen Überqualifizierung leider nicht einstellen‹), nutzt die freie Wirtschaft den gesellschaftlichen Umbruch in Ostdeutschland, personale Qualität billig einzukaufen.« (Harych und Harych 1997:41f.)

Es soll offen bleiben, wie weit diese Erkenntnisse aus den neuen Bundesländern zu verallgemeinern sind. Es gibt aber zahllose Berichte, wonach Umsetzung und Dequalifizierung in allen Industrienationen ein erhebliches Problem darstellen.

Abschließend wollen wir ein »Fünf-Ebenen-Modell der Handlungsregulation« vorgestellen, das die Einengung oder Entfaltung des Entscheidungsspielraums beschreibt. Auf jeder der fünf Ebenen kann überprüft werden, in welchem Umfang »die Arbeitsaufgabe Anforderungen an eigenständiges Denken, Planen und Entscheiden stellt.

In Arbeitsaufgaben mit einem hohen Entscheidungsspielraum können berufliche Qualifikationen angewendet und weiterentwickelt werden. Arbeitsteilung und Technisierung in der heutigen Arbeitswelt gehen jedoch mit z.T. erheblichen Einschränkungen des Entscheidungsspielraums einher, Arbeitsaufgaben erfordern häufig nur das maschinenhafte Ausführen von Bearbeitungsregeln oder Handgriffen.

Je stärker die auszuführenden Arbeitsvollzüge vorgegeben sind, desto geringer ist der geistige Anregungsgehalt und die Chance, in der Arbeit Neues oder Schwieriges kennen zu lernen. Die in der Ausbildung und durch Berufserfahrung erworbenen Kenntnisse und Fertigkeiten werden nicht genutzt und verkümmern. Umgekehrt fördert die Notwendigkeit selbstständigen Denkens und eigenverantwortlichen Entscheidens die Entwicklung der Persönlichkeit. Um Arbeitsaufgaben danach bewerten zu können, wie viel Entscheidungsspielraum sie den Arbeitenden bieten, wird gefragt, welche Prozesse der Handlungsregulation für die Aufgabenerledigung notwendig sind«. (Leitner 1999:71)

Abb./Tab. 29: Fünf Ebenen-Modell der Handlungsregulation

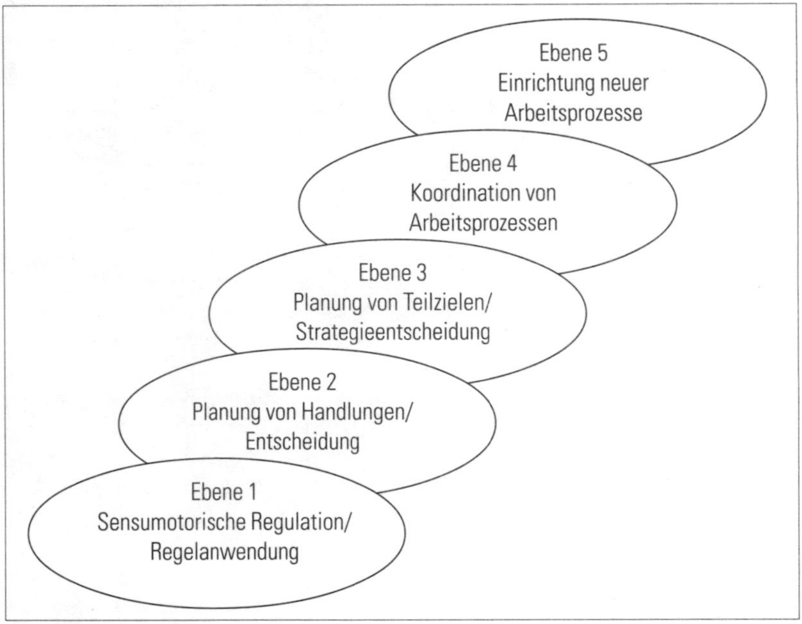

Quelle: Leitner 1999:71

1.2.3 Krisen im Arbeitsleben

Angst
Der Patient kam ohne Termin in die Sprechstunde und verlangte dringend, den Arzt zu sehen. Als er das Sprechzimmer betrat, war dieses, obwohl es relativ groß ist, schnell von einem intensiven, stechenden Geruch angefüllt: Angstschweiß. Der 56-jährige Patient hatte sich nicht rasiert, war unordentlich gekleidet und vermittelte den Eindruck ängstlicher Gespanntheit, aber mehr wie bei einem Menschen, der jederzeit flüchten würde. »Es kann so nicht weitergehen«, er sank auf einen Sessel und blickte zu Boden. »Können Sie mal bitte meinen Blutdruck messen.«
Der Blutdruck war 190:140 mm/Hg, der Puls beschleunigt, und bei der Untersuchung wurde der stechende Schweißgeruch noch deutlicher. »Was ist Ihnen passiert? Sind Sie hierher schnell gelaufen? Oder warum sind Sie so verschwitzt?« »In diesem Zustand bin ich seit Tagen. Ich schlafe nicht mehr. Ich kann eigentlich nur daran denken, wie es wohl in der Arbeit weitergehen soll. Ich halte das nicht mehr aus. Meine Mitarbeiter können alles und wissen alles besser. Ich denke, sie lachen immer über mich. Egal was ich sage, egal ob es richtig oder falsch ist, ich sehe sie immer mit grinsenden Gesichtern. Die haben mich auf der Abschussliste, sind alle besser ausgebildet als ich und warten nur, dass ich den Platz räume. Ich weiß aber nicht, wie ich da rauskomme, und ich habe mir auch noch nicht durchgerechnet, wovon ich leben kann.«
Die Beschreibung des Arbeitsplatzes ergab dann, dass der 56-jährige Patient Leiter einer kleinen Mess- und Regeltechnikabteilung in einem Forschungsinstitut war. Er hatte diesen Posten im Laufe der Jahre übernommen. Anfangs hat er sich ein bisschen weitergebildet, aber dann haben immer mehr seiner Mitarbeiter, die gleichaltrig oder älter waren als er, die Abteilung verlassen, und neue Mitarbeiter kamen teilweise von den Ingenieurschulen, überqualifiziert, aber froh, dass sie eine Arbeit gefunden hatten. Und irgendwann bei den regelmäßigen Dienstbesprechungen einmal in der Woche merkte der Patient, dass er Unsinn geredet hatte. Er merkte auch sofort, dass niemand ihn korrigiert hatte, dass er auf seinem Fehler sitzen geblieben war.
»In der Nacht bin ich dann zum ersten Mal aufgewacht und war in meiner Fantasie sofort wieder bei der Arbeit, habe darüber gegrübelt, was morgen getan werden muss, ob ich das alles beherrsche. Am liebsten wär' ich aufgestanden und hätte noch mal genau die Fremdwörter nachgeguckt, denn die reden gerne mit Fremdwörtern. Manchmal denke ich, die machen das extra.« Das

Ganze verging dann wieder, aber in den letzten Monaten kamen immer wieder solche schlaflosen Nächte, in denen er manchmal schweißgebadet im Bett aufwachte, und es wurde für ihn fast ein persönliches Unglück, dass die Dienstbesprechungen immer montags stattfanden. In der Nacht von Freitag auf Samstag und Samstag auf Sonntag konnte er noch ganz gut schlafen, fühlte sich irgendwie frischer und erholt, aber die Nacht vom Sonntag auf den Montag war dann verloren. »Weil ich nie wusste, was am nächsten Tag passieren würde.«

Schließlich waren alle Nächte verloren – so schien es dem Patienten wenigstens –, und die Ausweglosigkeit seiner Situation wurde ihm immer deutlicher: Er war den neuen Anforderungen der Mess- und Regeltechnik nicht mehr gewachsen, und seine gesamte Berufserfahrung, die ihn bisher durchs Arbeitsleben »getragen« hatte, erschien ihm plötzlich wie wertlos. Zur Weiterbildung hatte er sich nicht mehr gemeldet, aber dann traute er sich auch nicht mehr. Und dann kamen die Sparmaßnahmen, und es wurde immer schwieriger. Als Vorgesetzter mochte er nicht fragen, was das eine oder andere bedeutet. Manchmal hatte er das Bedürfnis, sich sofort einen »Kronprinzen« zu suchen, den er auf seine Nachfolge vorbereiten, aber mit dessen Hilfe er auch die restliche Zeit bewältigen würde. Außerdem hatte er niemanden im Betrieb, mit dem er darüber reden konnte. Beim Betriebsarzt war er zur jährlichen Vorsorgeuntersuchung wegen belastender Stoffe, die war wie immer »kurz und schmerzlos«, und er hatte die Kraft nicht gefunden, von sich aus die Diskussion über seine eigentlichen Probleme zu eröffnen.

Die Diskussion ergab, dass seine Angst aus zwei sich ständig wiederholenden Fragen gespeist wurde:

Wie würde es ihm in Zukunft gelingen, sein Qualifikationsdefizit vor den Mitarbeitern wie auch vor seinen Vorgesetzten zu verbergen?

Und wann würden ihm in dieser schwierigen körperlichen und psychischen Verfassung die ersten schwerwiegenden Fehler unterlaufen?

Dieses Fallbeispiel aus der hausärztlichen Praxis zeigt, wie *Angst zum Leitsymptom* in einer Krise im Arbeitsleben werden kann. Der Betroffene fühlt sich wie gelähmt und ist in seinen praktischen Handlungsmöglichkeiten blockiert. Er kann weder »angreifen« noch »flüchten«, und seine Fantasien und Träume kreisen nur noch um die beiden oben geschilderten Fragen. Er findet aus eigener Kraft keinen Zugang zu Lösungsmöglichkeiten und – das ist in diesem Beispiel nicht ganz klar – verfügt vermutlich über zu wenig betriebliche Unterstützung.

Der Körper reagiert auf diese psycho-soziale Belastung mit dem Muster, das ihm zur Verfügung steht:[14] Der Blutdruck, der in den Jahren vorher bei wiederholten Messungen im Normbereich lag, was auch bei den jährlichen arbeitsmedizinischen Vorsorgeuntersuchungen bestätigt wurde, ist mittlerweile dauerhaft erhöht. Wiederholte Messungen bei den weiteren Arztterminen ergaben immer wieder erhöhte Werte, besonders auch bei dem unteren (diastolischen) Wert.

Bei der umfassenden allgemeinmedizinisch-internistischen Durchuntersuchung fanden sich aber keine anderen den Blutdruck erhöhenden oder diesen Zustand erklärenden Erkrankungen.

Große Anteile von Angst im seelischen Befinden eines Menschen können dann im Arbeitsleben (aber auch allgemein) entstehen, wenn:

- ❖ die persönlichen Bewältigungsmöglichkeiten nicht den Anforderungen entsprechen,
- ❖ die geleisteten Anstrengungen keinen ausreichenden Erfolg verzeichnen und
- ❖ wenn keine Wege, Möglichkeiten oder Hilfen erkennbar sind, dieses Missverhältnis für die oder den Betroffenen günstig (entlastend) zu verändern.

Das in Abbildung 30 dargestellte Schema fasst die typische Situation, die in unserem Beispiel als Auslöser dient, noch einmal zusammen, wobei hier »Routine« als Arbeitsalltag zu verstehen ist.

Abb./Tab. 30: Die Angstschere

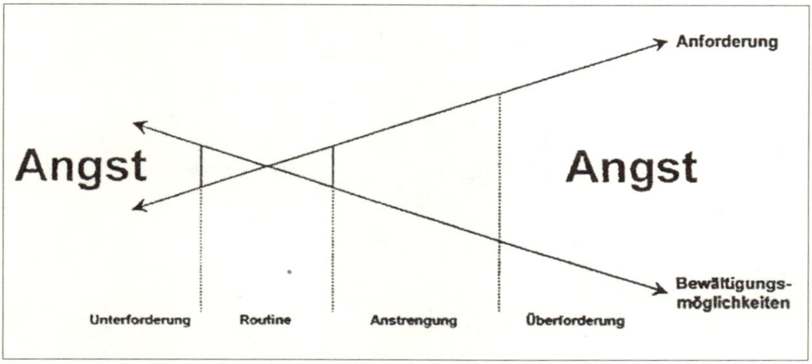

Quelle: Günther 1998:50

[14] Eine sozialwissenschaftliche Analyse der Lebensgeschichten von Lungenkrebspatienten in der Bundesrepublik Deutschland ergab, dass »Männer, die ihre Karrierebrüche im Arbeitsleben als unfreiwillig beschrieben, ein 40-60% höheres Risiko hatten, einen Lungenkrebs zu entwickeln«. Jahn, I. (1998): Berufsverlauf und Lungenkrebsrisiko von Männern – eine sozialepidemiologische Fall-Kontroll-Studie. Bremer Institut für Präventionsforschung und Sozialmedizin (BIPS). Bremen, Universität Bremen.

Stegmann unterscheidet begrifflich zwischen »*Mikroängsten*«, unter denen wir alle mehr oder minder situativ leiden können. Das sind die kleinen Ängste, die uns zur Vorsicht mahnen, im Arbeitsleben vor unbedachten Aktivitäten schützen und insgesamt dazu beitragen, dass Leistungsbereitschaft und -fähigkeit für alle Beteiligten optimal entfaltet werden können. (Stegmann 1999:132f.) Bei den Ängsten, die der oben beschriebene Patient in der geschilderten Arbeitssituation erlebt, handelt es sich dagegen um »schädliche *Makroängste*«, die bei den Betroffenen »über eine Vielzahl von psychischen und physischen Krankheiten bis zur Arbeitsunfähigkeit, ja bis zum Tode führen« können. (ebd.)

Die Abbildung 31 benennt die 12 am häufigsten genannten Ängste von Beschäftigten. Es handelt sich um eine Auswertung der Befragungen von 2.148 Beschäftigten aller Hierarchiestufen (Deutschland 6/1996-5/1999; Mehrfachnennungen waren möglich):

Lesebeispiel: Bei der Betrachtung der Rangfolge der geäußerten Ängste fällt auf, dass die Ängste mit den höchsten Prozentanteilen unmittelbar in Beziehung gesetzt werden können zu Unternehmensveränderungen und Neustrukturierung von Arbeitsabläufen. Oft stehen bei solchen länger dauernden arbeitsbedingten Krisen nicht so sehr die konkreten Ursachen der Ängste im Vordergrund, sondern die Angstsymptome, die auch in unserem Fall den Patienten zum Arzt »gebracht« haben.

Abb./Tab. 31: Ängste im Arbeitsleben

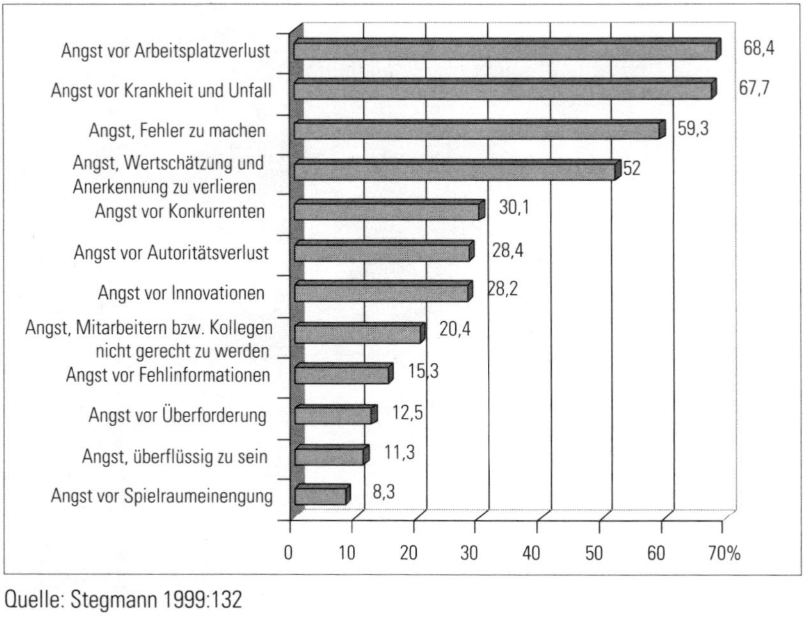

Quelle: Stegmann 1999:132

Dabei ist es erstens notwendig, nicht nur die persönliche Krankengeschichte zu erheben, sondern auch eine sorgfältige Analyse der Arbeitssituation vorzunehmen, und zweitens die Patienten zu überzeugen, dass sie ihre Arbeitssituation als Ursache für ihre aktuellen Beschwerden in Betracht ziehen. Denn »Ängste hat man nicht, sie gelten als wenig edel und dies insbesondere im Wirtschaftsleben. Beschäftigte sind jung, dynamisch und stressstabil; Ängste haben ihnen fremd zu sein und haben in Betrieben keine Bedeutung.

Typisch sind deshalb die Antworten von Vorstandsvorsitzenden führender deutscher Industrieunternehmen, die wir im Rahmen unserer Untersuchungen zur betriebswirtschaftlichen Relevanz von Ängsten erhielten: ›Angst ist ein Wort, das ich nicht kenne!‹ ›Die Angstproblematik hat nichts mit der betrieblichen Praxis zu tun.‹ ›Bei dem vielen Geld, das meine Manager verdienen, können sie sich keine Ängste leisten!‹ Somit verhält sich der Personalchef einer großen deutschen Aktiengesellschaft nur konsequent. Er rühmte sich kürzlich, alle Beschäftigten, die Ängste zeigten, entlassen zu haben.« (Stegmann 1999:132f.)

Welche Möglichkeiten haben nun Mitarbeiter in einem mittelständischen Unternehmen, ihre auf den Arbeitsplatz bezogenen Ängste und Befürchtungen zu klären und zu verarbeiten? (s. Abb. 32)

Lesebeispiel: Die grauen Felder geben den Prozentsatz der Ja-Antworten wieder, die hellen den der Nein-Antworten.

Bei der Durchsicht der Antworten fällt auf, dass z.B. die Mitarbeiter in dem befragten Unternehmen nicht so sehr befürchten, dass ein

Abb./Tab. 32: Angstbewältigung am Arbeitsplatz

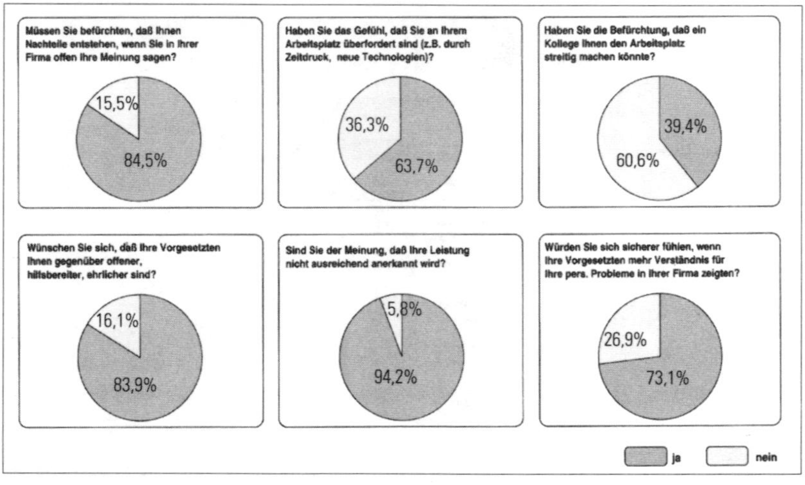

Quelle: Stegmann 1999:139

Kollege ihnen den Arbeitsplatz streitig machen könnte (60% mit nein), sondern dass z.B.
- 84,5% befürchten müssen, dass ihnen Nachteile entstehen, wenn sie in ihrer Firma offen ihre Meinung sagen,
- 94,2% der Meinung sind, dass ihre Leistung nicht ausreichend anerkannt wird und
- 83,9% sich wünschen, dass ihre Vorgesetzten ihnen gegenüber offener, hilfsbereiter, ehrlicher sind.

Es ergeben sich hier Hinweise für eine erheblich belastete betriebliche Arbeitskultur, die nicht geeignet ist, die Bewältigung betrieblicher Umstrukturierungen und neuer Arbeitsaufgaben zu fördern.

Man kann nun bei solchen Untersuchungen zur betrieblichen Angstsituation durchschnittliche »Persönliche Angstwerte« ermitteln. (Stegmann 1999:138) Mit Hilfe dieser Persönlichen Angstwerte kann differenziert werden zwischen den Geschlechtern, den Altersgruppen und den verschiedenen Abschnitten der Produktion bzw. der betrieblichen Hierarchie. Die Abbildung 33 (S. 70) zeigt die durchschnittlichen Persönlichen Angstwerte (DPA) von Beschäftigten eines mittelständischen Unternehmens:

Lesebeispiel: Die Y-Achse zeigt die verschiedenen untersuchten Gruppierungen, auf der X-Achse wird in Form eines Säulendiagramms der jeweilige durchschnittliche Persönliche Angstwert aufgetragen.

Dabei finden sich interessante Unterschiede: Die Firma insgesamt hat einen DPA von ca. 60%. Betrachtet man nun **weibliche** und **männliche Mitarbeiter** insgesamt, dann ergeben sich hier Unterschiede von ungefähr 40 Prozentpunkten, d.h. die Angstsituation der Frauen ist deutlich besser als die der Männer.

Wenn man die Männer nach Altersgruppen untersucht, so findet man einen kontinuierlichen Anstieg über drei Altersgruppen vom 20. bis zum 50. Lebensjahr und einen deutlichen Abfall der Angstwerte bei den Mitarbeitern, die über 50 Jahre alt sind.

Bei den Führungskräften findet man die höchsten Angstwerte in der Altersgruppe 31-40 und einen kontinuierlichen Abfall der Angstwerte mit zunehmendem Alter.

Hier scheinen die berufliche Praxis und Arbeitserfahrung, die mit steigendem Alter zunehmen, den Ausschlag zu geben.

Die Bereiche Strategische Planung, Verkauf, Finanz- und Rechnungswesen liegen deutlich unter dem Durchschnittswert der Firma.

Vermutlich spiegelt sich hier die Stellung dieser Abteilungen innerhalb des Unternehmens wider.

In der Produktion insgesamt finden wir einen überdurchschnittlichen Persönlichen Angstwert von 67%, und bei genauerer Betrachtung der Altersgruppen ergibt sich in der Altersgruppe 21-30 ebenfalls ein überdurchschnittlich hoher Angstwert von 66%, in der Altersgruppe 31-40 von 60% und in der Altersgruppe 41-50 von 82%.

Abb./Tab. 33: Durchschnittliche persönliche Angstwerte in einem mittelständischen Unternehmen

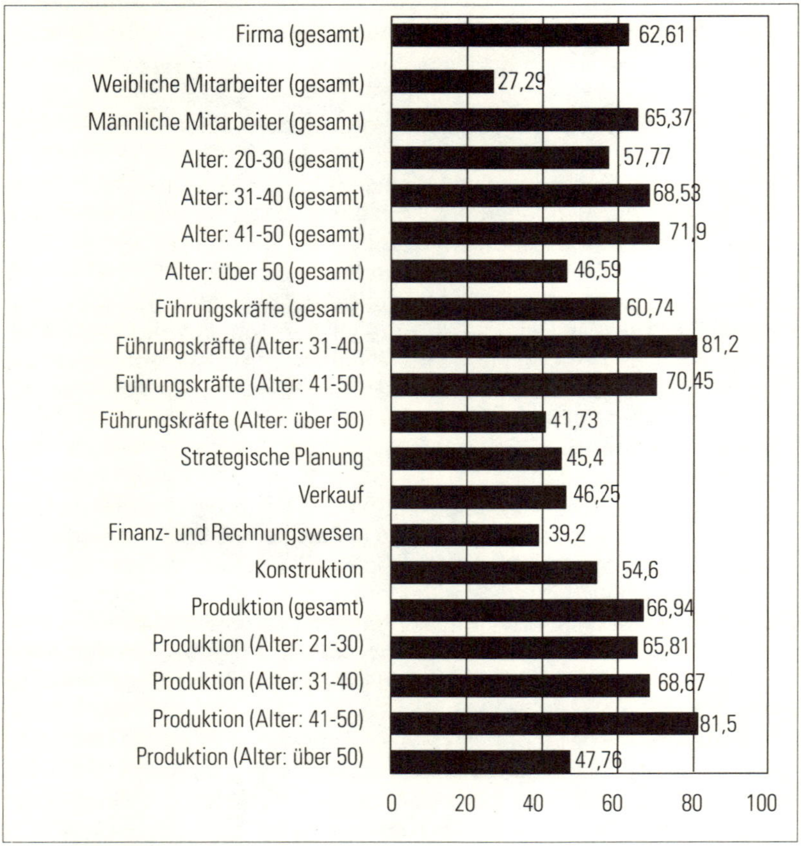

Quelle: Stegmann 1999:140

Die Mitarbeiter in der Produktion über 50 liegen wieder deutlich niedriger bei 48%. Auffallend ist, dass die Mitarbeiter in der Produktion in der Altersgruppe 41-50 einen genauso hohen Angstwert haben wie die jüngste Altersgruppe (31-40) bei den Führungskräften.

Die Hinweise auf hohe Angstbelastungen erfordern demnach eine Analyse der spezifischen Arbeitsanforderung und Stellung der Tätigkeit im Unternehmen (Durchführung der psychischen Gefährdungsbeurteilung, ausführlich bei: (Giesert und Tempel 2001)).

1.3 »Outsourcing«, Entlassungen und »Surviving« (Überleben)

Sa' sah zum blauen Himmel hoch. Für ein erfahrenes Auge bedeutete das Blau zu dieser winterlichen Jahreszeit große Kälte. Wenn erst die Nacht hereinbrach, würde es noch kälter werden. »Meine Freundin«, sagte sie, machte eine Pause und hoffte, sie könnte stärker sein, als sie sich fühlte. »Wir können hier sitzen und auf den Tod warten. Wir werden nicht lange warten müssen ... der Zeitpunkt des Abschiedes von dieser Welt sollte aber noch nicht so bald kommen«, fügte sie schnell hinzu, als ihre Freundin mit erschreckten Augen hochblickte. »Wir werden jedoch sterben, wenn wir einfach nur hier sitzen und warten. Das würde ihnen Recht geben. Dann wären wir wirklich hilflos.«
Ch'idzigjaak hörte verzweifelt zu. Sa' wusste, dass ihre Freundin gefährlich nahe daran war, ihr Schicksal anzunehmen und an Hunger und Kälte zu sterben. Und so sprach sie noch eindringlicher: »Ja, auf ihre Weise haben sie uns zum Tode verurteilt! Sie glauben, wir seien zu alt und nutzlos. Sie vergessen, dass auch wir ein Recht haben zu leben! Und deshalb, meine Freundin, sage ich: Wenn wir denn sterben müssen, so lass uns handelnd sterben und nicht im Sitzen.« (Aus: Zwei alte Frauen)

Die Arbeitskosten haben einen historischen Höchststand erreicht, und eine »Konsequenz daraus ist, dass Arbeitskraft immer teurer und wertvoller wird. Waren im letzten Jahrhundert noch 50% des wirtschaftlichen Produktivitätszuwachses auf Investitionskapital zurückzuführen, sind es gegenwärtig nur noch 20%.« (G. Bosch, 1998; zitiert aus: Rüdiger 2000:168). Im Mittelpunkt bei diesen Überlegungen steht die Senkung der Personalkosten entweder mit Hilfe von Personalabbau oder Personalumsetzung (siehe Kapitel 1.2.2).

Unter »**Outsourcing**« versteht man dabei den Übergang von der eigenen betrieblichen Leistungserstellung zum Fremdbezug (make or buy: produziere oder kaufe), um die Kosten zu senken. Mit Outsourcing kann sowohl die Verringerung der Fertigungstiefe in bisherigen Kernbereichen gemeint sein (z.B. der Bezug von Teilen bei einem Zulieferunternehmen) als auch die Auslagerung von sog. Randaktivitäten (z.B. die Erstellung von Marktprognosen). Wenn im Zuge des »Outsourcings« bei einem Betriebsübergang Arbeitnehmer übernommen werden, behalten diese ihre arbeits- und tarifvertraglichen Rechte auch gegenüber dem neuen Arbeitgeber (Brockhaus). Zu ergänzen ist hier, dass dieser Schutz nur noch für eine bestimmte Zeit, in der Regel für ein Jahr gilt.

In solche Outsourcing-Prozesse sind ältere Arbeitnehmer und leistungsschwächere Mitarbeiter besonders oft verstrickt oder beteiligt: »Die

Commerzbank gründete am 1. Juli 1998 gemeinsam mit einem Hamburger Personaldienstleister die Zeitarbeitsfirma Adcom. Mit ihrer Hilfe sollten lt. Aussage des Unternehmens 400 Stellen bei der Geschäftsbank abgebaut werden. Es hieß, Mitarbeitern, deren Entlassung drohe, solle die Chance einer Weiterbeschäftigung durch den Wechsel zur neuen Firma geboten werden.

Bei freiwilliger Kündigung sollten die betreffenden Personen allerdings auf 30% ihrer Abfindung verzichten und nur 65% ihres früheren Jahresgehaltes beziehen.

Eine Betriebsrätin entdeckte jedoch in der Personalabteilung eine angefertigte Liste mit möglichen Kandidaten für die Adcom. ›Die Liste enthielt die Namen von älteren und leistungsschwächeren Kollegen, denen betriebsbedingt nicht hätte gekündigt werden können, und den Hinweis, dass die Auflösung des Vertrages erst erfolgen sollte, wenn Nachfolger für die Mitarbeiter gefunden sind‹.« (Der Spiegel, Nr. 33, 1998, S. 76; zitiert aus Morschhäuser 1999:117)

Auf der anderen Seite sind Unternehmen bemüht, Mitarbeiter, die in ihrer letzten Tätigkeit im Unternehmen nicht mehr gebraucht werden, durch Umschulung und Umsetzung im Unternehmen zu halten. So hat sich z.B. die Deutsche Telekom AG 1998 zu folgendem Vorgehen entschlossen:

»Wir werden ... zu neuen intelligenten Formen der Umqualifikation, der Requalifikation, des ›Matchings‹[15] von Anforderungsprofilen auf neue Jobs und Strukturen und persönliche Qualifikationen kommen müssen. Dieses ›Matching‹ soll betrieben werden durch eine Einrichtung, die wir Personal-Management-Service (PMS) nennen. Dieses PMS-Funktionsmodell sieht vor, dass aus unseren großen Bereichen Privatkunden, Geschäftskunden, Technik, Netze die jeweiligen personalen Überhänge, die z.B. dadurch entstehen, dass etwa die Digitalisierung (des Telefonnetzes, d. Verf.) abgeschlossen ist und wir im Netz in Überhänge geraten, diese Überhänge einer Drehscheibe zugeführt werden sollen – eine virtuelle Drehscheibe, das muss nicht ein Gebäude in Berlin sein, sondern das sind Versetzungen in eine besondere Einheit PMS, und aus dieser Einheit PMS sollen die Bedarfe gefüllt werden, die in bestimmten Regionen zweifellos noch bestehen. Zunächst einmal dient diese Drehscheibe PMS dem Personalausgleich. Überhänge sollen dort eingesetzt werden, wo Bedarfe bestehen.« (Bobke 1998:104-105)

Bei solchen Umsetzungen spielt erfahrungsgemäß die Frage der Weiterbildung und der aufgabengerechten Qualifikation für die neue Tätigkeit eine zentrale Rolle: »Warum sind Mitarbeiterschulung und

[15] Gemeint ist in diesem Zusammenhang das Zusammenfügen nach Unternehmensbedarf und Mitarbeiterwünschen und -fähigkeiten.

Weiterbildung heutzutage so wichtige Herausforderungen? Das US-amerikanische Arbeitsministerium teilt uns mit, dass 75% aller gegenwärtigen Arbeitsplätze in den nächsten 5-10 Jahren in ihrer gegenwärtigen Form nicht mehr vorhanden sein werden. Tatsächlich entwickelt sich die Technologie in einem derart raschen Tempo, dass wir viele der Fähigkeiten, die in den nächsten Jahren benötigt werden, noch nicht einmal kennen. Nehmen wir das Beispiel eines Systemtechnikers in der Telekommunikationsindustrie. Das ist ein Arbeitnehmer, der im Grunde genommen Telekommunikationsgeräte und -ausstattung repariert und installiert. Die Fähigkeiten jedoch, die ein Systemtechniker vor 10 oder sogar vor 5 Jahren hatte, sind inzwischen im Vergleich zu den Fähigkeiten, die heutzutage benötigt werden, so sehr veraltet, dass man kaum noch von dem gleichen Berufsbild sprechen kann. ... Arbeitnehmerweiterbildung und -schulung rangierten in den letzten 13 Jahren ganz oben auf den Tagesordnungen der Verhandlungen. In den Tarifverhandlungen konnten wir herausragende Programme aushandeln, indem die Kosten voll von den Arbeitnehmern übernommen wurden. Diese Programme wurden national und international anerkannt. Eines der besten Programme wurde mit AT&T ausgehandelt.« (Bahr 1988:91-93)

- Es bleibt zu klären, ob solche Schätzungen der Realität entsprechen und Veränderungen in diesem Umfang tatsächlich notwendig sein werden.

Bei den **Entlassungen** ist einmal festzuhalten, dass »Ältere an allen Neuzugängen in Arbeitslosigkeit einen vergleichsweise geringen Anteil haben«. (Huber 1999:41)

Trotzdem gilt: »Unter den gemeldeten Arbeitslosen sind die höheren Altersgruppen mit einem überdurchschnittlichen Anteil vertreten; die Arbeitslosenquote erhöht sich für die Gruppe der ab 55-Jährigen drastisch, sowohl in den alten als auch in den neuen Bundesländern: Von den 4,3 Mio. Arbeitslosen im September 1997 waren 21,6% 55 Jahre und älter (wohingegen ihr Anteil an den Erwerbstätigen lediglich rd. 12% betrug).« (ebd.)

❖ Dieser hohe Anteil älterer Arbeitsloser erklärt sich dadurch, dass mit steigendem Lebensalter Arbeitslose kaum eingestellt werden.

Bei den Bewerbungsgesprächen – so berichten die Betroffenen in Seminaren und Diskussionsrunden – wird offen oder versteckt auf ihr Alter hingewiesen bis hin zu der Mitteilung: »Wenn Sie zehn Jahre jünger wären, würden wir Sie sofort nehmen.«

Die Tabelle 34 (S. 74) zeigt die Verteilung der Arbeitslosigkeit auf verschiedene ausgewählte Altersgruppen (EUROSTAT 1998).

Die Arbeitslosenrate wird angegeben als Prozentsatz der vorhandenen Erwerbspersonen (15-64 Jahre), und es wurde eine Rangfolge gebildet nach dem Prozentsatz der einzelnen Länder in der Altersgruppe 55-59 Jahre.

Abb./Tab. 34: Arbeitslosenrate in ausgewählten Altersgruppen im Ländervergleich in Europa

Land	*20-24*	*50-54*	*55-59*	*60-64*	*15-64*	*25-64*
Deutschland	**11,6**	**10,0**	**17,0**	**7,7**	**9,9**	**9,9**
Finnland	27,7	13,1	15,0	(-)	15,1	12,3
Spanien	35,7	12,5	14,2	7,1	21,0	17,5
Frankreich	28,1	9,2	9,0	3,2	12,7	10,9
Schweden	20,7	5,9	7,5	13,8	10,5	9,2
Irland	13,9	8,5	7,0	(-)	10,4	9,1
Großbritannien	11,8	5,0	6,8	5,7	7,2	5,9
Portugal	13,0	4,5	6,2	3,7	6,9	5,6
Dänemark	8,1	4,7	5,7	(-)	5,4	4,9
Österreich	6,4	5,4	5,6	(-)	5,2	4,8
Belgien	20,1	6,0	4,9	(-)	9,0	7,7
Italien	32,9	4,7	4,9	3,2	12,5	9,1
Niederlande	7,0	4,2	4,0	3,7	5,6	4,7
Griechenland	29,0	4,7	3,7	2,5	9,8	7,0
Luxemburg	(5,7)	(-)	(-)	(-)	2,5	2,0
EU	20,9	7,6	10,8	5,8	10,9	9,3

Quelle: Ilmarinen 1999:44

Lesebeispiel: Erfasst sind alle Personen im arbeitsfähigen Alter von 15-64 Jahren. Dargestellt sind auf der Y-Achse die Länder und auf der X-Achse der Prozentsatz der Arbeitslosenrate in den einzelnen Ländern. Minus bedeutet, dass keine Werte zur Verfügung stehen, EU die Durchschnittswerte für die Europäische Union.

Wir betrachten zunächst die Altersgruppe 50-59 Jahre. Hier liegt Deutschland mit dem höchsten Prozentsatz von Arbeitslosen an der Spitze, gefolgt von Finnland, Spanien und Frankreich. In der Altersgruppe 50-54 Jahre (hier wird nicht mehr nach der Rangfolge vorgegangen) ändert sich die Rangfolge geringfügig. Die Zahlenunterschiede in den hohen Altersgruppen spiegeln im Wesentlichen wider

- die betriebliche Entlassungs- und Einstellungspraxis,
- die unterschiedlichen rechtlichen Bedingungen bei Vorruhestands- und Berentungsregelungen und/oder länger dauernder Arbeitslosigkeit und
- die vorherrschenden Meinungen und Urteile bezüglich älterer Arbeitnehmerinnen und Arbeitnehmer
- das Selbstverständnis (und Selbstvertrauen) der Betroffenen, inwieweit sie sich in dieser Altersklasse noch zutrauen, eine neue Beschäftigung zu finden.

Insgesamt ist ein Vergleich der verschiedenen Länder sowohl für die jungen als auch für die alten Altersgruppen sehr problematisch, einmal als Folge der beschriebenen Unterschiede, zum anderen aber durch die unterschiedliche Datenerfassung in den verschiedenen Ländern, die 1997 noch gültig war.

Es soll aber doch abschließend auf die erheblichen Unterschiede zwischen den Ländern in der Altersgruppe der 20-24-Jährigen hingewiesen werden. Hier kommen mindestens zwei Probleme zum Tragen:

- erstens die Frage der Qualifikation als Voraussetzung für den Eintritt ins Erwerbsleben (Ausbildung) und
- zweitens die Frage der Übernahme ins Erwerbsleben durch die Betriebe nach erfolgreichem Abschluss der Qualifikation (Berufserfahrung).

Die Art und Weise, wie in einem Unternehmen mit den Problemen von Outsourcing und Entlassungen umgegangen wird, prägt die Arbeitskultur des gesamten Unternehmens und hat nicht nur größten Einfluss auf die unmittelbar Betroffenen, sondern auch auf das Befinden derjenigen, die im Unternehmen – noch – bleiben können. »Verbleibende oder **Survivors** (Hervorhebung d. Verf.) sind somit jene Angestellte, die während eines Personalabbaus nicht extern freigesetzt werden und weiterhin über einen Arbeitsplatz bei der gleichen Organisation verfügen.

Unter dem Begriff der **Survivor-Problematik** wird die Tatsache verstanden, dass viele Verbleibende einen Personalabbau nicht einfach nur zur Kenntnis nehmen und unbeeindruckt weiterarbeiten, sondern mit vielfältigen, für die Organisation oft negativen Reaktionen darauf antworten.« (Berner 1999:98)

Eines der Probleme, die das Verhalten der Verbleibenden prägen, ist der Bruch der ausgesprochenen oder unausgesprochenen Übereinkunft, dass die Mitarbeiter ihr Arbeitsleben dem Unternehmen zur Verfügung stellen und dass der Unternehmer dem Mitarbeiter dafür den Arbeitsplatz und damit die Existenz und die Lebensperspektive sichert. Es lassen sich dabei »zwei wichtige Bestimmungsfaktoren« beschreiben:

- »die empfundene Gerechtigkeit des Personalabbaus und
- die wahrgenommene Veränderung der Arbeitsbedingungen.

Generell reagieren Survivor negativer, wenn der Personalabbau von den Verbleibenden als unfair eingestuft und/oder die Veränderung der Arbeitsbedingungen eher als Bedrohung denn als Chance wahrgenommen wird.« (ebenda: 100)

1.3.1 Arbeitslosigkeit und Krankheit

Arbeit kann auf den Gesundheitszustand gesundheitsförderliche (salutogene) und/oder krankheitsförderliche (pathogene) Wirkungen entfalten. In den Industrienationen beobachten wir seit Jahren einen kontinuierlichen Anstieg der Lebenserwartung. So hatte in Deutschland in den Jahren 1901-1910 eine »weibliche lebend Geborene« (Reichsgebiet) eine durchschnittliche Lebenserwartung von 48,3 Jahren, ein männlicher lebend Geborener von 44,8 Jahren.

Nach einer Pressemitteilung des statistischen Bundesamtes vom 26. Januar 2000 »beträgt die durchschnittliche Lebenserwartung eines neu geborenen Jungen 74,0 Jahre und diejenige eines gerade zur Welt gekommenen Mädchens 80,3 Jahre. Das entspricht 0,4 Jahre (Jungen) bzw. 0,3 Jahre (Mädchen) mehr als nach der Sterbetafel 1995/1997. Für einen 64-jährigen Mann wird jetzt als Durchschnitt eine weitere Lebenserwartung von 15,1 Jahren errechnet. Für eine gleichaltrige Frau ergeben sich im Durchschnitt noch 18,8 weitere Lebensjahre.

Umgekehrt bedeutet Arbeitslosigkeit oder der Verlust von Arbeit ein erhebliches Gesundheitsrisiko. Der englische Epidemiologe Joffrey Rose nennt Arbeit, Ausbildung und Wohnverhältnisse als die wichtigsten Vorhersagekriterien (Prädikatoren) für Gesundheit (Rose 1992:128)

In Finnland fanden sich bei Menschen, die arbeitslos wurden, die in Abb. 35 dargestellten Steigerungen des Risikos, zu erkranken und zu sterben.

Abb./Tab. 35: Erkrankungs- und Sterberisiko bei finnischen Arbeitslosen

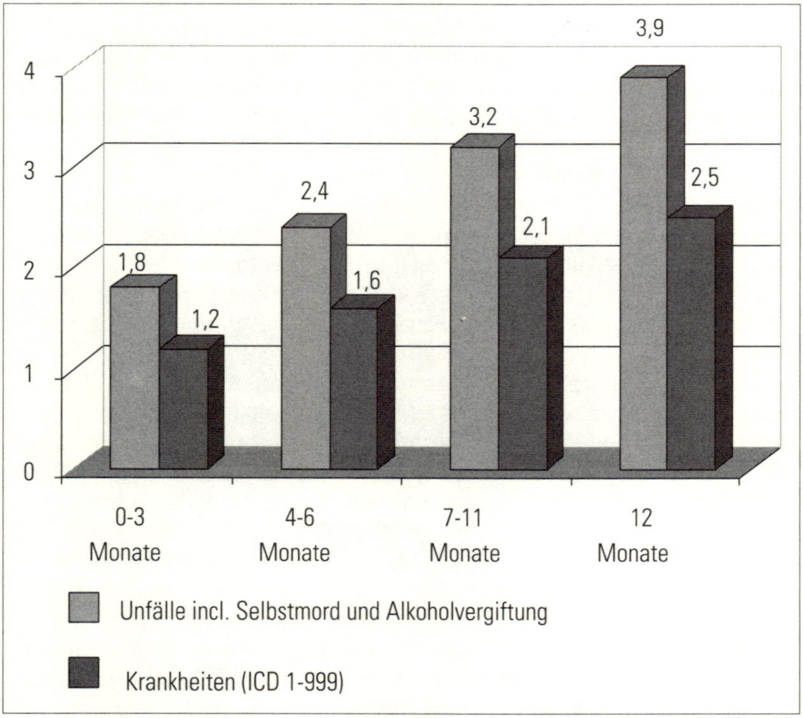

Quelle: Siegrist 1991

Lesebeispiel: Auf der Y-Achse finden wir das relative Risiko (RR) der Arbeitslosen, an Unfall oder Krankheit zu sterben, im Vergleich (in Relation) zu den Personen, die im Arbeitsleben stehen. Deren Risiko wird gleich 1,0 gesetzt. Auf der X-Achse ist die Dauer der Arbeitslosigkeit wiedergegeben. Die schwarzen Säulen beschreiben das RR, an einem Unfall, die grauen, an einer Krankheit zu sterben.

Demnach »ist das relative Risiko, in den folgenden fünf Jahren zu sterben, bei den Männern, die unmittelbar vor der Zensusbefragung arbeitslos gewesen waren, doppelt so hoch wie bei den stabil Beschäftigten. Das Risiko wuchs, wie aus der Abbildung zu sehen ist, mit der Dauer der Arbeitslosigkeit kontinuierlich an. Interessant ist ferner, dass Arbeitslose häufiger an Unfallfolgen, insbesondere an Selbstmord und Alkoholvergiftung starben. (ebd.) Bei der Bewertung dieser Ergebnisse ist darauf hinzuweisen, dass die hohe Krankheits- und Sterblichkeitsrate nicht durch gesundheitliche (physische und/oder psychische) Vorschädigung der Betroffenen verursacht wurde, sondern durch die Arbeitslosigkeit selbst. Diese Erkenntnisse gelten auch für die Bundesrepublik. Die Tabelle 36 (S. 78) gibt einen Überblick über Auswirkungen des Erwerbsstatus auf den Gesundheitszustand.

Lesebeispiel: Verglichen werden (Y-Achse) bestimmte Merkmale wie subjektive Gesundheit, riskante Lebensbedingungen und Verhaltensweisen, subjektives Kranksein und Mehrfacherkrankungen sowie die Inanspruchnahme von medizinischen Leistungen bei (X-Achse) Vollbeschäftigten, Teilzeitbeschäftigten, Arbeitslosen und Nichtberufstätigen. Ein Kreis bedeutet durchschnittliche Werte und ein X deutlich größere Häufigkeiten.

So stufen Arbeitslose ihren gegenwärtigen Gesundheitszustand häufiger als schlecht ein. Sie leiden stärker unter Alltagsbehinderungen und haben eine deutlich größere Beschwerdehäufigkeit. Im Vergleich mit Vollbeschäftigten rauchen sie deutlich häufiger und stellen ihre sportlichen Aktivitäten ein bzw. haben weniger sportliche Aktivitäten, und sie neigen zu Gewichtszunahme bzw. Übergewicht. Arbeitslose leiden stärker an Mehrfacherkrankungen, Erkrankungen der Verdauungsorgane und der Atmung sowie an Krankheiten von Skelett, Muskeln und Bindegewebe. Sie suchen deutlich häufiger den Arzt in der Praxis auf, müssen häufiger stationär behandelt werden und haben einen höheren Medikamentenkonsum.

Dies deckt sich mit den Ergebnissen der Gmünder ErsatzKasse GEK, veröffentlicht im GEK-Gesundheitsreport 1999: »Die Häufigkeit von Aufenthalten in Akutkrankenhäusern lag 1998 unter arbeitslosen Männern im Mittel um 63% und unter arbeitslosen Frauen um 37% über der Häufigkeit bei Berufstätigen insgesamt. Die Differenzen waren im Hinblick auf die Leistungstage (Dauer des Krankenhausaufenthaltes, d. Verf.) mit 103% (arbeitslose Männer) und 55% (arbeitslose Frauen) sogar noch ausgeprägter.« (GEK 1999:82-83)

Abb./Tab. 36: Gesundheitszustand und Erwerbsstatus

Merkmal	Vollbeschäftigung	Teilzeitbeschäftigung	*Arbeitslose*	Nicht-Berufstätige
Subjektive Gesundheit				
Einschätzung des gegenwärtigen Gesundheitszustands als schlecht	o	o	x	x
geringe Beachtung der eigenen Gesundheit	x	o	o	o
starke Alltagsbehinderungen	o	o	x	o
auffällige Beschwerdehäufigkeit und -intensität	o	o	x	x
Riskante Lebensbedingungen und Verhaltensweisen				
hohe Belastungen durch Arbeit	x	o	x	o
Typ-A-Verhalten	x	o	x	o
starkes Übergewicht	o	o	x	x
starker Alkoholkonsum	x	o	x	o
Rauchen	o	o	x	o
sportliche Inaktivität	o	o	x	x
subjektive Morbidität				
hohe Multimordität	o	o	x	o
hohe Prävalenz Erkrankungen des Kreislaufsystems (oder Hypotonie)	o	o	o	x
Krankheiten der Verdauungsorgane	o	o	x	x
Krankheiten der Atmungsorgane	o	o	x	o
Drüsen-, Ernährungs- und Stoffwechselkrankheiten	o	o	o	x
Krankheiten von Skelett, Muskeln und Bindegewebe	o	o	x	x
Inanspruchnahme medizinischer Leistungen				
hohe (kürzliche) Inanspruchnahme von niedergelassenen Ärzten	o	x	x	x
hohe Inanspruchnahme von nicht-ärztlichen Professionen	o	x	o	o
hohe Inanspruchnahme von stationären Leistungen	o	o	x	o
hoher regelmäßiger Medikamentenkonsum	o	o	x	o

Gesundheitszustand nach dem Erwerbsstatus (verkürzt nach Hoeltz u.a. 1990, vgl. Kurella 1992, 49), x = deutlich höhere Prävalenz

Quelle: Hoefert 1997:8

Betrachtet man die einzelnen Erkrankungen, die zu Krankenhausaufenthalten führen, genauer, dann finden sich bei den Männern die stärksten Unterschiede bei den Infektionskrankheiten (Belastung des Immunsystems) und bei den psychischen bzw. psychiatrischen Erkrankungen (Arbeitslosigkeit als schwerer psycho-sozialer Stress). Vergleichbare Ergebnisse liegen auch für arbeitslose Frauen vor.

Über Arbeitslose im Baugewerbe liegen finnische Daten vor, die mit Hilfe des Arbeitsbewältigungsindex (ABI) gewonnen wurden (ausführlich in Kapitel 4.3). Der ABI untersucht mit Hilfe einer ermittelten Maßzahl (Fragebogen) die Fähigkeiten eines Menschen, eine gegebene Aufgabe zu bewältigen. Dabei werden der Gesundheitszustand und verschiedene subjektive Sichtweisen bezüglich Arbeitssituation und -aufgabe ermittelt. Es werden dabei vier Kategorien gebildet (Abb. 37).

Lesebeispiel: Die Y-Achse zeigt den Anteil der Bauarbeiter, die einen ausgezeichneten, guten usw. ABI aufweisen, Angaben in%. Auf der X-Achse finden wir vier Säulen, gemessen wurde jeweils 1991 und 1995. Das linke Säulenpaar (n = 252) zeigt die Bauarbeiter, die »in Arbeit« waren, das rechte (n = 178) diejenigen, die »arbeitslos« waren.

Abb./Tab. 37: Entwicklung der Arbeitsfähigkeit bei finnischen Arbeitslosen und Beschäftigten im Baugewerbe

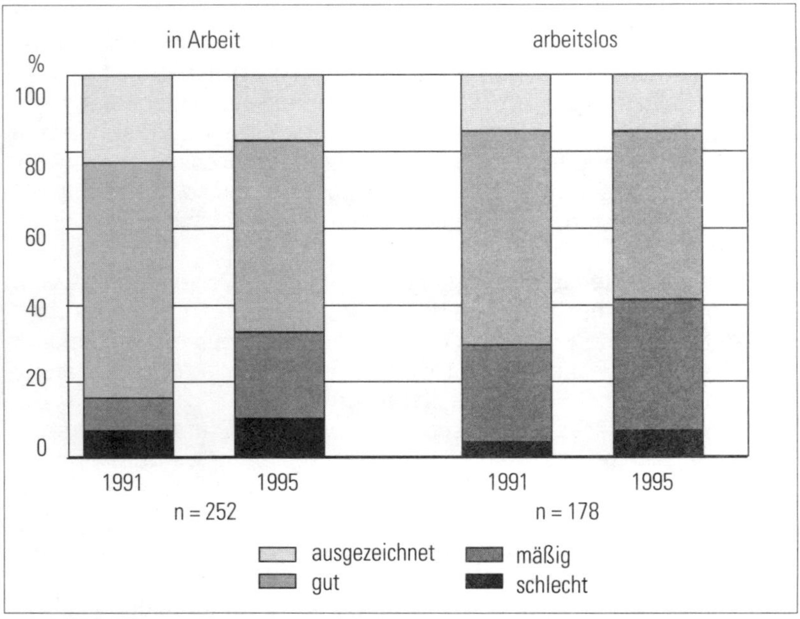

Quelle: Matikainen, Rytkönen et al. 1999

Betrachtet man nun die Ergebnisse für 1991 (erste und dritte Säule), dann sind die Unterschiede zwischen »in Arbeit« und »arbeitslos« noch verhältnismäßig gering. Es findet sich aber bereits ein Anstieg im Bereich »mäßig« und »schlecht«. Bei der Kontrolluntersuchung der gleichen Personen im Jahre 1995 sind diese Unterschiede dann eindeutig ausgeprägt (zweite und vierte Säule) und spiegeln die Belastungen der Arbeitslosigkeit wider.

Wir möchten insgesamt die folgenden Schlussfolgerungen ziehen:

- Arbeitslosigkeit bzw. der Verlust des Arbeitsplatzes ist eine schwerwiegende psycho-soziale Belastung mit weit reichenden Gesundheits- bzw. Krankheitsfolgen für die davon Betroffenen.
- Der Vermeidung von Arbeitslosigkeit ist grundsätzlich auch aus gesundheitlicher Sicht der Vorrang zu geben gegenüber Maßnahmen der Behandlung und Beseitigung von physischen und psychischen Folgen der Arbeitslosigkeit.

Bei der Beurteilung der Folgen solcher schwerwiegenden Lebenskrisen sollte aber nicht nur an die Betroffenen gedacht werden, sondern auch an die Auswirkungen auf die Arbeitskultur und das Befinden der Verbleibenden in den Unternehmen, in denen die beschriebenen Veränderungsprozesse stattfinden.

1.3.2 Wenn man bleiben kann: Schrecken ohne Ende

Wir haben bisher herausgearbeitet, dass sowohl aus sozialpolitischer als auch aus gesundheitspolitischer Sicht der Erhalt oder die Schaffung von neuen Arbeitsplätzen von größter Bedeutung auch für die Gesundheit der werktätigen Bevölkerung sein werden. Es ist deshalb in jedem Fall zu begrüßen, wenn Unternehmen sich entscheiden können, Mitarbeiter und Mitarbeiterinnen nicht zu entlassen, sondern im Rahmen eines innerbetrieblichen Umsetzungsprozesses auszubilden und weiter zu beschäftigen. Die Bedingungen eines solchen Umwandlungsprozesses sind in der Abbildung 38 schematisch und vereinfacht dargestellt.

Die gestrichelte Gerade stellt in vereinfachter Weise einen linearen Zusammenhang her zwischen dem zeitlichen Verlauf und dem schrittweisen Bedarf und Einsatz an betrieblichen Ressourcen wie Geldaufwand, Personaleinsatz und getroffenen Veränderungen. Diese Darstellung soll zumindest Folgendes klar machen:

- Am Anfang dieses Prozesses finden wir eine **Planungsphase**, in der mit geringem Aufwand darüber nachgedacht werden kann, vor welchen Problemen das Unternehmen im Rahmen dieses Umwandlungsprozesses stehen wird.
- Auch die darauf folgende **Konzeptentwicklungsphase** ist vergleichsweise noch wenig aufwendig.
- Entscheidend ist der hohe Aufwand von Mitteln, Personen und Entscheidungen in der **Umsetzungsphase**.

Abb./Tab. 38: Umwandlungsprozess und Ressourcenverbrauch

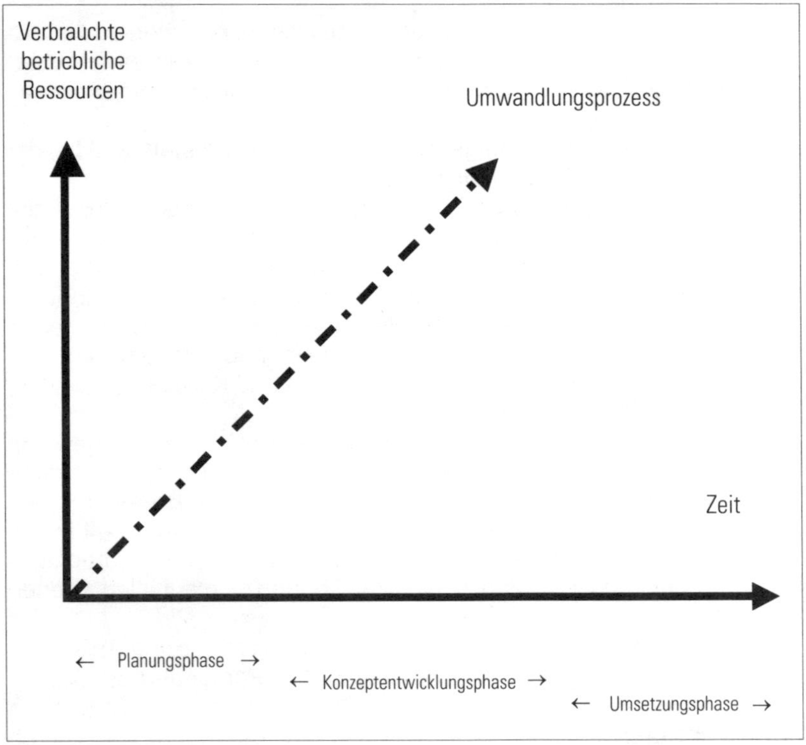

Zusammenhang zwischen zeitlichen Abläufen und Aufwand von Geldmitteln, Personal- und organisatorischen Entscheidungen. X-Achse: zeitlicher Ablauf.

Quelle: Eigene Bearbeitung

Je gründlicher diese Planung und Konzeptbildung vorbereitet wird, umso günstiger werden die Bedingungen sein für eine Umsetzung, die von Mitarbeitern wie Vorgesetzten getragen und akzeptiert wird.[16] Dabei geht es nicht nur um die Geldmittel, die dabei eventuell unnötig verbraucht werden können, sondern auch um das Klima, das zwischen Vorgesetzten und betroffenen Mitarbeitern entstehen kann:

➔ Die Vorgesetzten müssen eine klare Vorstellung davon haben, in welcher Weise sie den Prozess der Umwandlung gestalten können und wollen (geplanter und gesteuerter Verlauf),

[16] Es soll also nicht nur eine »Top-Down«-Bewegung stattfinden, sondern gleichzeitig eine »Bottom-Up«-Entwicklung.

➜ die Mitarbeiter müssen ebenfalls für sich klären, was sie wollen und was sie können, und

➜ sie benötigen eine klare Struktur von zeitlichen, örtlichen und inhaltlichen (Ausbildungs-)Vorgaben, mit deren Hilfe sie in einem überschaubaren Zeitraum den Übergang in neue Tätigkeiten bewältigen können.

➜ So entstehen ihnen wichtige Vorteile (soziale Unterstützung) bei der Entwicklung von Bewältigungsstrategien.

Es ist dabei von besonderer Bedeutung, dass die Tatsache der sozialen Absicherung der Mitarbeiter – »sie werden ja nicht entlassen« – nur für einen Teil ausreichen wird, das vorhandene Problem zu bewältigen. Die Entwertung der erlernten und erworbenen Qualifikation, der – soziale – Verlust des alten Arbeitsplatzes und die »erzwungene« Übernahme eines neuen Arbeitsplatzes in einer zunächst fremden Arbeitsumgebung mit unbekannten Kolleginnen und Kollegen muss konkret gestaltet und bewältigt werden.

Je weniger diese Schritte im Unternehmen offen besprochen und für Mitarbeiter wie Betroffene verbindlich gestaltet werden, umso leichter können die Betroffenen in einen »Schrecken ohne Ende« geraten: Sie wissen nicht, woran sie sind, ihre Phantasie wird gefesselt in Abwehrkämpfen und persönlichem Leiden, die Gerüchteküche brodelt im Unternehmen, und Rückzugstendenzen können sich auf allen Ebenen ausbreiten.

Folgt man der Logik des Diagramms, dann erscheint von Anfang an eine **Kooperation** von Personalabteilung inkl. Personal- und Organisationsentwicklung, Betriebsrat bzw. Personalrat, wenn vorhanden Sozialdiensten und arbeitsmedizinischen Diensten, evtl. verstärkt durch Arbeitspsychologen, sinnvoll.

Der Einsatz von externen Fachkräften, die nicht an dem Umwandlungsprozess beteiligt sind, sondern als Moderatoren und Prozessberater fungieren, kann dabei hilfreich sein.

Entscheidend ist aber, dass im Unternehmen selber möglichst von allen Beteiligten nicht nur die Notwendigkeit, sondern auch die Schwierigkeit dieses Prozesses anerkannt wird. Das bedeutet konkret, dass

- das individuelle menschliche Leid, das bei solchen Veränderungen entsteht, genauso beachtet werden sollte, wie die Gesamtstrategie des Unternehmens bei der Umsetzung seines Veränderungskonzepts.
- Auftretende Blockaden und Widerstände sollten möglichst wenig moralisch bewertet werden, sondern im Kontext dieses Veränderungsprozesses verstanden werden.

Vielleicht kann das folgende Rätsel (Abb. 39) einen kleinen Beitrag zur Bewältigung solcher Aufgaben leisten.

Abb./Tab. 39: Das Rätsel mit der Pfeife

René Magritte, 1928-29: »Dies ist keine Pfeife«. Los Angeles County Museum of Art

Quelle: Lexikon der Kunst, Bd. 7, Karl Müller Verlag, S. 361

Wir haben dieses Bild so positioniert, dass die Auflösung des Rätsels auf der nächsten Seite steht und die Leser selber entscheiden können, ob sie umblättern wollen oder nicht. Zunächst aber folgende Übungsaufgabe:

Betrachten Sie bitte das Bild in aller Ruhe, die Pfeife und den Satz, der zu dem Bild gehört: Dieses ist keine Pfeife – Ceci n'est pas une pipe.

Lassen Sie dieses Bild auf sich wirken, halten Sie für sich selber fest, welche Gedanken Ihnen beim Betrachten kommen, aber auch welche Gefühle, Emotionen, Reaktionen sich einstellen.

Beantworten Sie sich dann bitte die Frage, warum der Maler den Schriftzusatz ergänzt hat, dass dies keine Pfeife sei. Denken Sie einige Zeit darüber nach, bevor Sie umblättern, und versuchen Sie, dieses Rätsel zunächst für sich zu lösen.

***

Die Lösung ist einfach und schwierig zugleich. Es handelt sich um ein *Bild* von einer Pfeife. Die Bedeutung dieses Unterschieds liegt in folgender inzwischen wissenschaftlich geklärten Tatsache:

Wann immer eine Person A einen Gegenstand B oder eine andere Person C betrachtet, befindet sich ein bestimmtes Bild, eine Vorstellung bereits im »subjektiven« Auge, also im Kopf dieser Person.

So bildet sich im Laufe eines Arbeitslebens ein bestimmtes Bild von der Kollegin oder dem Kollegen A, mit dem ich seit Jahren zusammenarbeite, im eigenen Kopf. Dieses formt meine Vorstelllungen von ihm: »der ist immer so nett und hilfsbereit«. Dieses gewachsene Bild muss aber mit der aktuellen Wirklichkeit des Kollegen, der von Entlassung bedroht, sich verzweifelt fragt »warum ich und nicht der« überhaupt nicht übereinstimmen. Die Frage ist, ob ich es als Betrachter merken kann?

Bei Seminarübungen hat in der Regel der größte Teil der Betrachter zunächst die Vorstellung, dass dies eine wunderschöne Pfeife ist, und sie erinnern sich dabei gerne an ihren Großvater, der Pfeife rauchte und schöne Geschichten erzählte. Oder sie tun dies nicht gerne, weil der so gestunken hat mit seiner Pfeife. Andere denken, der Maler will uns auf den Arm nehmen, freuen oder ärgern sich darüber, bis dann nach einer bestimmten Zeit die Lösung des Rätsels klarer wird.

Worum geht es bei dieser Übung? Es ist eine biologische Notwendigkeit für jeden Menschen, sich in seiner Umgebung, in seinem Umfeld und so auch an seinem Arbeitsplatz zu orientieren. Es gibt ein natürliches und notwendiges Bedürfnis,

- ❖ die vorgefundene Realität erstens zu *diskriminieren,*[17] also Unterschiede herauszuarbeiten, und
- ❖ zweitens zu *kategorisieren*, also begriffliche Einteilungen und Einordnungen vorzunehmen. Die einfachste Einteilungen sind der Name, das Geschlecht, Haar- und Hautfarbe, manchmal wird das auch nur mit einer Betriebsnummer geregelt.[18]

Dieses Verfahren, das notwendig und hilfreich ist, hat den Nachteil, dass bei jeder Betrachtung eines fremden Menschen immer auch ein Abenteuer beginnt. Dieses besteht darin, dass ich als Betrachter nicht weiß, ob die Bilder, die ich mir von einem Menschen mache, mit dessen Wirklichkeit und seinen Vorstellungen, Wünschen, Sehnsüchten und Hoffnungen übereinstimmen. Das kann ich nur im Gespräch herausfinden.

In einem Unternehmen, das eine lange und vertraute Arbeitstradition hat und eine gut kooperierende Mannschaft, verschmilzt dieser

---

[17] »Diskriminierung« ist hier also ein wertfreier Begriff

[18] Ausführlich bei: Maturana, H. R. und F. J. Varela (1987): Der Baum der Erkenntnis – Wie wir die Welt durch unsere Wahrnehmung erschaffen – die biologischen Wurzeln des menschlichen Erkennens. Bern u.a., Scherz Verlag.

Unterschied im Alltag durch Selbstverständlichkeiten, gemeinsame Werte und Deutungen wie R. Sennett sie in seinem Buch (Kapitel 1.2) beschreibt.

Die Dinge haben ihre gesicherte Bedeutung, Grün ist Grün und Rot ist Rot, und eine Pfeife ist eine Pfeife.

Wenn dann das Unternehmen einem größeren und tiefer greifenden strukturellen Wandel unterworfen ist, können diese Selbstverständlichkeiten offen oder versteckt, merklich oder unmerklich in Frage gestellt sein oder verloren gehen. Das bedeutet, dass Menschen, die sich seit Jahren kennen, mögen und auf einander vertrauen, plötzlich mit ganz unterschiedlichen Auffassungen, mit unterschiedlicher Einschätzung und Bewertung des Wandels miteinander reden und umgehen müssen, und es gibt im Prinzip nur eine einzige Möglichkeit, dieses Problem zu lösen: Man kann und muss darüber reden mit Offenheit, Klarheit und Verbindlichkeit.

- *Offenheit*, die Vorgesetzten abverlangt wird, kann diese in große Schwierigkeiten bringen, weil solche Umwandlungsprozesse für sie völlig neu sein können. Sie benötigen ein spezielles Coaching, fürchten aber, dass ihnen dies als Führungsschwäche ausgelegt werden könnte und machen deshalb keinen Gebrauch von entsprechenden Angeboten. Die offene Kritik der Betroffenen an den betrieblichen Entscheidungen und Formen des Widerstands der Mitarbeiterinnen und Mitarbeiter werden umgekehrt nur zu leicht von den Vorgesetzten als Böswilligkeit, kindlich trotziges Aufbegehren und Unterminierung der Unternehmensstrategie ausgelegt.
- *Klarheit* kann umso leichter erreicht werden, je besser die vorangegangene Planungs- und Konzeptbildungsphase gestaltet worden ist. Klarheit wird aber auch verlangt bei den Entscheidungen und Festlegungen sowohl von den Vorgesetzten gegenüber den Mitarbeitern als auch bei den Entscheidungen der Mitarbeiter, welchen Weg sie im Unternehmen gehen wollen. Hier kann z.B. mit *eindeutigen Vereinbarungen* für jeden einzelnen von Umsetzung betroffenen Mitarbeiter und der Schaffung von akzeptablen Zeitstrukturen eine große Verbesserung des Umwandlungsprozesses erreicht werden. In diesen Abmachungen können sowohl der Zeitraum der Veränderung als auch die Veränderungsschritte, zu denen beide Teile sich verpflichten, genannt werden.
- Damit wird gleichzeitig auch die *Verbindlichkeit* der getroffenen Entscheidungen wesentlich verbessert. Je chaotischer ein solcher Umwandlungsprozess im Detail verläuft, umso größer ist die Gefahr, dass Vorgesetzte ausweichen, mündliche Vereinbarungen nicht einhalten, schriftliche Vereinbarungen nicht treffen wollen und umgekehrt die Mitarbeiter über die verschiedensten Möglichkeiten und Tricks nachdenken, wie man den Veränderungsprozess aufhalten oder unterlaufen kann.

Wenn es gelingt, die Mitarbeiterinnen und Mitarbeiter für das Unternehmen auch in Zukunft als Ressource zu betrachten, dann kann dieser Umwandlungsprozess optimal gestaltet werden. Umso günstiger sind dann auch die Möglichkeiten, eine innerbetriebliche Blockade zu vermeiden, die in der Regel zulasten aller Beteiligten den Prozess unnötig erschwert und verlangsamt. Dabei kann mit Hilfe der betrieblichen Gesundheitsdienste, Personalbteilungen und der Betriebs- oder Personalräte frühzeitig herausgefunden werden, in welchen Bereichen Unterstützung durch das Unternehmen bereitgestellt werden sollte.

1.3.3 Die besondere Lage der »älteren Arbeitnehmer«

Bei solchen Prozessen betrieblichen Wandels sind alle Mitarbeiterinnen und Mitarbeiter und alle Altersgruppen in irgend einer Form von den einsetzenden Veränderungen betroffen. Es hat sich aber in den vorangehenden Kapiteln gezeigt, dass die Gruppe der Älteren dabei besonderen Belastungen und Risiken ausgesetzt sein kann, was andere überhaupt nicht ausschließt. Oft verhält es sich auch so, dass Erkenntnisse, die in diesem Zusammenhang gewonnen werden, allen Mitarbeitern nutzen können, wir werden darauf in verschiedenen Kapiteln hinweisen.

Bei der Untersuchung dieser Frage wollen wir zunächst von den allgemeinen, mehr statistischen (epidemiologischen[19]) Daten im Rahmen der EU-Länder ausgehen und dann die individuellen Möglichkeiten und Probleme des einzelnen (älteren) Menschen am Begriff der **funktionellen Kapazität** erläutern. Insgesamt handelt es sich um die folgenden Punkte:
- Alter und Berufskrankheiten in der Europäischen Union
- Allgemeine Sterblichkeit der älteren Mitarbeiter
- Meldepflichtige und tödliche Arbeitsunfälle
- Lebenserwartung und Arbeitslebenszeit
- funktionelle Kapazität und Älterwerden im Arbeitsleben

1.3.4 Alter und Berufskrankheiten in der Europäischen Union

Die **Definition einer Berufskrankheit** unterliegt der Rechtsprechung und ist stark abhängig von dem jeweiligen sozialen Sicherungssystem (Karjalainen, FIOH, persönliche Mitteilung). Die Ausgleichs- und Rentenzahlungen variieren sehr stark zwischen den verschiedenen EU-Ländern, und es ist deshalb schwierig, die verschiedenen statistischen Daten miteinander zu vergleichen.

EUROSTAT hat in den Jahren 1995-1999 erste Daten über anerkannte Berufskrankheiten und geleistete Ausgleichszahlungen zusam-

[19] Die **Epidemiologie** ist die Wissenschaft von der Entstehung und Verbreitung von Krankheiten (Brockhaus). Sie untersucht z.B. den Zusammenhang von Alter und Krankheit im Arbeitsleben.

mengetragen, und es ist möglich, die Daten so miteinander zu kombinieren, dass der Zusammenhang zwischen Berufskrankheit und Älterwerden untersucht werden kann.

Insgesamt wurden 31 Berufskrankheiten nach dem europäischen Berufskrankheitenschema erfasst, und die Datenbasis stützt sich auf 50.444 Fälle, die nach einem festgelegten Schema klassifiziert worden sind. Zu den häufigsten gehörten dabei:

- Lärmschäden (18.419 Fälle),
- Hauterkrankungen (8.767 Fälle),
- Allergien der Atemwege (4.543 Fälle),
- Silikose (4.381 Fälle) und Asbestose (3.894 Fälle).

Von diesen Fällen wurden mehr als die Hälfte den Altersgruppen 46-55 Jahre (24%) und 56-65 Jahre (29%) zugeordnet. Wenn man nun diese errechneten Häufigkeiten in Beziehung setzt zu der Zahl der berufstätigen Menschen im Jahre 1995, dann finden wir, dass

- die Häufigkeit von anerkannten Berufskrankheiten bei der älteren Gruppe 7,5 mal höher war als bei der jüngeren Gruppe.

Bei der Beurteilung dieser Zahlen muss außerdem daran erinnert werden, dass 14% aller Berufskrankheiten im Alter nach 65 Jahren auftreten und Menschen dieser Altersgruppe in der Regel nicht mehr im Arbeitsleben stehen. Ihre Erkrankungen werden also nicht ausreichend erfasst.

Der älter werdende Teil der vorhandenen Arbeitskräfte ist unbestreitbar die Gruppe mit dem höchsten Risiko für Berufskrankheiten. Einige dieser Erkrankungen (wie z.B. chronische Lungenschäden, Krebs, Lärmschwerhörigkeit) haben eine sehr lange Latenzperiode[20] und sind deshalb nicht unter den jüngeren Altersgruppen zu entdecken. Ältere Arbeitnehmer haben eine länger dauernde Berufskarriere, in deren Verlauf sie einem höheren (kumulativen) Risiko ausgesetzt sind und dabei mehr Möglichkeiten einer Exposition gegenüber krank machenden Stoffen haben als jüngere Menschen.

Verstärkt wird dieser Effekt noch dadurch, dass viele Stoffe am Beginn der Berufskarriere älterer Arbeitnehmer – also vor 25-40 Jahren – wesentlich höher freigesetzt wurden als am Beginn der Berufskarriere von jüngeren Arbeitnehmern. Hier hat der betriebliche Arbeitsschutz erhebliche Erfolge zu verzeichnen.

- Dieses vergleichsweise höhere Risiko für älter werdende Arbeitnehmer, eine Berufskrankheit zu erleiden, ist eine Herausforderung für die **Früherkennung**, die **arbeitsmedizinischen Verlaufsuntersuchungen** und die **Behandlung der Folgen** von Berufskrankheiten.

[20] Zeitraum zwischen Einwirkung einer Schädigung (z.B. von krebserzeugenden Stoffen oder radioaktiven Strahlen) und Auftreten einer Krankheit (Krebs, Lungenschaden bei Asbestbelastung).

In diesem Zusammenhang muss weiterhin festgehalten werden, dass die größten Unterschiede im System der Betreuung von Berufskrankheiten darin bestehen, dass die »milden Fälle« von Berufskrankheit anders behandelt werden. Dies gilt auch für die Behandlung der Krankheiten und ihrer Folgeschäden (die sekundäre und/oder tertiäre Prävention).[21]

In einigen Versicherungssystemen wird Entschädigung nur bei solchen Fällen gezahlt, die einen bestimmten Schweregrad erreicht haben, während in anderen Systemen große Anstrengungen unternommen werden, die Krankheiten so früh wie möglich zu erfassen, um eine sekundäre Prävention im Einzelfall zu ermöglichen. In diesem Fall werden natürlicherweise mehr Erkrankungen registriert. (EUROSTAT 1999, Ilmarinen 1999:53)

1.3.5 Allgemeine Sterblichkeit der älteren Mitarbeiter

Die Abbildung 40 zeigt erhebliche Länderunterschiede, wobei die europäischen Länder mit der höchsten und der niedrigsten Sterblichkeitsrate dargestellt werden.

Lesebeispiel: Auf der Y-Achse finden wir den Prozentsatz von 0-12 Prozentpunkten, auf der X-Achse die Altersgruppen von 45-69 in 5-Jahres-Altersgruppen. Eingetragen sind zwei Kurven: die obere Kurve mit dem Punkt beschreibt die höchsten Raten und die untere mit dem Kreis die jeweils niedrigsten Raten nach Ländern.

Die durchschnittliche Sterblichkeit war in der EU in der niedrigsten Altersgruppe (40-49 Jahre) 2,2% und in der höchsten Altersgruppe (65-69 Jahre) 8,8%. (EUROSTAT 1998)

Wir finden z.B. in der Altersgruppe 45-49 Jahre die höchste Sterberate in Finnland und die niedrigste in Schweden und in der Altersgruppe 55-59 Jahre die höchste Sterblichkeit in Deutschland und wiederum die niedrigste in Schweden. Insgesamt fällt auf, dass Schweden in den meisten Gruppen die niedrigste Sterblichkeit aufweist.

1.3.6 Meldepflichtige und tödliche Arbeitsunfälle

Man kann die These aufstellen, dass ältere Menschen weniger Unfälle im Arbeitsleben erleiden als die jüngeren, da sie gesundheitliche Risiken und technische Gefahren im Arbeitsleben durch Umsicht und Berufserfahrung besser erkennen und vermeiden können.

Im Rahmen der Europäischen Union sind seit 1994 entsprechende Daten über Unfälle am Arbeitsplatz verfügbar. (EUROSTAT 1998a) Hier

---

[21] Wir unterscheiden bei der Vorbeugung die *primäre Prävention* durch Ausschalten schädlicher Faktoren noch vor dem Wirksamwerden, die *sekundäre P.* durch Aufdecken und Therapie von Krankheiten in einem möglichst frühen Stadium und die *tertiäre P.* bei eingetretener und entwickelter Krankheit durch den Versuch, deren Verschlimmerung und Komplikationen zu verhindern (Roche, Lexikon Medizin, Urban & Schwarzenberg,1984).

Abb./Tab. 40: Sterblichkeit bei älteren Arbeitnehmern in Europa im Ländervergleich

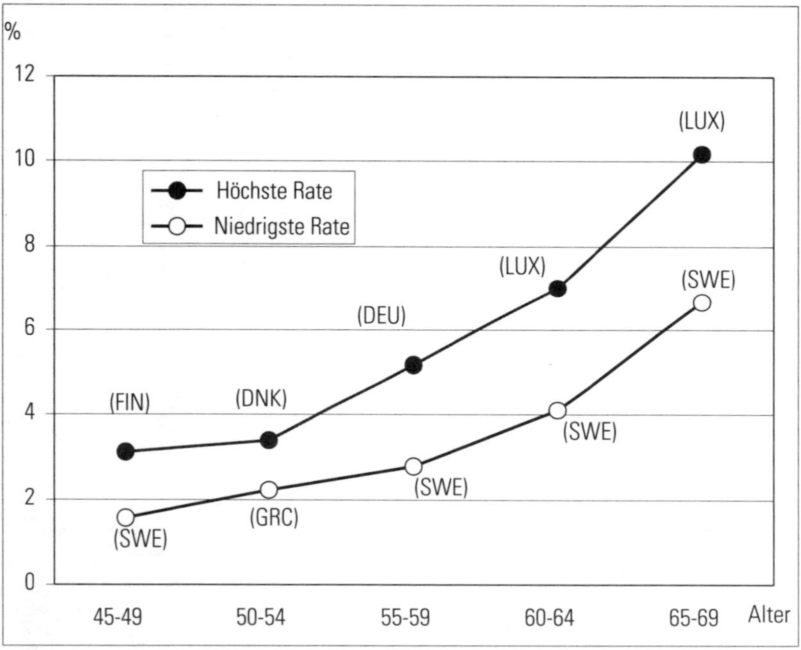

Gesamtsterblichkeit: Prozentanteil von Verstorbenen nach Altersgruppen bei älteren Arbeitnehmern im Jahre 1996 (letzter Geburtstag in diesem Jahr). Angegeben sind die Mitgliedsstaaten mit der höchsten und der niedrigsten Sterblichkeitsrate nach Altersgruppen (EUROSTAT 1998).

Quelle: Ilmarinen 1999:55

ergibt sich mit Hilfe der EU-Statistik eine ausreichend großen Datensammlung, die – erstmals – die Berechnung der Altersverteilung bei tödlichen Arbeitsunfällen ermöglicht hat (s. Tab. 41, S. 90). Allerdings konnte hier nicht, wie es z.B. in Deutschland üblich ist, zwischen Arbeits- und Wegeunfällen unterschieden werden.

Lesebeispiel: Wir finden in der Darstellung drei Säulen. Die erste Säule umfasst die Altersgruppen und die Gesamtzahl, die zweite Säule die Arbeitsunfälle mit mehr als drei Tagen Arbeitsunfähigkeit und die dritte Säule die tödlichen Arbeitsunfälle.

In der Bundesrepublik Deutschland gilt z.B. zu den Unterteilungen die folgende Definition:

– Ein Arbeitsunfall ist ein Unfall, den eine versicherte Person in Folge der Ausübung einer versicherten Tätigkeit innerhalb und außerhalb der Arbeitsstätte erleidet (vgl. § 8, SGB VII).

Abb./Tab. 41: Arbeitsunfälle in der Europäischen Union nach Altersgruppen. Alle Erwerbszweige (Eurostat 1998)

Altersgruppe	Unfälle mit mehr als 3 Tagen Abwesenheit			Tödliche Arbeitsunfälle		
	Geschätzte Anzahl	in % aller	Anzahl pro 100.000 Beschäftigter	Anzahl	in % aller	Anzahl pro 100.000 Beschäftigter
< 26 Jahre	1.109.327	22,6	5.802	678	10,6	3,8
26-45 Jahre	2.537.326	51,6	4.374	2.639	41,1	4,7
46-65 Jahre	1.202.320	24,4	3.952	2.416	37,6	8,3
> 65 Jahre	27.797	0,6	3.307	195	3,0	17,6
Alter unbestimmt	41.295	0,8	–	495	7,7	–
Insgesamt	4.918.066	100,0	4.539	6.423	100,0	6,1

Quelle: Ilmarinen und Tempel 2000:119

- Ein Unfall ist gemäß § 93 SGB VII meldepflichtig, wenn eine versicherte Person durch einen Unfall getötet oder so verletzt wird, dass sie mehr als drei Tage arbeitsunfähig ist (BMfAuS 1999).

Bei der Durchsicht der Daten fällt auf, dass die **Arbeitsunfälle** im Sinne der o.a. Definition mit steigendem Alter abnehmen. Beschäftigte unter 26 Jahren hatten insgesamt 5.802 Arbeitsunfälle auf jeweils 100.000 Beschäftigte, die entsprechenden Zahlen für die Altersgruppe 26-45 und 46-65 Jahre waren 4.374 und 3.952 (siehe Tabelle).

Im Ländervergleich war entsprechend den Statistiken von 1994 die Zahl der Arbeitsunfälle, die zu mehr als drei Tagen Arbeitsunfähigkeit führten, am höchsten in Portugal, Luxemburg und Spanien. Die wenigsten Arbeitsunfälle bezogen auf 100.000 Beschäftigte ereigneten sich in Irland und Schweden. In Finnland gab es im Jahre 1994 insgesamt 3.914 Arbeitsunfälle auf jeweils 100.000 Beschäftigte. Dieser Anteil ist niedriger als der Durchschnitt der EU-Mitgliedsstaaten (4.539 auf 100.000 Beschäftigte). Diese Ergebnisse wurden nicht etwa dadurch verursacht, dass mehr jüngere Arbeitnehmer in Arbeiten mit höheren Risiken beschäftigt waren. Tatsächlich schwankte der Prozentsatz der Beschäftigten unter 26 Jahren zwischen 12% und 18% (z.B. für Landwirtschaft, Forstwirtschaft, Industrie, Bauindustrie und Transportgewerbe – dies sind die Tätigkeiten mit hohen Unfallrisiken). Jüngere Arbeitnehmer sind oft beschäftigt in Tätigkeiten mit niedrigen Unfallrisiken (z.B. Handel, Hotel- und Gaststättengewerbe).

Es gab auch vergleichsweise mehr *Unfälle mit tödlichem Ausgang* in Portugal und Spanien und weniger in Großbritannien und Schweden. Die finnische Zahl von 3,6 tödlichen Arbeitsunfällen auf 100.000 Beschäftigte liegt unter dem Durchschnitt der EU-Mitgliedsstaaten (3,9 auf 100.000 Beschäftigte).

Insgesamt steigt aber die Zahl der Unfälle mit Todesfolgen beträchtlich mit dem Alter:

- ❖ Während jüngere Arbeitnehmer nur 3,8 tödliche Unfälle auf 100.000 Beschäftigte erlitten,
- ❖ waren dies in der Altersgruppe 26-45 Jahre 4,7 und
- ❖ in der Altersgruppe 46-65 Jahre 8,3 tödliche Unfälle.
- ❖ Bei den Beschäftigten über 65 Jahre waren es bis zu 17,6 auf 100.000 Unfälle, die einen tödlichen Ausgang hatten.

Diese Ergebnisse können z.B. dadurch verursacht sein, dass viele ältere Arbeitnehmer in Tätigkeiten mit hohem Unfallrisiko beschäftigt sind. In der Landwirtschaft und der Forstwirtschaft sind z.B. 47% der Beschäftigten über 45 Jahre alt, und die vergleichbaren Zahlen für Bau- und Transportindustrie liegen zwischen 28 und 31%.

Das Unfallrisiko wird darüber hinaus beeinflusst durch die Arbeitsorganisation am Arbeitsplatz, durch die Erfahrung und das Verhalten in Abhängigkeit vom Alter und schließlich durch die Wachsamkeit und die geistige Beweglichkeit. Weiterhin ist es möglich, dass ältere bzw. älter werdende Arbeitnehmer ein größeres Risiko haben, an den Folgen des gleichen Unfalls zu sterben als jüngere. (EUROSTAT 1998a)

Offen bleiben muss zunächst, wie groß der Anteil von tödlichen Wegeunfällen an den tödlichen Arbeitsunfällen ist. In Deutschland wurden 1998 in der gesetzlichen Unfallversicherung 1287 tödliche Arbeitsunfälle und 810 tödliche Wegeunfälle erfasst, insgesamt 2097. Demnach wären 39% aller tödlichen Arbeitsunfälle Wegeunfälle. (BMfAuS 1999:12-14)

Der Unfallverhütungsbericht Arbeitssicherheit 1999 des deutschen Bundesministeriums für Arbeit und Sozialordnung liefert keine Informationen über den Zusammenhang zwischen Altersgruppen und Zahl der Arbeitsunfälle. Dies gilt auch für die anderen EU-Mitgliedsstaaten, sodass die vergleichbaren Tendenzen in Abhängigkeit vom Alter für die Mitgliedsstaaten unbekannt sind.

1.3.7 Lebenserwartung und Arbeitslebenszeit

Wir finden weltweit eine Zunahme der Lebenserwartung. Früher wurde der Gesundheitszustand einer Bevölkerung nach dem Ausmaß der Kinder- oder der Müttersterblichkeit oder nach der unterschiedlichen Verteilung der Todesursachen beurteilt. Diese Daten wurden als Grundlage benutzt, um Prioritätenlisten für den Gesundheitszustand von Bevölkerungen aufzustellen. (Reves 1998, zitiert aus Ilmarinen 1999:56) Die Abnahme der Sterblichkeit und die Zunahme der Lebenserwartung haben jedoch einige Fragen aufgeworfen bzgl. der Qualität des Zugewinns an Lebensjahren.

Man benötigt deshalb neue Maßstäbe und Maßzahlen, die besser geeignet sind, den funktionellen Zustand (s. das folgende Kapitel) einer Bevölkerung sowie ihre Vitalität und Lebensqualität unter diesen neuen Umständen zu beschreiben. Im Vorwort einer Veröffentlichung der Weltgesundheitsorganisation (WHO) (World Health Report 1997) werden solche Überlegungen angesprochen:

»Erhöhte Lebenserwartung ohne Lebensqualität ist ein leerer Gewinn, das bedeutet, die Gesundheitserwartung ist wichtiger als die Lebenserwartung.« (WHO 1997a, zitiert aus Ilmarinen 1999:56) In einer anderen Erklärung zur Gesundheitsförderung im 21. Jahrhundert wird festgehalten, dass »das entscheidende Ziel ist, die Gesundheitserwartung zu verbessern und den Abstand in der Gesundheitserwartung zwischen Ländern und Gruppen zu vermindern.« (WHO 1997b, ebd.)

Man kann nun die Lebenserwartung in zwei Abschnitte unterteilen: in den Anteil der aktiven Jahre, praktisch von der Geburt bis zum Ende des Arbeitslebens, und die Jahre des Ruhestands, vom Ausscheiden aus dem Arbeitsleben bis zum Tod des einzelnen Menschen. Benutzt man eine solche Unterteilung, kann man erkennen, dass z.B. in Finnland die Zunahme der Lebenserwartung in den Jahren von 1970-1997 zu einer Ausweitung der Ruhestandszeit geführt hat und nicht der aktiven (Arbeits-)Jahre (s. Abb. 42).

Lesebeispiel: Die Y-Achse gibt in absoluten Zahlen die durchschnittliche Lebenserwartung in Jahren wieder, die X-Achse beschreibt die Jahre, in denen diese Lebenserwartung errechnet wurde. Der graue Anteil der Säulen gibt die Anzahl der aktiven Jahre wieder, der weiße Anteil die Zahl der Ruhestandsjahre.

So ist in den Jahren von 1970-1997 insgesamt die Lebenserwartung von durchschnittlich 69,8 Jahren (1970, beide Geschlechter) auf 77,1 Jahre (1997, beide Geschlechter) gestiegen. Die Erwartung für die aktiven Jahre ist aber dieselbe geblieben und liegt konstant bei etwa 56 Jahren. Das bedeutet, dass die etwa 7 Jahre an gewonnener Lebenszeit vollständig in den Ruhestand einbezogen wurden.

Dieses Phänomen wird auch als »Arbeit/Alter-Paradoxon« beschrieben, d.h. das »Paradoxon eines immer früheren (oder gleichbleibenden, d. Verf.) Berufsaustrittszeitpunktes bei gleichzeitig immer weiter steigender (fernerer) Lebenserwartung einerseits und immer günstigeren gesundheitlichen und qualifikatorischen Ausgangsbedingungen der nachfolgenden Alterskohorten andererseits«. (Naegele 2000:24)

Offen bleibt dabei die Frage, wie weit es in Zukunft möglich sein wird, den Anteil der aktiven Lebenszeit (der Lebensarbeitszeit) zu vergrößern. Solche Kalkulationen und Überlegungen sind aber von grundlegender Bedeutung, weil sie Hinweise liefern, dass

- die Bevölkerung in Finnland (in den Industrienationen?) bisher nicht in der Lage war, die Verbesserung in Gesundheitszustand und Le-

Abb./Tab. 42: Lebenserwartung, Arbeitsleben und Ruhestand in Finnland

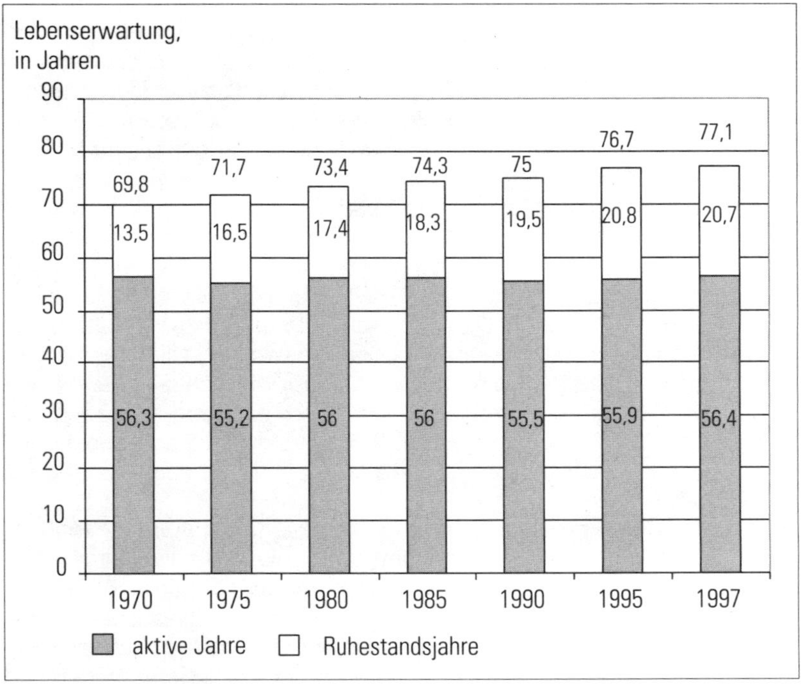

Die Gesamtlebenserwartung ab Geburt, unterteilt nach aktiven Jahren und Ruhestandsjahren, 1970-1997 (beide Geschlechter). (Hytti, Institut der Sozialversicherungen, Finnland)

Quelle: Ilmarinen 1999:56

bensqualität allgemein im aktiven Leben umzusetzen und damit auch in der durchschnittlichen Lebensarbeitszeit.

- Es kann aber auch sein, dass die Betroffenen dieses bewusst nicht gewollt haben.

Wenn dieser Umstand insgesamt nicht geklärt wird, kann z.B. eine Situation entstehen, in der der Ruhestand stärker an die Lebenserwartung gekoppelt wird. Wie immer diese Dinge sich entwickeln werden:

- Für beides, die Lebensarbeitszeit wie auch den Ruhestand, ist ein gesundes und funktionsfähiges Leben ein wichtiges Ziel.

1.4 Funktionelle Kapazität und Älterwerden im Arbeitsleben

Wir wissen aus vielen Befragungen, dass Menschen sich für ihre Zukunft vor allen Dingen Gesundheit wünschen. Es ist aber auch wissenschaftliche Erkenntnis, dass dieser Wunsch nicht so einfach in Erfüllung gehen kann. Es wird eher einzelnen Menschen vorbehalten bleiben, »gesund alt zu werden«, denn Krankheit und Leiden sind ein fester, biologischer Bestandteil unserer Existenz:

- Es ist genetisch unmöglich und biostatistisch äußerst unwahrscheinlich, immer »kerngesund« zu bleiben und dann plötzlich – am besten in hohem Lebensalter – schmerzlos tot umzufallen. »Um es paradox zuzuspitzen: Gerade die Möglichkeit der zeitweisen Gesundheit – d.h. der Fähigkeit, die Lebensanforderungen zu erfüllen – setzt zwingend die Hinnahme der leider nur zu weit verbreiteten Disposition zur Krankheit voraus. Um, evolutionär betrachtet, gesund und leistungsfähig zu sein, müssen wir zugleich erdulden, krankheitsanfällig und von Anbeginn unseres Lebens an genetisch beschädigt (also biologisch unvollständig und fehlerhaft, d. Verf.) zu sein.« (Markl 1996:32)
- Insbesondere chronische Krankheitsprozesse verlaufen zeitabhängig und manifestieren sich oft erst dann, wenn die vielfältigen bio-psycho-sozialen Regulations- und Kompensationsmechanismen ausgeschöpft und/oder zusammengebrochen sind. Im Bereich der betrieblichen Gesundheitsförderung bestimmen diese Prozesse das Krankheitsgeschehen wesentlich stärker als akute Belastungen und Erkrankungen. Und: Sie entwickeln sich mit dem Älterwerden.
- Umso wichtiger ist es dann, die nicht genetisch, also arbeits- und umweltbedingten pathogenen und salutogenen Krankheits- bzw. Gesundheitsprozesse zu berücksichtigen, genauer zu erforschen, zu gestalten und so ein fundiertes Urteil zu bilden. (Ilmarinen und Tempel 2000:104)

Wir wissen aber auch aus langjähriger Hausarzt- und Beratungstätigkeit, dass mit dieser zukünftigen Gesundheit bestimmte Vorstellungen verknüpft sind:

- So der Wunsch, möglichst lange unabhängig zu bleiben,
- die eigenen Angelegenheiten physisch, psychisch und sozial selbstständig regeln zu können,
- möglichst wenig Schmerzen zu erleiden und
- im Alltag »funktionsfähig« zu bleiben.

Eines der größten Probleme im Alter sind die Knochen- und Gelenkerkrankungen, so z.B. die Einsteifung des Hüftgelenks (die Coxarthrose). Bei diesem Krankheitsbild kann man beobachten, dass auch sehr alte Menschen sich für eine operative Versorgung entscheiden, wobei sie durchaus bereit sind, ein großes altersabhängiges Narkoserisiko auf sich zu nehmen, »wenn die Schmerzen nur aufhören und ich wieder ein bisschen besser laufen kann«. Dies ist ein praktisches Beispiel, warum es Sinn macht, zwischen Lebenserwartung und Gesundheitserwartung zu unterscheiden und darüber hinaus der Frage nachzugehen, welche Funktionsfähigkeit bei welchem Gesundheitszustand für den einzelnen Menschen erhalten bleibt.

Diese **funktionellen Fähigkeiten** oder die **funktionelle Kapazität** eines Menschen wird verstanden als die Summe aller physischen, psychischen (mentalen) und sozialen Funktionen, die ein Mensch in einer bestimmten Situation und in einem bestimmten Alter wahrnehmen kann. Insofern hängt die funktionale Kapazität auch direkt mit der **Arbeitsfähigkeit** bzw. **Arbeitsbewältigungsfähigkeit** zusammen.

Sie bildet eine Basis für diese, weil sie Voraussetzung dafür ist, dass jemand überhaupt eine Tätigkeit aufnehmen kann. Die Abbildung 43 zeigt die allgemeinen Zusammenhänge.

Lesebeispiel: Die Grafik beschreibt die Beziehung zwischen Arbeitsbewältigungsfähigkeit und allgemeiner funktioneller Kapazität, die mehr umfasst als nur die Arbeitsfähigkeit. Die Flächenunterschiede können als Reservekapazität oder Reserveenergie beschrieben werden, denn Reserven sind auf allen Gebieten der funktionellen Kapazität notwendig (und auch vorhanden):

Physische Reserven bedeuten sowohl die Fähigkeit, sich von Beanspruchungen durch die Arbeit zu erholen, als auch sich vor Überlastung und Verletzungen zu schützen. **Mentale Reserven** verhindern z.B. Erschöpfung bei der Arbeit, indem sie helfen, das vorgegebene Arbeitsquantum realistisch einzuschätzen. Sie setzen gleichzeitig Res-

Abb./Tab. 43: Zusammenhang zwischen Arbeitsfähigkeit und allgemeiner funktioneller Kapazität

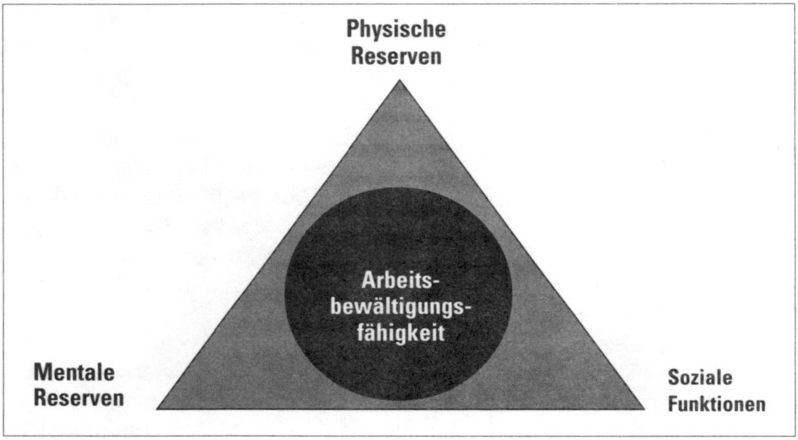

Quelle: Ilmarinen 1999:58

sourcen frei für zusätzliches Training und Verbesserung der beruflichen Kompetenz. Die Reserven in den **sozialen Funktionen** befähigen die Betroffenen z.B. für das Aufrechterhalten, Verbessern und Verbreitern von sozialen Netzwerken sowohl im wie auch außerhalb des Arbeitslebens. (Ilmarinen 1999:ebd.) Das in der Grafik abgebildete gleichschenklige Dreieck hebt weiterhin hervor, dass die Bestandteile der funktionellen Kapazität in sehr enger, gleichberechtigter und gleichwirksamer Beziehung zueinander stehen.

So beeinflussen z.B. Verbesserungen oder Verschlechterungen in den physischen Funktionen sowohl die mentalen als auch die sozialen Möglichkeiten eines Menschen – positiv oder negativ. In diesem Zusammenhang kann es immer wieder zu einer Unterschätzung der Bedeutung der physischen Kapazität eines Menschen kommen, die aus biologischen Gründen einem altersbedingten Wandel unterworfen ist.

Abb./Tab. 44: Leistung und Alter bei der Belastungsuntersuchung (Ergometrie)

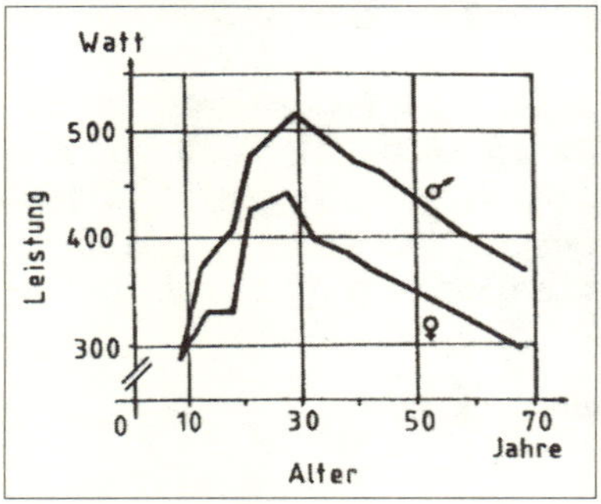

Altersabhängige Veränderung der Dauerleistung während einer Minute am Ergometer (Fahrradbelastungstest, d. Verf.); für beide Geschlechter wird im 28. Lebensjahr das Maximum erreicht. Mittelwertskurven nach Shock (1962).

Quelle: Diebschlag 1997

Lesebeispiel: Die Y-Achse beschreibt die Höhe der Leistung in Watt über eine Minute. Auf der X-Achse finden wir die Zeitleiste für die Lebensjahre.

Zu beachten ist, dass Heranwachsende Zeit benötigen, bis sie gut körperlich belastbar sind und dass mit steigendem Lebensalter die physische Leistungsfähigkeit wieder abnimmt.

Weiterhin gibt es einen Geschlechterunterschied, der bei der Gestaltung der körperlichen Belastung besonders im Arbeitsleben, aber auch im Alltag bei gemeinsamen Freizeitaktivitäten von Frauen und Männern bedeutsam ist.

Besonders älter werdende Personen haben die Möglichkeit, durch solche Initiative den Abfall für eine gewisse Zeit auszugleichen oder zu verlangsamen. Bei Jugendlichen ist es wichtig, dass sie ihre maximale körperliche Leistungsfähigkeit erreichen lernen.

Bevor nun diese funktionellen Kapazitäten nachlassen, werden die vorhandenen Reserven verbraucht. Diese bilden also einen nützlichen Puffer, die Anforderungen allgemein im Leben oder z.B. in der Arbeitswelt zu bewältigen. Wenn die Situation anhält, dann bleiben keine Reserven übrig für Erholung, Lernen oder Ausbildung und Erneuerung.

Die Lebensäußerungen eines Menschen in einer solchen Situation können dann vollkommen beschränkt sein auf das Bewältigen und den Verbleib im Arbeitsleben.[22] Wenn der Erneuerungsprozess der funktionellen Kapazität, das ist die tägliche Erholung und Wiederherstellung der Arbeitskraft, nachlässt oder nicht mehr gelingt, dann zeigen sich die Folgen dieser Entwicklung auch in einer Begrenzung der Arbeitsbewältigungsfähigkeit, denn die Anforderungen des Arbeitslebens überschreiten dann die persönliche funktionelle Kapazität. Wenn eine solche Situation über einen längeren Zeitabschnitt bestehen bleibt, führt dies zu einem Abfall der Arbeitsfähigkeit und schließlich zur längerdauernden Arbeitsunfähigkeit (work disability).

Betrachtet man nun den Zusammenhang zwischen funktioneller Kapazität und Arbeitsbewältigungsfähigkeit, können als Ergebnis der in Finnland durchgeführten Studien zwei Faktoren hervorgehoben werden:

- Die funktionelle Kapazität ist die Grundlage für Arbeitsbewältigungsfähigkeit und kann in *jedem* Lebensabschnitt betroffen und kurzfristig oder langfristig gestört sein.
- Mit zunehmendem Alter einer Mitarbeiterin oder eines Mitarbeiters bekommt die *Stärkung* der funktionellen Kapazität aber eine besondere Bedeutung.

1.5 »Neue Wege« statt »Ausgrenzung«

Bis hierher haben wir unsere Ausführungen unter das Motto »Unternehmen im Wandel« gestellt und versucht, einige wesentliche Veränderungen aufzuzeigen, von denen die Mitarbeiterinnen und Mitarbeiter eines Unternehmens gegenwärtig und auch zukünftig betroffen sein werden. Man kann die Ergebnisse insofern zusammenfassen, als in Zukunft mit Sicherheit im Arbeitsleben »neue Wege« begangen werden müssen, die von den Beteiligten eine Überprüfung und Differenzierung ihrer vorhandenen Betrachtungsweisen verlangen:

- Wir werden einen definitiven Wandel zur modernen Dienstleistung erfahren und dabei gleichzeitig feststellen, dass in bestimmten Bereichen traditionelle Berufe mit all ihren gesundheitlichen Risiken erhalten bleiben (so u.a. im Handel, im Gaststättenbereich und in den Pflegeberufen).

[22] Eine ausführliche Dokumentation eines solchen Arbeitslebens ist die »Geschichte des Straßenbahnfahrers Hermann S.« bei: Ertl, B., M. Schmid-Neuhaus et al. (1998): Lebensqualität für Leistungskraft – Das Gesundheitsförderungsprojekt für die Bus-, Straßenbahn- und U-Bahn-Fahrer/innen der Verkehrsbetriebe/Stadtwerke München. Bremerhaven, Wirtschaftsverlag NW, Verlag für neue Wissenschaft GmbH.

Abb./Tab. 45: Bevölkerung und Erwerbstätige nach Altersgruppen in Deutschland 1998

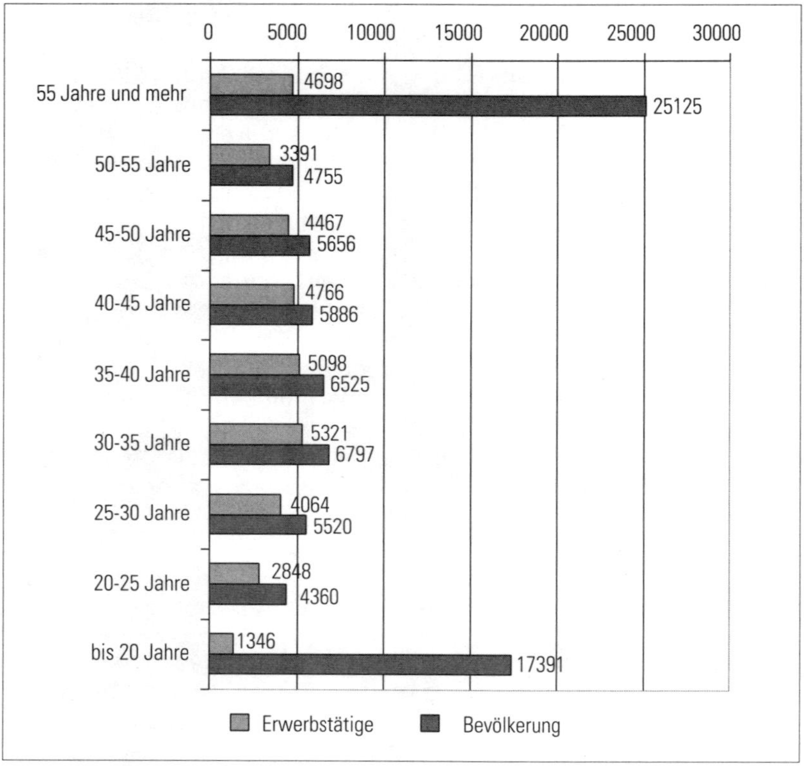

Berechnung mit Hilfe der Jahresdurchschnittszahlen saisonbereinigter Mikrozensusdaten (beide Statistisches Bundesamt)

Quelle: (BMfAuS 1999:8)

- Die Grenzen der Arbeit lagen bisher im Wesentlichen im physischen Bereich, über die Grenzen der psychischen und sozialen Belastungen im Arbeitsleben und die der physiologisch vertretbaren Arbeitszeiten wird man sich neu verständigen müssen.
- Ein Konzept der Unterteilung der Belegschaften in »olympiareife junge« und »belastende ältere« Arbeitnehmer hält der konkreten Überprüfung nicht stand.
- Die spezifische Bedeutung von Entwicklungsprozessen in Abhängigkeit vom Lebensalter ist besonders zu berücksichtigen.

Dafür sprechen auch die Daten in Abb. 45, in der die Bevölkerung und die Erwerbstätigen nach Altersgruppen aufgeschlüsselt werden. Dar-

Abb./Tab. 46: »Mittelbauchstruktur« – eine typische Altersverteilung im Betrieb

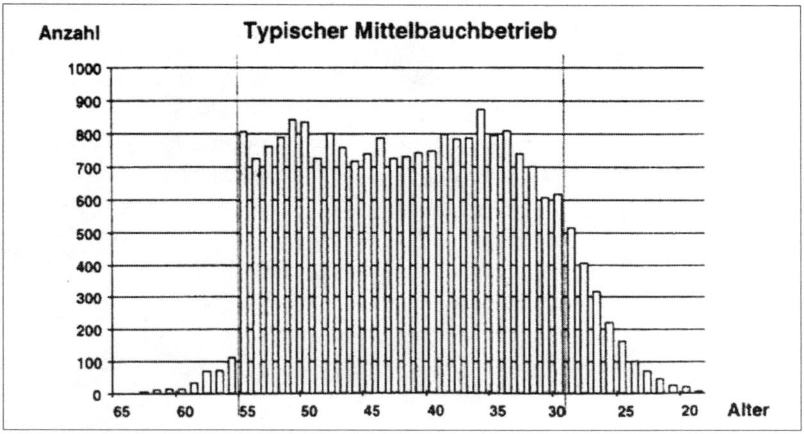

Quelle: Mogk 2000:352

aus ergeben sich Zielgruppen für weiteres betriebliches Planen und Handeln.

Lesebeispiel: Wir finden einmal die Altersgruppen von »bis 20 Jahre« bis »über 55 Jahre und mehr« in Fünf-Jahresgruppen, zum anderen in absoluten Zahlen die Erwerbstätigen (schwarzer Balken) und die allgemeine Bevölkerungsverteilung (dunkelgrauer Balken). Es fällt auf, dass in der Altersgruppe bis 20 Jahre von über 17 Mio. der allgemeinen Bevölkerung nur 1,3 Mio. im Erwerbsleben stehen. Umgekehrt finden wir in der Altersgruppe über 55 Jahre und mehr einen Bevölkerungsanteil von über 25 Mio., von denen nur – noch – 4,7 Mio. im Erwerbsleben stehen.

Betrachtet man aber die verschiedenen Altersgruppen, die dazwischen liegen, so findet man nur bei den Altersgruppen 20-25 Jahre und 50-55 Jahre noch Erwerbstätigenanteile von unter 4 Mio., die übrigen Altersgruppen liegen mit den Erwerbstätigen relativ gleichmäßig zwischen min. 4,6 und max. 5,3 Mio.

Diese Situation lässt sich mit dem Begriff der »Mittelbauchstruktur« einer Branche oder eines Betriebes umschreiben: »Wenig junge Mitarbeiter unter 30, derzeit noch wenige ältere Mitarbeiter über 55 und eine Belegschaft, die ganz überwiegend zwischen 30 und 55 Jahren ist und – das ist wichtig – zukünftig kollektiv altern wird.« (Mogk 2000:352) (s. Abb. 46)

Schon diese Aufschlüsselung der Erwerbstätigen nach Altersgruppen zeigt, dass Zukunftsstrategien, die sich nach dem Motto: jung, gesund und olympiareif besonders auf eine Altersgruppe – unter Ausgrenzung einer anderen – stützen wollen, wenig Erfolgsaussichten haben werden, ganz unabhängig von den unterschiedlichen Fähigkeiten, über die die Altersgruppen in Abhängigkeit von Familienhintergrund, Ausbildung und Berufserfahrung verfügen.

- Wir benötigen also eine betriebliche und gesellschaftliche Arbeitskultur, die verschiedene Altersgruppen, Geschlechter, Nationalitäten, Ausbildungen und Berufserfahrungen integriert.
- Weiterhin ist zu beachten, dass der Mittelbauch einen hohen Prozentsatz älterer Mitarbeiterinnen und Mitarbeiter umfasst, und dass es zu einer gleichmäßigen Verschiebung des Lebensalters der Mitarbeiter in höhere Bereiche kommen wird: kollektives Altern.

2. Erster Blick in die Zukunft: Möglichkeiten und Hoffnungen

Die Augen fest auf das Eichhörnchen gerichtet und mit absichtlich langsamen Bewegungen zielte sie mit dem Beil auf diesen Punkt, der Überleben versprach. Plötzlich schoss der kleine Kopf des Tieres hoch, und als Sa' ihre Hand bewegte, um das Beil zu schleudern, stürmte das Eichhörnchen den Baum hoch. Sa' hatte das vorausgesehen, zielte etwas höher und beendete das Leben des kleines Tieres geschickt mit einem einzigen wohl berechneten Wurf. Er verriet ihre Jagdkenntnisse, die sie so viele Jahre nicht erprobt hatte. Ch'idzigjaak stieß einen tiefen Seufzer der Erleichterung aus. Das Mondlicht beleuchtete das lächelnde Gesicht der jüngeren Frau, als sie mit zitternder, aber stolzer Stimme sagt: »Ich habe dieses viele Male getan, doch ich hätte nie gedacht, dass ich es noch einmal tun werde.« Zurück im Lager kochten die Frauen das Eichhörnchen in Schneewasser, tranken die Brühe und sparten das wenige Fleisch für später auf, denn sie wussten, es würde sonst ihre letzte Mahlzeit sein.
Als die Tränen versiegt waren und die ältere Frau ihr nasses Gesicht abwischte, lachte sie. »Vergib mir, meine Freundin. Ich bin älter als Du. Und doch weine ich wie ein kleines Kind.«
»Wir sind wie kleine Kinder«, erwiderte Sa'. Die Ältere sah bei diesem Zugeständnis erstaunt hoch. »Wir sind wie hilflose Kinder.« Ein Lächeln kräuselte ihre Lippen, als ihre Freundin ein wenig verletzt auf diese Bemerkung reagierte. Doch bevor Ch'idzigjaak sie falsch verstehen konnte, fuhr Sa' fort: »Wir haben in unserem langen Leben eine Menge gelernt, und dann sind wir alt geworden und haben geglaubt, wir hätten unseren Teil im Leben geleistet. Also hörten wir auf, einfach so. Wir haben nicht mehr weitergearbeitet wie früher, obwohl unsere Körper noch immer gesund genug sind, um ein wenig mehr zu leisten, als wir ihnen zugetraut haben.« Ch'idzigjaak saß da und hörte aufmerksam zu, als ihre Freundin ihr plötzlich eröffnete, warum die Jüngeren es für das Beste gehalten hatten, sie zurückzulassen. »Zwei alte Frauen. Wir beklagen uns, sind nie zufrieden. Wir reden davon, dass es nichts zu essen gibt, und davon, wie gut es früher war, obwohl es in Wirklichkeit nicht besser war. Wir finden, dass wir schon so schrecklich alt sind. Und jetzt, nachdem wir so viele Jahre damit verbracht haben, die jüngeren Leute davon zu überzeugen, dass wir hilflos sind, glauben sie, dass wir in dieser Welt nicht mehr von Nutzen sind.« ... »Wir werden ihnen beweisen, dass sie beide Unrecht haben, das Volk und der Tod!«
(Aus: Zwei alte Frauen)

2.1 Unternehmensgrundsätze

Um die aktuellen und zukünftigen Arbeitsaufgaben zu bewältigen, verabschieden Unternehmen immer häufiger Unternehmensleitlinien. Dabei werden die Mitarbeiter verpflichtet, die »Ertragskraft und Leistungsfähigkeit« (1) des Unternehmens zu steigern, um die »Marktführerschaft« (2) durchzusetzen und zu sichern. Es wird dabei »Mitarbeiterkompetenz« (3) von jedem Einzelnen verlangt, gemeinsam strebt das Unternehmen die »Führerschaft« in dem »Technologiebereich« (4) der Branche an. Um dieses Ziel zu erreichen, muss jeder Einzelne in der Lage sein, seine »Verantwortung« (5) zu erkennen und wahrzunehmen und im gesamten Unternehmen »partnerschaftlich« (6) kooperieren. Im Folgenden wird beispielhaft aus solchen Unternehmensleitlinien zitiert:

»Denn es ist eine gemeinsame Aufgabe, weiterhin den Erfolg unseres Unternehmens zu sichern. Entscheidend ist, dass es uns immer gelingt, den Wünschen und Anforderungen des Kunden besonders gut gerecht zu werden. Nur dadurch bleibt unsere Leistung gefragt, und nur so werden wir auch in Zukunft Geld verdienen, denn das ist die Voraussetzung dafür, dass ... ins Unternehmen weiter investiert wird und damit Arbeitsplätze erhalten bleiben und neue entstehen können.

Um das zu erreichen, müssen wir uns klarmachen, dass es immer auf die Menschen ankommt. Jeder Einzelne ist wichtig. Dazu gehört die kollegiale Zusammenarbeit auch mit den uns verbundenen Unternehmen.

Die vorliegenden Unternehmensleitlinien sollen Regeln und Grundsätze für die tägliche Arbeit sein. Sie sollen Gespräche in Gang setzen, Verständnis fördern und Anleitung geben. Sie stellen aber auch einen hohen Anspruch an uns. Ich bin davon überzeugt, dass die Mitarbeiter den Herausforderungen gewachsen sein werden.«[1]

Zu 1. Ertragskraft und Leistungsfähigkeit:
Dazu ist es notwendig, dass wir leistungs- und gewinnorientiert arbeiten und unsere Arbeitsabläufe ständig optimieren. Um dies zu erreichen, bemühen wir uns um eine offene, zielstrebige Kommunikation, wir entscheiden schnell, was wir tun wollen und setzen unsere Entscheidungen unverzüglich in die Tat um. Dabei gehen wir mit Informationen sorgfältig und zielgerichtet um. Die Genauigkeit, mit der wir Informationen behandeln, ist ein wesentlicher Bestandteil des Erfolgs.

[1] An einem anonymisierten Beispiel sollen die grundlegenden Inhalte solcher Unternehmensleitlinien aufgezeigt werden.

Zu 2. Marktführerschaft:
Wir wollen Marktführer bei der Herstellung unserer Produkte sein und bleiben. Dabei sind zufriedene Kunden unser Maßstab, und wir verpflichten uns zur kontinuierlichen Verbesserung von Service, Produktentwicklung und Qualität. So wie die Kunden ihre Anforderungen an uns verändern, sind wir gefordert, unsere Veränderungsfähigkeit zu entwickeln. Wir wollen auf den europäischen Märkten bevorzugter Hersteller und Lieferant sein und folgen den weltweiten Entwicklungen des Geschäfts. Wir setzen auf die Zukunft der von uns hergestellten Produkte.

Zu 3. Mitarbeiterkompetenz:
Dies bedeutet, dass wir auf unserem Gebiet Fachleute sind, dass wir eng kooperieren und uns stetig weiterentwickeln. Um diese Ziele zu erreichen, benötigen wir motivierte und gut informierte Mitarbeiter. Das Vertrauen in die eigenen Fähigkeiten wie auch in die meiner Kolleginnen und Kollegen, Offenheit und enge Kooperation führen zu überdurchschnittlicher Leistung. Im Zentrum steht dabei die gute Aus- und Weiterbildung und die Lernbereitschaft eines jeden Einzelnen, mit deren Hilfe wir unsere Qualifikation sichern und weiterentwickeln. Dabei nutzen und fördern wir unseren Ideenreichtum und unsere Bereitschaft und Fähigkeit zur Eigenverantwortung. Auf das, was wir bisher im Unternehmen geleistet haben, sind wir stolz, aber wir fordern uns ständig weiter heraus.

Zu 4. Technologieführerschaft:
Unsere Produkte basieren auf einer technologischen Spitzenleistung, und diese wollen wir auch in Zukunft weiter ausbauen. Unsere Ansprüche und technische Leistungsfähigkeit sind dabei hoch und stehen in einem vernünftigen Verhältnis zum möglichen wirtschaftlichen Erfolg. Wir arbeiten einerseits erfolgreich und wirkungsvoll mit vorhandener Technik und setzen dabei die Maßstäbe für die neuen Entwicklungen, die wir anstreben.

Zu 5. Verantwortung:
Unser Handeln ist in jeder Weise durch Verantwortung geprägt, gegenüber der Region und der Umwelt, gegenüber den Menschen im Unternehmen und außerhalb sowie der Gesellschaft. Wir nehmen unsere Verantwortung aktiv wahr, indem wir uns an der wirtschaftlichen Entwicklung der Region beteiligen, Rohstoffe, Wasser und Energie sparsam nutzen. Bei der Gestaltung und Auswahl unserer Transportwege setzen wir auf umweltbewusste Lösungen und Partner. Im Unternehmen sind uns Arbeitsschutz, Arbeitssicherheit und die Gesundheit der Mitarbeiter wichtig.

Zu 6. Unternehmen im Verband:
Bei all unserem Planen und Handeln sehen wir nicht nur das einzelne Unternehmen, sondern wir sind unseren Partnern im Unternehmensverband zur Mitarbeit und gegenseitigen Unterstützung verpflichtet. Wir gestalten die Weiterentwicklung unserer gesamten Gruppe und suchen kontinuierlich nach Möglichkeiten, im Verband zu kooperieren und gemeinsam Wirtschaftlichkeitsreserven zu entdecken oder zu entwickeln. Die Maßstäbe im Unternehmen für Technik und Wirtschaftlichkeit gelten auch für den ganzen Verband. Gleichzeitig pflegen wir aber als Mitglied in diesem Verband unser eigenes Profil.

- Die Leserinnen und Leser können gestützt auf die eigenen Erfahrungen selber entscheiden, wie weit Theorie und Praxis an ihren Arbeitsplätzen bezüglich der Umsetzung übereinstimmen.

2.2 Was junge Menschen über die Arbeit denken

Solche Unternehmensleitlinien, wie wir sie hier beispielhaft gesammelt haben, stellen erhebliche Anforderungen an die Belegschaften und setzen Qualifikation, soziale Kompetenz und berufliches Erfahrungswissen voraus. Sie verlangen enormen persönlichen Einsatz und definieren die Rolle der Kunden als die einer Königin oder eines Königs, die grundsätzlich zufrieden zu stellen sind. In diesem Zusammenhang ist es sinnvoll, vorliegende Erkenntnisse über die Einstellung jüngerer Menschen zur Arbeit, zum zukünftigen Arbeitsleben und zur Flexibilisierung der Arbeit zusammenzutragen. Abbildung 47 stellt die Zusammensetzung des Arbeitskräfteangebots nach Altersgruppen in der Zeit von 1950 bis zunächst 2000 dar. Wir haben den Abschnitt 2008 bis 2040 herausgenommen. Das eingefügte Fragezeichen soll die Neugierde der Leser auf die Entwicklung in der Zukunft wecken.

Lesebeispiel: Das Arbeitskräfteangebot ist hier in drei Gruppen, 15-29-Jährige, 30-49-Jährige und über 50-Jährige, zusammengefasst. Wir finden auf der Y-Achse den Prozentanteil, auf der X-Achse den Verlauf von 1950 bis 2000 in größeren Zeitabständen.

Betrachtet man nun die einzelnen Altersgruppen, so sind die über 50-Jährigen relativ konstant bei 23%, zumindest seit 1977. Sie bilden also einen gleichbleibenden Anteil des Arbeitskräfteangebots.

Bei der mittleren Altersgruppe, 30-49-Jährige, finden wir einen Anstieg des Anteils vom 41 auf 55% und dementsprechend eine zunehmende Verringerung der jüngeren Altersgruppe von 36 auf 22%.

- Schon hier ergeben sich Hinweise, dass Unternehmen sich Kenntnisse verschaffen müssen über die Altersstruktur ihrer Belegschaft, da es mit Sicherheit nicht möglich sein wird, die Arbeitsabläufe gestützt auf nur eine Altersgruppe abzusichern.
- Bekannt ist aber auch, dass es Betriebe und Unternehmen im Bereich der Informationstechnik gibt, die grundsätzlich Mitarbeiter nur bis zu einer bestimmten Altersgrenze einstellen.

Abb./Tab. 47: Das Arbeitskräfteangebot in Deutschland nach Altersgruppen bis 2000

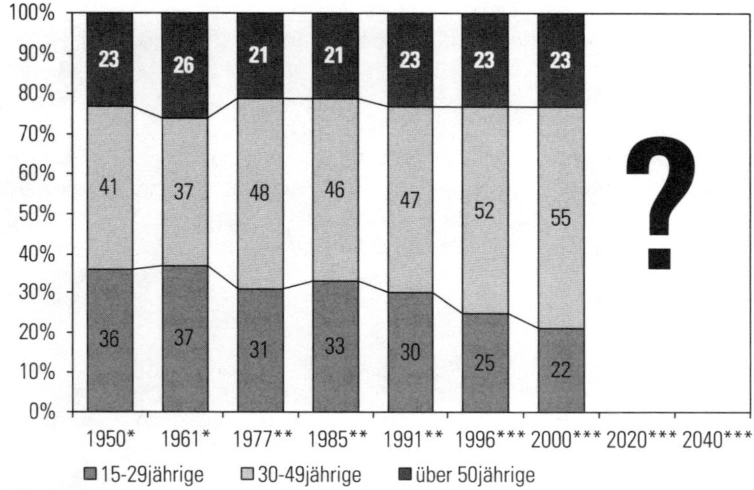

Quellen:

* Statistisches Bundesamt 1972, S. 144 (früheres Bundesgebiet)

** Statistisches Bundesamt 1978-Tab. 6.3; 1987-Tab. 6.3 (beide früheres Bundesgebiet), 1993-Tab.6.5

*** Fuchs, Thon 04/1999

Quelle: Volkholz 2000:20, modifiziert

Hinter einer solchen jugendzentrierten Personalpolitik (Köchling 1995) verbirgt sich oft Unkenntnis über die Situation jüngerer Arbeitnehmer.

Gestützt auf die **13. Shell-Jugendstudie »Jugend 2000«** wollen wir ein paar grundlegende Fakten über jüngere Menschen bis 24 Jahre zusammenstellen. Uns interessiert dabei besonders, wie sie erstens die Zukunft allgemein sehen und zweitens wie sie sich das zukünftige Arbeitsleben vorstellen. Es geht also um den »spezifischen Blickwinkel« (Shell 2000:12) dieser Altersgruppe.

»Als Grundstimmung lässt sich (dabei) eine deutlich gewachsene Zuversicht in Bezug auf die persönliche wie auch auf die gesellschaftliche Zukunft festhalten. Die Hälfte aller Jugendlichen beurteilt ihre persönliche Zukunft ›eher zuversichtlich‹; bei der gesellschaftlichen Zukunft gilt das sogar für fast zwei Drittel. Im Vergleich zu der vorangegangenen 12. Shell-Jugendstudie bedeutet dies einen deutlichen Anstieg. Die Entwicklung in den alten und neuen Bundesländern hat bei dieser Frage seit 1996 zu einem Gleichklang gefunden.« (ebd.: 13)

Wir möchten nun für unsere Fragestellung wissen, welchen Zusammenhang es zwischen der Einschätzung der eigenen Vorbereitung auf die zukünftige Entwicklung und dem Bildungsniveau, Alter und Geschlecht gibt. (s. Abb. 48)

»21% aller Befragten halten sich für eher gut vorbereitet, 61% für durchschnittlich, 10% für eher schlecht, 8% antworten ›weiß nicht‹. Dieses Merkmal hat deutlich mit Geschlecht und Alter zu tun. Eher die männlichen und eher die älteren Jugendlichen halten sich für gut vorbereitet. Die jüngeren Jugendlichen haben noch weniger über die Problematik nachgedacht (häufiger ›weiß nicht‹) und dürften auch deshalb zu einer weniger selbstsicheren Antwort neigen, weil sie auf Grund ihres Schülerdaseins nur vorläufige Anhaltspunkte dafür haben, ob sie gut vorbereitet sind. Der durchgehende Unterschied nach Geschlecht jedoch verweist auf eine allgemeine Unsicherheit der Mädchen und jungen Frauen.

Die ausländischen Jugendlichen sind tendenziell weniger sicher, gut vorbereitet zu sein. Der Vergleich der Segmente deutsche, italienische, türkische Jugendliche ergänzt, dass sich die türkischen Jugendlichen merklich weniger gut vorbereitet sehen.« (Shell 2000:32)

Auf die Frage: »Kannst Du Dir vorstellen, Dich einmal beruflich selbstständig zu machen, z.B. eine eigene Firma zu gründen?« antworten 54% der männlichen und 40% der weiblichen Befragten mit Ja. (ebd.: 50) Untersucht man den Zusammenhang zum Bildungsniveau, dann können die »Jugendlichen mit Hauptschulniveau ... sich zu 33%,

Abb./Tab. 48: Die Vorbereitung auf die Zukunft bei Jugendlichen in Deutschland

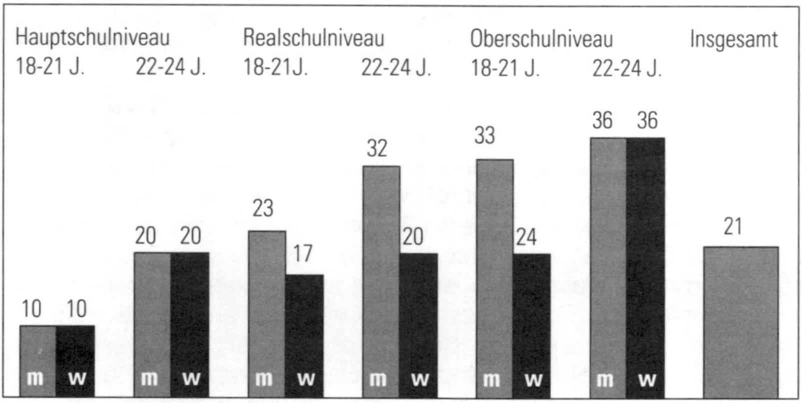

Einschätzung, eher gut auf zukünftige Entwicklungen in der Gesellschaft vorbereitet zu sein, 18-24-Jährige (Bildungsniveau, Alter und Geschlecht). Angaben in%

Quelle: Shell 2000:32

die mit Realschul- zu 43% und die mit Oberschulniveau zu 57% vorstellen, sich beruflich einmal selbstständig zu machen. In allen drei Schulniveaus geht die Vorstellung von der Selbstständigkeit mit steigendem Alter nur bei den weiblichen Jugendlichen zurück.

Der Vergleich der 18-24-Jährigen nach dem Tätigkeitsstatus zeigt, dass sich die Schüler/Studenten zu 57% vorstellen können, sich beruflich selbstständig zu machen, die Lehrlinge zu 48%, die Berufstätigen und die Arbeitslosen zu 39%, die Hausfrauen zu 16%. Wer noch vor den Toren der Arbeitswelt steht bzw. noch ohne Bahnung des Lebensweges ist, der kann sich eher vorstellen, sich beruflich selbstständig zu machen; mit der Einbindung in die Berufsausbildung, die ja typischerweise auf eine abhängige Berufsarbeit hinführt, wird diese Option weniger wahrscheinlich. Die Arbeitslosen und ausgeprägter noch die Hausfrauen sehen offenbar kaum Möglichkeiten.« (Shell 2000:50)

Im Rahmen des Wandels zur Dienstleistungsgesellschaft spielt die Auseinandersetzung um die zukünftige Arbeitszeit und den Arbeitsort eine wichtige Rolle. In diesem Zusammenhang lautete die Frage: »Einmal angenommen, du bekommst ein interessantes berufliches Angebot. Wärst du zu einem Umzug bereit?« Dann wurden dem Befragen zehn Vorgaben vorgelegt, von »innerhalb Deutschlands«, bis zu »in asiatische Entwicklungsländer, z.B. Indien, Bangladesch«.

Am meisten Zustimmung findet »innerhalb von Deutschland«, dann folgen »innerhalb von Ländern der Europäischen Union« und »nach Nordamerika«, dann »nach Australien«; am wenigsten Zustimmung finden »innerhalb von Ländern des früheren Ostblocks«, »nach Zentralafrika«, »in asiatische Entwicklungsländer«. Weil die Frage Mehrfachnennungen zulässt, werden drei konsistente Gruppen herausgelöst (die übrigen bleiben unberücksichtigt): 1. Diejenigen, die gar nicht zum Umzug bereit sind (13%), 2. die, die nur innerhalb Deutschlands einen Umzug ins Auge fassen (18%), und 3. diejenigen, die innerhalb Deutschlands und der Europäischen Union mobilitätsbereit sind (9%). In allen drei Gruppen überwiegen die weiblichen Jugendlichen am stärksten in der nicht mobilen. In der in Deutschland und in der EU mobilitätsbereiten Gruppe sind ein paar Prozent mehr ausländische Jugendliche, unter den Nicht-Mobilen sind mehr Katholiken. Von den Nicht-Mobilen wohnt ein größerer Teil nicht mehr bei den Eltern, lebt in fester Partnerschaft oder Ehe. In dieser Gruppe sind deutlich mehr Jugendliche mit Hauptschul- und weniger mit Oberschulniveau (entsprechend das Bildungsniveau der Eltern). Die in Deutschland und in der EU Mobilitätsbereiten haben eine der Gesamtstichprobe entsprechende Zusammensetzung nach Schulniveau.

Die Nicht-Mobilen sind generell weniger berufsorientiert. Eine passende Berufstätigkeit zeichnet sich für sie dadurch aus, dass die Kollegen freundlich sind, dass die Arbeit nicht zu anstrengend ist und dass sie das Privatleben nicht beeinträchtigt.

Die in Deutschland und in der EU Mobilitätsbereiten hingegen betonen die Aufstiegsmöglichkeiten, dass die Arbeit anerkannt und abwechslungsreich sein soll, dass die eigenen Fähigkeiten zur Geltung kommen können. Wer innerhalb Deutschlands und der EU umziehen will, ist eher zuversichtlich im Hinblick auf die persönliche wie die gesellschaftliche Zukunft, wer gar nicht mobilitätsbereit ist, ist eher pessimistisch. Die Nicht-Mobilen können sich ihr Leben zu größerem Anteil fünf Jahre und weiter vorstellen, die in Deutschland und der EU Mobilitätsbereiten zu kleinerem. Erste sind weniger sicher, ihre Zukunft gestalten zu können, und machen sich weniger Gedanken über ihr künftiges Leben (entsprechend bei der Einschätzung, ob sie eher gut auf zukünftige Entwicklungen in der Gesellschaft vorbereitet sind). Bei den Lebenshaltungen tendieren die Nicht-Mobilen zur Genussorientierung, die in Deutschland und in der EU Mobilitätsbereiten neigen zur Leistungsorientierung. ... Die Nicht-Mobilen nutzen das Internet weniger, haben zu niedrigem Anteil ein Handy bzw. einen Computer zu Hause zur Verfügung und gehören eher zu den Viel-Fernsehern (drei Stunden und mehr am Tag). (ebd.:53)

Eine interessante Rolle spielen in diesem Zusammenhang Fremdsprachenkenntnisse (siehe auch Kapitel 1.1). »Die Bereitschaft zur Mobilität hängt mit der Fremdsprachenkompetenz zusammen. Die Jugendlichen, die als Muttersprache Deutsch angegeben haben, sind danach gruppiert worden, ob sie nur Deutsch sprechen (n=184), eine Fremdsprache sehr gut/gut (n=1.835) oder zwei bzw. mehr Fremdsprachen sehr gut/gut sprechen (n=724). Betrachten wir nur die ohne Fremdsprachen und die mit zwei oder mehr Fremdsprachen: In alle Zielgebiete ist die zweite Gruppe deutlich mehr zur Mobilität bereit. Sie kann sich auch zu größerem Anteil vorstellen, sich beruflich einmal selbstständig zu machen (51% zu 31%). Von ihnen haben übrigens sehr wenige Hauptschulniveau (3% zu 58%).

Überhaupt erweist sich die Fremdsprachenkompetenz in vielen Merkmalsbereichen als differenzierungskräftig. Die Jugendlichen, die nur ihre deutsche Muttersprache sprechen, wirken in vielen Bereichen geradezu chancenlos: Sie sind nur zu 36% zuversichtlich im Hinblick auf ihre persönliche Zukunft, die Gruppe mit zwei bzw. mehr Fremdsprachen zu 61%; sie haben weniger Klarheit der Vorstellung vom künftigen Leben und glauben weniger, es selbst gestalten zu können. Sie sind stark pessimistisch im Hinblick auf die gesellschaftliche Zukunft, stark gegenwartsorientiert ..., rechnen mit *schweren Herausforderungen in der Zukunft* und betreiben *Commitment auf Widerruf.* Sie haben niedrige Mittelwerte bei *Familienorientierung* und bei *Berufsorientierung*, hohe Mittelwerte hingegen bei *Anomie,*[2] *Privatisierung* und *An-*

[2] Anomie ist der »Zustand mangelhafter gesellschaftlicher Integration innerhalb eines sozialen Gebildes, verbunden mit Einsamkeit, Hilflosigkeit u.a.« (Duden: Das Fremdwörterbuch,1982)

passungsbereitschaft.« Folgt man dem in Kapitel 1.1 zusammengefassten Bild vom idealen Mitarbeiter in der Dienstleistungsgesellschaft, dann lässt sich hier die zentrale Stellung der Bildung für Zukunftsperspektive und Verhalten im Arbeitsleben herausarbeiten.

In einer anderen Studie, »*Young is beautiful?« – Zukunftsperspektiven, Belastungen und Gesundheit im Jugendalter – Ergebnisbericht zu einer Studie über Belastungen und Probleme, Gesundheitsbeschwerden und Wertorientierungen 14-25-jähriger GEK-Versicherter*«, wird der Zusammenhang zwischen Bildung und Gesundheit auch bereits bei jüngeren Menschen dokumentiert (s. Abb. 49).

Lesebeispiel: Es werden drei Fragen beantwortet. Die oberste Linie gibt den Prozentsatz derjenigen Befragten wider, die im letzten Jahr drei Mal oder öfter beim Arzt waren. Die mittlere Linie beschreibt den Prozentsatz der Befragten, die ihren Gesundheitszustand eher negativ einstufen, und die unterste Linie stellt den Prozentsatz der Befragten dar, die im letzten Jahr drei Mal oder öfter ernsthaft krank waren.

Die Grafik enthält zwei Säulen. Bei der linken Säule handelt es sich um diejenigen Befragten, die noch in Schulausbildung sind, und wir finden auf der X-Achse die Reihenfolge, nämlich Hauptschule, Gesamtschule, Realschule, Gymnasium. Die rechte Säule beschreibt die Befragten, die im Erwerbsleben stehen und nach Bildungsabschluss untergliedert sind: ohne Abschluss/Volks-/Hauptschule usw.

Abb./Tab. 49: Der Gesundheitszustand von Jugendlichen in Deutschland

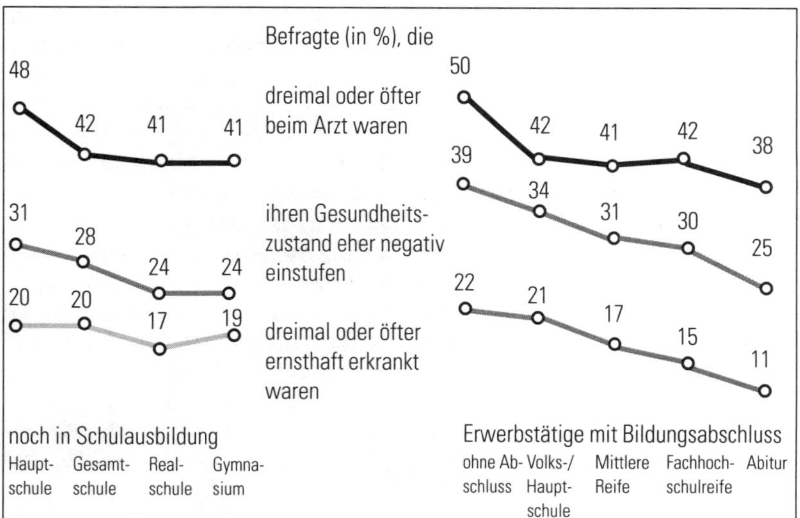

Quelle: Marstedt, Müller et al. 1999:20

Man findet hier einen Zusammenhang zwischen der besuchten Schule und/oder dem Bildungsabschluss vor Aufnahme der Erwerbstätigkeit. »Dabei zeigen Abiturienten die geringste Betroffenheit von Gesundheitsbeschwerden und Erkrankungen, Befragte ohne Schulabschluss die größte. Und dieser Trend zeigt sich nahezu linear zwischen allen Abstufungen des Bildungsniveaus. Und auch schon bei jenen Befragungsteilnehmern, die noch in der Schulausbildung sind (dabei handelte es sich zu 90% um 14-15-Jährige), zeigen sich ähnliche Unterschiede im Vergleich von Gymnasiasten und Hauptschülern, wenngleich quantitativ in etwas geringerem Umfang. Die abgebildete Grafik verdeutlicht diesen Einfluss des Bildungsniveaus auf die Morbiditätsindikatoren (Krankheits-Hinweise, d. Verf.) noch einmal.« (Marstedt, Müller et al. 1999:20)

Wir haben bereits in Kapitel 1.2.2 auf den Zusammenhang zwischen Bildung und Entscheidungsspielraum und Gesundheit hingewiesen.

- Die erworbene Bildung und darauf aufbauend die berufliche Qualifikation sind ein wesentlicher Bestandteil der betrieblichen Entscheidungskompetenz, die den einzelnen Mitarbeitern eingeräumt wird.
- Es finden sich hier Hinweise für einen sehr früh beginnenden Teufelskreis aus Bildungsdefizit in der Regel im Zusammenhang mit sozialer Ungleichheit, erhöhten Erkrankungsrisiken und Gesundheitsbeeinträchtigungen und schlechteren Zukunftsmöglichkeiten im Arbeitsleben.
- Weiterhin ergeben sich hier unmittelbare Zusammenhänge zwischen Gesundheit und Bildung, Ausbildung und beruflicher Qualifikation.

Nach welchen Kriterien wählen denn Jugendliche ihren Arbeitsplatz aus? Die Frage lautete: »Was ist dir wichtig, wenn du dir eine Arbeit suchst, wenn du dich für einen Beruf entscheidest?« Dazu wurde den Befragten eine Liste mit 17 Vorgaben vorgelegt, aus denen sie maximal fünf Kriterien aussuchen durften, und fast alle Befragten gaben auch fünf Kriterien an. (Shell 2000:192)

»›Sicherheit vor Arbeitslosigkeit‹ ist mit 54% das wichtigste Kriterium in den neuen Bundesländern, während es in den alten Bundesländern (48%) an zweiter Stelle steht, als wichtiger gilt hier das inhaltliche Kriterium ›interessant sein und Spaß machen‹ (54%). In den neuen Bundesländern haben auch ›viel Geld verdienen‹ zu können (49%) und ›Aufstiegsmöglichkeit‹ (42%) einen höheren Stellenwert als im Westen (41 und 40%). In den alten Bundesländern spielt indes eine größere Rolle, dass man ›von freundlichen Kollegen umgeben‹ ist (43%, Ost: 32%).« (ebd.) (s. Tab. 50)

»Für die deutschen Mädchen und Frauen stehen inhaltliche Kriterien (interessante, abwechslungsreiche, nützliche Arbeit, kreativ sein und stolz auf die Arbeit sein können, mich persönlich weiterentwickeln) stärker im Vordergrund als für die männlichen Altersgenossen, deutlich wichtiger als den jungen Männern ist den jungen Frauen auch der

Abb./Tab. 50: Kriterien für die Arbeitsplatzwahl

Rang		Wichtiges Kriterium bei (in %)
1	Die Arbeit soll interessant sein und Spaß machen	53
2	Die Arbeit soll mir Sicherheit bieten vor Arbeitslosigkeit	49
3	Die Arbeit soll abwechslunsreich sein und vielfältige Aufgaben beinhalten	47
4	Ich will bei der Arbeit viel Geld verdienen	43
5	Ich will bei der Arbeit von freundlichen Kollegen umgeben sein	41
6	Die Arbeit soll mir Aufstiegsmöglichkeiten bieten	40
7	Ich will bei der Arbeit meine Fähigkeiten gut zur Geltung bringen können	31
8	Ich will bei der Arbeit stolz darauf sein können, was ich leiste	27
9	Ich will mich bei der Arbeit persönlich weiterentwickeln können	25
10	Ich will durch die Arbeit in meinem Privatleben nicht beeinträchtigt werden	25
11	Die Arbeit soll mir ermöglichen, kreativ zu sein	23
12	Die Arbeit soll von anderen anerkannt werden	19
13	Die Arbeit soll nützlich sein	18
14	Ich will einen verständnisvollen Chef haben	17
15	Ich will bei der Arbeit selbst bestimmen können, was ich tue	15
16	Ich will ohne Kontrolle arbeiten können	12
17	Die Arbeit soll nicht zu anstrengend sein	10

Quelle: Shell 2000:192

soziale Kontext am Arbeitsplatz (freundliche Kollegen, verständnisvoller Chef).

Bei den jungen Männern geht es weniger um die ›weichen‹ Arbeitsplatzfaktoren, hier kommen anscheinend stärker Aufwand-Nutzen-Rechnungen zum Tragen als bei den Mädchen, und äußere Statusfaktoren erhalten ein deutlich stärkeres Gewicht als bei den weiblichen Jugendlichen: ›viel Geld verdienen‹, ›Aufstiegsmöglichkeiten‹, ›von anderen anerkannt werden‹, selbstbestimmt und ›ohne Kontrolle arbeiten können‹, die ›Arbeit soll nicht zu anstrengend sein‹.

Dass die Erwartungen und Hoffnungen, die an einen Arbeitsplatz geknüpft sind, sehr stark von den Persönlichkeitsmerkmalen und anderen biografischen Ressourcen abhängen, wollen wir exemplarisch noch an vier Gruppen illustrieren.« (ebd.: 193)

Es fand sich in der Studie eine Gruppe:

»heavy user moderner Medien (Handy/Internet) = männlich dominierte Gruppe«: 57% wollen bei der Arbeit viel Geld verdienen, und sie muss ihnen Aufstiegsmöglichkeiten bieten, zu 53% fordern sie abwechslungsreiche und vielfältige Aufgaben, zu 50% soll sie Spaß machen, und erst an Platz fünf zu 40% soll die Arbeit Sicherheit bieten vor Arbeitslosigkeit.

Die nächste Gruppe waren:

»Technikabstinente (kein Handy/kein Internet/kein Technikinteresse = weiblich dominierte Gruppe«: Zu 53% soll an erster Stelle die Arbeit Sicherheit bieten vor Arbeitslosigkeit, an Rang zwei steht zu 51%, dass die Arbeit interessant sein und Spaß machen soll, und zu 46% wollen sie bei der Arbeit von freundlichen Kollegen umgeben sein, zum gleichen Prozentsatz soll die Arbeit abwechslungsreich und vielfältig sein, und erst an fünfter Stelle wollen sie mit 36% viel Geld verdienen.

Weiterhin findet sich eine Gruppe »Hohes Bildungsniveau im Elternhaus« und eine weitere »Niedriges Bildungsniveau im Elternhaus«.

Bei den Befragten mit dem niedrigen Bildungsniveau im Elternhaus liegt an erster Stelle mit 54%, dass die Arbeit Sicherheit vor Arbeitslosigkeit bieten soll, und an fünfter Stelle mit 43% der Wunsch, dass die Arbeit abwechslungsreich sein soll und viele Aufgaben beinhaltet. Umgekehrt ist es bei den Befragten mit hohem Bildungsniveau im Elternhaus, sodass an erster Stelle zu 55% die Arbeit interessant sein und Spaß machen soll, und an fünfter Stelle zu 39% die Arbeit Sicherheit vor Arbeitslosigkeit bieten soll.

Die hier dargestellte Übersicht zeigt, dass Jugendliche erstens von ihrem zukünftigen Arbeitsleben sehr differenzierte Vorstellungen entwickeln und sie zweitens durchaus vorbelastet im psycho-sozialen und gesundheitlichen Bereich ins Arbeitsleben eintreten können.

Abbildung 51 zeigt eine Zusammenstellung der gesundheitlichen Beschwerden Jugendlicher nach Geschlecht, wobei die »zentralen sozial-statistischen Variablen« (aktueller Bildungsstatus, Bildungsabschluss, Erwerbstätigkeit, d. Verf.) einen eher schwachen Einfluss auf die Verbreitung der Befindlichkeitsstörungen ausüben. Man kann dabei vielleicht unterscheiden zwischen dem bildungsunabhängigen Auftreten und dem bildungsabhängigen Umgang mit diesen Beschwerden.

Zur Bewertung dieser Befunde betonen die Autoren:

»Von drei oder mehr Symptomen ›alle paar Tage‹ betroffen zu sein, bedeutet zweifellos eine erhebliche körperliche und psychische Beeinträchtigung. Hier zeigt sich nun, dass insgesamt 30% der Stichprobe dieser gesundheitlich kritischen Gruppe zuzuordnen sind, und es wird auch wiederum ein Geschlechtsunterschied deutlich: Nur 21% der Männer, aber 34% der Frauen gehören zur Gruppe mit großen Befindlichkeitsbeeinträchtigungen. ... Neben psycho-somatischen Befindlichkeitsstörungen wie Kopfschmerzen und Magenbeschwerden haben wir in der Befragung auch emotionale Beeinträchtigungen erfasst. Gefragt wurde, wie oft sich die Jugendlichen in der letzten Zeit erschöpft, gestresst, einsam, gereizt und mutlos gefühlt haben. Das Gefühl von Erschöpfung und das des ›Gestresstseins‹ sind dabei die am häufigsten genannten negativen emotionalen Beeinträchtigungen. Fast zwei Drittel haben solche Gefühle zumindest manchmal in der letzten Zeit gehabt, und jeder vierte bis fünfte Befragte hatte die Empfindungen sogar häufig. Im Vergleich dazu spielen Einsamkeit, Mutlosigkeit und Gereiztheit eine geringere Rolle. Nur etwa 7-17% berichten, dass sie sich häufig in einer solchen Stimmungslage befanden.« (Marstedt, Müller et al. 1999:24-25) (s. Abb. 51)

Ziel unserer Ausführungen ist es nicht etwa, ein negatives Bild von der Jugend zu zeichnen, sondern ein realistisches:

- Es soll darauf hingewiesen werden, dass falsche Vorstellungen von den Jugendlichen, wie sie ins Arbeitsleben eintreten und was sie im Arbeitsleben leisten können, korrigiert werden müssen, um eine für das Unternehmen dauerhafte und für die Betroffenen gesundheitsförderliche Organisation der Arbeit zu sichern.

Abb./Tab. 51: Gesundheitliche Beschwerden von Jugendlichen in Deutschland nach Geschlecht, Angaben in %

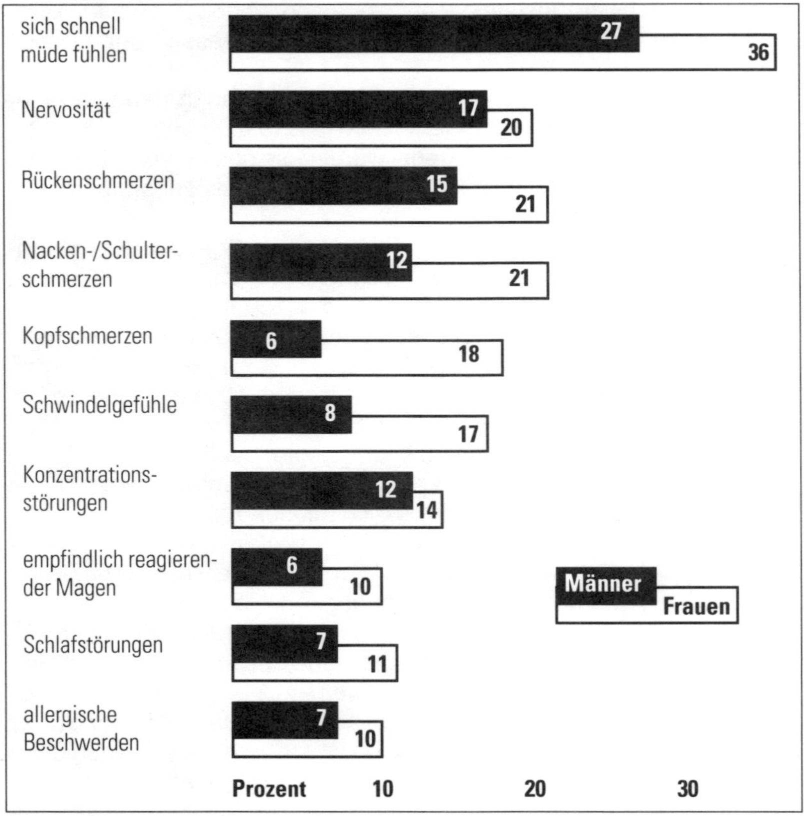

Quelle: Marstedt, Müller et al. 1999:24

- Wir haben insbesondere in der Shell-Studie gesehen, wie wichtig die erworbene Erfahrung im Arbeitsleben für die Beurteilung einer bestimmten Arbeitssituation ist.
- Erst auf dieser Grundlage können die jüngeren Mitarbeiter eines Unternehmens ihre Gesundheit erhalten, ihr Wissen, das sie aus der Ausbildung mitbringen, durch Erfahrungswissen ergänzen und ihren Anteil an der Schaffung einer betrieblichen Arbeitskultur einbringen.
- So kann darüber hinaus sichergestellt werden, das jüngere Mitarbeiterinnen und Mitarbeiter nicht vorzeitig in einseitig gestalteten jugendzentrierten Arbeitsprozessen »verschlissen werden«.
- Auch für die Jüngeren gilt die Frage: Was können wir tun, damit sie kommen und bleiben?

2.3 Mitarbeiterwünsche: Mehr lernen und mehr entscheiden

In den Jahren 1991/92 wurde im Rahmen der BIBB/IAB-Erhebung ein besonderer Schwerpunkt gelegt auf die Beschreibung des »aktuell sich vollziehenden Veränderungs- und Wandlungsprozesses der Arbeitswelt«. (Jansen 2000:23)

Die Abbildung 52 zeigt, »welche Änderungen es in den zurückliegenden zwei Jahren bei der eigenen Arbeitssituation und den Arbeitsanforderungen gegeben hat ... Dabei werden die beiden Veränderungsantwortmöglichkeiten »hat zugenommen« und »hat abgenommen« einander gegenübergestellt (ebd.):

Lesebeispiel: Auf der Y-Achse finden wir die abgefragten Veränderungen bei den Arbeitsbedingungen, auf der X-Achse in der Mitte den Null-Punkt bzw. den Null-Prozent-Bereich. Nach links finden wir den Prozentanteil, zu dem die Arbeitsbedingungen abgenommen, und nach rechts den Prozentanteil, zu dem sie bei den Befragten zugenommen haben. Interessant ist für jede Arbeitsbedingung, ob in der Tendenz die Zunahme oder die Abnahme überwiegt.

Wir wollen die einzelnen Arbeitsbedingungen der Reihe nach durchgehen. Demnach haben die körperlichen Belastungen bei 24% der Befragten zugenommen. Dies deckt sich mit den Ausführungen in Kapitel 1.1, dass auch in Zukunft auf das Ausmaß der körperlichen Belastungen zu achten ist. Die Unfallgefahr und gesundheitliche Gefährdung haben fast zu gleichen Teilen zu- oder abgenommen. Vom Standpunkt des Arbeits- und Gesundheitsschutzes ist dies kein positives Ergebnis, besonders wenn man als Nächstes sieht, dass Stress und Arbeitsdruck bei 46% der Befragten zugenommen und nur bei 4% der Befragten abgenommen hat. Jansen fasst zusammen: »Aber nicht nur Stress und Arbeitsdruck haben zugenommen, auch bzgl. der körperlichen Belastung bei der Arbeit wird häufiger von einer Zunahme (24%) als von einer Abnahme berichtet, und hier ist der Zusammenhang mit dem Stress und dem Arbeitsdruck noch deutlicher ausgeprägt: Wo Stress

Abb./Tab. 52: Änderungen der Arbeitsbedingungen in Deutschland in zwei Jahren, Angaben in %

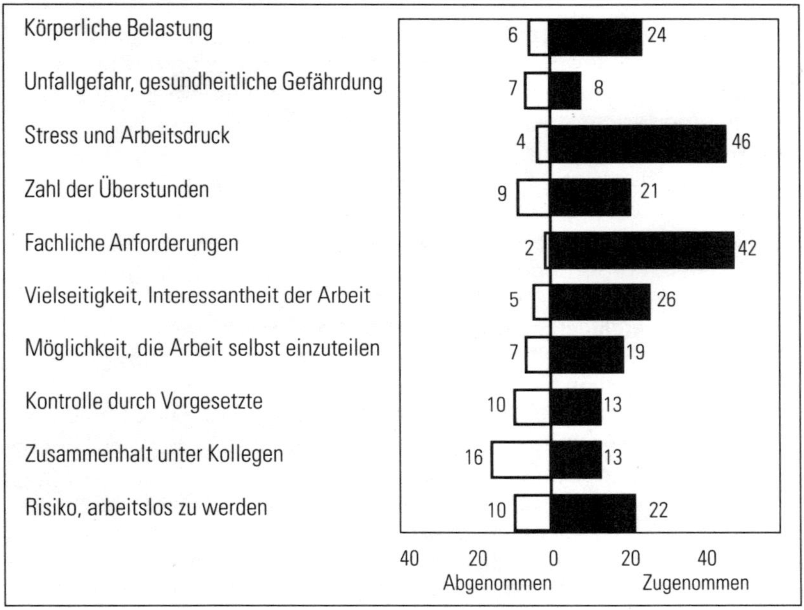

Quelle: Jansen 2000:26

und Arbeitsdruck gestiegen sind, berichten 45%, dass die körperliche Belastung in den zurückliegenden zwei Jahren zugenommen habe. Bei denen, die über keine Veränderung bzgl. des Arbeitsdrucks oder gar einen Rückgang berichten, war die körperliche Belastung nur in 6-7% der Fälle gestiegen. Umgekehrt betrachtet: Wo über eine Zunahme der körperlichen Belastung berichtet wird, geben 85% an, Stress und Arbeitsdruck hätten zugenommen.« (Jansen 2000:26)

Dafür spricht auch die deutliche Zunahme der Überstunden, was zu einem vorzeitigen Abbau der körperlichen und seelischen Reserven der Betroffenen beitragen kann. Wenn gleichzeitig das Risiko, arbeitslos zu werden, bei 22% der Befragten ansteigt gegenüber 10%, bei denen es abgenommen hat, verschlechtern sich auch die Bedingungen, Überstunden zu verweigern, um die eigene Gesundheit zu schützen.

Erfreulich sind die Entwicklungen im Bereich des Lernens und Entscheidens: Die Vielseitigkeit und Interessantheit der Arbeit und die Möglichkeit, die Arbeit selbst einzuteilen, haben deutlich eher zu- als abgenommen. Wenn man jedoch die Frage nach den fachlichen Anforderungen mit einbezieht, die bei 42% zugenommen und nur bei 2%

der Befragten abgenommen haben, eröffnet sich hier ein Problemfeld zwischen Bewältigung von Arbeitsaufgabe und fachlicher Qualifikation.

»In der Tat hatten bei 68% von denen, die über eine Zunahme der fachlichen Anforderungen berichtet haben, gleichzeitig Stress und Arbeitsdruck zugenommen. Dort, wo die fachlichen Anforderungen gleich geblieben oder gar gesunken waren, betrug die Stresszunahmequote lediglich 30%.« (Jansen 2000:25) Steigerung der fachlichen Anforderungen im Arbeitsleben werden vor allen Dingen dann zur Stresssteigerung und wachsendem Arbeitsdruck führen, wenn die berufliche Qualifikation oder im konkreten Fall die betriebliche Weiterbildung nicht der Arbeitsanforderung entsprechen.

2.4 Flache Hierarchien: Grenzenlose Entfaltung aller Fähigkeiten?

Unter flachen Hierarchien verstehen wir die Vereinfachung und ggf. auch den Abbau von betrieblichen Entscheidungsstrukturen, was letztlich dazu führt, dass für die einzelnen Mitarbeiterinnen und Mitarbeiter, der individuelle Entscheidungsspielraum und damit aber auch die betrieblichen Anforderungen wachsen werden.

Aus arbeitswissenschaftlicher Sicht sind solche Entwicklungen grundsätzlich zu begrüßen, da sie die Arbeitsinhalte und damit die verschiedenen Tätigkeiten der Individuen anreichern. Karasek und Theorell haben das ausführlich beschrieben. (Karasek und Theorell 1990: 277ff.)

Bei der Beobachtung des betrieblichen Alltags entsteht jedoch der Eindruck, dass die Forderung nach Abflachung von Hierarchien mit einer Ausdehnung der Arbeitsanforderung und -leistung verknüpft ist, vor allen Dingen dann, wenn die Arbeitsbelastung wesentlich im psycho-sozialen Bereich liegt und nicht so sehr im körperlichen.

Das Thema soll deshalb unter zwei Gesichtspunkten betrachtet werden:

- erstens unter dem Stichwort »Innovationsmilieu« und
- zweitens unter der Fragestellung, welche Möglichkeiten Arbeitnehmer haben, ihre Arbeit selber einzuteilen und zu gestalten (Regulationsmöglichkeiten).

Unter **Innovationsmilieu** versteht Reindl den »ökonomischen, sozialen und kulturellen Raum, in dem sich Innovationen ereignen. Der Begriff hat einen breiteren Bedeutungsumfang als die sonst in diesem Kontext gebräuchlichen Termini ›Innovationsmuster‹, ›Innovationstyp‹, ›Innovationskultur‹ oder ›Innovationsregime‹. Mit ihm will ich das betriebliche Innovationshandeln in das gesamtbetriebliche Handlungsfeld aus Markt, Rationalisierungs- und Personalaktivitäten einbetten«. (Reindl 2000:1) In der zitierten Arbeit werden verschiedene Innovationsmilieus untersucht, und wir möchten beispielhaft die Untersuchungsergebnisse für die Informationstechnologiebranche (IT-Branche) wiedergeben:

»Die IT-Branche erfreut sich größter öffentlicher und wissenschaftlicher Aufmerksamkeit, und um sie ranken sich jede Menge meist ungeprüfte Mythen. Als beispielhaft werden sowohl das Tempo der Produktionsentwicklung als auch die interne und externe (Stichwort Netzwerke) Innovationsorganisation herausgestellt. Gleichermaßen wird von einem neuen Sozialtypus geraunt, ›dem der 8-Stunden-Tag in dem Maße unwichtig wird, wie der Lustfaktor steigt‹, den ›... das Unternehmen nicht mehr als Sozialhort interessiert‹, sondern dem es darum geht, zu arbeiten, wann und wo er will. Klar auch, ›dass jeder seine Karriere sich selber gestaltet‹, dass in den IT-Firmen ›die Karriereleitern ihre Sprossen verlieren‹ (Hierarchien also abgeflacht werden, d. Verf.), dass ›jeder seine eigene Zeitarbeitsfirma ist‹. Das ›Reich der Freiheit‹ scheint tatsächlich im ›Reich der Notwendigkeit‹ angebrochen zu sein.

Blickt man allerdings etwas genauer hin, dann hat dieses optimistische Bild doch einige hässliche Flecken. Die Turbo-Innovation und das Hochgeschwindigkeitsinnovationsregime bringen zwar in kurzen Zyklen zahlreiche Neuentwicklungen hervor, doch darunter ist auch viel vaporware (heiße Luft) und viel Unausgereiftes. Produkte werden annonciert, die es noch gar nicht gibt, und eine Reifung der Erzeugnisse ist aufgrund der Beschleunigungsepidemie schlicht nicht möglich. Viel wichtiger ist es, ein neues als ein wirklich verbessertes Produkt zu liefern. Ein anderer Schönheitsfleck ist die vollkommen atypische Altersstruktur in diesen Unternehmen. Alter ist hier wirklich ein Killer, mit 35 Jahren gilt man als erledigt. Der Jugendlichkeitswahn wird auf die Spitze getrieben, die Branche hat einen Hunger nach ›ewiger Jungend‹, und sie würde am liebsten nur (hoch qualifizierte) ›Kinder und Inder‹ beschäftigen. Berufserfahrung, sonst ein hoch geschätztes Gut, stört in der Wissensproduktion. ›Mehr Erfahrungen heißt auch mehr Randbedingungen, mehr Einschränkungen. Im Softwarebereich ist mir keine Berufserfahrung lieber, weil die kann man dann leichter anpassen an die Aufgabe.‹ ›Wenn man das von der Berufserfahrung her sieht, dann haben die Leute ja auch ihren eigenen Kopf. Und da ist die Frage: Passt das in die Struktur hinein?‹ Neben der Jugendlichkeit spielt gleichfalls die Ungebundenheit der Wissensarbeiter eine Rolle.

Die **Entgrenzung von Arbeitszeit und Arbeitsort** lässt ein normales bürgerliches Leben mit Familie und Kindern kaum mehr zu. Erwartet wird die andauernde Verfügbarkeit sowie die permanente Selbstqualifizierung, erwartet wird im Grunde eine Suchthaltung, der Workaholismus. So kommt es, dass in Vorstellungsgesprächen Frauen ihre Kinder verleugnen, weil sie wissen, dass dies als ›Einschränkung‹ ihrer Verwertbarkeit perzipiert wird. Die Branche, die mit Innovativität und Kreativität synonym gesetzt wird, ist gar nicht experimentierfreudig, was die Rücksichtnahme auf die Lebenswelt ihrer Mitarbeiter anlangt.« (ebd.: 5-6) Diese Beschreibung eines betrieblichen Innovationsmilieus basiert auf der Grundlage von 32 ausgewerteten Betriebsfallstudien, wobei vier unterschiedliche Innovationsmilieus identifiziert werden konnten.

Zur Frage: »Über welche Regulationsmöglichkeiten verfügen Menschen in Europa am Arbeitsplatz?« liegen Informationen von EURO-Barometer 1996 vor. (Ilmarinen 1999:118-129) Wir möchten davon ausgehen, dass mit wachsender Arbeits- und Berufserfahrung die Mitarbeiter selber am besten herausfinden können, in welcher Weise sie ihre Arbeitsaufgabe erfüllen können. Die diesbezüglichen Bewältigungsstrategien umfassen zum einen den Wunsch nach autonomer Arbeitsgestaltung, zum anderen müssen sie aber auch Möglichkeiten aufzeigen, individuelle Veränderungen im Bereich der Gesundheit, der »Tagesform« oder z.B. im Rahmen der Übernahme neuer Tätigkeiten auszugleichen.

So ist die Frage: »Können Sie eine Pause nach Wunsch einlegen?« eine grundlegende Voraussetzung dafür, dass Mitarbeiter sich ihre physischen und psychischen Kräfte einteilen können.

Abb./Tab. 53: Pausenmöglichkeiten in Europa im Durchschnitt

Können Sie eine Pause einlegen, wenn Sie es wollen? Nach Geschlecht und Altersgruppen in der Europäischen Union, Prozent (EURO-Barometer 1996)

Altersgruppe	Männer, n=9112		Frauen, n=6757	
	Ja	Nein	Ja	Nein
< 45 Jahre	65,48	34,52	55,12	44,88
= 45 Jahre	70,97	29,03	60,01	39,99
n	6143	2969	2931	2931

Quelle: Ilmarinen 1999:118

- ❖ Es gibt zum einen einen Unterschied zwischen den Geschlechtern. Demnach haben Männer mehr Möglichkeiten als Frauen, sich ihre Pausen einzuteilen.
- ❖ Es handelt sich jeweils um einen 10%-Unterschied, der aus der Geschlechterdifferenz selber nicht zu erklären ist.
- ❖ Weiterhin finden wir einen 5%-Unterschied zwischen der Altersgruppe bis 45 und der über 45 Jahre. Dieser Unterschied ist ebenfalls bedeutsam, da die Notwendigkeit, Pausen einzulegen und das Pausenschema individuellen Bedürfnissen anzupassen, mit steigendem Alter zunimmt.

Untersucht man diese Frage nach EU-Mitgliedsländern, dann ergeben sich hier bedeutsame Unterschiede (Abb. 54).

Lesebeispiel: Wir finden auf der Y-Achse die Mitgliedsländer in Rangfolge aufgeführt und auf der X-Achse den Prozentsatz derjeni-

Abb./Tab. 54: Pausenmöglichkeiten in Europa nach Ländern

Können Sie eine Pause einlegen, wenn Sie es wollen? Verhältnis (%) von Ja-Antworten von Männern und Frauen über 45 Jahre und Differenz (Prozentpunkte) zwischen älteren und jüngeren Männern und Frauen in den EU-Mitgliedsländern (EURO-Barometer 1996), EUR 15 = gewichteter Durchschnitt

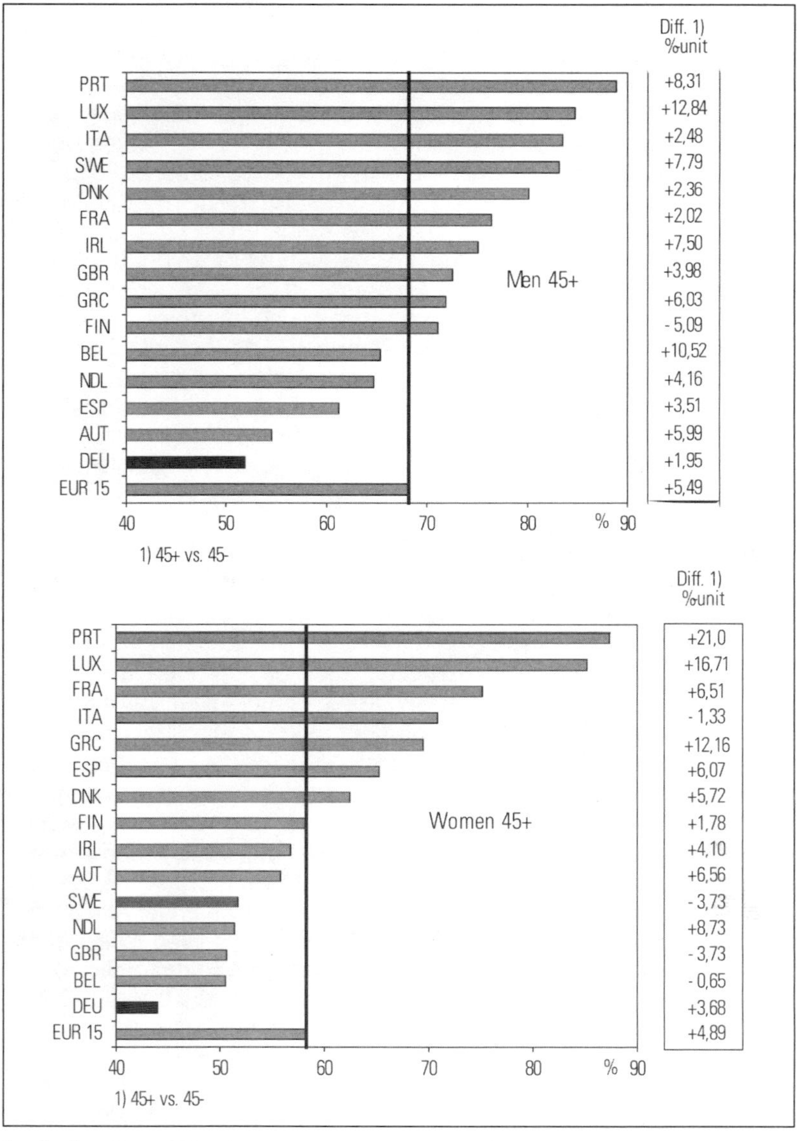

Quelle: Ilmarinen 1999:119

gen, die die Frage mit Ja beantworten. Die rechte Spalte zeigt die jeweilige Differenz zwischen älteren und jüngeren Männern bei der Beantwortung dieser Frage in Prozentpunkten. Ein Plus bedeutet, dass ältere Männer oder Frauen in größerem Umfang die Arbeit selber einteilen können, bei einem Minus ist es umgekehrt.

So finden wir z.B. für Portugal die höchsten Werte in fast gleicher Weise für Männer wie für Frauen, das Gleiche gilt für Luxemburg, während wir bzgl. der Geschlechter in den einzelnen EU-Ländern erhebliche Unterschiede antreffen, die im Einzelnen zu untersuchen wären.

Bei der Selbstständigkeit der Pausengestaltungen liegt Deutschland an letzter Stelle: Nur ca. 52% der Männer und 44% der Frauen beantworten die Frage mit Ja. Vergleicht man hier die Unterschiede zwischen den Mitarbeitern über 45 und unter 45, so haben die Älteren einen etwas größeren Spielraum als die Jüngeren.

Bei den Mitarbeiterinnen hatten i.A. die älteren Frauen größere Chancen, ihre Pausen nach eigenem Ermessen zu nehmen, als die jüngeren, aber es gibt – wie beschrieben – erhebliche Länderdifferenzen. In Schweden und Großbritannien war dagegen die Möglichkeit, Pausen zu nehmen, für ältere Frauen 3,7% schlechter als für jüngere.

Zusammenfassend ist festzuhalten, dass in den EU-Ländern insgesamt für die älteren Männer und Frauen im Arbeitsleben die Chancen günstiger sind, ihre Pausen selbstständig zu gestalten. Dies ist einmal aus arbeitswissenschaftlicher Sicht begrüßenswert, zum anderen ist aber darüber nachzudenken,

- aus welchen Gründen jüngere Mitarbeiter weniger Möglichkeiten haben, ihre Pausen entsprechend ihrer subjektiven Wahrnehmung und ihrer persönlichen Arbeitseinteilung zu gestalten.

Auch bei der Frage: »Haben Sie die Möglichkeit, die Reihenfolge Ihrer Arbeitsaufgaben selber auszuwählen oder zu verändern?« entsteht insgesamt der Eindruck, dass ältere Arbeitnehmer in der Europäischen Union bessere Möglichkeiten haben als jüngere, dies besonders bei den Männern. 72,3% der älteren Männer und 69,7% der älteren Frauen verfügten über diese Möglichkeiten. Die Unterschiede bei den jüngeren Männern waren ca. 7% und bei den jüngeren Frauen ca. 2%.

Lesebeispiel: Auf der Y-Achse finden wir links die Länder in Rangfolge, auf der X-Achse den Prozentsatz und in der rechten Y-Achse die Differenzen nach Prozentpunkten zwischen älteren und jüngeren Beschäftigten. Ein Plus bedeutet, dass die Älteren eine bessere Situation haben, ein Minus, dass die jüngeren eine bessere Situation haben.

Sowohl bei den Männern wie bei den Frauen ist die Lage in Dänemark und Schweden für ältere Arbeitnehmer am günstigsten. Wir finden erhebliche Länder- und auch Geschlechterdifferenzen.

❖ Deutschland liegt bei den Männern mit 60,6% an letzter Stelle innerhalb der EU-Rangfolge, bei den Frauen an vorletzter Stelle mit ca. 57%.

Abb./Tab. 55: Reihenfolge der Arbeitsaufgabe in Europa im Ländervergleich

Sind Sie in der Lage, die Reihenfolge der Arbeitsaufgabe zu wählen oder zu verändern? Anteil (%) der Ja-Antworten von Männern und Frauen über 45 Jahre und Differenz (Prozentpunkte) zwischen älteren und jüngeren Männern und Frauen in den EU-Mitgliedsstaaten (EURO-Barometer 1996), EUR 15 = gewichteter Durchschnitt

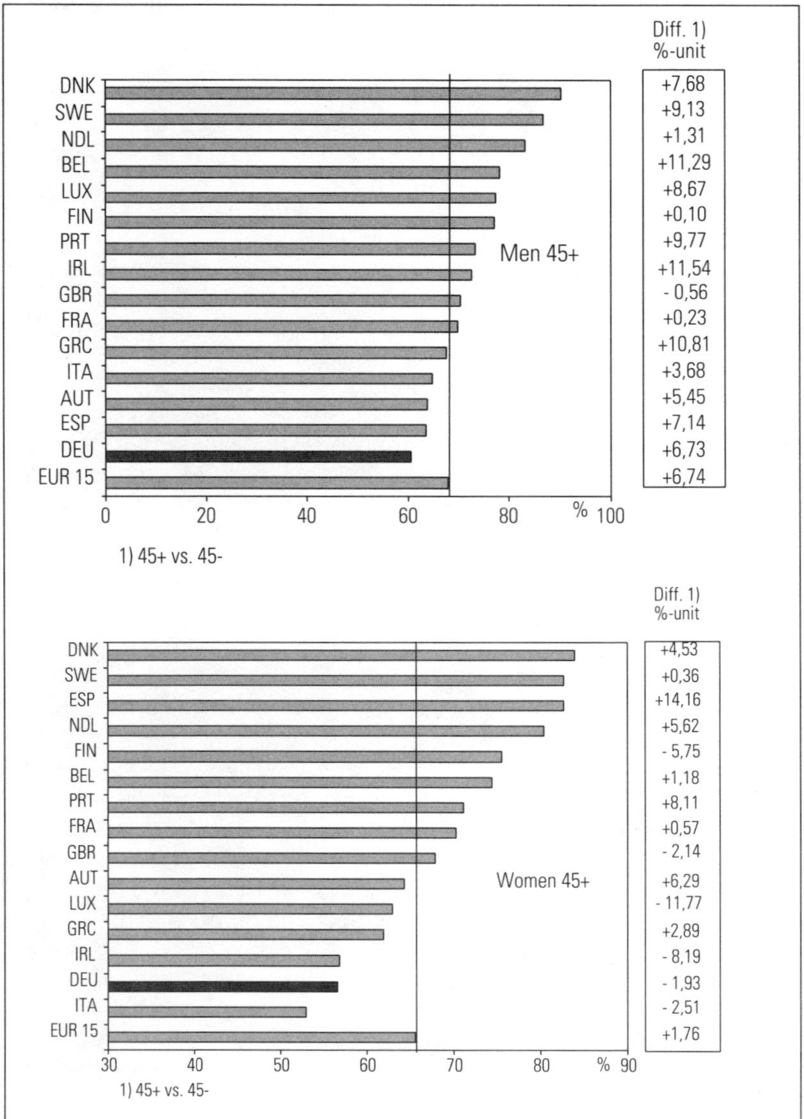

Quelle: Ilmarinen 1999:121

- Beim Vergleich der Altersgruppen lagen die älteren Männer in Deutschland mit plus 6,73% günstiger als die jüngeren, bei den Frauen fand sich ein negativer Wert, d.h. ältere Frauen haben bei der Gestaltung der Reihenfolge ihrer Arbeitsaufgaben schlechtere Möglichkeiten als jüngere.

Bei der Möglichkeit, die jeweils »angewandte Arbeitsmethode auszuwählen oder zu verändern«, ergaben sich insgesamt in der EU gute Ergebnisse. 77,5% der älteren Männer und 73,4 der älteren Frauen verfügen über diese Möglichkeiten. Bei den Jüngeren (unter 45) bejahten die Männer mit 71,55% und die Frauen mit 71,62% diese Frage. Die Differenzen zwischen den Älteren und den Jüngeren betrugen bei den Männern 6% und bei den Frauen 2%.

Wichtig erscheint aber hier wieder die Rangfolge der EU-Mitgliedsstaaten (s. Abb. 56).

Lesebeispiel: Wie bei den vorangegangenen Tabellen finden wir die Rangfolge der Länder, die Prozentanteile und auf der rechten Säule die Differenzen zwischen den Altersgruppen über 45 und unter 45 Jahre. Insgesamt sind die Durchschnittswerte in der EU sehr hoch, umso interessanter sind dann die Länder, die deutlich unter dem Durchschnitt liegen: Bei den Männern sind dies Spanien, Griechenland, Frankreich, Deutschland und Österreich; bei den Frauen finden wir Deutschland, Großbritannien und Irland. Bei den deutschen Männern liegt die Altersgruppe über 45 Jahre um 4% besser als die jüngere Gruppe; bei den Frauen sind die Älteren schlechter gestellt als die Jüngeren.

Ähnlich gute Ergebnisse ergeben sich in der EU insgesamt für die Frage: »Sind Sie in der Lage, Arbeitsgeschwindigkeit oder -takt auszuwählen oder zu verändern?« (Abb. 57) 76,31% der Männer über 45 und 72,9% der Männer unter 45 bejahten diese Frage. Bei den Frauen waren es 72,14% und 70,82%. (Abb. 57, S. 124)

Bei der Rangfolge der einzelnen Länder findet man wieder erhebliche Unterschiede sowohl nach Geschlecht wie auch nach den Altersgruppen: Unter dem EU-Durchschnitt liegen bei den Männern über 45 Griechenland, Österreich, Frankreich, Deutschland und Spanien; bei den Frauen Großbritannien, Irland, Deutschland, Finnland und Schweden. Bei Deutschland fällt weiterhin auf, dass die älteren Männer schlechtere Möglichkeiten hatten, Arbeitsgeschwindigkeit oder -takt zu gestalten, als die jüngeren; bei den deutschen Frauen sind die Verhältnisse umgekehrt.

Die vorliegenden Daten spiegeln die Möglichkeiten von Arbeitnehmern in EU-Ländern wider, ihre eigene Arbeit zu gestalten.

- Dabei war die große Mehrheit der über 45-Jährigen in der Lage, über Arbeitspausen, Reihenfolge der Arbeit, Arbeitsmethoden und Arbeitsgeschwindigkeit selbstständig zu entscheiden.
- Aus arbeitswissenschaftlicher Sicht können wir heute sagen, dass dies wichtige Kriterien für die konkrete Beurteilung von vorhande-

Abb./Tab. 56: Auswahl der Arbeitsmethoden in Europa im Ländervergleich

Können Sie Ihre Arbeitsmethoden selber aussuchen oder verändern? Anteil (%) von Ja-Antworten bei Männern und Frauen über 45 Jahre und Differenz (Prozentpunkte) zwischen älteren und jüngeren Männern und Frauen in den EU-Mitgliedsstaaten (EURO-Barometer 1996), EUR 15 = gewichteter Durchschnitt

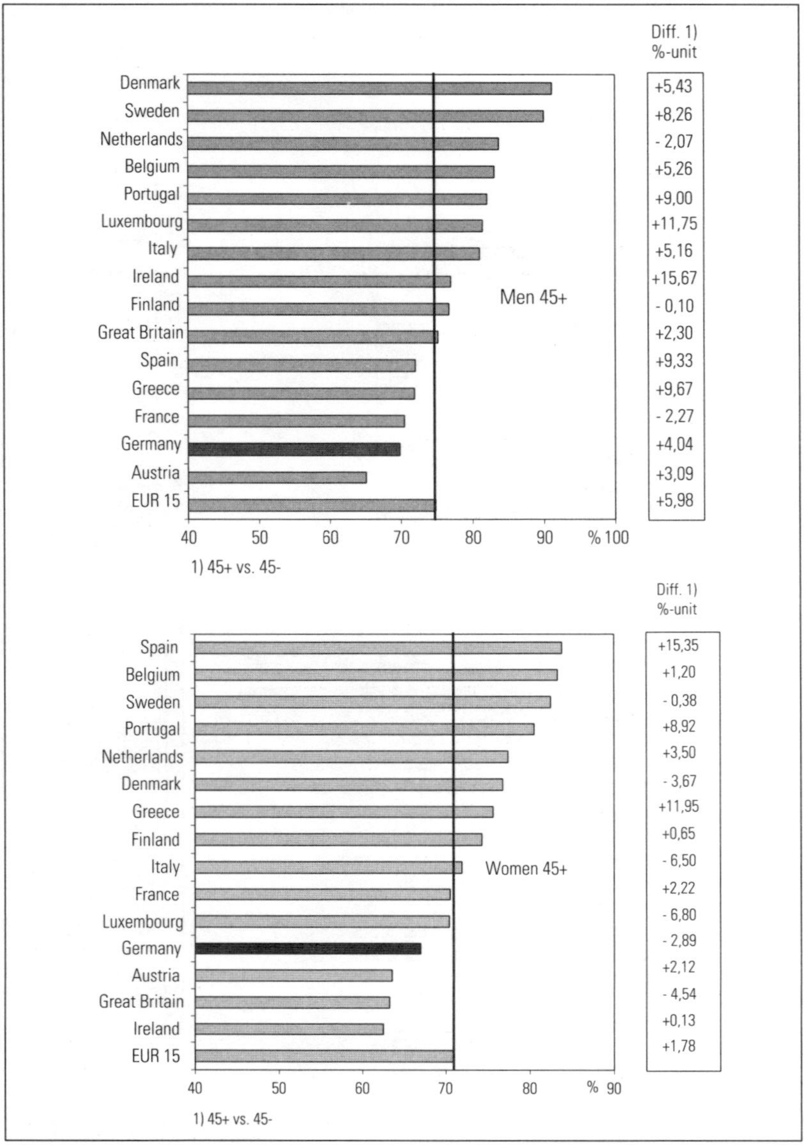

Quelle: Ilmarinen 1999:123

Abb./Tab. 57: Auswahl von Arbeitsgeschwindigkeit und -takt in Europa im Ländervergleich

Sind Sie in der Lage, Arbeitsgeschwindigkeit oder -takt auszuwählen oder zu verändern? Anteil (%) von Ja-Antworten bei Männern und Frauen über 45 Jahre und Differenz (Prozentpunkte) zwischen älteren und jüngeren Männern und Frauen in den EU-Mitgliedsstaaten (EURO-Barometer 1996), EUR 15 = gewichteter Durchschnitt

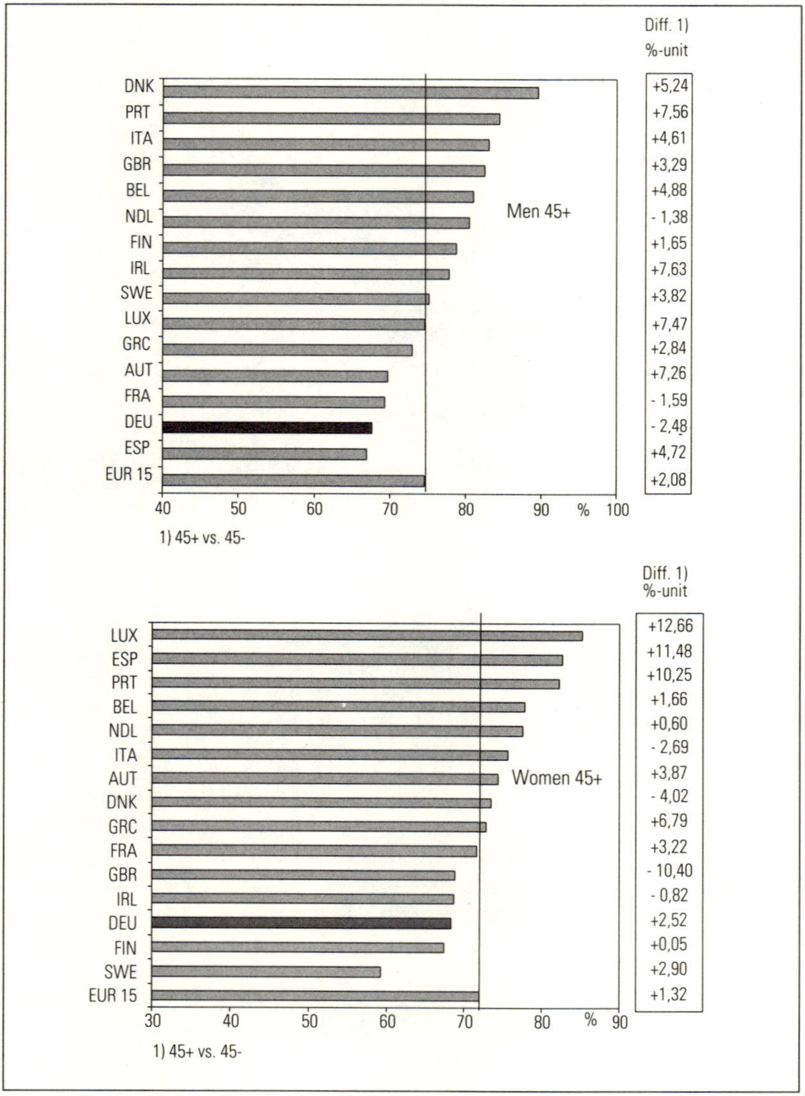

Quelle: Ilmarinen 1999:1125

ner Autonomie am Arbeitsplatz und Gradmesser für gesundheitsförderliche Gestaltung von Arbeitsabläufen sind.

- Darüber hinaus ermöglichen die Ländervergleiche Einblicke in die vorherrschende Arbeitskultur.

Es wurden deshalb zunächst die Länder in eine Rangfolge entsprechend dem Anteil von älteren Männern und Frauen gebracht, die in der Lage waren, die abgefragten Arbeitsmerkmale positiv zu beantworten (Tab. 58).

Abb./Tab. 58: Autonomie bei der Arbeitsgestaltung in Europa im Ländervergleich

Möglichkeiten, die eigene Arbeit zu gestalten. Rangfolge der Gestaltungsmöglichkeiten für Pausen, Reihenfolge der geleisteten Arbeit, Methoden und Arbeitsgeschwindigkeit nach Geschlechtern in den EU-Ländern

Land	Pausen		Reihenfolge		Methode		Geschwindigkeit	
	Männer	Frauen	Männer	Frauen	Männer	Frauen	Männer	Frauen
Österreich	14.	10.	12.	10.	15.	13.	12.	7.
Belgien	11.	14.	4.	6.	4.	2.	5.	4.
Dänemark	5.	7.	1.	1.	1.	6.	1.	8
Finnland	10.	8.	6.	5.	9.	8.	7.	14.
Frankreich	6.	3.	10.	8.	13.	10.	13.	10.
Deutschland	**15.**	**15.**	**15.**	**14.**	**14.**	**12.**	**14.**	**13.**
Griechenland	9.	5.	11.	12.	12.	7.	11.	9.
Irland	7.	9.	8.	13.	8.	15.	8.	12.
Italien	3.	4.	13.	15.	7.	9.	3.	6.
Luxemburg	2.	2.	5.	11	6.	11.	10.	1.
Niederlande	12.	12.	3.	4.	3.	5.	6.	5.
Portugal	1.	1.	7.	7.	5.	4.	2.	3.
Spanien	13.	6.	14.	3.	11.	1.	15.	2.
Schweden	4.	11.	2.	2.	2.	3.	9.	15.
Großbritannien	8.	13.	9.	9.	10.	14.	4.	11.

Quelle: Ilmarinen 1999:126

Lesebeispiel: Für die Möglichkeit der Männer, Pausen nach eigenem Ermessen zu nehmen, wurde Österreich mit seinen 54,6% der Platz 14 gegeben (das ist der zweitniedrigste). Andererseits wurde Portugal mit seinen 88,9% bei den Männern der Platz 1 gegeben. Dies gilt auch für die Frauen, die in Portugal ebenfalls auf Platz 1 »landeten«.

Ebenso wurde für die anderen Kriterien der Gestaltungsmöglichkeiten verfahren, dann wurden die Rangplätze der Länder zunächst getrennt nach Geschlechtern zusammengezählt und dann die Gesamtsumme gebildet (Tab. 59).

Abb./Tab. 59: Rangfolge der europäischen Länder mit der grß ten Autonomie am Arbeitsplatz

Land[a]	Männer	Frauen	Gesamt
Dänemark	8	22	30
Portugal	15	15	30
Schweden	17	31	48
Luxemburg	23	25	48
Belgien	24	26	50
Niederlande	24	26	50
Italien	26	34	60
Spanien	53	12	65
Finnland	32	35	67
Frankreich	42	31	73
Griechenland	43	33	76
Großbritannien	31	47	78
Irland	31	49	80
Österreich	53	40	93
Deutschland	**58**	**54**	**112**

[a] absteigende Reihenfolge nach den Gesamtwerten

Möglichkeiten, die eigene Arbeit zu gestalten. Summe der Rangplätze für die Gestaltung von Pausen, Reihenfolge der Arbeitsaufgaben, Methoden und Arbeitsgeschwindigkeit nach Geschlecht und europäischem Mitgliedsland (kleinste Summe = beste Möglichkeit, die eigene Arbeit zu regulieren)

Quelle: Ilmarinen 1999:127

Lesebeispiel: In Dänemark haben z.B. die Männer insgesamt 8 Punkte bekommen entsprechend ihrem Rangplatz bei den verschiedenen Kriterien für die Selbstregulation der Arbeit, die Frauen 22 Punkte entsprechend ihren Rangplätzen, und die gemeinsame Summe ist 30.

- Damit ist Dänemark zusammen mit Portugal, das die gleiche Punktzahl erreicht, an erster bzw. zweiter Stelle der Rangfolge.
- Entsprechend finden wir Irland, Österreich und Deutschland an letzter Stelle.

Diskussionswürdig sind auch die erheblichen Differenzen in den Punktzahlen zwischen Männern und Frauen, weil sich daraus Hinweise auf verschiedenartige Bedingungen nach Geschlechtern ergeben, die aus den **biologischen Unterschieden der Geschlechter** nicht zu erklären sind.

So finden wir z.B. in Dänemark deutlich höhere Punktwerte bei Frauen, ebenso in Schweden, in Italien, in Großbritannien und in Irland. Umgekehrt ergeben sich deutlich niedrigere Werte für Frauen in Spanien, in Frankreich und in Griechenland.

Bezüglich der Situation in Dänemark und Schweden ist es überraschend, dass die Kontrollmöglichkeiten der Frauen schlechter waren als die der Männer, obwohl den nordischen Ländern nachgesagt wird, dass in ihnen ein hoher Stand der Gleichberechtigung erreicht sei.

❖ In Finnland und in Deutschland ist die Balance zwischen den Geschlechtern zwar ausgeglichen, der Abstand zu den oberen Rangplätzen jedoch eindeutig zu groß.

Insgesamt darf man die Ergebnisse für die Frauen nicht überbewerten, da besonders in den Mittelmeerländern der Anteil von Frauen über 45 im Arbeitsleben eindeutig kleiner ist als in den anderen Ländern. Ähnliches finden wir in Luxemburg. Es handelt sich also um eher selektive Effekte, und die Ergebnisse der Frauen müssen entsprechend vorsichtig bewertet und genauer untersucht werden.

2.4.1 Grenzen der Belastung

Wie immer die Haltungen, Urteile oder Vorurteile im Einzelnen aussehen mögen, eines steht fest: Die Fähigkeiten eines Menschen, einer Frau oder eines Mannes, *Belastungen* zu bewältigen, lassen mit steigendem Alter nach. Dies gilt einmal

- für die einzelnen Arten der Belastungen,
- dann für Kombinationen von Arbeitsanforderungen und
- im Anschluss daran auch für die Erholungszeit, die notwendig ist, um wieder in ein durchschnittliches Kräftegleichgewicht zu gelangen.[3]

Die Frage der autonomen Gestaltung von Arbeitsabläufen ist deshalb nicht nur eine geistige Herausforderung für den Arbeitnehmer, sondern auch eine notwendige Voraussetzung, um die gestellte Arbeitsaufgabe adäquat zu bewältigen. Das bedeutet, dass die vorhandenen persönlichen Ressourcen optimal eingesetzt werden und dass die Möglichkeit eingeräumt wird, diese auch zu schützen (Erhaltung der funktionellen Kapazität). (s. Abb. 60, S. 128)

Grundsätzlich werden dazu in der Stressphysiologie die folgenden Überlegungen angestellt (Sapolsky 1996:289-290) (s.a. Abb. 61, S. 129).

»Die Wissenschaft vom Altern, die Gerontologie, ist eine ziemlich junge Disziplin. Doch fast von Anfang an haben ihre Theorien über die Vorgänge des Alterns den Faktor Stress einbezogen. Im Allgemeinen haben diese Theorien zwei Formen angenommen:

- Die erste besagt, dass die späteren Jahre eine Zeit sind, in der der Organismus nicht mehr gut mit Stress fertig wird.
- Die zweite geht davon aus, dass Stress, insbesondere in lang dauernder und extremer Form, das Altern beschleunigen kann. ...

In vieler Hinsicht kann Altern als fortschreitender Verlust der Fähigkeit definiert werden, Stress zu bewältigen, und das entspricht sicher-

---

[3] Wir haben die arbeitsphysiologischen Grundlagen in Kapitel 1.1.2 beschrieben.

Abb./Tab. 60: Belastung – Ressourcen – Stress im fließenden Übergang

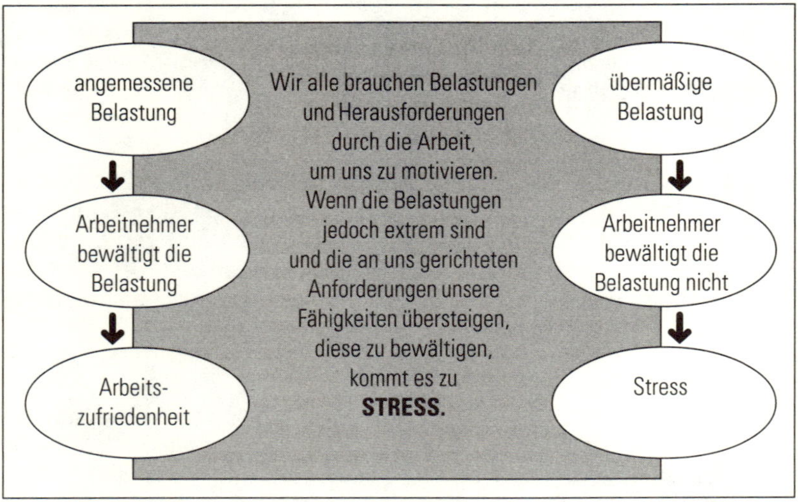

Quelle: BAuA, 1997:6

Abb./Tab. 61: Stressbewältigung und Lebensalter

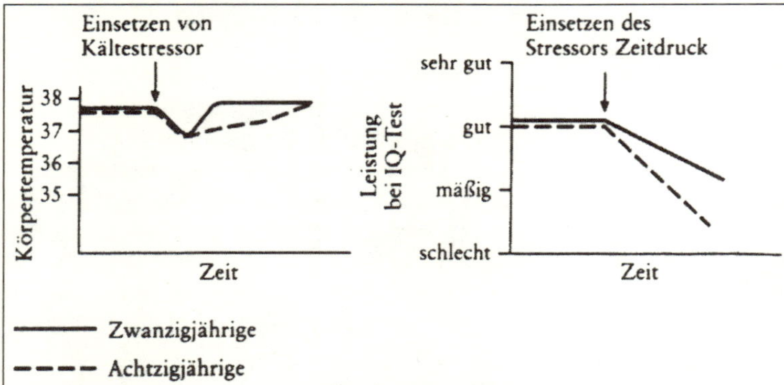

Zwei Umstände, unter denen die Stressantwort älterer Menschen beeinträchtigt werden kann. (Links) Junge und alte Menschen können unter stressfreien Umständen dieselben Funktionen (in diesem Fall die gleiche Körpertemperatur) haben. Bei Einsetzen eines Stressors, der diesen Messwert aus dem homöostatischen Gleichgewicht bringt (Abkühlung um ein Grad), braucht der ältere Mensch länger, um die Homöostase wiederherzustellen. (Rechts) Junge und alte Menschen können unter stressfreien Bedingungen die gleiche Funktionsfähigkeit (Leistung bei einem IQ-Test) aufweisen. Sobald der zusätzliche Stressor des Zeitdrucks hinzukommt, nimmt die Leistung bei beiden ab – aber bei älteren Menschen in stärkerem Maß.

Quelle: Sapolsky 1996:290. IQ-Test: Verfahren zur Messung der Intelligenz

lich unserem Bild von älteren Menschen als gebrechlich und anfällig. Genauer ausgedrückt könnte man sagen, dass alte Organismen körperlich und geistig/seelisch genauso gut wie junge funktionieren – solange sie nicht besonderen Belastungen ausgesetzt sind.

Kommen jedoch sportliche Herausforderungen hinzu, eine Verletzung oder Krankheit, Zeitdruck oder neue Umstände – irgendeiner der verschiedenen körperlichen, kognitiven (den Erkenntnisbereich betreffenden, d. Verf.) oder psychologischen Stressoren –, dann versagen gealterte Organismen schneller.« (Textgliederung, d. Verf.)

2.4.2 Schlafdefizit[4]

Man kann es vielleicht so zusammenfassen: Der *Tag* ist der Vater der Leistung, der freigesetzten Energien, der Aggression und – wenn man so will – auch der Zerstörung. Die *Nacht* ist die Mutter der Erholung, des Einsparens und Wiederaufbauens von Energien, der Entspannung, des Rückzugs und des Nachgebens.

Für das Arbeitsleben ist von grundlegender Bedeutung, ob die Betroffenen in einem ausgewogenen Verhältnis von Anspannung und Leistung zu Entspannung und Erholung leben. Daraus resultiert u.a. die Problematik der Nacht- und Schichtarbeit, die ihre Grundlage darin findet, dass es dem Organismus nicht möglich ist, den Tag-Nacht-Rhythmus umzukehren. Wir werden auf diese Frage später ausführlicher eingehen.

In diesem Zusammenhang soll zunächst allgemein behandelt werden, dass (arbeitende) Menschen ein vernünftiges Verhältnis von Leistung zu Erholung bzw. Schlaf benötigen. Denn »guter und ausreichender Schlaf ist eines der Grundbedürfnisse, das besonders für die Erholung des Gehirns von Bedeutung ist. Heutzutage stehen viele gesellschaftliche Trends in schwerem Gegensatz zu dem Schlaf, den wir benötigen. Die Gesellschaft hat sich mehr zu einer ›24-Stunden-Gesellschaft‹ entwickelt, in der viele Bereiche des Arbeitslebens rund um die Uhr betrieben werden. Viele dieser Arbeitsaufgaben hängen von Wachheit und Aufmerksamkeit ab, und ein einziger Arbeitsfehler kann zu schweren Konsequenzen führen. In Finnland hat man die Folgekosten des Schlafdefizits auf fast eine Milliarde EURO pro Jahr kalkuliert. Man kann allgemein schätzen, dass die Häufigkeit von schwerem Schlafdefizit in der Erwachsenenbevölkerung zwischen 15 und 35% liegt.« (Sallinen, Härmä et al. 2000:140)

---

[4] Dieses Kapitel beruht auf der Arbeit von: Sallinen, M., M. Härmä, et al. (2000): The prevalence of sleep debt and its association with fatigue, performance and accidents in the modern society, in: Safety in the Modern Society – Work, Home, Leisure, ed. by J. Rantanen, S. Lehtinen and K. L. Saarela. Helsinki, Finnish Institute of Occupational Health. 33: 140-143.

Befragt wurden in einer Untersuchung finnische Bürger zwischen 24 und 65 Jahren, die aus dem Melderegister gezogen wurden. Ein Fragebogen wurde per Post verschickt, die Antwortrate betrug 66%.

Schlafdefizit wird definiert als Schlafbedarf minus tatsächlicher Schlaflänge, **Schlafstörungen** als Schwierigkeiten einzuschlafen oder Aufwachen im Schlaf und Schwierigkeiten, wieder einzuschlafen.

Von Schlafstörungen wurde gesprochen, wenn eines der beiden Symptome wenigstens mehrmals pro Woche während der letzten drei Monate beobachtet wurde.

Die Untersuchung führte zu folgenden Ergebnissen:[5]

❖ Ein »**allgemeines Schlafdefizit**« von wenigstens einer Stunde mit oder ohne Klagen über Schlafstörungen wurde gehäuft gefunden bei Personen unter 45 Jahren für beide Geschlechter, bei Frauen für beide Altersgruppen und bei Personen im Arbeitsleben, hier mit Ausnahme von jungen Frauen.

❖ 42% der Befragten litten unter einem **schweren Schlafdefizit** von wenigstens zwei Stunden pro Tag mit oder ohne Klagen über Schlafstörungen. Diese Form war speziell verbreitet unter jungen Personen beiderlei Geschlechts und Personen, die angaben, dass sie einen schlechten Gesundheitszustand hatten.

❖ 59% der Personen mit Schlafmangel berichteten keine Klagen über Schlafstörungen. Diese als **einfache Schlafstörung** bezeichnete Form des Schlafdefizits war zu beobachten bei jungen Personen beiderlei Geschlechts, bei Frauen beider Altersgruppen, bei Menschen im Arbeitsleben und bei Studenten mit Ausnahme von jungen Frauen.

Als Konsequenz aus der Studie kann man davon ausgehen, dass in einer Erwachsenenbevölkerung das wahrgenommene bzw. wahrnehmbare Schlafdefizit, auch ohne Klagen über Schlafstörungen, weit verbreitet ist. Es ist also von großer Bedeutung, sich diese Frage überhaupt zu stellen, da Zeichen des Schlafdefizits oder von Erschöpfung relativ spät auftreten können und/oder nicht wahrgenommen werden (können).

Sucht man nach Abhilfe für diese Probleme auf gesellschaftlicher Ebene, dann können Menschen im Arbeitsleben, Frauen und jüngere Menschen die wichtigsten Zielgruppen bilden.

- Die Tatsache, dass mehr als die Hälfte der Menschen mit Schlafdefizit nicht von Schlafstörungen berichteten, legt die Vermutung nahe, dass viele Menschen schlicht nicht genug Zeit zur Verfügung haben, um so viel zu schlafen, wie sie glauben, dass es für sie notwendig ist.
- Die Ergebnisse legen weiterhin nahe, dass die gegenwärtige Entwicklung im Arbeitsleben und im Lebensstil die Bedeutung von aus-

[5] Es handelt sich um statistisch signifikante Ergebnisse mit $p < .001$.

reichendem Schlaf für Wohlbefinden, Arbeitsleistung und Sicherheit eher vernachlässigt.

Schließlich kann man fragen, was im Zusammenhang mit diesen Problemen getan werden kann. Die folgenden Vorschläge für Lösungen basieren auf den abschließenden Ergebnissen (consensus statement) einer Konferenz von auf diesem Gebiet führenden Wissenschaftlern:

- ➜ Die Einteilung und Regulierung von Arbeitszeiten soll auf wissenschaftlicher Grundlage erfolgen.
- ➜ Mit Hilfe von öffentlichen Aufklärungskampagnen sollen die allgemeinen Kenntnisse über die Bedeutung von ausreichendem Schlaf verbessert werden.
- ➜ Es sollten Standardkriterien entwickelt werden, mit deren Hilfe die Bedeutung von Ermüdung bei Unfällen dokumentiert werden kann.
- ➜ Es sollen präventive Maßnahmen technischer, organisatorischer und individueller Art eingeführt werden, um schlafbedingte Unfälle zu verhüten.

Abb./Tab. 62: Bitte beachten: Nur wenige Menschen sind wirklich »Eulen«, die die ganze Nacht auf Jagd gehen. Die allermeisten benötigen dringend geregelten Schlaf!

Quelle: Nico Gerhard, 2000,
mit freundlicher Genehmigung

3. Zweiter Blick in die Zukunft: Tatsachen

Es gibt in der betrieblichen Diskussion eine Unterscheidung zwischen den sog. »harten« ökonomischen Daten und den »weichen«, eher subjektiven Daten des Arbeitslebens und der betrieblichen Gesundheitsförderung. Es ist davon auszugehen, dass in Zukunft diese sog. weichen Daten an »Härte« gewinnen werden, da die entscheidenden Entwicklungen in diesem Bereich stattfinden werden.

Diese Diskussion um die Bedeutung des Humankapitals wird aber keineswegs als moralische geführt werden müssen, sondern sie wird auf den harten Daten des demografischen Wandels basieren. Dabei ist es entscheidend, dass Probleme, die aus richtungsweisenden Veränderungen der Zusammensetzung von betrieblichen Belegschaften entstehen, nicht durch die Ausgrenzung einer bestimmten Altersgruppe oder die gezielte Einbeziehung einer anderen gelöst werden können.

3.1 Altersentwicklung im Arbeitsleben: der demografische Wandel

> Sie begannen mit der Herstellung von Schneeschuhen. Gewöhnlich wurde das Birkenholz im späten Frühling und frühen Sommer gesammelt. Doch heute musste die junge Birke genügen. Sie besaßen natürlich kein passendes Werkzeug, aber es gelang den Frauen, die Holzstücke mit dem, was sie hatten, jeweils in vier Teile zu spalten, die sie in ihren großen Birkenbehältern kochten. Als das Holz weich war, bogen die Frauen jedes Stück in der Mitte und fügten je zwei dieser halbrunden Teile aneinander. Die Ende ließen sie dabei spitz zulaufen und bohrten schließlich mit schlanken, angespitzten Nähahlen ungeschickt lauter kleine Löcher in das Ganze. Die Arbeit war mühsam, doch trotz ihrer schmerzenden Finger machten die Frauen weiter, bis ihre Aufgabe vollbracht war. .... Als die Frauen ihr Werk vollendet hatten, strahlten sie vor Stolz. Dann wanderten sie mit ihren etwas unbeholfenen, aber brauchbaren Schneeschuhen auf der Schneeoberfläche entlang und kontrollierten die Kaninchenfallen. Und ihr Stolz wurde noch größer, als sie feststellten, dass sie ein zweites Kaninchen gefangen hatten. Da sie wussten, dass das Volk wenige Tage zuvor vergeblich Kaninchenfallen aufgestellt hatte, wurden die Frauen fast abergläubisch im Vertrauen auf ihr Glück. Sie gingen zum Lager zurück und fühlten sich leicht und beschwingt nach all dem, was ihnen gelungen war. (Aus »Zwei alte Frauen«)

Stützt man sich ausschließlich auf die Altersstruktur der EU-Länder (EUR 15) im Jahre 1995, dann finden wir die größten Altersgruppen (ca. 8%) in den Altersgruppen 25-29 und 30-34 Jahre, dies sowohl für

Männer wie für Frauen. Etwa 7% fallen in die Altersgruppen 20-24 und 35-39 Jahre. Die jüngste Altersgruppe 0-4 Jahre hatte ungefähr die gleiche Größe wie die Altersgruppe 55-59 Jahre (siehe die Grafik in 3.1.1 Europäische Entwicklung).

Die hier benutzte Vorhersage, wie sich die Altersstruktur in den verschiedenen EU-Bevölkerungen entwickeln wird, basiert auf einer Untersuchung von EUROSTAT. Dabei wurden die folgenden Faktoren prognostisch berücksichtig: Nettomigration, Geburtenrate und Lebenserwartung. Die Daten wurden entnommen von: Bevölkerungsszenario nach Geschlecht und 5-Jahres-Altersgruppen für 1995-2000, 2005 ... 2050 (Eurostat-Hochrechnungen). Grundlagenszenario (Eurostat: New Cronos 1998), zitiert aus Ilmarinen 1999:14-21.

Wir beschränken uns in unseren eigenen Darstellungen auf die Entwicklung bis 2015, weil wir glauben, dass es von entscheidender Bedeutung sein wird, wie weit es gelingt, in den nächsten Jahren die richtigen Weichen zu stellen und die notwendigen betrieblichen Veränderungen im Denken und Handeln auf den Weg zu bringen.

3.1.1 Europäische Entwicklung (s. Abb. 63, S. 134)

Lesebeispiel: Die Grafiken zeigen die Verteilung der europäischen Bevölkerung auf die in der Y-Achse angegebenen Altersgruppen. Der senkrechte Strich gibt die Durchschnittswerte für die 15 europäischen Länder an. Auf der X-Achse finden wir die Angabe in Prozenten.

Die Vorhersage für **2005** zeigt auf, dass die größte Altersgruppe bei 35-39 und 40-44 Jahren sein wird. Fasst man die vorangehende und die folgende mit dieser zusammen, dann wird man feststellen, dass die Altersgruppe 30-49 Jahre zu dem Zeitpunkt insgesamt den größten Block bilden wird. Die jüngste Altersgruppe wird ungefähr genauso groß sein wie die der 60-64 Jahre alten Personen.

Betrachtet man die Vorhersage für **2015**, dann wird die größte Altersgruppe bei 40-59 Jahren sein. Bei diesem Abschnitt der Altersentwicklung werden die älteren Gruppen in den EUR 15 Ländern ihren größten Anteil erreichen. Der relative Anteil der jüngsten Altersgruppe wird auf fast 5% zurückgegangen sein, und die Altersgruppe 70-74 Jahre wird nur einen halben Prozentpunkt weniger betragen als die jüngste. Die Bevölkerungsvorhersage für die EUR 15 Länder zeigt auf, dass die Bevölkerung in den nächsten Jahrzehnten kontinuierlich altern wird. Betrachtet man dies unter dem Gesichtspunkt der Arbeitskraft, wird die nächste Dekade nicht die mit den stärksten Veränderungen sein. Dies wird erst in 2020 der Fall sein.

- Diese Unterscheidung erscheint sinnvoll, weil sie Chancen für Handeln und Bewältigung aufzeigt.
- ❖ Fest steht aber, dass in den Jahren 2005-2015 die EU-Länder die älteste Arbeitsbevölkerung in ihrer Geschichte haben werden, denn das »mittlere« Alter wird dann in die Abschnitte 45-54 Jahre fallen.

Abb./Tab. 63: Altersstruktur der Europäischen Union im Jahre 1995, 2005 und 2015 (Eurostat 1998)

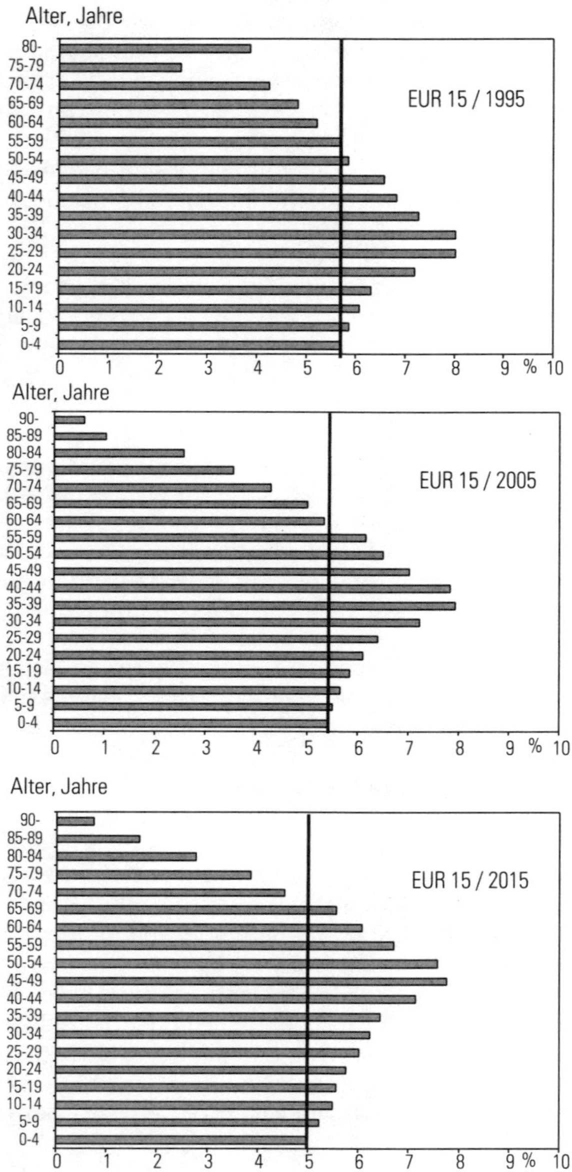

Quelle: Ilmarinen 1999:15

Die gleiche Entwicklung soll noch einmal genauer für die Altersgruppen 50-64 Jahre im Verhältnis zur Gesamtarbeitsbevölkerung (15-64 Jahre) betrachtet werden (s. Abb. 64, S. 136).

Lesebeispiel: Auf der Y-Achse finden wir die Rangfolge der Länder nach Anteilen von Arbeitnehmern in der Altersgruppe 50-64 Jahre. Dies wird auf der X-Achse wiedergegeben als Prozentsatz der Gesamtarbeitsbevölkerung in den Altersgruppen 15-64 Jahre. Diese Gesamtarbeitsbevölkerung umfasst beschäftigte wie unbeschäftigte Personen, die im erwerbsfähigen Alter grundsätzlich ein Teil des Arbeitsmarktes sind. Der senkrechte Strich gibt wieder den Durchschnittswert für die 15 EU-Länder an. Man sieht, dass der Durchschnittswert von 1995-2005 langsam, dann aber bis 2015 deutlich auf etwa 31% ansteigen wird, so dass wir für die gesamte EU-Arbeitsbevölkerung einen eindeutigen Trend aufzeigen können. Bedeutsam sind aber die Unterschiede bei den verschiedenen Ländern, dies sowohl bzgl. des Anteils an älterer als auch an jüngerer Arbeitskraft.

1995 hatte das vereinigte Deutschland den höchsten Anteil an älterer Arbeitskraft mit über 28%. Im Vergleich hatte Irland den niedrigsten mit 20%. In Finnland lag der Anteil an älterer Arbeitsbevölkerung unter dem EU-Durchschnitt, nur Deutschland, Griechenland und Italien liegen über dem Durchschnitt.

Die Situation wird sich jedoch richtungsweisend bis in das Jahr *2005* verändern: Finnland wird dann mit dem älteren Anteil der Arbeitsbevölkerung an der Spitze liegen, gefolgt von Schweden, Dänemark, Italien, den Niederlanden und Belgien, Deutschland befindet sich dann im Durchschnittsbereich. In Irland und Spanien wird der entsprechende Anteil zunehmen oder gleich bleiben, aber immer noch unter dem Durchschnitt liegen.

Auch in *2015* wird der Anteil der älteren Arbeitnehmer in Europa der größte sein. In den einzelnen Relationen wird Finnland zusammen mit Deutschland, das dann wieder an der Spitze liegen wird, und Belgien den größten Anteil älterer Arbeitnehmer aufzeigen.

❖ In 2015 wird etwa jede dritte Person im arbeitsfähigen Alter 50 Jahre oder älter sein.

Welche Bedeutung wird nun diese Entwicklung für die europäischen Mitgliedsstaaten insgesamt haben?

Wenn sie im wirtschaftlichen Bereich konkurrenzfähig bleiben wollen, wird dies in hohem Maße abhängen von Gesundheit, funktioneller Kapazität, Fachwissen der Arbeitnehmer und ihren Arbeitsbedingungen. Da aber dieser Zwang, die Arbeitsbewältigungsfähigkeit älterer Arbeitnehmerinnen und Arbeitnehmer, in den verschiedenen Mitgliedsstaaten allgemein wirksam ist, besteht eine Chance, dass die EU-Länder gemeinsame Lösungen der Zukunftsprobleme finden und eine anhaltende Entwicklung der Arbeitskraft in diesem Sinne sicherstellen können.

Abb./Tab. 64: Ältere Beschäftigte in Europa im Ländervergleich

Anteil der Altersgruppe 50-54 Jahre an der Bevölkerung 15-64 Jahre der europäischen Mitgliedsstaaten 1995, 2005 und 2015 (EUROSTAT 1998), EUR 15 = gleichgewichteter Durchschnitt der Bevölkerungsgrß en

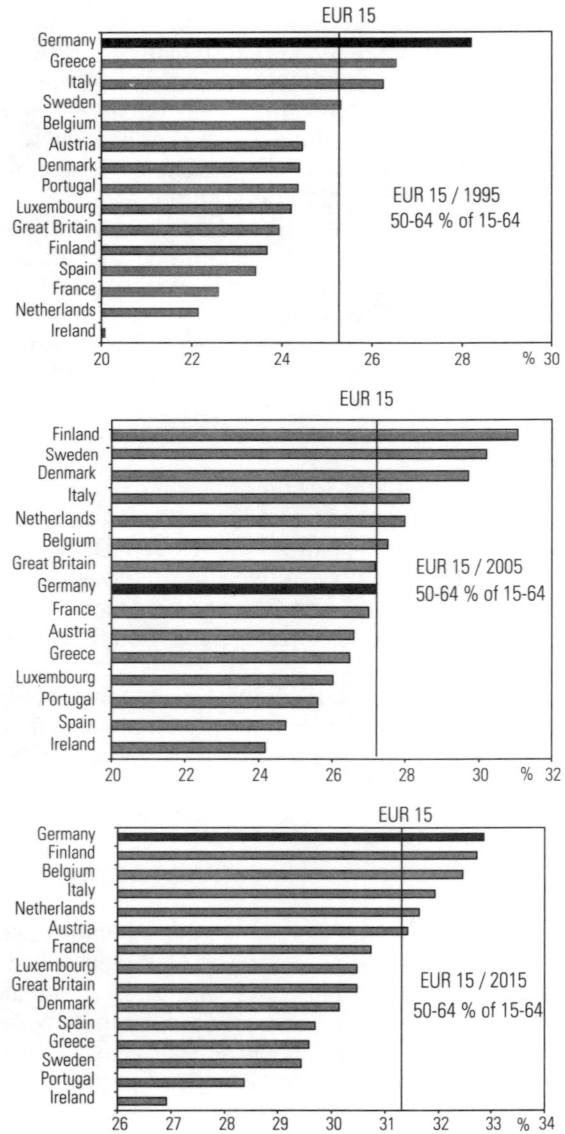

Quelle: Ilmarinen 1999:15

Bei solchen Fragen wird es sicherlich nicht nur Übereinstimmung und gemeinsames Handeln geben. Es kann durchaus sein, dass sich einzelne Länder oder Branchen besondere Vorteile oder Möglichkeiten bei der Gewinnung der jüngeren Arbeitskraft ausrechnen. In Deutschland ist z.B. dieses Rennen um die jüngere Arbeitskraft bereits voll entwickelt. So u.a. in der Informationstechnologie, in der ausgesprochen oder unausgesprochen Bewerber über 35 kaum eingestellt werden. Die Absenkung des Durchschnittsalters gilt – immer noch – als die wichtigste Planungsstrategie.

Es ist deshalb sinnvoll, umgekehrt die Entwicklung der jüngeren Arbeitnehmer im Verhältnis zu den älteren ebenfalls genauer zu betrachten (s. Abb. 65, S. 138).

Man kann dann sehen, dass noch in 2005 Irland, Frankreich und Großbritannien den größten Anteil an jüngerer Arbeitskraft haben, aber in 2015 von Schweden, Dänemark und Luxemburg überholt werden wird.

Umgekehrt hat z.B. 1995 Deutschland einen Anteil von ca. 16,8% jüngerer Arbeiter und liegt damit an letzter Stelle. Bis 2015 wird Deutschland zwar an die drittletzte Stelle aufrücken, aber seinen Anteil an jüngerer Arbeitskraft nicht wesentlich erhöhen können und weiterhin unter dem Durchschnitt der europäischen Nationen liegen.

3.1.2 Deutsche Entwicklung

Betrachten wir noch einmal die Rangfolge der Staaten nach den Anteilen der Altersgruppe 50-64 Jahre, dann finden wir 1995 Deutschland an erster Stelle mit über 28% älterer Arbeitnehmer. Im Jahre 2005 wird dagegen Deutschland vom ersten Platz auf den achten Platz fallen und im EU-Durchschnitt liegen.

Es wäre interessant, darüber zu diskutieren, ob und von wem dies als eine positive oder negative Entwicklung betrachtet wird. Folgt man nämlich den Hochrechnungen bis 2015, wird Deutschland mit dem höchsten Anteil älterer Arbeitnehmer in der Altersgruppe 50-64 Jahre von ca. 33% wieder an erster Stelle liegen.

Wir wissen, dass diese vorübergehende Entwicklung durch die umfassenden Vorruhestandsregelungen hervorgerufen wurde, teilweise kombiniert mit »rigorosen Maßnahmen« zur Verjüngung des Durchschnittsalters der Belegschaft. Im Jahre 2000, also mitten in diesem Entwicklungsprozess der deutschen Altersstruktur von 1995-2005, trägt Reindl die bereits zitierte Untersuchung vor »Die technische Intelligenz im betrieblichen Innovationsmilieu – welche Rolle spielt das Alter« und berichtet dabei aus dem Bereich der Großbetriebe:

»Im großbetrieblichen Innovationsmilieu ist kein Platz für ältere Mitarbeiter. Die Entwicklungsbereiche sind mit die jüngsten in Unternehmen, und auch in den angrenzenden Abteilungen werden die Älteren tendenziell aussortiert ... die Gründe liegen eindeutig in der allgemei-

Abb./Tab. 65: Jüngere Beschäftigte in Europa im Ländervergleich:
Verhältnis der Altersgruppe 15-24 Jahre zur Bevölkerungsgruppe 15-64 Jahre der europäischen Mitgliedsstaaten 1995, 2005 und 2015 (EUROSTAT 1998), EUR 15 = gewichteter Durchschnitt

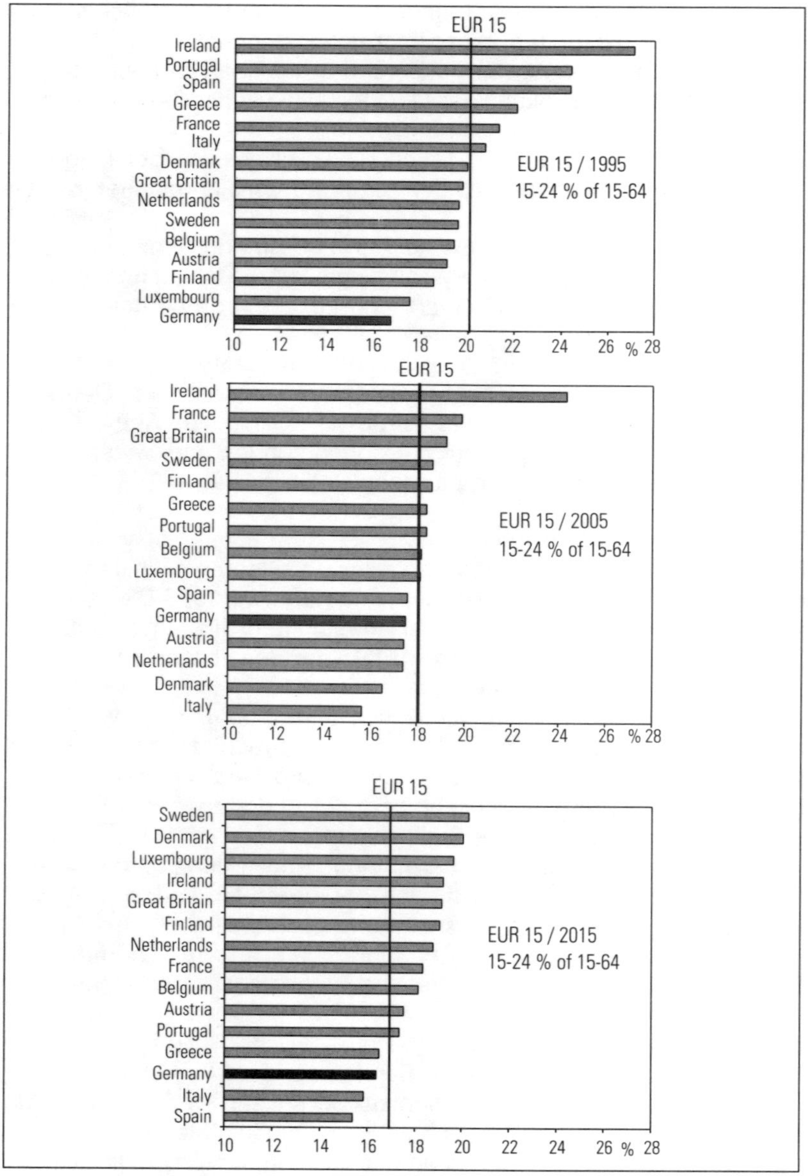

Quelle: Ilmarinen 1999:18

nen Unternehmenspolitik, die auf eine Verkleinerung der Stammbelegschaften und auf eine Vergrößerung des variablen Belegschaftsteils abzielt sowie den Kostpreis der Arbeitskraft senken will.

Die über alle Bereiche unterschiedslos betriebene Verjüngungspolitik ist ein entscheidendes Instrument, den Preis der Arbeit zu drücken. Ein zweites Motiv kommt hinzu. Die älteren und erfahrenen Mitarbeiter, die eine eigene Arbeitsidentität und einen Berufsstolz ausgebildet haben, gelten in der Wahrnehmung der neuen Manager, denen die Kostenführerschaft mehr bedeutet als die Technologieführerschaft, als Störfaktoren der Vermarktlichung. Einen eigenen Kopf zu haben und jede neue Reorganisationsmarotte mitzumachen, lässt sich vielleicht tatsächlich nicht vereinbaren. Zur Arrondierung dieser Ausführung noch zwei Zitate, die die Geisteshaltung in den Großkonzernen veranschaulichen: ›Es gibt keine Altersmarken für die Teilnahme an Schulungen. Es hängt mit der Eigeninitiative zusammen. Ich denke mal, natürlich wird sich eine Führungskraft überlegen, lohnt es sich noch, jemanden über 50 auf einen Lehrgang zu schicken. Gibt es einen return on investment. Und das ist natürlich bei solchen Leuten geringer.‹ ›Mitarbeiter länger zu halten, ist ein reiner Kostenfaktor, egal wie sie es sehen. Wenn sie die Technologie ausfeilen, ist es ein Kostenfaktor. Wenn sie zusätzliche Laufbahnkonzepte aufbauen, wo sie Ausweichmöglichkeiten haben, ist es ein Kostenfaktor, weil sie damit Flexibilität einschränken. Wenn sie Gesundheitsförderung machen, ist es ein Kostenfaktor‹« (Reindl 2000:5).

In der Abbildung 66 (S. 140), die wir bis zum Jahr 2000 bereits vorgestellt haben, können wir nun detaillierter die Entwicklung für die Bundesrepublik betrachten (Volkholz 2000:20).

Lesebeispiel: Auf der Y-Achse ist der Prozent-Anteil der Altersgruppe abgebildet, auf der X-Achse die Zeiteinteilung nach Jahren. Man erkennt im gegenwärtigen Zeitabschnitt die grundlegende Änderung der Alterszusammensetzung der deutschen Arbeitsbevölkerung, die auch als »Altersschere« beschrieben wird. (ebd.:19) (s. Abb. 67, S. 141)

Dieser Wandel muss aber in Bezug gesetzt werden zu den Veränderungen im Bereich der Arbeitsstrukturen und der dominierenden Stellung der informationsverarbeitenden Dienstleistung (s. Kapitel 1.2), die sich – wie wir gesehen haben – bereits jetzt fast ausschließlich auf die Rekrutierung jugendlicher Arbeitskraft beschränkt.

Wer immer diesen Wettkampf gewinnt – er wird dem Sieger keine Freude bereiten, denn es wird nicht möglich sein, den Bedarf an Arbeitskraft ausschließlich aus einer Altersgruppe zu decken. Das Beispiel Deutschlands zeigt eindringlich auf, dass es keinen »nachhaltigen« Sinn hat, eine Altersgruppe auszugrenzen oder eine andere besonders zu fördern.

Und noch ein weiterer Aspekt wird deutlich: Deutschland wird ab sofort bis 2050 einen »langfristigen Zuwanderungssaldo« von 100 000

Abb./Tab. 66: Das Arbeitskräfteangebot in Deutschland nach Altersgruppen bis 2040

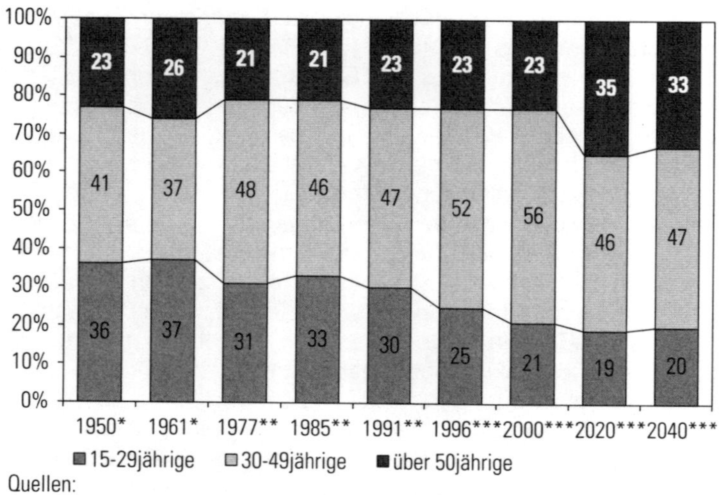

Quellen:

* Statistisches Bundesamt 1972, S. 144 (früheres Bundesgebiet)

** Statistisches Bundesamt 1978-Tab. 6.3; 1987-Tab. 6.3 (beide früheres Bundesgebiet), 1993-Tab.6.5

*** Fuchs, Thon 04/1999

Quelle: Volkholz 2000:20

bis 200 000 Personen benötigen, um seinen Bedarf an Arbeitskraft einigermaßen zu decken. Das in Abbildung 68 (S. 142) dargestellte Szenario gilt als allgemein anerkannt.

Lesebeispiel: Auf der Y-Achse finden wir die Bevölkerungszahl in Millionen, auf der X-Achse den Berechnungszeitraum von 1999 bis 2050. Je nach Variante 1 oder 2 wird die Bevölkerung unterschiedlich stark abnehmen. Die erwartete Nettozuwanderung liegt dabei zwischen 4,9 und 9,3 Millionen Immigranten. Selbst wenn es nicht zu einem Nettogewinn kommt, weil sich Zu- und Fortzüge die Waage halten, haben die Varianten »trotzdem Auswirkungen auf die Altersstruktur der in Deutschland lebenden Bevölkerung, da wir aus der Vergangenheit wissen, dass die zuziehenden Ausländer im Durchschnitt jünger sind als die fortziehenden und sich dadurch ein gewisser ›Verjüngungseffekt‹ ergibt«. (ebd. 218)

In der Praxis – das zeigt die Abbildung 69 (S. 143) – wird die Auswirkung auf die Altersstruktur der Bevölkerung nicht so ausgeprägt sein, dass dadurch irgendeines der Probleme des demografischen Wandels in Deutschland gelöst werden könnte. Offen bleibt außerdem die Frage

Abb./Tab. 67: Die »Altersschere«: Arbeitskräfteangebot von 1950-2040 (Volkholz – Köchling – GfAH)

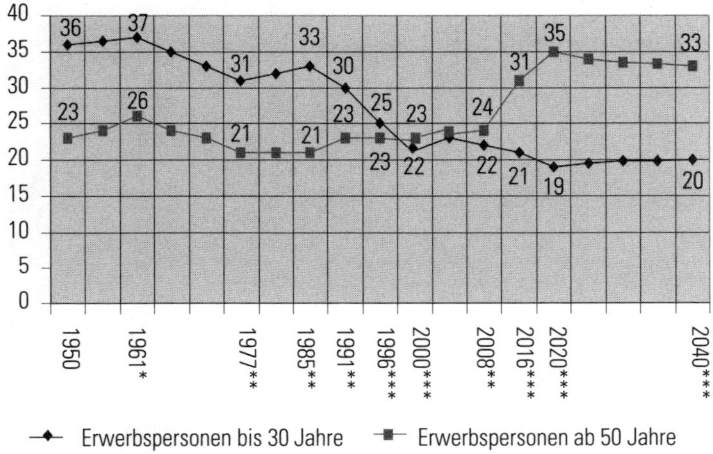

Quellen:
* Statistisches Bundesamt 1972, S. 144 (früheres Bundesgebiet)
** Statistisches Bundesamt 1978, Tab. 6.3; 1987-Tab. 6.3 (beide früheres Bundesgebiet), 1993-Tab. 6.5
*** Fuchs, Thon 04/1999

Quelle: Volkholz 2000:18

nach dem Ausbildungsstand der jüngeren Immigranten. Insgesamt ergeben sich hier keine wesentlichen Planungsalternativen.

Lesebeispiel: Die beiden Tabellen beschreiben die Auswirkungen der bereits geschilderten Varianten. Auf der Y-Achse finden wir den Bevölkerungsanteil in %, auf der X-Achse die Jahreszahlen. Die Säulen sind nach Altersgruppen unterteilt.

3.2 Anforderungen an die Gemeinschaft der Arbeitenden

Eine gleichberechtigte Beteiligung sämtlicher Altersgruppen an der Arbeitskultur wird in Zukunft unbedingt notwendig sein. Dabei ist – wie in Kapitel 1.3 ausführlich dargestellt – zu beachten, dass vor allen Dingen Maßnahmen des »Aussortierens«, die sehr oft als Altersdiskriminierung präzisiert werden können, nicht nur für die Betroffenen eine erhebliche Belastung darstellen, sondern auch von den Verbleibenden, den »survivors«, genauestens beobachtet werden und erheblichen Einfluss auf die gesamte Belegschaft ausüben.

Dabei wird oft vergessen, dass »viel zu wenig Aufmerksamkeit« auf die Tatsache gerichtet wurde, dass vorzeitiges Ausscheiden von Ar-

Abb./Tab. 68: Bevölkerungsentwicklung in Deutschland bis 2050

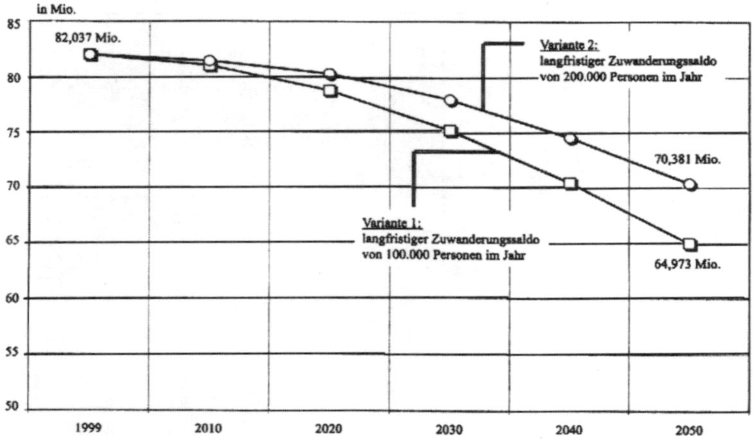

Quelle: Statistisches Bundesamt: Bevölkerungsentwicklung Deutschlands bis zum Jahr 2050, Ergebnisse der 9. koordinierten Bevölkerungsvorausberechnung, Wiesbaden, Juli 2000, Tab. 1, S. 21

Quelle: Sell 2000:218

beitnehmern aus dem Arbeitsleben besonders bei denen, die älter als 50 Jahre alt sind, zu einer Verschiebung der Arbeitslast auf den kleineren (kleiner werdenden) Anteil der jüngeren Arbeitnehmer führen wird.

Da die Arbeit selber nicht »in Vorruhestand geht«, werden die Aufgaben, die vorher von älteren Arbeitnehmern wahrgenommen worden sind, auf die kleinere Gruppe der jüngeren in der einen oder anderen Form übertragen werden. Daran wird auch die Tatsache, dass neue Technologien einige Arbeitsplätze ersetzen, nichts Wesentliches ändern.

Mit diesem »Belastungstransfer« wächst die Gefahr, dass die jüngere Generation vorzeitig erschöpft wird, und damit sinken ihre Chancen, die Arbeitsbelastung ein Arbeitsleben lang zu erfüllen.[1]

Es muss also auch aus arbeitsphysiologischer Sicht eine vernünftige Teilung der Arbeitslast zwischen den Altersgruppen geben und so eine Basis für eine lang anhaltende positive Entwicklung. (Ilmarinen 1999:11)

---

[1] Ein praktisches Beispiel sind die Berufsfeuerwehren. Ausführlich bei Tempel, J. (1998): Lebensarbeitszeit der Feuerwehrleute – Betroffenheitsanalyse. Arbeitswissenschaftliche Untersuchung. Stuttgart, ÖTV, Theodor-Heuss-Str. 2, 70174 Stuttgart, Tel. 0711/2097-323.

Abb./Tab. 69: Entwicklung der Altersstruktur der Bevölkerung in Deutschland bis 2050 in unterschiedlichen Varianten

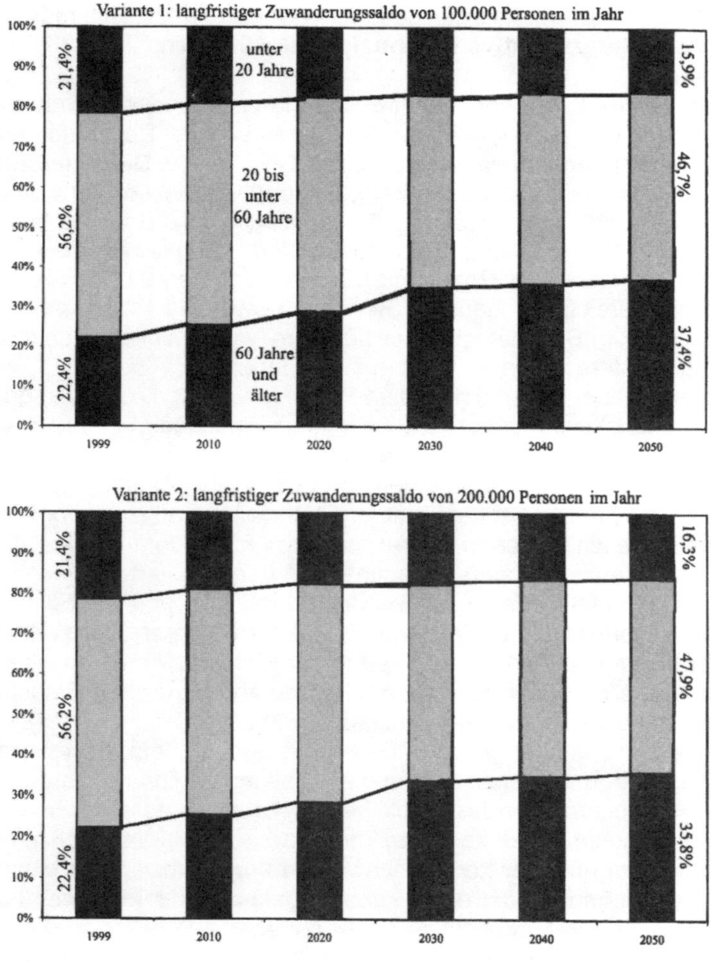

Quelle: Statistisches Bundesamt: Bevölkerungsentwicklung Deutschlands bis zum Jahr 2050. Ergebnisse der 9. koordinierten Bevölkerungsvorausberechnung, Wiesbaden, Juli 2000, Tab. 1, S. 21

Quelle: Sell 2000:219

Wie verteilen sich denn zur Zeit die Altersgruppen 50-54 Jahre, 55-59 Jahre und 60-64 Jahre auf die verschiedenen Branchen? Abbildung 70 gibt einen Eindruck davon, dass ganz verschiedenartige Produktionsbereiche vor sehr unterschiedlichen Anforderungen der Personalentwicklung und Arbeitsorganisation stehen werden, sobald man sich auf eine **»intergenerative Personalpolitik«** (Köchling 2000:36) geeinigt hat.

Lesebeispiel: Auf der Y-Achse sind die verschiedenen Branchen aufgetragen und auf der X-Achse der Prozentsatz der Beschäftigten in den jeweils angegebenen Altersgruppen. Die Branche **Dienstleistung** ist weiter unterteilt nach Erziehung, Gesundheitswesen, Verwaltung, Immobilien und Hausverwaltung, Transport usw.; die Branche **Industrie** nach Güterherstellung, Bauindustrie und Energieversorgung.

Weiterhin finden wir Groß- und Einzelhandel, Land- und Forstwirtschaft. Im Bereich Bergbau und Steinbruch sowie Fischfang finden wir praktisch kaum Beschäftigte über 50 Jahre, wobei hier regionale und nationale Unterschiede vorhanden sein können.

Dabei ergeben sich die höchsten Prozentsätze für diese Altersgruppen im Dienstleistungsbereich, aber auch Beschäftigtenanteile von deutlich über 10% in der Industrie, im Handwerk und im Groß- und Einzelhandel. In der Bauindustrie finden wir in allen Altersgruppen immerhin noch um 7%, bei der Forst- und Landwirtschaft steigt sogar der Anteil der Beschäftigten in der Altersgruppe 60-64 Jahre auf ca. 15% (s. dazu die Ausführungen in Kapitel 1.3.4 über die Verteilung der Arbeitsunfälle auf die verschiedenen Branchen).

Wir wissen heute wenig darüber, welche Faktoren hier wirksam werden. Bedeutsam ist für uns, dass ein wichtiger Anteil an älteren Arbeitnehmern auch in Branchen mit höheren oder hohen Belastungen durch körperliche Arbeit beschäftigt wird.

In diesen Branchen wird es besonders wichtig sein, Formen der Arbeitsanforderung, -einteilung und -gestaltung zu finden, die den älteren Mitarbeitern eher das Verbleiben im Arbeitsleben ermöglichen.

In Einzelgesprächen stellt man immer wieder fest, dass sich in den Bereichen mit erhöhter körperlicher Anforderung einzelne Arbeitnehmer Nischen bauen oder diese »gebaut bekommen«, mit deren Hilfe sie im Arbeitsleben ganz gut zurechtkommen.

- Das systematische Beachten dieser Nischen und deren arbeitsorganisatorische Absicherung würde den Betroffenen helfen, aus einem eher unsicheren Status in einen betrieblich klarer definierten, von allen akzeptierten zu gelangen (s. Kapitel 1.1.2).

Dass solche Vorgehensweisen möglich sind und mittlerweile auch in Deutschland durchaus Tradition entwickeln können, zeigt die Schilderung von Reindl:

»Im mittelständischen Innovationsmilieu ist von *age discrimination* (Altersdiskriminierung, d. Verf.) nichts zu spüren. Ältere gelten als wich-

Abb./Tab. 70: Europäische Beschäftigte nach Altersgruppen in verschiedenen Sektoren

Beschäftigung nach ökonomischen Sektoren in den Altersgruppen 50-54, 55-59 und 60-64 Jahre in den EU-Mitgliedsstaaten 1997 (EUROSTAT 1998)

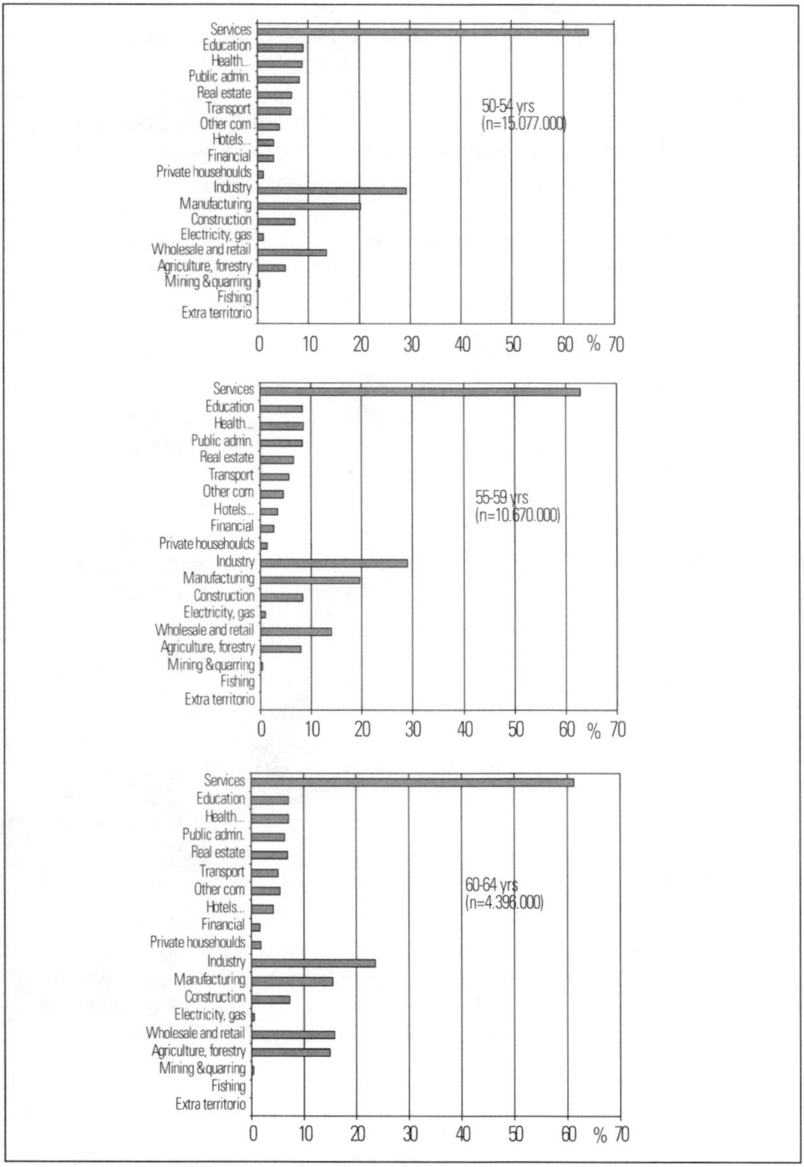

Quelle: Ilmarinen 1999:37. Die englischen Berufsbezeichnungen werden im Text erläutert.

tige *Erfahrungsträger und Ideengeber*, sie sind häufig Führungskräfte, und sie finden sich verstärkt in den Bereichen Marketing, Entwicklung, Produktions-Engineering. Wo es eine Vorentwicklung bzw. eine Trennung in Anwendungsentwicklung und Technologie gibt, da sind die Ideenschmieden nicht per se eine Domäne der Jüngeren.

Natürlich haben wir auch unter den Betrieben des mittelständischen Innovationsmilieus welche, die in einer formalen Betrachtung eher jugendzentriert sind. Doch dies ist nicht die Folge von (Bio-)Politik, sondern Zufall, der Jugend des Betriebs geschuldet, Resultat intensiver Ausbildungsanstrengungen oder einer in altindustriellen Regionen verbreiteten Vorruhestandskultur.« (Reindl 2000:3)

3.3 Vorruhestand und andere Lösungen: Ein Irrweg?

Vielleicht erinnern Sie sich noch an die grafische Darstellung der Altersschere. Hier kann man als Leser einen Entwicklungszeitraum von 90 Jahren (1950-2040) überblicken. Gleichzeitig ist man Zeitzeuge z.B. für den Zeitraum von 1977-2000 oder auch einen größeren.

Die Frage ergibt sich nun, wie weit die unmittelbare Erfahrung im Arbeitsleben dazu beiträgt, sich auf die demografische Entwicklung vorzubereiten und zu den Arbeitsproblemen mit steigendem Alter noch einen anderen Standpunkt einzunehmen als z.B. den: »40 Arbeitsjahre sind genug«.

Angesichts der bisherigen Erfahrungen älterer Arbeitnehmerinnen und Arbeitnehmer ist dies sicherlich nicht einfach.[2] Aber so, wie die Vorgesetzten ihre Vorstellungen, Urteile und Vorurteile gegenüber älteren Kolleginnen und Kollegen überprüfen und ggf. aufgeben müssen, stehen auch die Betroffenen selbst vor der Aufgabe, über neue Lösungswege nachzudenken. Im Zentrum werden dabei die betriebliche Diskussion, die Erwachsenenbildung und die gewerkschaftliche Bildungsarbeit stehen. Wir wollen in den folgenden Kapiteln zu diesen Themen ein paar Gedanken ohne Anspruch auf Vollständigkeit beitragen.

3.3.1 Betriebliche Regelungen: »Sie sind doch 55!«

In manchen deutschen Betrieben ändert sich die Lage alle paar Jahre. Haupttendenz: Das Durchschnittsalter der Belegschaft soll gesenkt werden. So wurden z.B. den einzelnen Abteilungen eines Werkes der Automobilindustrie entsprechende Vorgaben gemacht und die Abteilungsleiter werden u.a. danach beurteilt, wie weit sie es schaffen, diese in der Praxis umzusetzen (Zielvereinbarung). Das hat dazu geführt,

---

[2] Eine grundlegende Einführung findet sich bei: Behrens, J. (2000): Was Demographie mit Kinder kriegen zu tun hat und was uns vorzeitig alt aussehen lässt – Illusionen im Trendmodell der Erwerbszeit, in: Altern und Arbeit: Herausforderung für Wirtschaft und Gesellschaft. Hrsg. von C. v. Rothkirch. Berlin, edition sigma: 228-258.

dass Mitarbeiter, die z.B. das 55. Lebensjahr erreicht haben, dazu überredet werden, vorzeitig – gegen Zahlung einer Abfindung – auszuscheiden. Wichtigster Grund ist dabei das erreichte kalendarische Alter.

Den »günstigsten« Ansatzpunkt liefert ein relativ hoher Krankenstand der betroffenen Mitarbeiterinnen oder Mitarbeiter. Darüber hinaus verfügen Vorgesetzte durchaus über ein bedarfsangepasstes Wechselbad aller möglichen Schattierungen von einfühlsamem Verständnis: »Ich denke, Sie haben wirklich genug in Ihrem Leben gearbeitet.« Über Androhung von Konsequenzen: »Entweder Sie sind gesund und schaffen Ihre Arbeit, oder Sie sind krank und müssen gehen« bis hin zu offenem psycho-sozialen Druck, mit dessen Hilfe die Jahresquote der Ausscheider gesichert werden soll.

Für den ersteren Fall gibt es folgendes Beispiel: Ein 55-jähriger kerngesunder Kfz-Meister berichtet seinem Hausarzt, dass er mit einer »Bombenabfindung« erstens gehen durfte, zweitens innerhalb von einem halben Jahr einen Beratervertrag bekommen hat, da der Abteilungsleiter übersehen hatte, dass er bestimmte Teile der Produktion als Letzter fachkundig überblicken konnte und ein Nachfolger für ihn nicht kompetent eingearbeitet worden war (Verlust von Erfahrungswissen).

Im letzteren Fall können solche Vorgehensweisen aus hausärztlicher Erfahrung schlimme Formen der (Alters)diskriminierung annehmen.

»Asthma« oder: Wenn es eng wird

Eine 55-jährige Mitarbeiterin eines großen Konzerns leidet seit Jahren unter Asthma, mit dem sie aber recht gut zurechtkommt und das sie bei der Durchführung ihrer Arbeiten im Verwaltungsbereich des Unternehmens wenig belastet. Sie hat kaum Krankentage und profitiert noch von der vor drei Jahren durchgeführten Rehabilitationsmaßnahme. Einziger Nachteil: Sie wurde 55. Von da ab wurde vom Vorgesetzten zunächst am Ende des 1. Quartals, dann mit wachsendem Druck am Ende des 2. Quartals und in der zweiten Jahreshälfte schließlich am Ende jedes Monats nachgefragt, wann sie denn endlich ausscheiden wolle. Die Patientin hatte sich vor fünf Jahren nach langjähriger Ehe von ihrem Ehemann getrennt und war dabei, sich eine eigene Existenz und auch eine eigene, wenn auch bescheidene Rente aufzubauen. Voraussetzung für die erfolgreiche Umsetzung dieses Bewältigungskonzeptes war ein möglichst langes Arbeiten. Sie hatte Freude an der Arbeit und sich nach der vollzogenen Trennung seelisch und körperlich soweit stabilisiert, dass sie sich gute Chancen ausrechnete, dieses Konzept auch erfolgreich umzusetzen.

Die Erfahrung: »Ich schaffe es, auf eigenen Füßen zu stehen«, bildete dabei einen wichtigen Hintergrund. Am Ende des 3. Quartals war die Patientin dem wachsenden Druck, den sie dann zunehmend auch als »Mobbing« erlebte, kaum noch gewachsen. Die Verschlechterung ihrer sozialen Situation am Arbeitsplatz spiegelte sich jedoch nicht so sehr in Aufbegehren oder Resignation oder Rückzug wider, sondern im wachsenden Konsum von Asthmamedikamenten und kurzen Arbeitsunfähigkeiten, was schließlich auch dem Hausarzt auffiel.
Zu dem Zeitpunkt war die Patientin subjektiv bereit, ein Vorruhestands»abkommen« zu unterschreiben. Erst durch die massive Intervention des Betriebsrats, an den sie sich schließlich wandte, konnte die ganze Geschichte beendet werden.
Beim Abschlussgespräch war interessant, dass die Patientin nicht so sehr durchaus berechtigte Wut auf den Vorgesetzten entwickeln konnte, sondern schließlich meinte: »Und ich hatte dann das Gefühl, ich schaffe es wirklich nicht mehr.«

3.3.2 Vorzeitige Berentung: »Ihr Hausarzt soll Sie krankschreiben«
Eine wesentliche Voraussetzung für vorzeitige Berentung im Sinne von Erwerbs- oder Berufsunfähigkeitsrente ist der lang dauernde Krankenstand eines Versicherten. Mehr oder minder offen wurden (werden?) sie dazu aufgefordert, sich vom Hausarzt weiter krankschreiben zu lassen und – als Alternative zur drohenden Arbeitslosigkeit – einen Rentenantrag zu stellen. Verknüpft wird dieses Vorgehen mit der Erklärung, dass keine geeigneten Arbeitsplätze vorhanden seien. Für die Unternehmen entsteht dabei gleichzeitig der Vorteil, dass die weiteren Kosten für die Arbeitsunfähigkeit nach sechs Wochen durch die Krankenkasse (Lohnfortzahlung im Krankheitsfall) getragen werden und die Betroffenen aus dem Alltag des Arbeitslebens ausscheiden.

Wenn sie dann Monate später im Rahmen eines Renten-/Rehabilitationsverfahrens begutachtet werden, dann sind sie oft auf Gedeih und Verderb den schriftlichen Ausführungen des Hausarztes und dem »guten« oder »schlechten« Willen des Gutachters ausgeliefert. Entscheidend ist, dass sie sich selber zunehmend hilflos, krank und perspektivlos erleben.

Wird die Berentung abgelehnt, setzen sie in der Regel auf Ausscheiden aus dem Betrieb mit Abfindungen (was immer schwieriger wird), verstricken sich in langwierige Sozialgerichtsverfahren oder stürzen im schlimmsten Fall in die Sozialhilfe ab. Aus dem betrieblichen Alltag sind sie auf jeden Fall verschwunden.

Spätestens an diesem Punkt wird von vielen Betroffenen das Arbeitsleben überwiegend als krankmachend und hinderlich erlebt. Man will es aus unterschiedlichen Gründen schnellstmöglich beenden: der Betrieb, weil er den Arbeitsplatz entweder abbauen oder mit jungen, billigeren Arbeitskräften besetzen will, die Mitarbeiterin oder der Mitarbeiter, weil sie sich mittlerweile gar nicht mehr vorstellen können, im Arbeitsleben und z.B. an dem alten Arbeitsplatz zu verbleiben. Sie haben oft nur noch einen Wunsch: dem wachsenden Druck und der eigenen Hilflosigkeit ein Ende zu setzen.

Wir wissen nicht, welche Kosten dadurch entstehen, dass Menschen aus dem Arbeitsleben entfernt werden, weil sie die Arbeit nicht mehr »hundertprozentig« bewältigen können.

Wir wissen nur, dass solches Vorgehen in Zukunft nicht mehr als Problemlösung betrachtet werden kann, sondern eher als psychische und soziale Belastung für die davon Betroffenen.

Von wem auch immer (Arbeitgeber oder Arbeitnehmer) diese Taktik angewendet wird, sie beruht auf den Prinzipien »*Individualisieren*«, »*Medikalisieren*« und »*falsch Rehabilitieren*«:[3]

Zunächst wird der einzelne Mitarbeiter individuell für seinen Zustand verantwortlich gemacht und ausgegrenzt. Dann wird die Lösung aus dem Betrieb in die Hausarztpraxis verlegt, wobei dem Patienten die Aufgabe zugewiesen wird, so krank wie nur möglich zu sein und zu bleiben. Schließlich kann die Rehabilitation sich nur darauf beschränken, die funktionelle Kapazität des Mitarbeiters so weit wie möglich zu verbessern oder wieder soweit herzustellen, dass man ihn allgemein für arbeitsfähig (erwerbsfähig) einstufen kann – oder eben nicht. Dann wird berentet. Die »falsche« Rehabilitation besteht darin, dass die Arbeitsbedingungen des Betroffenen nicht an die veränderte funktionelle Kapazität angepasst werden.

Die Tabelle 71 (S. 150) zeigt die Zahlen für Rehabilitationsmaßnahmen durch die Kranken- und Rentenversicherungen sowie die Berufsgenossenschaften. Man kann erkennen, dass die Hauptlast für die Erhaltung der Arbeitskraft gegenwärtig von der Rentenversicherung und den Krankenkassen i.S. individueller Gesundheitsförderungsmaßnahmen getragen wird.

Für unsere Fragestellung ist interessant: Die gesetzliche Rentenversicherung (962.400), die gesetzliche Krankenversicherung (308.095) und die gesetzliche Unfallversicherung (77.784) tragen gemeinsam die Masse der Rehabilitationsmaßnahmen. 1993 bekamen 1.723.583 Versicherte eine Rehabilitationsmaßnahme, davon wurden insgesamt 77.784 von der gesetzlichen Unfallversicherung bewilligt. Das waren 4,5% aller Rehabilitationsmaßnahmen, kann sich aber mit der neuen Gesetzgebung, wonach die Berufsgenossenschaften stärker für die

[3] Maßnahmen der Rehabilitation dienen der Wiederherstellung der Arbeits-, Berufs- oder Erwerbsfähigkeit.

Abb./Tab. 71: Rehabilitanden nach Stellung im Beruf und Träger der Rehabilitation 1993 (Quelle: Bundesamt 1996: 478)

Träger	Insgesamt	Erwerbstätige zusammen	Selbständige außerhalb der Landwirtschaft	Landwirte/ Landwirtinnen	Beamte/ Beamtinnen/Richter/Richterinnen	Angestellte	Arbeiter/ Arbeiterinnen	Auszubildende	sonstige Erwerbstätige	Nichterwerbspersonen	Ohne Angabe
Gesetzliche Krankenversicherung	308.095	19.990	50	327	1.212	10.588	7.730	12	71	273.862	14.243
Gesetzliche Unfallversicherung	77.784	66.173	2.878	8.080	71	8.734	43.473	2.741	196	10.873	738
Gesetzliche Rentenversicherung	962.400	785.541	12.930	13.785	377	319.448	429.243	5.249	4.509	176.8840	19
Kriegsopferversorgung und Kriegsopferfürsorge	59.101	1.471	124	54	230	557	359	25	122	54.969	2.661
Arbeitsförderung	263.588	199.924	979	134	1.311	41.149	149.820	3.869	2.662	63.664	–
Begleitende Hilfe im Arbeits- und Berufsleben	13.874	13.105	253	8	1.138	6.534	4.930	194	48	–	769
Sozialhilfe	38.741	3.682	41	7	17	280	1.077	209	2.051	30.638	4.421
Insgesamt	1.723.583	1.089.886	17.255	22.395	4.356	387.290	636.632	12.299	9.659	610.846	22.851

Quelle: Ilmarinen und Tempel 2000:137

Prävention auch der arbeitsbedingten Erkrankungen zuständig sind, geändert haben. (ebd.)

Wir werden später noch aufzeigen, dass solche Maßnahmen, wenn sie nicht gleichzeitig von Vorkehrungen am Arbeitsplatz begleitet sind, in der Regel wenig Erfolg haben, die Situation für die Betroffenen nachhaltig zu ändern.

3.3.3 Ein Leistenbruch: »Kriege ich dafür Prozente?«

Zugleich bildet sich unter diesen Bedingungen bei den Beschäftigten ein neues »Interesse« an Krankheit heraus. Die Anerkennung als Schwerbeschädigter ermöglicht das vorzeitige Ausscheiden aus dem Arbeitsleben, und es kann durchaus passieren, dass sich Patienten nicht einfach über eine gelungene Operation freuen, mit deren Hilfe sie geheilt oder gebessert ins Arbeitsleben zurückkehren können, sondern dass beim Abschlussgespräch mit dem Hausarzt eine der wichtigsten Fragen ist: »Kriege ich für meine Leistenbruchoperation Prozente?« Damit ist gemeint, ob ein bleibender Schaden zu verzeichnen ist, der dann zu höheren Prozenten im **Grad der Minderung der Erwerbsfähigkeit** (MdE) führen kann.

Das »Feilschen um die Prozente« – eine Polemik
(aus: Ertl, Schmid-Neuhaus et al. 1998:11)

»Der Begriff MdE bezieht sich auf die Auswirkung einer Behinderung oder Schädigungsfolge in allen Lebensbereichen und nicht nur auf Einschränkungen im allgemeinen Erwerbsleben. Die MdE ist ein Maß für die Auswirkung eines Mangels an funktionierender Intaktheit, also für einen Mangel an körperlichem, geistigem oder seelischem Vermögen. Die MdE gibt damit den Grad der Behinderung wieder. ... Die MdE setzt stets eine Regelwidrigkeit gegenüber dem für das Lebensalter typischen Zustand voraus. ...« (VdK Bayern: Anhaltspunkte für die ärztliche Begutachtung Behinderter, S. 478)

Für manchen älteren Mitarbeiter – Frauen wie Männer – ist der Antrag auf Anerkennung einer Behinderung oft eines der letzten »Schlupflöcher«, auf das sie setzen, wenn sie keine andere betriebliche Regelung angeboten bekommen und es für eine vorzeitige Berufs- und/oder Erwerbsunfähigkeitsrente »nicht reicht«. Die Patienten hoffen dabei auf ihren Hausarzt oder einen anderen Arzt, dem sie vertrauen. Die Ärzte sollen dann die entsprechenden Formulierungen in ihren Attesten finden, um die zuständigen Behörden von der Höhe der MdE zu überzeugen. Entsprechend stark ist der Druck auf den Arzt, besonders in kritischen Situationen, wo die weitere Lebensperspektive eines Menschen davon abhängt.

Die Kritik richtet sich keineswegs grundsätzlich gegen den Gedanken, bleibende Gesundheitsschäden durch soziale Leistungen und Rechte auszugleichen, sondern gegen ein Verfahren, das am Ende einer chronischem Krankheitsentwicklung bei völlig unzulänglicher Prävention und überwiegend naturwissenschaftlich ausgerichteter Behandlung, die Betroffenen zu Bittstellern degradiert, deren Wunsch nach Entschädigung oder Ausgleich argwöhnisch (»Rentenbegehren«) begutachtet wird.
In der Fantasie der Patienten verwandeln sich dabei Erfahrungen von »Krankheit«, die sie überwinden oder bewältigen möchten, zu bleibendem Schaden, den man als »Wert« einbringt in die Verhandlung, das Ringen um seine Anerkennung und deren Höhe. Das führt soweit, dass manche Patienten bereits mit vierzig oder bei der ersten Krankheit mit dem »Prozentesammeln« beginnen, oft auf Empfehlung von Kollegen, Betriebs- und Personalräten oder Vertrauensleuten.
Insgesamt spiegelt sich darin auch wider, wie weit im Alltag der Wunsch nach Gesundheitsförderung und Prävention aufgegeben wurde (werden musste), »wenn das Altern/das Älterwerden und Erwerbstätigkeit in den marktförmigen Industriegesellschaften schwer miteinander in Einklang zu bringen sind«. (Müller 1996: 209)
Gegenwärtig werden von der GKV rund 250 Milliarden DM für Leistungen der Krankenversorgung ausgegeben und vielleicht 1-2% für Prävention (Vorsorge). Die Entwicklung und Förderung der Selbstheilungskräfte eines Menschen bleiben dabei regelmäßig auf der Strecke, denn er wird fixiert auf seinen erlittenen Schaden. Da die Erwerbsgesellschaft ihn gleichzeitig über diese Schadensdefinition aus dem weiteren (Arbeits)Leben ausgrenzt, bleibt oft nur die »innere Emigration aus dem Erwerbsleben« (Müller, ebd.) und der verzweifelte Kampf um den Übergang in das Rentnerdasein.

3.4 Eine neue Fragestellung: »Was können wir tun, damit Sie bleiben?«

Wir haben am Anfang dieses Kapitels ausgeführt, dass der demografische Wandel auf ähnlich harten Daten beruht wie die betriebliche Ökonomie, und es soll aufgezeigt werden, dass Gesundheitsfragen in Zukunft nicht mehr einfach den ökonomischen harten Daten als nachgeordnet gegenübergestellt werden können.

Wir benötigen für die kommende Zeit vielmehr ein modernes Verständnis von Arbeitsfähigkeit, das nicht so sehr durch die Frage nach dem Defizit, seinem Nachweis und den daraus resultierenden arbeits- bzw. tarifrechtlichen Konsequenzen bestimmt ist. Eher wird in Zukunft die Frage entscheidend sein, wie Arbeitsfähigkeit erhalten, gefördert und ausgebaut werden kann:

»Das Grundproblem bei der Verknüpfung von Alterungsprozessen und Arbeit besteht darin, dass sich die menschlichen Ressourcen und die Arbeitsanforderungen in unterschiedliche Richtungen entwickeln. Veränderungen der menschlichen Ressourcen sind individuell und können bzgl. der verschiedenen Typen der funktionellen Kapazität (physisch, psychisch und sozial) differieren, dies in unterschiedlicher Weise und in unterschiedlichen Lebensabschnitten.

Nehmen wir das Beispiel der physischen funktionellen Kapazität, die am stärksten altersabhängig ist. Das Hauptproblem ist nun nicht dieses altersabhängige Nachlassen, denn das ist eine unveränderliche biologische Tatsache (s. Kapitel 1.3.4).

Das »Dilemma« besteht vielmehr darin, dass die beruflichen Anforderungen in bestimmten Branchen nicht diesen natürlichen biologischen Veränderungen des menschlichen Körpers entsprechen oder angepasst werden. Arbeitsanforderungen sind grundsätzlich im Arbeitsleben verhandelbar. Beim gegenwärtigen Stand der Dinge fallen sie aber unglücklicherweise nicht in den Bereich, in dem der Körper physiologisch regulieren kann.[4]

Viele Arbeitsanforderungen können mit dem steigenden Alter des Arbeitnehmers negative Auswirkungen haben, und nur wenige werden positiv abgeändert. Selbst wenn einige Anforderungen im positiven Sinn geändert werden, so findet dies doch sehr begrenzt statt.

❖ Die wichtigste Schlussfolgerung ist die, dass sich die Arbeit nicht verändert, obwohl die Arbeitnehmer das im Zusammenhang mit ihrem Alterungsprozess tun. (Ilmarinen 1999:184)

In einer solchen Situation ist zunächst entscheidend, was die Betroffenen, Mitarbeiter wie Vorgesetzte, »im Kopf haben«, welche »inneren Bilder« (s. Kapitel 1.3.2) den Blick auf diese Probleme prägen.

Das Beispiel zur Veranschaulichung (s. Abb. 72) erinnert durchaus an die halbe Flasche Schnaps, die für die oder den einen schon halb leer ist, was einer Katastrophe gleichkommt, während die oder der andere davor sitzt und sich darüber freuen, wie viel noch darin ist.

Abb./Tab. 72: Ansichtssache: Defizit oder Potenzialerhaltung?

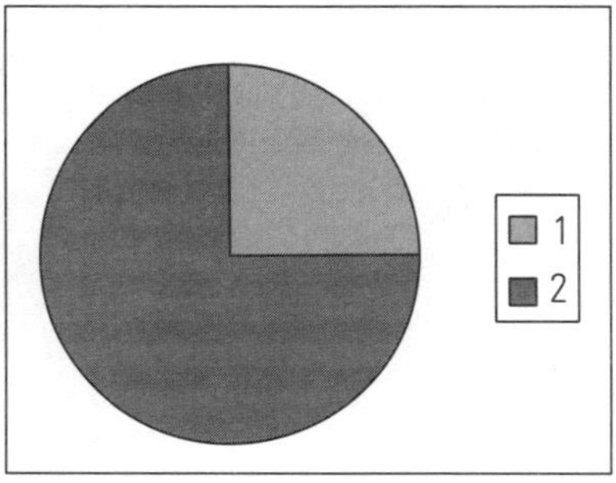

Quelle: Eigene Darstellung nach einer Idee von Berthold Stein

[4] Das wird bei der schrittweisen Abschaffung der Pausenregelungen deutlich.

In 1) finden wir z.B. das Ausmaß der altersabhängigen Einschränkung der Arbeitsmöglichkeiten eines Menschen und in 2) seine verbleibenden Potenziale. Worauf konzentriert sich nun unsere Aufmerksamkeit?

Auf das, was noch verbleibt, was man erhalten und sogar fördern kann, oder auf das, was nicht mehr oder nur noch eingeschränkt vorhanden ist. Welche Lösungen werden nun angestrebt?

- Defizitanalyse und Ausgrenzung oder
- Potenzialanalyse und Entwicklung eines Förderungskonzeptes?
- Wird das Problem auf den betroffenen Mitarbeiter zentriert nach dem Motto »entweder Sie schaffen das – oder Sie müssen gehen«,
- oder wird die Arbeitsanforderung zu seinen Möglichkeiten in ein realistisches Verhältnis gesetzt und eine gemeinsame betriebliche Lösung gefunden?

Die Wechselbeziehung zwischen der funktionellen Kapazität eines Mitarbeiters im Verlaufe seines Arbeitslebens und der Arbeitsanforderung kann schematisch dargestellt werden (s. Abb. 73).

Lesebeispiel: Die Y-Achse zeigt den Prozentanteil der funktionellen Kapazität, die X-Achse das Alter in 10-Jahres-Stufen vom 20. bis zum 60. Lebensjahr. Sie umfasst also den Bereich des Arbeitslebens. Wir betrachten zunächst die obere Grafik: Im Alter von 20-30 Jahren befindet sich eine Frau oder ein Mann auf dem Höhepunkt ihrer/seiner funktionellen Kapazität und hat keinerlei Probleme, die gestellte Arbeitsanforderung zu bewältigen.

Die Fläche zwischen den beiden Kurven funktionelle Kapazität und Arbeitsanforderung umfasst die Energiereserven eines Menschen, und man kann sehen, dass unter der Annahme, dass die Arbeitsanforderung konstant bleibt, sich diese Energiereserven mit steigendem Alter vermindern.

Abb./Tab. 73: Grundlegende Problemdarstellung und -lösung: Beziehung zwischen menschlichen Ressourcen und Arbeitsanforderung

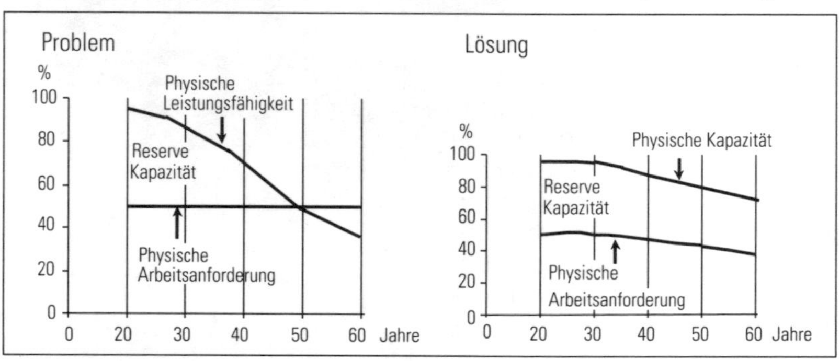

Quelle: Ilmarinen 1999:185

Das bedeutet, dass das Nachlassen der menschlichen Ressourcen dazu führt, dass die gleiche Arbeit den älter werdenden Arbeitnehmer stärker belastet als vorher und seine Chancen, sich davon zu erholen, deutlich schlechter werden. Diese zunehmende Überlastung und die Verschlechterung der Chancen, sich zu erholen, führen zunächst zu einzelnen physischen Beschwerden und Symptomen und dann, wenn sie fortgesetzt werden, zu Fehlzeiten, Krankheit, nachlassender Arbeitsbewältigungsfähigkeit und möglicherweise zur Berufs- oder Erwerbsunfähigkeit. Die »Überschneidung« von menschlicher Arbeitskapazität und der Arbeitsanforderung verläuft durchaus individuell. Aber es scheint oft so zu sein, dass besonders bei Berufen mit hohen physischen Anforderungen der Schnittpunkt zwischen dem 51. und 58. Jahr liegt. Wir wissen außerdem, dass für älter werdende Frauen sich die Situation schneller verschlechtert als für älter werdende Männer.

Sucht man nun nach *Lösungsansätzen*, die die Situation richtungsweisend verändern können, dann ergeben sich Ansatzpunkte in beiden Bereichen: indem man die physischen Anforderungen der Arbeit vermindert und gleichzeitig die physische Kapazität des Individuums verbessert. Dies wird in der zweiten Grafik wiedergegeben. Es werden also Lösungen angestrebt, die die individuellen Möglichkeiten steigern, aber gleichzeitig die Senkung der Arbeitsanforderung anstreben, so dass die Energiereserven möglichst erhalten bleiben.

Anmerkung: Auf Seminaren und in Diskussionen wird immer wieder kritisiert, dass die Kurve für die Arbeitsanforderung längst nicht mehr konstant verläuft, sondern eher angehoben wird, was einer Steigerung der Arbeitsbelastung entspricht, und dass von einer Absenkung der Arbeitsbelastung überhaupt keine Rede sein könnte. Hier geht es zunächst um die Betrachtungsweise und ein modernes Verständnis von Arbeitsfähigkeit, mit dessen Hilfe Zukunftsaufgaben gelöst werden können.

Zum Schluss ein kleines Beispiel, um zu illustrieren, wie wichtig solche Veränderungen der Betrachtungsweisen für den Alltag sind:

Die *Reparaturwerkstatt eines Busunternehmens* im öffentlichen Personennahverkehr arbeitet in Kontischicht (kontinuierliche Drei-Schicht-Arbeit unter Einbeziehung der Wochenenden) daran, die Busse »am Laufen zu halten«. Das Durchschnittsalter der Busse liegt bei etwa sieben Jahren. Dies entspricht einem Alter, in dem sich die Reparaturen und die Notwendigkeit, Teile auszutauschen, häufen. Das Unternehmen steht unter Kostendruck und beschließt Arbeitsanalysen, um nach Möglichkeiten der Zeit- bzw. Personaleinsparung zu suchen. Dabei ergibt sich dann folgendes »Paradebeispiel«:

Beim Austauschen von Teilen über der Hinterachse müssen die Kfz-Mechaniker schwerere körperliche Arbeit teilweise über Kopf verrichten. Sie benötigen etwa 5-8 Minuten, um diese Teile aus ihrer Verankerung zu lösen. Dabei wird die Wirbelsäule erheblich verdreht, es wird muskulär stärker belastende statische Arbeit geleistet und schließlich das Teil aus dem Bus herausgehoben.

Nach diesem Arbeitsgang richten sich die Handwerker regelmäßig auf, strecken sich, nehmen das Teil, das selbst gar nicht so schwer ist, und tragen es in etwa 10 Meter Entfernung zu einem Ablageplatz. Dabei verlassen sie die ungünstige, kraftraubende Körperhaltung (siehe beiliegende Grafik zur Adrenalinausschüttung), atmen tief durch, entlasten ihre Muskulatur und kehren dann zum Arbeitsplatz zurück, um in gleicher Weise das nächste Teil zu entfernen.

Abschließende Beurteilung dieses Arbeitsvorganges durch den Ingenieur: Es sei unnötig, die Teile einzeln zu dem 10 Meter entfernten Platz zu tragen, sondern man könne zunächst drei bis fünf Teile sammeln und diese dann gemeinsam zum Ablageplatz bringen.

Lesebeispiel: Die Abbildung 74 zeigt den Zusammenhang zwischen körperlicher Arbeit in ungünstiger Haltung, der subjektiven Wahrnehmung über den Schweregrad dieser Arbeit und dem Ausmaß der Adrenalinausschüttung, die notwendig ist, diese Arbeit zu leisten. Jede

Abb./Tab. 74: Körperhaltung bei der Arbeit, Stresshormone und subjektive Wahrnehmung

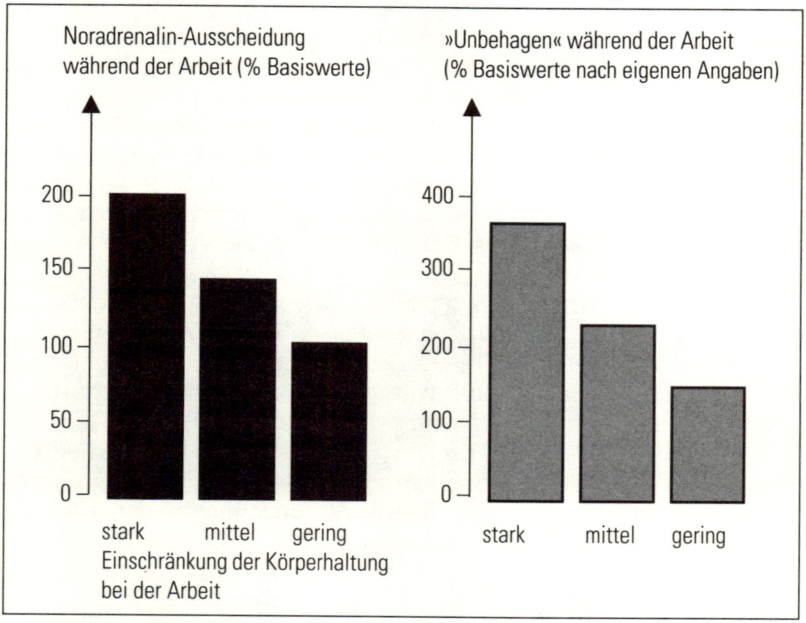

Die Ausscheidung von Noradrenalin (links) bei unterschiedlichen Einschränkungen der Körperhaltung korreliert mit dem subjektiven Empfinden (rechts)

Quelle: Schug und Müller-Limmroth 1996:29

Unterbrechung solcher Tätigkeit führt zu einer entsprechenden Entlastung der Muskulatur und Minderung des Adrenalinausstoßes. Gleichzeitig wird der Anteil besser verträglicher dynamischer Bewegungsarbeit erhöht, was insgesamt ebenfalls zu einer Entlastung des Organismus führt.

Zwei Punkte sollen abschließend hervorgehoben werden:

➔ Es wird in Zukunft nicht mehr darum gehen, durch Zeitnahme die letzten Poren des Arbeitstages aufzuspüren und zu stopfen, sondern komplexe, gesundheitsförderliche Formen der Arbeitsgestaltung zu entwickeln, die ein ausgewogenes Verhältnis von Anspannung zu Entspannung ermöglichen.

➔ Maßnahmen der Arbeitssteigerung sollen deshalb nicht getrennt durchgeführt werden von Maßnahmen zur Verbesserung der funktionellen Kapazität wie z.B. rechtzeitige Pausen, Überprüfung der Arbeitsgestaltung und Hilfsmittel.

4. Wege und Irrwege zu einem modernen Verständnis von Arbeitsfähigkeit

Wir haben in Kapitel 1.1.3 dargestellt, dass Menschen nicht in der Lage sind, wie Maschinen zu arbeiten, und deshalb qualitativ bessere Arbeit leisten können, komplexere Arbeitsaufgaben bewältigen und dies i.d.R. für eine Lebensarbeitszeit, die deutlich über der Lebensdauer von Maschinen liegt. Es soll weiterhin ausgeführt werden, dass mit der steigenden Lebenserwartung und der damit verbundenen Zunahme der Lebensarbeitszeit Unternehmen wie Mitarbeiter in die Lage versetzt werden, für ihr Arbeitsleben langdauernde und nachhaltige Konzepte zu entwickeln und umzusetzen. Diese Chance beruht auf einem »Zugewinn an Lebenserwartung« und wird in der Abbildung 75 (Imhof 1992:225) am Beispiel der Lebenserwartung von Frauen in Deutschland beschrieben.

Lesebeispiel: Betrachtet man zunächst die Tabelle, dann kann man die Lebenserwartung von »1000 weiblichen Lebendgeborenen« aus den Jahren 1740-49 in der Gemeinde Ortenau bei Freiburg vergleichen mit der von »1000 weiblichen Lebendgebgorenen« in der Bundesrepublik Deutschland 1985-87.

Die Fragestellung ist: Wie viele Menschen waren im Durchschnitt am Ende eines Jahres von den 1000 noch am Leben? Nehmen wir z.B. das 45. Lebensjahr, dann finden wir in Ortenau noch ganze 388, denn 612 (von 1000) sind bis dahin bereits gestorben. In der BRD sind es 969, d.h. 31 (von 1000) sind erst verstorben. Nehmen wir z.B. annäherungsweise das gesetzliche Rentenalter für Frauen, dann sind am Ende des 60. Lebensjahres in Ortenau noch 236 Frauen am Leben, in der BRD sind es 914. Die untere Grafik stellt die Unterschiede schaubildlich dar.

Der Begriff der Arbeitsfähigkeit (Arbeitsbewältigungsfähigkeit) be-

Abb./Tab. 75: Die Entwicklung der Lebenserwartung bei Frauen in Deutschland

Absterbeordnung

Erreichtes Alter von 1000 weiblichen Lebendgeborenen

ORTENAU 1740-49				FRG/BRD 1985-87			
0	1000	45	388	0	1000	45	969
1	850	50	341	1	993	50	957
2	788	55	276	2	992	55	940
5	707	60	236	5	991	60	914
10	657	65	138	10	990	65	873
15	628	70	69	15	989	70	809
20	604	75	17	20	988	75	710
25	581	80	11	25	986	80	557
30	550	85	0	30	984	85	353
35	502	90	0	35	981	90	159
40	472			40	976		

THE YEARS GAINED
DIE GEWONNENEN JAHRE

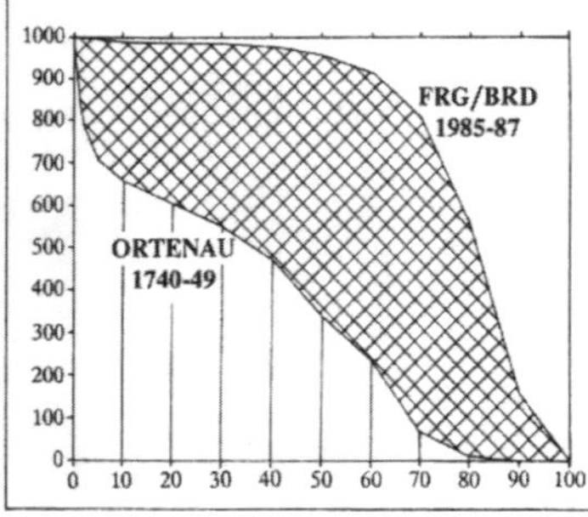

Quelle: Imhof 1992:225

kommt damit eine *historische und planerische Dimension*, die sowohl von den individuellen Interessen an die eigene Lebensführung und -planung wie auch durch unternehmerische Interessen und Konzepte definiert werden kann: Einzelne Menschen können sich realistische Lebenspläne aufstellen und – entsprechend ihren persönlichen Neigungen – Schwerpunkte für ihr Handeln in einzelnen Lebensabschnitten setzen. Umgekehrt können Unternehmen, wenn sie neue Mitarbeiter einstellen, innerbetrieblich weiterbilden und beruflich qualifizieren, mit diesen über große Zeiträume als Träger von Fähigkeiten und Wissen rechnen und planen.

4.1 Überholte Menschenbilder

Betrachten Sie bitte zunächst die Abbildung 76.

Folgt man diesem physikalischen Modell, dann besteht die Belastung (im Arbeitsleben) aus einem Gewicht, das auf einem Brett ruht. Dieses Brett (die Mitarbeiterin oder der Mitarbeiter) wird durch diese Belastung (die Arbeit) in einem bestimmten Umfang durchgebogen. Diese Veränderung gegenüber dem Ausgangszustand vor der Belastung kann man messen in Zentimetern und dadurch das Ausmaß der Beanspruchung festlegen, der das Brett ausgesetzt ist. Aus solchen rein physikalisch-naturwissenschaftlichen Überlegungen entstand das sog. Belastungs-/Beanspruchungsmodell, das jahrzehntelang Forschungsgrundlage für ergonomisch-arbeitsmedizinische Untersuchungen und Überlegungen bildete.

Abb./Tab. 76: Das traditionelle Belastungs-Beanspruchungsmodell: »Belastung bewirkt Beanspruchung«

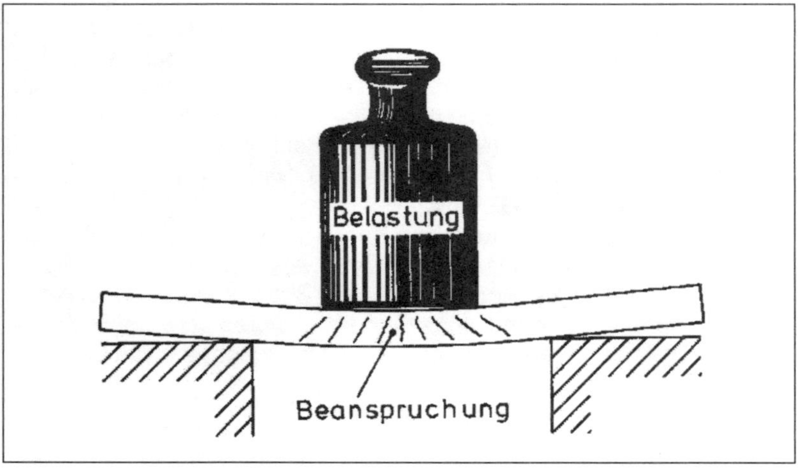

Quelle: Dupuis und Konietzko 1989

Dieses Modell wurde in einer historischen Epoche entwickelt, in der die naturwissenschaftliche Medizin ihren Siegeszug antrat, in der das Wiegen und Messen von physikalischen Einflüssen und Veränderungen hervorragende Bedeutung gewannen und reproduzierbare Werte als Mindestvoraussetzung für Qualität festgelegt wurden.

Im Arbeitsleben wurde dieser Siegeszug der Naturwissenschaften begleitet von der systematischen Analyse der Arbeit, der Zerlegung der Arbeit in Einzelfunktionen und Schritte und damit der Teilung von Tätigkeiten und Funktionen innerhalb des Arbeitslebens.

Diese auch als »*Taylorismus*« beschriebene, etwa hundert Jahre alte Methode zur wissenschaftlichen Untersuchung des Arbeitsprozesses führte dazu, dass die Arbeitsabläufe – unter Missachtung ihrer psychischen und sozialen Dimensionen – physikalisch erleichtert und gleichzeitig intensiviert werden konnten. Es entstanden dabei aber auch ganz bestimmte Sichtweisen (der Diskriminierung und Kategorisierung) in den Köpfen der Unternehmensführungen und Vorgesetzten, deren Auswirkungen bis heute nicht überwunden sind (s. dazu Kapitel 1.3.2):

»Das stillschweigende oder offene Übereinkommen der Arbeiter, sich um die Arbeit zu drücken, d.h. absichtlich so langsam zu arbeiten, dass ja nicht eine wirklich ehrliche Tagesleistung zustande kommt (›soldiering‹ [arbeitsscheues Herumlungern, d. Verf.] nennt es der Amerikaner, ›hanging it out‹ der Engländer, ›ca canae‹ der Schotte), ist in industriellen Unternehmen fast allgemein gang und gäbe und besonders im Bauhandwerk recht üblich. Ich glaube mit der Behauptung, dass dieses ›Sich-um-die-Arbeit-Drücken‹ wie es bei uns meistens genannt wird, das größte Übel darstelle, an dem gegenwärtig die arbeitende Bevölkerung in Amerika und England krankt, keinen Widerspruch fürchten zu müssen.

Wenn man dieses ›Sich-Drücken‹ in jeglicher Form ausmerzen und die Beziehungen zwischen Arbeitnehmer und Arbeitgeber so gestalten könnte, dass jeder Arbeiter in freundschaftlicher, enger Fühlung mit Unterstützung der Leistung möglichst vorteilhaft und schnell arbeitet, so würde sich im Durchschnitt die Produktion jeder Maschine und jedes Arbeiters annähernd verdoppeln; ich werde dies weiter unten beweisen.« (Taylor 1913/1995:12-13)[1]

Parallel zur Veröffentlichung des Buches (die deutsche Erstausgabe erschien 1913) begann eine Kritikdebatte, die aber an der langjährigen Durchsetzung dieser Methoden und Betrachtungsweisen wenig ändern konnte: »Taylor und seine Genossen waren ursprünglich Ingenieure und Mathematiker. Sie wussten wenig, wenn überhaupt etwas,

---

[1] Eine ausführliche Darstellung und Kritik des Taylorismus findet sich bei Ulich, E. (1998): Arbeitspsychologie. Stuttgart, Schäffer-Poeschel-Verlag. S. aber auch das Vorwort von Volpert in der zitierten Neuauflage des Buches von Taylor.

von Volkswirtschaft oder Psychologie. Ihr Produktionssystem arbeiteten sie nach mechanistischen und mathematischen Gesetzen aus und nahmen dabei als feststehende Tatsache an, dass die Menschen sich in die Schablone eines starren mechanischen Systems zwingen lassen, und einmal da hineingezwungen, sich naturgemäß einem System anpassen würden, in dem niemand außer dem Unternehmer Denkarbeit, soweit sie für die Produktion in Frage kommt, tun darf.« (Frey 1920, zitiert aus Ulich 1998:12)

In der Praxis hat der Taylorismus dazu geführt, dass wesentliche gesundheitsförderliche Elemente der Arbeit ganz oder teilweise aus dem Arbeitsleben entfernt wurden und heute mühsam wieder eingeführt werden müssen. Verschleiert wurde diese pathogene Entwicklung des Arbeitslebens von der allgemeinen Hebung des Lohn-, Lebens- und Sozialniveaus der Lohnabhängigen (s. das vorhergehende Kapitel) und der allgemeinen Verbesserung der durchschnittlichen Lebenserwartung, die diese Effekte über lange Zeit überlagert hat.

»Nach den Empfehlungen Taylors sollte die Arbeitsaufgabe auf Grundfertigkeiten vereinfacht werden und dann in kleinsten Details (Arbeitsschritten) nach Plänen der Ingenieure reorganisiert werden. Die physische Belastung durch die Arbeit sollte reduziert werden durch die Einsparung von überflüssigen Bewegungen. Mit Hilfe dieser Maßnahmen sollte die Arbeitsgeschwindigkeit erhöht werden und die Arbeitnehmer sollten voneinander isoliert und individuell bewertet werden, um die Entstehung von ›zeitverschwenderischen Gewohnheiten‹ und die Bildung von sozialen Gruppen zu verhindern, die gegen die Pläne des Managements Widerstand leisten könnten.« (Karasek und Theorell 1990:20)

Die drei großen Irrtümer in Taylors Vorschriften für die Arbeitsorganisation betrafen die psychischen Anforderungen, die Kontrolle der Tätigkeit und die soziale Unterstützung.

Erstens wurde der Arbeiter zurückgelassen mit wenig Möglichkeiten, sich psychisch zu entspannen. Die vorhergesagte Erhöhung des Arbeitstaktes trat dann tatsächlich ein, und viele Bewegungen, die dem Arbeiter als einzige Möglichkeit gedient hatten, unter dem Druck des Arbeitsablaufes kleine regelmäßige Erholungspausen einzulegen, wurden als »Verschwendung« abgeschafft.

Zweitens wurde der Arbeiter »befreit« von der »Last« der Entscheidungen, wie er seine Arbeit zu gestalten hatte; eine Veränderung, die in der Regel als Kontrollverlust von ihnen zurückgewiesen wurde. Diese Neugestaltung des Arbeitslebens war so grundlegend, dass die Arbeiter fast aller Möglichkeiten beraubt wurden, den Arbeitstakt selbstständig zu gestalten und in Eigeninitiative eine Verbesserung des Arbeitsablaufs zu organisieren. Für die Handwerker ging dieser Verlust so weit, dass sie ihre Fähigkeiten, einem Kunden einen kompletten Dienst oder ein komplexes Produkt anzubieten, einbüßten.

Drittens war die soziale Isolierung der Arbeiter so ausgeprägt und streng, dass dies nicht nur negative Konsequenzen für die Arbeiter hatte, sondern langfristig auch auf die Arbeitsleistung. Diese Abschaffung der Arbeit in Gruppen, in der Taylor die weit übertriebene Gefahr des Herumlungerns und Verhätschelns (»soldiering«) sah, aber auch die Möglichkeit, Widerstand gegen diese Arbeitsstrukturen zu leisten, beseitigte nicht nur die soziale Unterstützung innerhalb dieser Gruppen, sondern zerstörte auch deren Potenzial, sich gegenseitig in umkomplizierter Weise auszubilden und letztlich die Fähigkeit, Arbeitsabläufe so zu gestalten, dass sie den ständigen Veränderungen des Marktes und der Technologie gewachsen sein würden. (Karasek und Theorell 1990:25)

Es hat Jahrzehnte und Generationen von Arbeiterinnen und Arbeitern gebraucht, die an den Folgen dieses Konzeptes zu leiden hatten, und dies hat sicherlich zu den bereits beschriebenen sozialen Ungleichheiten vor Krankheit und Tod beigetragen (Kapitel 1.1).

Bereits 1973 kam eine Studie des amerikanischen Gesundheitsministeriums, an der rund 50 Experten aus Wissenschaft und Praxis mitwirkten, u.a. zu folgendem Ergebnis:

❖ Die herkömmliche Arbeitsorganisation rufe unter den Arbeitnehmern zunehmend Unzufriedenheit hervor und verursache durch Beeinträchtigungen der physischen und psychischen Gesundheit der Betroffenen erhebliche volkswirtschaftliche Kosten. (Work in America 1973)

In dieser Studie wird der Taylorismus dann auch als »Anachronismus« bezeichnet. Als hauptsächliche Begründung für diese Einschätzung wurden die seit dem ersten Viertel dieses Jahrhunderts entscheidend veränderten Bildungs- und Ausbildungsbedingungen genannt, die bedeutsame Veränderungen von Werten und Ansprüchen nach sich gezogen hätten. (Ulich 1998:49)

Noch heute gibt es in den Köpfen vieler Vorgesetzter – bewusst oder unbewusst – ein Menschenbild mit Denkschemata, die sich wie in Abbildung 77 darstellen lassen. Die Theorie X wurde von McGregor entwickelt und von Ulich zusammengefasst.

Lesebeispiel: »Der Durchschnittsmensch hat eine angeborene Abneigung gegen Arbeit und versucht, ihr aus dem Wege zu gehen, wo er kann.« Deshalb »muss er meist gezwungen, gelenkt, geführt und mit Strafe bedroht werden«, damit er das vom Unternehmen gesetzte Soll erreicht. Außerdem zieht er es vor, »an die Hand genommen zu werden, möchte sich vor Verantwortung drücken, besitzt verhältnismäßig wenig Ehrgeiz und ist vor allem auf die Sicherheit aus.« (McGregor 1970, 47f.)

Nach McGregors Einschätzung handelt es sich bei der »Theorie X« um ein Bündel von Vorurteilen, um eine eigentliche »Irrlehre«. (Ulich 1998:408) Man erkennt unschwer, dass ein großer Teil der überhöhten

Abb./Tab. 77: »Altes Denken« und Mitarbeiterbild: der Teufelskreis der »Theorie X«

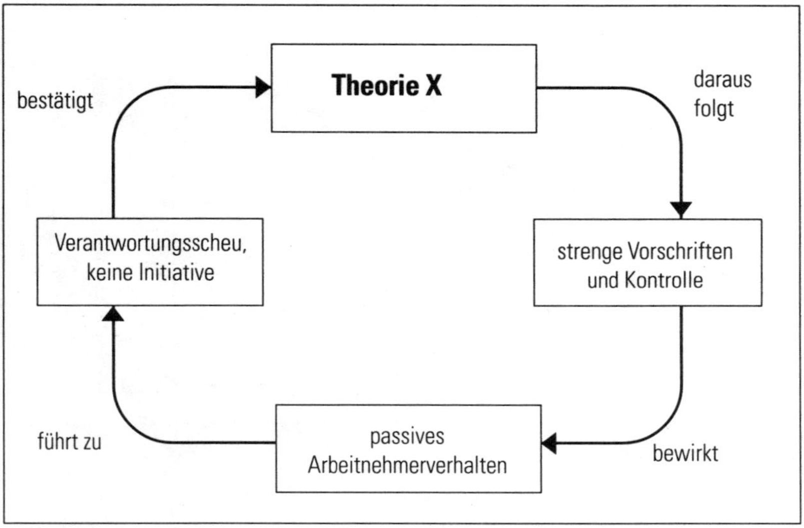

Quelle: Ulich 1998:409

Hierarchien im Arbeitsleben diesem Menschenbild geschuldet ist. Wir benötigen nun zweierlei Korrekturen: Einmal bei den erkenntnistheoretischen Modellen der Arbeitswissenschaft und zum anderen in den Köpfen von Vorgesetzten wie Mitarbeitern. (s. Abb. 78, S. 164)

Nach diesem Modell werden Gesundheit (3) und Krankheit eines Menschen nicht mehr als punktförmiger Zustand verstanden (Gesund ja oder nein, arbeitsfähig ja oder nein?), sondern als ein Kontinuum, auf dem sich jeweils wechselnde Zustände abbilden.

Weiterhin lässt sich das Befinden eines Menschen nach wenigstens drei Komponenten (1) beschreiben, die wir bereits in ähnlichem Ansatz im Bereich der funktionellen Kapazität kennen gelernt haben: Menschliches Befinden wird beeinflusst durch eine physische Komponente, eine psychische und eine soziale.

Diese drei Faktoren sind gleichberechtigt wirksam und können gleich stark Einfluss nehmen auf den Zustand eines Menschen. Physische Überlastung kann bei dem betroffenen Individuum zu schweren psychischen und sozialen Störungen führen, und umgekehrt können psychische Störungen schwere physische und soziale Beeinträchtigungen hervorrufen. Diese Zusammenhänge werden unter dem Begriff Psychosomatik systematisch untersucht. Nach diesem Modell würde sich das Arbeitsleben in allen drei Komponenten niederschlagen bzw. widerspiegeln.

Abb./Tab. 78: Der Gesundheitswürfel – drei Betrachtungsebenen bzw. »Dimensionen« von Gesundheit

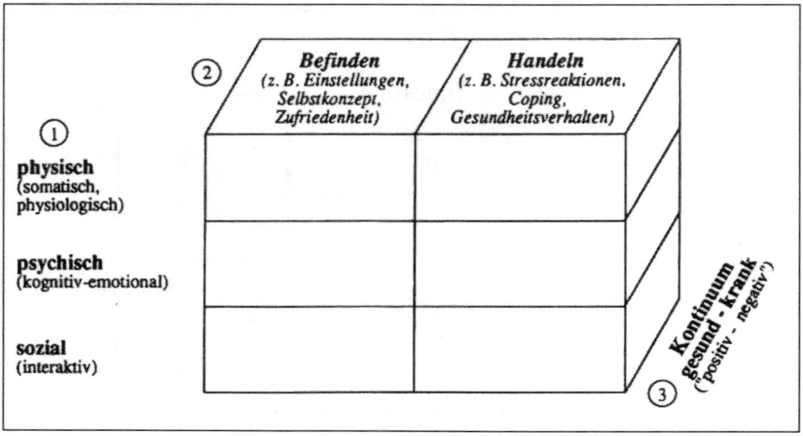

Quelle: Udris, Kraft et al. 1992

Eine entscheidende Erweiterung gegenüber dem ursprünglichen Beanspruchungs-/Belastungsmodell der Arbeitsmedizin besteht nun nicht nur in der genaueren Beschreibung von möglichen Belastungen und daraus resultierenden Beanspruchungen der Individuen, sondern auch in der Einführung einer dritten Betrachtungsebene, nämlich des individuell unterschiedlichen Bewertens und Handelns eines Menschen in einer bestimmten Situation (2).

Ohne eine solche Dimension wäre z.B. völlig unverständlich, warum eine 40-jährige Frau, die als Verkäuferin im Einzelhandel arbeitet, nach zwei Bandscheibenvorfällen im Lendenwirbelbereich alles daransetzt, in der Obst- und Gemüseabteilung zu bleiben, für die sie seit etwa zehn Jahren verantwortlich ist und die sie bisher erfolgreich geleitet hat. Sie liebt diese Arbeit, verfügt in diesem Abschnitt über erworbenes Fachwissen und spezifische Kompetenz, hat einen festen Kundenstamm aufgebaut, der sich auch gerne bei der Auswahl der Sorten und beim Kochen beraten lässt, und sie wertet dieses Fundament ihres persönlichen Arbeitserfolgs ungleich höher als die Rückenbeschwerden, die von Zeit zu Zeit auftreten, und die mahnenden Worte ihres Orthopäden, dass sie mit dieser körperlich doch recht schweren Arbeit Gefahr läuft, einen neuen Bandscheibenvorfall zu bekommen. Sie ist gertenschlank, geht regelmäßig zur Krankengymnastik und hat in den letzten zwei Jahren gelernt, genau darauf zu achten, sich bei der körperlich schweren Arbeit Hilfe zu holen, z.B. wenn sie schwere Bananen oder Melonenkisten geliefert bekommt, die sie auf keinen Fall alleine heben darf.

»Natürlich kommt es immer wieder mal zu Rückfällen, aber ich bekomme dann auch ein deutliches Signal von meiner Wirbelsäule, auf das ich zu achten gelernt habe. An solchen Tagen, wenn wieder große Lieferungen von Obst und Gemüse eingetroffen sind, dann achte ich bei der Arbeit darauf, dass ich Hilfe bekomme und abends, dass ich mich zu Hause wirklich nur noch schone. Ich gehe dann im Garten nach den Blumen sehen, vermeide aber jede körperliche Betätigung. Ich glaube, dass ich diese Arbeit noch längere Zeit machen kann, zumal der Marktleiter mich dabei unterstützt, dass ich an diesem Arbeitsplatz bleiben kann. Ich weiß, dass er ein wenig auf mich aufpasst und mich auch mal zurückpfeift, wenn ich meine beiden Bandscheibenvorfälle im Trubel der Arbeit vergesse.« Diese Verkäuferin hat eine *eigene Bewertung* ihres chronischen Wirbelsäulenleidens vorgenommen und Bewältigungsstrategien entwickelt, mit deren Hilfe sie trotz der relativ schweren Arbeit gesundheitsförderliches Handeln praktisch anwenden kann. Wichtig ist außerdem, dass sie beim Entscheiden und Ausprobieren ihrer Handlungsweisen von ihrem unmittelbaren Vorgesetzten die notwendige soziale Unterstützung erhält.

Befragt man nun umgekehrt den Marktleiter, wie er zu einem solchen Vorgehen kommt, dann findet man hier erstens seine Sicht dieser Mitarbeiterin als »menschliches Potenzial«, und zweitens ergibt die Diskussion, dass dieser Marktleiter festes Vertrauen in die fachliche und Entscheidungskompetenz seiner Mitarbeiterin setzt. Eine solche Sichtweise entspricht der sogenannten Theorie Y (s. Abb. 79).

Abb./Tab. 79: »Neues Denken« und Mitarbeiterbild: die verstärkende Wirkung der »Theorie Y«

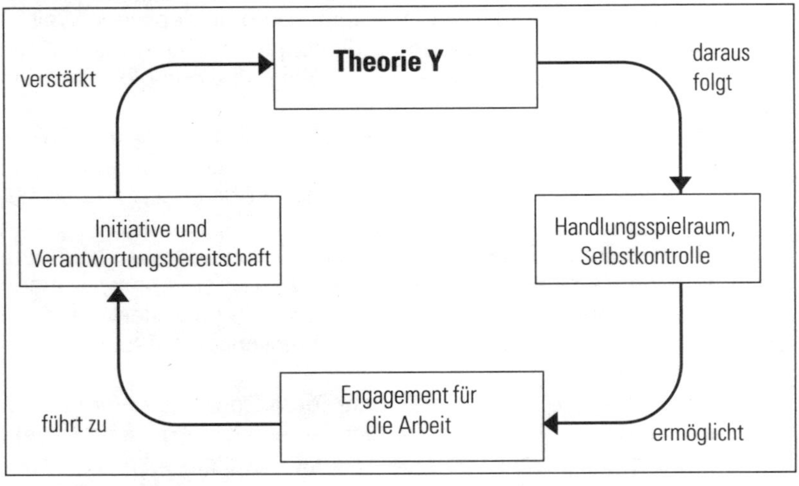

Quelle: Ulich 1998:410

»Die von McGregor selbst auf Grund umfangreicher eigener Erfahrungen als Unternehmensberater vertretene ›Theorie Y‹ ist durch ein der ›Theorie X‹ entgegengesetztes Menschenbild gekennzeichnet, das sich etwa wie folgt zusammenfassen lässt:

Lesebeispiel: »Dem Durchschnittsmenschen ist Arbeitsscheu nicht angeboren.« Fremdkontrolle und Androhung von Sanktionen sind keineswegs »das einzige Mittel, jemanden zu bewegen, sich für die Ziele des Unternehmens einzusetzen. Zugunsten von Zielen, denen er sich verpflichtet fühlt, wird sich der Mensch der Selbstdisziplin und Selbstkontrolle unterwerfen. Im Übrigen sind »Flucht vor Verantwortung, Mangel an Ehrgeiz und Drang nach Sicherheit ... im allgemeinen Folgen schlechter Erfahrungen, nicht angeborene menschliche Eigenschaften«. Und schließlich sind Fähigkeiten zur Lösung organisatorischer Probleme in der Bevölkerung weit verbreitet, aber nur zum Teil genutzt. (McGregor 1970, 61f.) (zitiert aus Ulich 1998:410)

Es ist also sinnvoll und für die zukünftige Bewältigung der Arbeitsaufgaben und des betrieblichen Wandels notwendig, überholte Menschenbilder bei sich selbst zu erkennen, schrittweise abzulegen, neue Vorstellungen vom Menschen im Arbeitsleben zu entwickeln und in der Praxis zu überprüfen. Der zukünftigen Bildungsarbeit kommt dabei eine besondere Bedeutung zu: Anforderungen, die man aufgrund von Wissensdefiziten nicht bewältigen kann, werden zu schwerwiegenden Belastungsfaktoren. Wie viel Geld geben wir für die Senkung des Cholesterinspiegels eines älteren Menschen aus und wie viel für seine (Erwachsenen)bildung? (s. Kapitel 7.3)

4.2 Die vier Säulen der menschlichen Arbeitsfähigkeit

Es empfiehlt sich in Einzelgesprächen, Übungen und Seminaren, auf Abteilungsversammlungen oder im Rahmen von betrieblichen Weiterbildungen zur Gesundheitsförderung die folgende Übung. Stellen Sie Ihren Zuhörern doch einmal die Frage: »*Was hält einen Menschen arbeitsfähig?*«

❖ Unter Arbeitsfähigkeit verstehen wir dabei die Summe von Faktoren, die eine Frau oder einen Mann in einer bestimmten Situation in die Lage versetzen, eine gestellte Aufgabe erfolgreich zu bewältigen.

Bitten Sie Ihre Zuhörer, möglichst einzelne Stichwörter zu benennen, diese auf eine Karte aufzuschreiben, und werten sie dann mit ihnen gemeinsam die durchgemischten und dadurch anonymisierten Karten aus. Sie werden dabei mit großer Wahrscheinlichkeit auf folgende Ergebnisse stoßen:

Es gibt einen Bereich, den man unter dem Begriff *Gesundheit* zusammenfassen kann. In diesem Bereich finden sich physische Aspekte von Gesundheit, psychische (oder mentale) und die soziale Kompetenz und die Fähigkeit des Zusammenlebens einzelner Menschen.

Weiterhin werden Sie einen großen Bereich der Antworten ermitteln, den man unter dem Begriff *Arbeit* zusammenfassen kann. Sie werden Stichwörter zur Arbeitsanforderung, Kooperation der Arbeitenden, zu den Arbeitsbedingungen und -anforderungen, zum Lohn, zur Arbeitszeit, zum Vorgesetztenverhalten usw. und weiterhin Stichwörter zu Fragen der Motivation und der Arbeitszufriedenheit, zu den subjektiven Werten im Arbeitsleben. Und es fällt auf, dass in der Regel der Bereich *Ausbildung und Kompetenz*, *spezifische Fähigkeiten* und *berufliches Erfahrungswissen* nicht genannt wird. Wir haben in Kapitel 1.2.3 (Krisen im Arbeitsleben) ein Fallbeispiel gebracht, in dem ein Mitarbeiter durch den Einbruch seines beruflichen Wissens in eine solche Krise geraten ist – mit schweren gesundheitlichen Folgen.

Weiterhin bestimmen *Werte und Einstellungen* unser persönliches Handeln im Arbeitsleben, die wir zum Teil mitbringen und zum Teil erst im Berufsalltag erwerben.

Insgesamt ist es möglich, die verschiedenen Komponenten nach dem in Abbildung 80 aufgeführten Schema in einen inneren Zusammenhang zu stellen:

Als **Säulen der Arbeitsfähigkeit (work ability)** beschreiben sie sowohl Bedingungen des Arbeitslebens wie der individuellen Entwicklungen, die notwendig sind, die Anforderungen des Arbeitslebens zu bewältigen. Sie bedingen sich gegenseitig und stehen in einem funktionellen Zusammenhang, der bei der Analyse von Problemsituationen nicht einseitig, sprich zugunsten einer Säule aufgegeben werden sollte. Es handelt sich dabei um Ergebnisse von 20 Jahren finnischer arbeitswissenschaftlicher Forschung, die das Zusammenwirken von Menschen, individuellen Ressourcen und Arbeitsanforderung untersucht hat.

Abb./Tab. 80: Einflussfaktoren auf die Arbeitsfähigkeit aus individueller Sicht

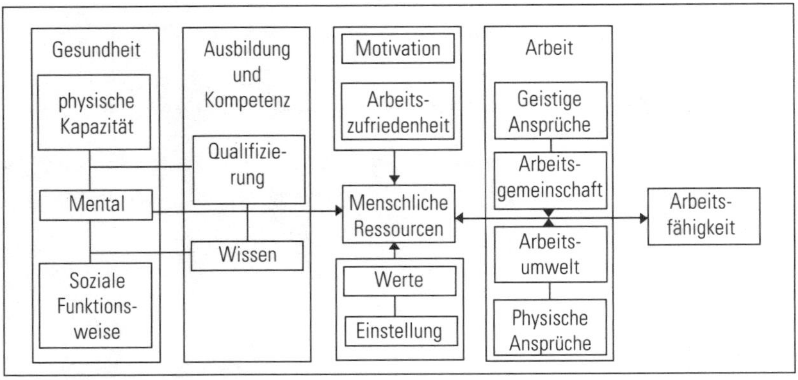

Quelle: Ilmarinen 2000:89

Das hier vorgestellte Modell für Arbeitsfähigkeit zeigt auf, dass die Arbeit selbst, die Gemeinschaft der Arbeitenden und die Arbeitsumwelt signifikanten Einfluss haben auf die Frage, wie gut oder wie schlecht eine Mitarbeiterin oder ein Mitarbeiter ihre Ressourcen einsetzen können. Diese verwandeln sich nur dann in gute Arbeitsfähigkeit, wenn Arbeitsinhalte, Gemeinschaft der Beschäftigten und Arbeitsumwelt dafür passende Voraussetzungen bilden.

Umgekehrt können gute Arbeits- und Personalorganisation und optimale Arbeitsökologie nicht vollen Ausgleich schaffen, wenn die Ressourcen der einzelnen Mitarbeiterinnen und Mitarbeiter eingeschränkt sind.

Genauso besteht ein Feedbacksystem (negative oder positive Rückkoppelung) zwischen der Arbeitsbewältigungsfähigkeit und ihren einzelnen Komponenten, den beschriebenen drei Säulen der Arbeitsfähigkeit.

So gewinnt eine Person mit ihren individuellen Ressourcen Rückmeldungen aus den Erfolgen oder Misserfolgen bei der Bewältigung der Arbeitsaufgaben.

Es ist also notwendig, die Arbeitsbewältigungsfähigkeit als einen dynamischen Prozess zu definieren, der sich ständig verändern kann, einmal in seinen verschiedenen Komponenten und zum anderen im

Abb./Tab. 81: Beziehungen zwischen Arbeitsfähigkeit, Beschäftigungsfähigkeit und Beschäftigung

Quelle: Ilmarinen 2000:89

Verlaufe eines Arbeitslebens. Darüber hinaus ist die Arbeitsbewältigungsfähigkeit einer Person abhängig von der umgebenden Gesellschaft, dem Unternehmen und den unmittelbar wirksamen kleineren Netzwerken wie Familienverband, Nachbarschaft, Sportverein, Freundeskreis usw.

Zum Verständnis für die gegenwärtige Situation des industriellen Wandels ist es weiterhin notwendig, begrifflich zu unterscheiden, dass Arbeitsfähigkeit die Grundlage für **Beschäftigungsfähigkeit (employability)** eines Individuums bildet (s. Abb. 81).

Die Beschäftigungsfähigkeit wiederum kann unterstützt werden durch die verschiedenen sozialen Systeme, die Arbeits- und Rentengesetzgebung und die vorherrschenden Werte und Normen innerhalb einer Gesellschaft.

So hat z.B. der Abbau von Altersdiskriminierung hohen Einfluss auf die Beschäftigungsfähigkeit von älter werdenden Arbeitnehmern. Ziel aller Maßnahmen ist, eine höchstmögliche Beschäftigungsrate zu sichern, und so verstehen sich Arbeitsbewältigungsfähigkeit und Beschäftigungsfähigkeit als Bestandteil eines Prozesses, der unter Einbeziehung des demografischen Wandels der nächsten Jahrzehnte den Bedarf an betrieblicher Arbeitskraft sichern kann.

4.3 Der Arbeitsbewältigungsindex (ABI): Ein Instrument zur Erfassung des Mitarbeiterpotenzials

Wenn es also möglich ist, auf den im letzten Kapitel geschilderten Grundlagen einen betrieblichen Konsens zwischen Betriebsleitung und Mitarbeitern, Arbeitgebern und Arbeitnehmern herzustellen, dann interessieren als Nächstes zwei Punkte:

- Wie beurteilen die Mitarbeiterinnen und Mitarbeiter ihre eigene Arbeitsbewältigungsfähigkeit, und
- wie wird diese von Arbeitsmedizinern (Beobachtern, Experten) eingestuft?
- Wie früh kann man Probleme, beginnende oder entwickelte Einschränkung der Arbeitsbewältigungsfähigkeit erkennen?

Die Arbeitsbewältigungsfähigkeit hängt einmal davon ab, wie die Arbeiterinnen und Arbeiter sich selber einstufen, und von der eigenbetrieblichen Anforderung. Sie wird aber auch stark beeinflusst durch Vorruhestands- bzw. Ruhestandsregelungen, Berufs- und Erwerbsunfähigkeitsrenten und durch die Beschäftigungssituation.

Aus diesen Gründen kann Einschränkung der Arbeitsfähigkeit bis hin zur Erwerbsunfähigkeit zu verschiedenen Zeiten, in unterschiedlichen Ländern und Bevölkerungen erheblich differieren. (Aromaa, Koskinen et al. 1997)

In einer repräsentativen finnischen Bevölkerungsstudie (Mini-Suomi study) gaben 11% der Männer und 6% der Frauen zwischen 30 und 64 Jahren an, dass sie völlig arbeitsunfähig seien. Die Bewertung der

Ärzte, die parallel dazu vorgenommen wurde, ergab annäherungsweise 10% völlige Arbeitsunfähigkeit bei den Männern und 7% bei den Frauen, also eine recht gute Übereinstimmung der Bewertung durch die Mitarbeiterinnen und Mitarbeiter selbst und die Ärzte. Ein ähnliches Ergebnis wurde in einer Studie im kommunalen Bereich gefunden. (Eskelinen et al. 1991)

Weiterhin fanden sich in der Mini-Suomi study mehr als 30% der Männer und 27% der Frauen, die eine eingeschränkte Arbeitsbewältigungsfähigkeit hatten. Jeder vierte Mitarbeiter oder jede Mitarbeiterin in der Altersgruppe 55-64 Jahre war aus Krankheitsgründen gezwungen, seine oder ihre Arbeit zu vermindern oder zu verändern.

In diesem Zusammenhang ist die gute Übereinstimmung in der Selbsteinschätzung der Betroffenen und der Fremdeinschätzung durch wissenschaftliche Experten besonders wichtig.

Auf dieser Grundlage konnte dann 1981 im Rahmen einer Verlaufsstudie im kommunalen Bereich in Finnland der sog. **Arbeitsbewältigungsindex**[2] (ABI) oder **Work Ability Index** (WAI) entwickelt werden. Es handelt sich um einen einfachen Fragebogen, der als Testverfahren sowohl für Forschungsuntersuchungen als auch als praktisches Instrument bei der Arbeit der betrieblichen Gesundheitsdienste geeignet ist. Die Mitarbeiter in diesen Diensten (auch Nichtmediziner) sind trainiert worden, den Arbeitsbewältigungsindex bei ihrer Arbeit zu benutzen.

Abb./Tab. 82: Der Arbeitsbewältigungsindex setzt sich aus den folgenden Fragenkomplexen (Items) zusammen:

Arbeitsbewältigungsfähigkeit im Vergleich mit der besten jemals erreichten	0-10 Punkte
Arbeitsbewältigungsfähigkeit im Verhältnis zu den Anforderungen der Arbeit	2-10 Punkte
Anzahl der aktuellen Krankheiten, die von einem Arzt diagnostiziert worden sind	1-7 Punkte
Geschätzte Behinderung bei der Arbeit als Folge dieser Erkrankungen	1-6 Punkte
Krankenstand während des letzten Jahres (12 Monate)	1-5 Punkte
Eigene Vorhersage über die Arbeitsbewältigungsfähigkeit ab jetzt innerhalb der nächsten zwei Jahre	1, 4 u. 7 Punkte
Mentale Ressourcen und Befindlichkeiten	1-4 Punkte

Der Arbeitsbewältigungsindex wird ermittelt durch die Addition der erreichten Punkte für jeden Fragenkomplex. Die mögliche Punktzahl reicht von 7 bis 49 Punkten. Der Index spiegelt wider, wie die Arbeiterin oder

[2] Wir benutzen die Begriffe »Arbeitsbewältigungsfähigkeit« und »Arbeitsfähigkeit« synonym. Entscheidend ist, ob der Anwender das Verständnis für das Potenzial einbezieht. Eine neue Übersetzung wurde jetzt von der Bundesanstalt für Arbeitsschutz und Arbeitsmedizin in Kooperation mit FIOH herausgegeben: Tuomi, K., J. Ilmarinen, et al. (2001): Arbeitsbewältigungsindex – Work Ability Index. Bremerhaven, Wirtschaftsverlag NW.

der Arbeiter ihre oder seine Arbeitsbewältigungsfähigkeit beurteilt. Er stimmt gut mit der Einschätzung der Mitarbeiter des betrieblichen Gesundheitsdienstes überein.

Es werden nun folgende Einstufungen des Index vorgenommen:

schlecht (poor):	2-27 Punkte
mäßig (moderate):	28-36 Punkte
gut (good):	37-43 Punkte
sehr gut (excellent):	44-49 Punkte

Die Bedeutung der wahrgenommenen Arbeitsbewältigungsfähigkeit ist außerordentlich:

❖ Die Art und Weise, in der ein Mitarbeiter oder eine Mitarbeiterin seine oder ihre Arbeitsbewältigungsfähigkeit wahrnimmt, hat erheblichen Einfluss auf die Frage, wie er oder sie das Arbeitsleben in Zukunft bewältigen wird.

In einer elf Jahre dauernden Längsschnittstudie (longitudinal study) konnte nachgewiesen werden, dass eine exzellente Einstufung eine sehr gute Vorhersage über die zukünftige Berufs- oder Erwerbsunfähigkeit liefern konnte (siehe die Abbildung 83). Von den Mitarbeitern im Alter von 45-47 Jahren, die ihre Arbeitsbewältigungsfähigkeit als schlecht einstuften, erhielten 60% eine Berufs- oder Erwerbsunfähigkeitsrente vor Ablauf der 11 Jahre. Umgekehrt waren es nur 10% bei denjenigen, die ihre Arbeitsbewältigungsfähigkeit als sehr gut bewertet hatten.

Der Arbeitsbewältigungsindex ist geeignet, das Risiko der vorzeitigen Berufs- oder Erwerbsunfähigkeit sowie die Bewältigungsmöglichkeiten der Arbeit mit zunehmendem Alter vorherzusagen. (Tuomi, Ilmarinen et al. 1997) (s. Abb. 83, S. 172)

Älter werden im Arbeitsleben hat grundsätzlich zwei Konsequenzen:

❖ Die durchschnittliche Arbeitsbewältigungsfähigkeit kann in allen Bereichen sinken.

❖ Gleichzeitig kann es aber zu einer Differenzierung der Arbeitsbewältigungsfähigkeit mit erheblichen individuellen Unterschieden kommen.

❖ Und grundsätzlich gilt: Sie kann auch steigen.

Dementsprechend wurde auch für die Durchschnittswerte des ABI nachgewiesen, dass sie mit steigendem Alter sinken. In der Altersgruppe 45-51 Jahre betrug der durchschnittliche Index fast 40 Punkte, was der Kategorie »gut« entspricht. Der Durchschnittswert für die Altersgruppe 49-55 Jahre sank dann ab auf unter 40 Punkte bei Personen, die ihre Arbeit am gleichen Arbeitsplatz fortgesetzt hatten. Diese waren aber weiterhin in der Kategorie »gut« verblieben.

In der Altersgruppe 55-61 Jahre war dann der Durchschnitt auf weniger als 36 Punkte gesunken. Und bei den Personen, die die gleiche Arbeit am gleichen Platz fortgesetzt hatten, ergab sich ein Wert im

Abb./Tab. 83: Zusammenhang zwischen Arbeitsbewältigungsindex und der Vorhersage von Sterblichkeit und Berufs- oder Erwerbsunfähigkeitsrente bei kommunalen Arbeitnehmern in den Jahren 1981-1992

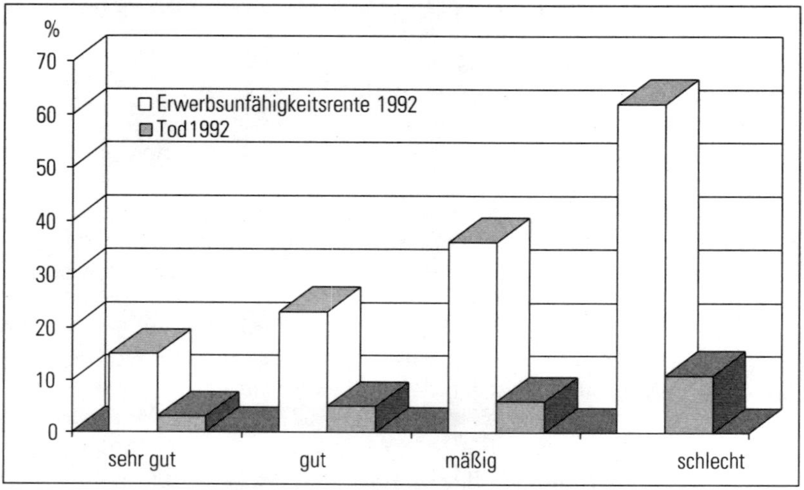

Indexeinteilung: schlecht: 7-27, mäßig: 28-36, gut: 37-43 und sehr gut: 44-49 Punkte

Quelle: Tuomi, Ilmarinen et al. 1997

Bereich »mäßig«. Es fand sich dabei gleichzeitig eine Zunahme der Abweichung vom Mittelwert mit steigendem Alter, dies besonders in der Gruppe der 55-Jährigen. (Ilmarinen, Tuomi et al. 1997) Dies zeigt sich in der Abbildung 84.

Lesebeispiel: Auf der Y-Achse finden wir die Werte für den ABI (Mittelwerte und Standardabweichungen) und auf der X-Achse die Altersentwicklungen von 43-63 Jahren, und die unterschiedlichen Symbole stellen die Kontrolluntersuchungen für die gleiche Gruppe 1981, 1985 und 1992 (N = jeweils 818) dar.

In der Verlaufsuntersuchung konnte nachgewiesen werden, dass die Veränderungen für Männer und Frauen gleich waren. Unterschiede gab es bei der Geschwindigkeit, mit der die Veränderungen im Verlauf der 11 Jahre eintrafen. Die Verschlechterung bei den Frauen nahm erst in der Altersgruppe 51-61 Jahre deutlich schneller zu, während dies bei den Männern bereits in der Altersgruppe 47-58 Jahre zu beobachten war und sich dann kontinuierlich fortsetzte. Bei der jüngsten Altersgruppe, die an der Verlaufsstudie teilnahm (45 Jahre zu Beginn der Studie) war ein leichtes Absinken des Arbeitsbewältigungsindex bis zum Erreichen des 56. Lebensjahres zu beobachten. (Ilmarinen, Tuomi et al. 1997) Die Art der Arbeit, die zu leisten war, hatte Einfluss auf den Index und die Abnahme des Index in Abhängigkeit vom Alter.

Abb./Tab. 84: Arbeitsbewältigungsindex in Abhängigkeit von Alter und zeitlichem Verlauf 1981-1992

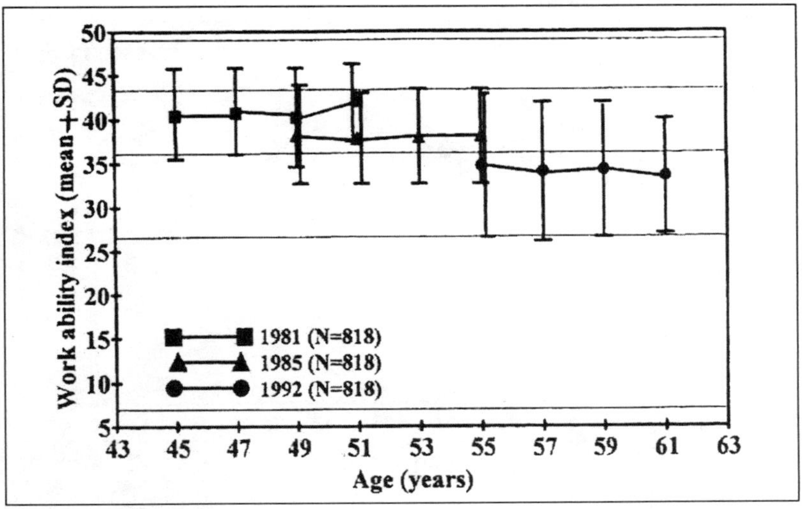

Quelle: Ilmarinen, Tuomi et al. 1997

Sowohl bei den Frauen als auch bei den Männern fanden sich systematisch niedrigere Durchschnittswerte, wenn sie physisch belastende Arbeit zu leisten hatten, als bei den Personen, die geistig belastende Tätigkeiten ausübten, und die Unterschiede nahmen in Abhängigkeit vom Alter zu. Obwohl die untersuchten Personen in der Altersgruppe 45-51 Jahre zunächst beide zu der Gruppe »guter« Arbeitsbewältigungsindex gehörten, ergaben sich im weiteren Verlauf die typischen Veränderungen:

Besonders der Index bei den Arbeitern mit überwiegend körperlicher Arbeit war in der Altersgruppe 57-61 Jahre in den Bereich »mäßig« abgesunken, während der Index bei den überwiegend Geistesarbeitern im Bereich »gut« verblieb (s. Abb. 85).

Lesebeispiel: Auf der Y-Achse finden wir den Arbeitsbewältigungsindex (Durchschnittswerte), auf der X-Achse die Altersgruppen. Die Verlaufsuntersuchung zeigt die Werte für den Index 1981 und 1992.

Ein wichtiges Forschungsergebnis ist, dass

- das Absinken von Durchschnittswerten des ABI in Abhängigkeit vom Alter nicht bedeutet, dass die Arbeitsbewältigungsfähigkeit aller Arbeiter abnimmt, denn die Abweichung der Daten (die Streuung um den Mittelwert) nimmt mit steigendem Alter zu.

Wenn man z.B. aus der Altersgruppe 51-62 Jahre die Personen herausnimmt, die von Anfang an einen »mäßigen« ABI hatten (weniger als 28 Punkte), dann findet sich bei den übrigen im Verlauf von 11 Jah-

Abb./Tab. 85: Arbeitsbewältigungsindex bei den Männern, die überwiegend physische oder überwiegend geistige Arbeit leisteten 1981 und 1992, unterschieden nach Altersgruppen

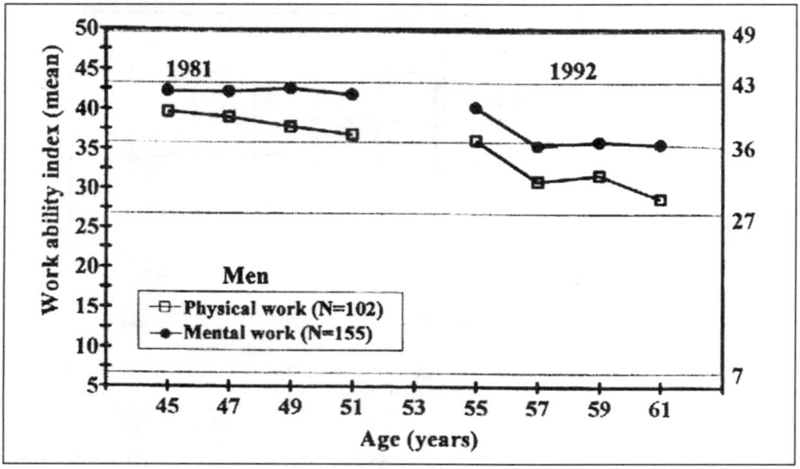

Quelle: Ilmarinen, Tuomi et al. 1997

ren zu 28,8% ein Absinken des ABI um wenigstens 10 Punkte, wenn sie ihre ursprüngliche Arbeit am gleichen Arbeitsplatz fortsetzten.

Parallel dazu verbesserte sich jedoch der Index bei 9,2% der Untersuchten um wenigstens 3 Punkte im Vergleich zu Beginn der Untersuchungen, wenn man die Probanden, die von Anfang an einen »sehr guten« Index hatten (über 43 Punkte), ebenfalls herausnahm.

Verschlechterungen und Verbesserungen des Arbeitsbewältigungsindex waren bei Männern und Frauen gleich. Wenn man den Charakter der Arbeit genauer berücksichtigt, dann entstand der Eindruck, dass der Index bei den Männern mit überwiegend physischer Belastung weniger zunimmt und dass dies bei Männern mit überwiegend geistiger und kombiniert physischer und geistiger Arbeit stärker der Fall ist.

Bei den Frauen war die Situation umgekehrt. Es fanden sich stärkere Verbesserungen bei Beschäftigten in überwiegend körperlich belastenden Tätigkeiten und geringere bei denen mit überwiegend geistigen Tätigkeiten.

Ähnliche Unterschiede in Abhängigkeit vom Geschlecht oder von der Art der zu leistenden Arbeit konnten bei abnehmender Arbeitsbewältigungsfähigkeit nicht nachgewiesen werden. Die Tabelle 86 gibt einen Überblick über die Gesamtsituation.

Lesebeispiel: Die Tabelle umfasst drei Säulen: Die erste Säule zeigt die Arbeitsbewältigungsfähigkeit im Verhältnis zum Geschlecht, die zweite diejenigen, bei denen eine Verbesserung zu beobachten war,

Abb./Tab. 86: Anteil von Personen, deren Arbeitsbewältigungsfähigkeit sich verbesserte, und Anteil von denen, deren Arbeitsbewältigungsfähigkeit sich verschlechterte, unter den Männern und Frauen unter Berücksichtigung der Arbeitsaufgabe, Verlaufsstudie 1981-1992 (Tuomi, Ilmarinen et al. 1997)

Arbeitsbewältigungsfähigkeit/Geschlecht	Verbessert[a]		verschlechtert[b]	
	n	%	n	%
Männer				
Körperliche Arbeit	82	6,1	100	31,0
Körperliche und geistige Arbeit gemischt	36	11,1	48	33,3
Geistige Arbeit	83	10,8	152	27,6
Kombination der drei Gruppen	201	9,0	300	29,7
Frauen	n	%	n	%
Körperliche Arbeit	115	11,3	127	31,5
Körperliche und geistige Arbeit gemischt	99	9,1	140	25,7
Geistige Arbeit	140	7,9	238	28,2
Kombination der drei Gruppen	354	9,3	505	28,3
Gesamt	555	9,2	805	28,8

[a] Die Gruppe (N = 555) bestand aus denjenigen, deren Anfangswert beim ABI zwischen 7 und 43 Punkten lag. Der Prozentsatz umfasst den Anteil derjenigen, deren Arbeitsbewältigungsindex sich verbessert hatte (das bedeutet: Der Wert des ABI hat in der Zeit von 1981 bis 1992 um wenigstens 3 Punkte zugenommen). Die konkreten Arbeitsinhalte korrelierten nicht mit verbesserter Arbeitsbewältigungsfähigkeit der Männer (P = 0.50) oder der Frauen (P = 0.64).

[b] Die Gruppe (N = 805) bestand aus denjenigen, deren Anfangswert des ABI zwischen 28 und 49 Punkten lag. Die Prozentwerte beschreiben den Anteil derjenigen, deren Arbeitsbewältigungsfähigkeit abgenommen hat (das bedeutet: Der Wert des ABI ist in der Zeit von 1981 bis 1992 um wenigstens 10 Punkte gesunken). Der konkrete Arbeitsinhalt korrelierte nicht mit dem Absinken des ABI unter den Männern (P = 0.71) oder unter den Frauen (P = 0.58).

und die dritte diejenigen, bei denen eine Verschlechterung eingetreten ist.

In der ersten Säule wird dann neben dem Geschlecht noch die Art der Arbeit (überwiegend physisch, gemischt und überwiegend geistige Arbeit) unterschieden sowie der Wert für die drei Gruppen insgesamt.

Bei den Tätigkeiten der Männer waren 25% der Arbeitnehmer in der Altersgruppe 58 Jahre, die ihre Arbeitsbewältigungsfähigkeit als »schlecht« beschrieben, in den Bereichen Installations- und Reparaturarbeiten (Elektriker, Kfz-Mechaniker, Maschinenschlosser, Rohrleger, Zimmerleute, Feuerwehrleute, Hausmeister), Hilfsarbeit (Maschinenhelfer, Bauhelfer, Straßenreiniger, Parkarbeiter, Malereigehilfen) und

Transportgewerbe (Maschinenführer, Busfahrer, andere Formen der Transportarbeit) beschäftigt. In den jüngeren Altersgruppen fand man selten eine »schlechte« Arbeitsbewältigungsfähigkeit, aber die Lage änderte sich richtungsweisend zwischen dem 52. und dem 58. Lebensjahr.

Im Bereich der Geistesarbeit fanden sich überraschenderweise 22,8% der männlichen Lehrer (Berufsschul-, Grundschullehrer), die im Alter von 58 Jahren ihre Arbeitsbewältigungsfähigkeit als »schlecht« einstuften.

Dieser Prozentsatz war der höchste bei den Tätigkeiten, die überwiegend geistige Anforderungen stellten; er war z.B. deutlich höher als bei den Lehrerinnen (9,5%).

Die in Abbildung 87 dargestellten Grafiken zeigen die Entwicklung des Anteils von Personen mit »schlechter« Arbeitsbewältigungsfähigkeit sowohl für Männer als auch für Frauen, unterschieden nach physischer, geistiger und gemischter Tätigkeit.

Lesebeispiel: Auf der Y-Achse finden wir den Prozentsatz derjenigen Männer bzw. Frauen, die einen »schlechten« Arbeitsbewältigungsindex haben; das bedeutet 7-27 Punkte. Die X-Achse zeigt die Verteilung nach den Altersgruppen 47, 51 und 58 Jahre auf. Die Symbole unterscheiden überwiegend physische Arbeit, überwiegend geistige Arbeit und gemischte Tätigkeit.

Abschließend soll noch dargestellt werden, wie sich sowohl nach unterschiedlicher Tätigkeit als auch nach Altersgruppe der Prozentsatz derjenigen unterscheiden kann, die einen »schlechten« Arbeitsbewältigungsindex haben. Diese Forschungsergebnisse verdeutlichen insbesondere, dass

- ❖ die Beurteilung der Arbeitsbewältigungsfähigkeit immer nach Geschlecht, Alter und ausgeübter Tätigkeit vorgenommen werden muss.
- ❖ Eine isolierte Betrachtung (»Der hat ja einen ›schlechten‹ ABI.«) ist nicht nur unmoralisch, sondern methodisch und arbeitswissenschaftlich bzw. arbeitsmedizinisch nicht zulässig.

Exkurs (zu Tab. 88, S. 178)**:** Die Lehrerarbeit muss getrennt betrachtet werden, da die Einstufung bei Lehrerinnen und Lehrern erheblich differiert.

Bei den Lehrern kann weiterhin eine wesentlich bessere Entwicklung angenommen werden, da das Unterrichten bei gut ausgebildeten Arbeitskräften eine überwiegend geistige Tätigkeit darstellt. Es stellt sich also die Frage, warum überwiegend geistige Arbeit nicht auch die geistige Arbeitsbewältigungsfähigkeit aufrechterhält.

Das gleiche Problem ist seit langem für überwiegend körperliche Arbeit bekannt und hat hier bereits eine Antwort gefunden: Die überwiegend körperliche Arbeit verschleißt auf die Dauer die physische funktionelle Kapazität eines Menschen, anstatt sie zu unterstützen. Es

Abb./Tab. 87: Verteilung der Männer und Frauen mit »schlechter« Arbeitsbewältigungsfähigkeit nach Art der Arbeit und Lebensalter

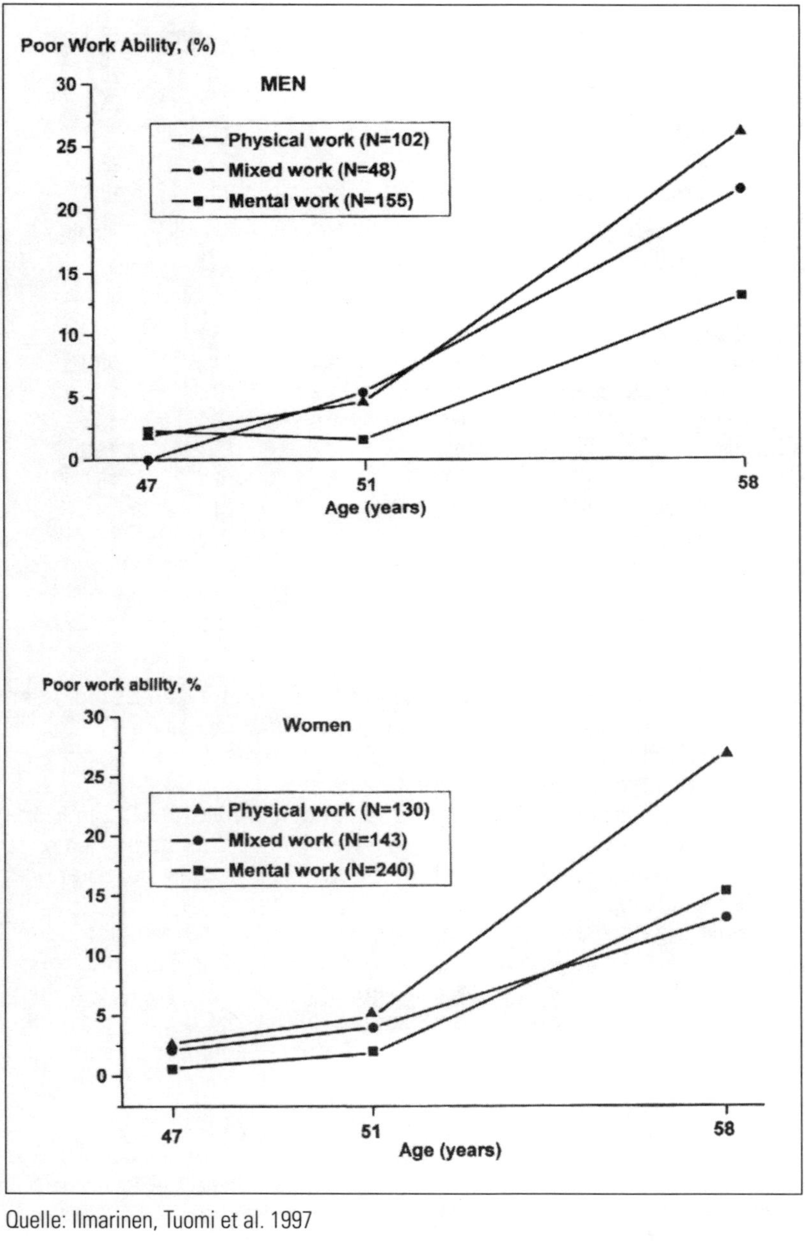

Quelle: Ilmarinen, Tuomi et al. 1997

Abb./Tab. 88: Prozentanteil »schlechter« Arbeitsbewältigungsfähigkeit (Werte < 27) nach Alter
(Durchschnittswerte in ABI-Punkten), Geschlecht und Beschäftigungsart

Männer	n	47 Jahre	51 Jahre	58 Jahre
Installationsarbeit	62	3,0	3,0	25,6
Hilfarbeit	40	-	7,2	25,3
Transportarbeit	38	-	4,6	25,0
Unterrichtstätigkeit	44	-	3,1	22,8
Technische Überwachungsarbeit	36	6,2	3,1	18,6
Verwaltung	45	2,8	-	7,4
Ärztliche Tätigkeit	28	-	-	-

Frauen	n	47 Jahre	51 Jahre	58 Jahre
Küchenüberwachungsarbeit	25	1,6	15,7	26,8
Hilfsarbeit	74	3,4	2,8	26,4
Heimische Betreuungsarbeit	56	1,5	8,0	26,3
Büroarbeit	86	2,0	3,3	19,4
Verwaltung	106	-	-	15,3
Schwesternarbeit	94	5,2	1,3	15,0
Unterrichtstätigkeit	39	-	4,7	9,5
Ärztliche Tätigkeit	9	-	-	9,3
Zahnärztliche Tätigkeit	24	-	-	5,5

(Ilmarinen, Tuomi et al. 1997)

wäre bedauerlich, wenn die Antwort auf die Frage für den Bereich der überwiegend geistigen Arbeit in die gleiche Richtung ginge.[3]

Lesebeispiel (zu Tabelle 89): Die Tabelle umfasst vier Säulen: einmal die verschiedenen Unterrichtstätigkeiten, dann die Zahl der Befragten, dann Frauen und Altersgruppen und in der vierten Säule Männer und Altersgruppen. Die verschiedenen Unterrichtstätigkeiten sind Grundschullehrer, Sonderschullehrer, Sportlehrer, Hauptschullehrer und Berufschullehrer.

Die niedrigsten ABI-Werte wurden bei Berufsschullehrern gefunden, hier besonders bei den männlichen Lehrern sowohl in der Altersgruppe 45-49 wie 55-59 Jahre. In der Altersgruppe 45-49 Jahre hatten männliche Sportlehrer und Grundschullehrer mit 42 Punkten die höchsten Durchschnittswerte im ABI und die Berufsschullehrer die niedrigs-

[3] So finden wir z.B. bei Feuerwehrleuten trotz Dienstsport und hohen Anteilen von physischer Arbeit bis hin zu physischen Spitzenbelastungen im Brand- oder Rettungseinsatz einen zunehmenden Abbau der körperlichen Kräfte. Der Trainierbarkeit der physischen funktionellen Kapazität sind im Rahmen des Alterungsprozesses offensichtlich Grenzen gesetzt.

Abb./Tab. 89: Durchschnittswerte des Arbeitsbewältigungsindex (7-49 Punkte) bei verschiedenen Lehrtätigkeiten in Abhängigkeit von Geschlecht und Altersgruppe

Art der Unterrichtstätigkeit	n	Frauen Alter, in Jahren		Männer Alter, in Jahren	
		45-49	55-59	45-49	55-59
Grundschullehrer	225	40,8	37,1	40,6	38,6
Sonderschullehrer	105	39,9	-	41,8	-
Sportlehrer	212	39,4	34,8	42,1	38,3
Hauptschullehrer	248	40,2	35,9	42,0	37,6
Berufsschullehrer	219	39,8	35,6	38,2	35,2

(Kinnunen u. Parkatti: 1993, aus: Ilmarinen 1999:150)

ten (38 Punkte). Aber beide Gruppen gehörten – wie die Eingruppierung zeigt – zu der Kategorie »guter« Arbeitsbewältigungsindex. In der Altersgruppe 55-59 Jahre hat sich die Situation insofern verändert, als der Durchschnitt der Berufsschullehrer in die Kategorie »mäßig« abgefallen ist. Eine ähnliche Veränderung war auch bei Berufsschullehrerinnen zu beobachten. (Kinnunen u. Parkatti: 1993, zitiert aus Ilmarinen: 1999) Es entsteht nun der Eindruck, dass die Arbeitsbewältigungsfähigkeit der Berufsschullehrer den Durchschnittswert für diese gesamte Tätigkeit gesenkt hat. Da aber die Veränderungen für beide Geschlechter gleich waren, kann es nicht erklären, warum die Arbeitsbewältigungsfähigkeit von männlichen Lehrern im weiteren Verlauf des Arbeitslebens so stark abnimmt. Die Belastungen und Beanspruchungen von Lehrern müssen also differenzierter untersucht werden.

Lehrer erfahren mit zunehmendem Alter viele geistige und physische Veränderungen. Diese Veränderungen sind deutlicher ausgeprägt für Lehrer in der Altersgruppe 55-59 Jahre als für Lehrer in der Altersgruppe 45-49 Jahre. Das Nachlassen der geistigen Fähigkeiten besonders in der höheren Altersgruppe umfasst Probleme mit dem Gedächtnis (77%), Erlernen von neuen Dingen (63%), der Beobachtungsfähigkeit (53%) und Eigeninitiative (52%). Die Mehrheit der Lehrer erklärt diesen Entwicklungsprozess mit der Zunahme der Arbeitsbelastung bei gleichzeitigem Personalabbau, der Veränderung bei den Studenten und der Zunahme der Zahl der Studentengruppen.

Sowohl die Grundschullehrer als auch die Berufsschullehrer nennen als Voraussetzung dafür, dass sie ihre Arbeit fortsetzen können, die Verbesserung der Arbeitsatmosphäre, die Senkung der Arbeitsbelastung und klare Arbeitsstrukturen. (Kinnunen u. Parkatti: 1993, zitiert aus Ilmarinen 1999:ebd.) Es ist nun offensichtlich, dass die Probleme beim Unterricht, in der Arbeitsumgebung und Arbeitsentwicklung für die verschiedenen Gruppen von Lehrern ähnlich sind. Deshalb müssen die Unterschiede für die wahrgenommene Arbeitsbewältigungsfähigkeit zwischen männlichen und weiblichen Lehrern in Abhängigkeit vom Alter im Bereich der persönlichen Ressourcen (Gesundheitszustand und funktionelle Kapazität) und hier insbesondere im Bereich der persönlichen Einstellung und Werte gesucht werden. Es ist z.B. möglich, dass die Erwartungen von männlichen und weiblichen Lehrern bzgl. ihrer Karriere differieren und diese Frage bei den männlichen Lehrern mit zunehmendem Alter kritische Bedeutung gewinnt. Hier kann nur die Diskussion der konkreten Ergebnisse mit den Betroffenen weitere Erkenntnisse liefern.

Abschließend möchten wir noch einmal darstellen, wie stark die individuellen Schwankungen des ABI mit steigendem Alter innerhalb einer Berufsgruppe sein können. Es gibt zu dieser Frage immer wieder Diskussionen über den Zusammenhang von ABI-Ergebnissen und Alter. In diesem Beispiel handelt es sich um eine Untersuchung an Busfahrern. (Moisalo und Palo, 2000, unveröffentlicht) (s. Abb. 90)

Lesebeispiel: Auf der Y-Achse links finden wir die Skala für die ermittelten ABI-Punktwerte, auf der rechten Y-Achse sind die Klassifizierungen eingetragen. Die X-Achse zeigt die Altersgruppen. ■ ist der Mittelwert, der praktisch nicht verwertbar ist.

Wir finden bei den Altersgruppen bis 45 eine Konzentration der ABI-Werte im Bereich »sehr gut« und »gut« mit sehr wenigen Ausnahmen.

Abb./Tab. 90: Durchschnittswert des Arbeitsbewältigungsindex bei Busfahrern in Helsinki und Streuung der Werte nach Alter

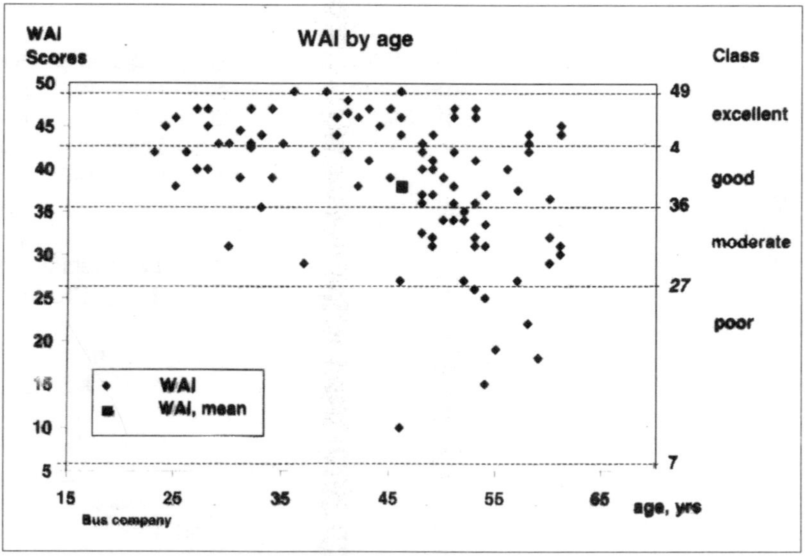

Über 45 beginnt dagegen eine erhebliche Streuung, die in der Einzelfallberatung ein sehr unterschiedliches Vorgehen verlangt:

- Mit steigendem Alter nimmt die Individualität zu.
- Dies verlangt spezifische Lösungen entsprechend den Problemen der einzelnen Betroffenen.

Der folgende Abschnitt II. beschreibt die Zusammenhänge im Detail.

II. Praktische Erfahrungen und Forschungsergebnisse bei der Förderung der Arbeitsfähigkeit

5. Mitarbeiter als Experten in eigener Sache

Die Temperatur war gefallen, und die kalte Luft stach ihnen in die Augen. Immer wieder mussten sie ihre Gesichter mit den bloßen Händen wärmen, und ständig wischten sie sich Tränen aus den gereizten Augen. Doch ihre Kleidung aus Pelzen und Häuten tat ihnen gute Dienste. Denn so kalt es auch war, ihre Körper blieben warm. Die Frauen wanderten bis spät in die Nacht. Sie waren nicht allzu weit gelangt, aber beiden taten die Knochen weh und sie fühlten sich, als seien sie Ewigkeiten gegangen. Sie beschlossen, ihr Lager aufzuschlagen, gruben tiefe Höhlen in den Schnee und füllten sie mit Fichtenzweigen. Dann errichteten sie ein kleines Feuer, kochten das Eichhörnchenfleisch wieder auf und tranken die Brühe. Sie waren so müde, dass sie sofort einschliefen. Diesmal stöhnten und zuckten sie nicht, sondern sie schliefen tief und geräuschlos.

Der Morgen brach an, und die Frauen erwachten. Ringsum herrschte große Kälte, und der Himmel über ihnen sah aus wie eine mit Sternen gefüllte Schale. Doch als die Frauen versuchten, aus ihren Höhlen zu klettern, wollten ihre Körper sich nicht bewegen. Sie schauten einander an und sie begriffen, dass sie ihren Körper über seine physischen Grenzen hinausgetrieben hatten. Schließlich gelang es der jüngeren und entschiedeneren Sa', sich zu bewegen. Es tat aber so weh, dass sie ein qualvolles Stöhnen von sich gab. Ch'idzigjaak wusste, dass ihr dasselbe bevorstand. So blieb sie eine Weile still liegen und sammelte Mut gegen den Schmerz, von dem sie wusste, dass er kommen würde. Schließlich kletterte auch sie langsam und mühselig aus ihrer Schneehöhle, und beide Frauen humpelten um das Lager herum, um ihre steifen Gelenke zu lockern.

Die Frauen sahen einander an und wurden von einer Woge heftiger Gefühle ergriffen, die sie verstummen ließen. Sie hatten diese lange Reise ganz allein geschafft. Schöne Erinnerungen stellten sich ein – an diesen Ort, an dem sie so manche glückliche Zeit mit Freunden und mit der Familie verbracht hatten. Nun wa-

ren sie, wegen einer hässlichen Wendung des Schicksals, wieder hier, verlassen und verraten von eben diesem Volk. Weil die beiden Frauen ihrem bitteren Schicksal gemeinsam ausgesetzt waren, hatten sie ein Gespür dafür entwickelt, was die andere jeweils gerade dachte, und meistens war Sa' die einfühlsamere. »Lass uns lieber nicht daran denken, warum wir hier sind«, sagte sie. »Heute Abend müssen wir unser Lager aufschlagen. Morgen werden wir reden.« (65)
Nachdem sie ihre Zelthütte mit einem Wall aus hoch aufgeschichtetem Holz wie mit einer Barrikade umgeben hatten, fanden die Frauen, dass sie nunmehr Zeit hatten, sich um Nahrungsvorräte zu kümmern. Ihr Jagdgeschick, das sie sich in ihrer Jugend erworben hatten, stellte sich wieder ein, und jeden Tag entfernten sie sich ein bisschen weiter von ihrer Hütte. Sie stellten Kaninchenfallen auf und hielten Ausschau nach anderen Tieren, die klein genug waren, um von ihnen erlegt zu werden. Eine der Regeln, die sie gelernt hatten, lautete, dass man Tierfallen, die man ausgesetzt hatte, regelmäßig kontrollieren muss. Wenn man seine Fallenreihe nicht im Auge behielt, so brachte das Unglück. Also sahen die zwei Frauen trotz der Kälte und trotz ihrer körperlichen Beschwerden jeden Tag nach ihren Fallen, und meist fanden sie zur Belohnung ein Kaninchen darin.
Bei Einbruch der Nacht, wenn sie ihre täglichen Aufgaben erledigt hatten, fertigten die Frauen aus den Kaninchenfellen Decken und Kleidung an, aber auch Fausthandschuhe und Gesichtsschutzmasken. Um die Eintönigkeit zu unterbrechen, machte gelegentlich die Eine der Anderen einen geflochtenen Kaninchenpelzhut oder ein Paar Fäustlinge zum Geschenk. Dann strahlten beide. (Aus: Zwei alte Frauen)

5.1 Es begann mit einer Befragung der Betroffenen

Was bringt eigentlich einen Mitarbeiter, eine Frau oder einen Mann, dazu, vorzeitig aus dem Arbeitsleben auszuscheiden?[1]

In Finnland begann man Anfang 1980 mit der Untersuchung dieser Fragen, wobei grundsätzlich unterschieden wurde, dass es »Zug-Faktoren« und »Schub-Faktoren« gibt. Weiterhin ist der Rückzug aus dem Arbeitsleben auf individueller Ebene ein länger dauernder Prozess,

[1] Dieses Kapitel beruht auf der Arbeit von Huuhtanen, P. and M. Piispa (1999). Attitudes torwards early retirement and work, in: Finnage – Respect for the aging. Action programme to promote health, work ability and well-being of aging workers in 1990-96, ed. by J. Ilmarinen and V. Louhevara. Helsinki, Finnish Institute of Occupational Health (FIOH). 26.

der sowohl durch persönliche wie auch Umgebungsfaktoren bestimmt wird.

Dieser Vorgang beginnt mit ersten Gedanken daran, vorzeitig auszuscheiden, dann wird die endgültige persönliche Entscheidung getroffen, und schließlich werden die formalen Abläufe (Gespräche mit den Vorgesetzten, der Personalabteilung, dem Hausarzt, der Rentenversicherung usw.) in Gang gesetzt. Einer der wichtigsten Gründe für diese Entscheidung ist ein schlechter Gesundheitszustand.

Andere Motive sind physische und geistige Überforderung bei der Arbeit, Zeitdruck und Monotonie der Arbeit, eine unbefriedigende Arbeitsumgebung, Kurz- oder Teilzeitarbeit, unbefriedigender Lohn und unsichere Beschäftigungsverhältnisse.

Andererseits weiß man heute, dass eine interessante Tätigkeit, Autonomie am Arbeitsplatz und Möglichkeiten, die Arbeitsbedingungen zu beeinflussen, und Arbeitszufriedenheit Menschen dazu motivieren können, im Arbeitsleben zu verbleiben. Es hat sich außerdem herausgestellt, dass das Bedürfnis, über das eigene Leben zu entscheiden, für Gedanken über den Vorruhestand bedeutsam ist (»Ich möchte noch mal das und das machen ...«).

Bezogen auf die Entwicklungsphasen in dem Prozess des Ausscheidens wurde vorgetragen, dass die »Zug-Faktoren« in der Anfangsphase, wenn Menschen darüber nachdenken, vorzeitig auszuscheiden, von größerer Bedeutung sind, während ökonomische Gründe und Vorteile, die Arbeit fortzusetzen, bei der endgültigen innerlichen Entscheidung mehr Einfluss haben. Andere Realitäten wie Arbeitsfähigkeit, Arbeitsmotivation und Möglichkeiten, eine Arbeit zu erhalten oder für sich zu sichern, sind wichtigere Faktoren, die sich oft hinter ernsthaften Gedanken an Vorruhestand oder Entscheidungen verbergen, sich zurückzuziehen.

Ziel der Studien über Gedanken und Konzepte zum Vorruhestand sollte es deshalb sein, die Zug- und Schub-Faktoren, die in diesem Zusammenhang wirksam sind, genauer zu untersuchen. Die so gewonnenen Erkenntnisse können mit der persönlichen Arbeitssituation eines Menschen, seiner individuellen Arbeitsfähigkeit oder allgemeinen Lebenssituation in Zusammenhang gebracht werden. In jedem Fall soll durch die Diskussion mit den Betroffenen herausgefunden werden, welche Maßnahmen geplant werden können, um ältere Arbeitnehmer zu unterstützen, bis zum Erreichen des gesetzlichen Ruhestandsalters im Arbeitsleben zu verbleiben. Insgesamt wurden drei Befragungen durchgeführt: 1990, 1992 und 1994. Die Abbildung 91 zeigt die Ergebnisse in der Übersicht.

Lesebeispiel: Auf der Y-Achse wird einmal nach Geschlecht und nach Zeitraum der Erhebung unterschieden. Auf der X-Achse finden wir die Prozentanteile. Bei den Gründen wird differenziert zwischen Gesundheit und Arbeitsfähigkeit, Lebenssituation außerhalb der Ar-

Abb./Tab. 91: Die wichtigsten Gründe für Gedanken an Vorruhestand in den Jahren 1990, 1992 und 1994 nach Geschlecht, Prozentangaben

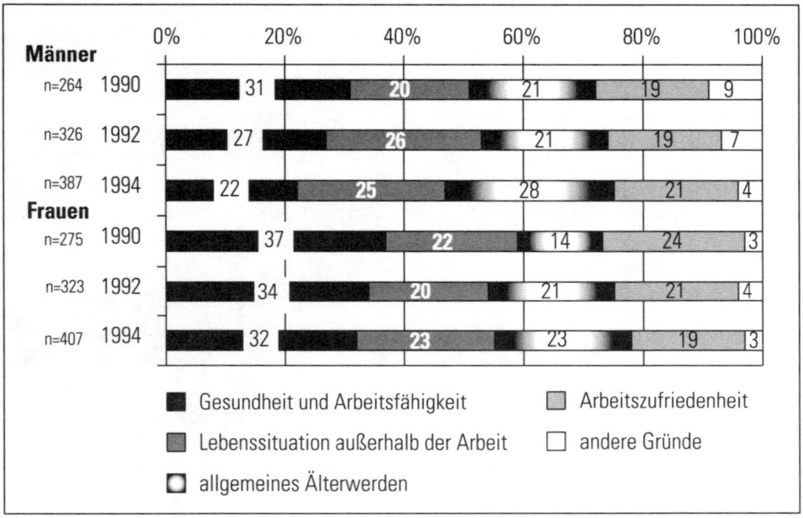

Quelle: Huuhtanen and Piispa 1999:23

beit, allgemeines Älterwerden, Arbeitszufriedenheit und andere Gründe.

Betrachtet man nun die einzelnen Ergebnisse, dann war bei allen drei Befragungen die Angst davor oder der tatsächliche Verlust der Gesundheit und Arbeitsfähigkeit der wichtigste Grund für Überlegungen zum Vorruhestand. Die Bedeutsamkeit dieser Faktoren verminderte sich im Untersuchungszeitraum (34% insgesamt in 1990, 30% in 1992 und 27% in 1994).

Arbeitsbedingte Faktoren wie Stress, Arbeitszufriedenheit und die allgemeine Lebenssituation außerhalb der Arbeit wurden von fast einem Fünftel der Befragten in jedem Jahr genannt. In den Jahren 1992-1994 nahm auch der Wunsch zu, jüngeren Menschen im Arbeitsleben Platz zu machen.

Unterscheidet man weiterhin nach Geschlechtern, dann kann man in der Grafik erkennen, dass Gesundheit und Arbeitsfähigkeit von Frauen öfter als Wunsch für Vorruhestand genannt wurden, während bei den Männern das allgemeine Älterwerden bedeutsam war.

Dann kann man noch nach Wirtschaftssektoren unterscheiden: Dabei waren bei allen Untersuchungen im kommunalen Dienst Gesundheit und Arbeitsfähigkeit die wichtigsten Gründe für Gedanken an Vorruhestand. Im staatlichen Sektor war 1994 die allgemeine Lebenssituation außerhalb der Arbeit das häufigste Motiv (32%). Die Bedeutung von arbeitsbezogenen Faktoren schwankte im staatlichen Sektor während des gesamten Untersuchungszeitraums. Im Bereich der Privatwirtschaft nahm der Anteil der Befragten, die Sorge um die eigene Gesundheit und Arbeitsfähigkeit als Grund angaben, von 35 auf 26% (1994) ab, und die Bedeutung des allgemeinen Älterwerdens erhöhte sich ähnlich wie im kommunalen Sektor.

Unter den Personen, die zum Zeitpunkt der Befragungen arbeitslos waren, nahm die Arbeitslosigkeit als Begründung für Gedanken an vorzeitigen Ruhestand deutlich ab, und insbesondere die Überlegungen »allgemeines Älterwerden« waren 1994 stärker verbreitet als zwei Jahre zuvor.

Neben diesen Gründen für Gedanken an Vorruhestand wurde weiterhin gefragt, welche *Bedingungen erfüllt sein müssten, um im Arbeitsleben zu verbleiben.* Dabei erwies sich die Verbesserung in folgenden Problembereichen als Voraussetzung, um vorzeitigen unnötigen Ruhestand zu vermeiden oder zu begrenzen:[2]

- Verminderung des Ausmaßes und Zeitdrucks bei der Arbeit
- Möglichkeiten für Rehabilitationsmaßnahmen
- Verbesserung im Bereich der Arbeitsumgebung
- flexiblere Arbeitszeitregelungen
- Verbesserung der Arbeitszufriedenheit
- bessere betriebliche Gesundheitsförderung
- Verbesserung des Führungsverhaltens

Nach der ersten Befragung im Jahre 1990 nahmen äußere Arbeitsfaktoren wie flexible Arbeitszeiten, Löhne und größere Pausen (wie z.B. ein Sabbatjahr) leicht an Bedeutung ab.

Das galt auch für Fragen der Arbeitsumgebung und des beruflichen Trainings. Sonst wurden keine anderen Veränderungen in der Frage gefunden, welche Bedingungen vorzeitiges Ausscheiden aus dem Arbeitsleben verhindern können.

1994 wurden die meisten dieser Vorbedingungen im öffentlichen Sektor höher bewertet als im privaten Sektor. Eine Verminderung der Arbeitsbelastung und des Zeitdrucks bei der Arbeit war die wichtigste Vorbedingung, um im kommunalen Dienst zu verbleiben (87%, 77% im Jahr 1992). Im staatlichen Sektor waren dies 83% und im privaten 77%. Außerdem legten die Mitarbeiter im staatlichen Sektor größeres Gewicht auf die Verbesserung der Arbeitszufriedenheit (78% im Jahr 1994, 65% im privaten Sektor). Sicherheit des Arbeitsplatzes wurde von den Beschäftigten im staatlichen Sektor ebenfalls am häufigsten mit 90% genannt.

---

[2] Die Ergebnisse gelten für alle drei Befragungen, in den Jahren 1992 und 1994 kommt die Forderung nach einem sicheren Arbeitsplatz hinzu.

Im Allgemeinen kann man sagen, dass Frauen und jüngere Arbeiter größeres Gewicht auf die Verbesserung der Arbeitsbedingungen legten als Voraussetzung, bis zum Erreichen des gesetzlichen Rentenalters im Arbeitsleben zu verbleiben. Bei Älteren ist dies nicht so ausgeprägt zu beobachten.

Vermutlich haben ältere Arbeiter befürchtet, dass ihnen zu wenig Zeit verbleiben würde, um Verbesserungen im Arbeitsleben für sich nutzbar zu machen. Eine etwas plausiblere Erklärung könnte darin liegen, dass die Arbeit selbst in dem Umfang kein entscheidender Grund war, über Vorruhestand nachzudenken, wenn erst einmal das 55. Lebensjahr erreicht worden war. Allgemein ist auch festzustellen, dass Verbesserungen der Arbeitsbedingungen von den Beschäftigten der mittleren Altersgruppen besser genutzt werden können.

In diesem Zusammenhang ist noch wichtig, dass die Einstellungen gegenüber dem Fortsetzen der Arbeit nach dem gesetzlichen Rentenalter allmählich ablehnender wurden: 1994 waren es 55% der Befragten, die grundsätzlich ganz aus dem Arbeitsleben ausscheiden wollten, zwei Jahre vorher 48% und 1990 sogar nur 32%.

Die Untersuchungen der Einstellungen und Meinungen umfasste auch Personen, die das gesetzliche Rentenalter bereits erreicht hatten. Ihnen wurde die Frage gestellt: »Haben Sie über die Möglichkeit nachgedacht, in irgendeiner Form weiter am Arbeitsleben teilzunehmen?«

Die Antworten waren 1994 (N = 388, 35-64 Lebensjahre): (1) Ich habe darüber nicht nachgedacht: 72%, (2) Ich habe manchmal darüber nachgedacht: 14%, (3) Ich denke wiederholt darüber nach: 3% und (4) Ich bin bereits innerhalb der gesetzlichen Regeln wieder bei der Arbeit: 4%. Befragt man nun diejenigen der Rentnergruppe, die wieder an Arbeit dachten, welche Voraussetzungen im Arbeitsleben erfüllt sein müssten, dann ergab sich 1994 die folgende Rangfolge: gute gesundheitliche Verfassung (86%), zufriedenstellende Tätigkeit in räumlicher Nähe (65%), Veränderungen in den Bestimmungen des Rentenversicherungssystems und der Besteuerung (57%), Teilzeitarbeit (56%), selbstständige Organisation der Arbeit (54%), bessere Bezahlung (30%), Verbesserung der Arbeitszufriedenheit (26%), Möglichkeiten, die eigene Arbeit zu beeinflussen (25%), Verbesserung in der Arbeitsumgebung (23%), Verbesserung im Führungsstil (19%) und Veränderung in der familiären Situation (10%).

Wenn man diese drei Befragungen zusammenfasst, ergibt sich eindeutig:

- Gesundheit und Arbeitsfähigkeit sind die wichtigsten Faktoren, die das vorzeitige Ausscheiden aus dem Arbeitsmarkt bestimmen.
- Dies gilt besonders für Vorruhestandsregelungen und Berufs- bzw. Erwerbsunfähigkeit, aber auch in geringerem Umfang für Arbeitslosigkeit.

- ❖ Es ist aber weiterhin festzuhalten, dass die Abnahme der Gedanken über Vorruhestand sicherlich auch durch die Veränderungen der gesellschaftlichen Haltung in dieser Frage beeinflusst wurden.[3]

Weiterhin kann es sehr gut sein, dass ältere Mitarbeiter Schwierigkeiten haben, darauf zu vertrauen, dass Arbeitgeber grundsätzlich bereit sind, ihre Arbeitsbedingungen zu verbessern.

In den Befragungen wird nicht über diesbezügliche Vorschläge von Seiten des Arbeitgebers berichtet. Prinzipiell bestand aber ein gesellschaftlicher Druck, Arbeitsplätze aufzugeben und die Beschäftigungssituation von jüngeren Menschen zu verbessern. Diese Einstellung kann dazu beitragen, Vorruhestand und Berufs- bzw. Erwerbsunfähigkeitsrente als Instrument gegen Arbeitslosigkeit zu legitimieren. Dabei kann aber auch das Risiko entstehen, dass die Verbesserungen der Arbeitsbedingungen für ältere Arbeitnehmer vernachlässigt werden. Verbesserungen in der arbeitsmedizinischen Betreuung und bessere Rehabilitationsmöglichkeiten sind die wichtigsten Maßnahmen, auf individueller Ebene das vorzeitige Ausscheiden aus dem Arbeitsmarkt zu vermindern.

Diese Veränderungen müssen mit Verbesserungen in der allgemeinen Arbeitsumgebung, der Arbeitsorganisation und der Arbeitsanforderung kombiniert werden. Um einen Einfluss auf die anfangs beschriebenen Zug- und Schub-Faktoren zu erlangen, müssen diese Maßnahmen rechtzeitig genug durchgeführt werden. Grundlage dafür ist eine offene betriebliche Diskussion, die altersbezogene Vorurteile und Stereotype vermeidet. Sowohl die Einstellungen und das Verhalten der Vorgesetzten als auch der älter werdenden Mitarbeiter müssen angesprochen und entwickelt werden.

5.2. Arbeitsunfähigkeit und Arbeitszufriedenheit

Bei diesem Prozess des Rückzugs aus dem Arbeitsleben spielt die Arbeitsfähigkeit bzw. -unfähigkeit – das zeigen die Ergebnisse der finnischen Untersuchungen – eine zentrale Rolle: Zunehmende Einschränkung der Gesundheit bis hin zur Entwicklung von Krankheit spiegelt sich in zunehmender Arbeitsunfähigkeit wider.

Gleichzeitig wissen wir heute besser als früher, dass die Arbeitsfähigkeit bzw. ärztlich attestierte Arbeitsunfähigkeit von wesentlich mehr Faktoren abhängt als von »der inneren Einstellung (Arbeitsmoral) und den äußeren Verhaltensweisen (Krankmeldung) der Mitarbeiter«. (Oppolzer 2000:346) So »bestehen deutliche Zusammenhänge zwischen der Höhe des Krankenstandes in einer Abteilung und dem Grad der Arbeitszufriedenheit. Insbesondere die Zufriedenheit mit der Qualität

[3] Entsprechende Kampagnen wurden in Finnland durchgeführt, außerdem die gesetzlichen Altersgrenzen heraufgesetzt.

Abb./Tab. 92: Zusammenhänge zwischen Krankenstand und Arbeitszufriedenheit bzw. Arbeitsbedingungen in der Kommunalverwaltung

Quelle: Oppolzer 2000:349

der betrieblichen Sozialbeziehungen (›Betriebs-‹ oder ›Organisationsklima‹) hat einen erheblichen Einfluss auf die Höhe des Krankenstandes, wobei dem Vorgesetztenverhalten offenbar entscheidende Bedeutung zukommt.« Dies wird in der Abbildung 92 veranschaulicht.

Lesebeispiel: Auf der Y-Achse finden wir aufgezählt die Bestimmungsfaktoren des Krankenstandes, auf der X-Achse die Stärke des Zusammenhangs: Pearson's Relationskoeffizient R.

Diese »ermittelten Korrelationskoeffizienten sind ein statistisches Maß für die Stärke des Zusammenhangs zweier Merkmale; sie bewegen sich zwischen 0 (= kein Zusammenhang) und 1 (= völliger Zusammenhang), d.h. je höher der Wert, umso stärker der Zusammenhang. In Anlehnung an Cohen (J. Cohen (1988): Statistical Power Analysis for the Behavioral Sciences, 2nd edition, Hillsdale, N.Y., S 79ff.) können wir in unserem Fall ab 0,1 von einem schwachen, ab 0,3 von einem mittleren und ab 0,5 von einem starken Zusammenhang zwischen den korrelierten Merkmalen ausgehen.«

Oppolzers Studie basiert auf der Befragung von insgesamt 1.400 Beschäftigten in den Verwaltungen von 32 deutschen Städten. Betrachtet man die Ausmaße der Korrelation, dann finden wir nur Werte in dem Bereich mittlerer bis starker Zusammenhang (0,3 – über 0,5). Diese – wenn man so will – ersten Ergebnisse werden durch eine Befragung von Mitarbeitern der Bundesversicherungsanstalt für Angestellte (N = 11.099) bestätigt:

»Zwar sind die Bedingungen in der städtischen Kommunalverwaltung und bei der Bundesversicherungsanstalt für Angestellte nicht identisch, sie weisen aber hinsichtlich der Fehlzeiten-relevanten Merkmale der Arbeitsbedingungen und der Beschäftigungsverhältnisse weitgehende Parallelen auf, so dass eine vergleichende Gegenüberstellung der Ergebnisse zulässig erscheint.« (Oppolzer: 351)

Abschließend stellt Oppolzer einen Zusammenhang dar zwischen Arbeitszufriedenheit der Mitarbeiter, dem Ausmaß der Arbeitsbelastungen und den arbeitsbedingten Gesundheitsbeschwerden, die ebenfalls quantitativ in Form des Korrelationskoeffizienten beschrieben werden können (s. Abb. 93).

In seinem *Fazit* verweist Oppholzer darauf, dass diese statistischen Zusammenhänge so eindeutig sind, dass »daraus begründete Handlungsempfehlungen für Maßnahmen zur wirksamen und nachhaltigen Verbesserung der Anwesenheit des Personals abgeleitet werden« können. »Die Verbesserung der Arbeitszufriedenheit sowie der Abbau von Belastungen und gesundheitlichen Gefährdungen bei der Arbeit stoßen bei den Betroffenen auf mehr Akzeptanz als beispielsweise Krankenrückkehrgespräche.« (ebd.: 359) Auf dieser Grundlage ist »dem

Abb./Tab. 93: Wechselwirkungen zwischen Fehlzeiten-relevanten Merkmalen (Stärke des Zusammenhangs: Pearson-Korrelationskoeffizient R)

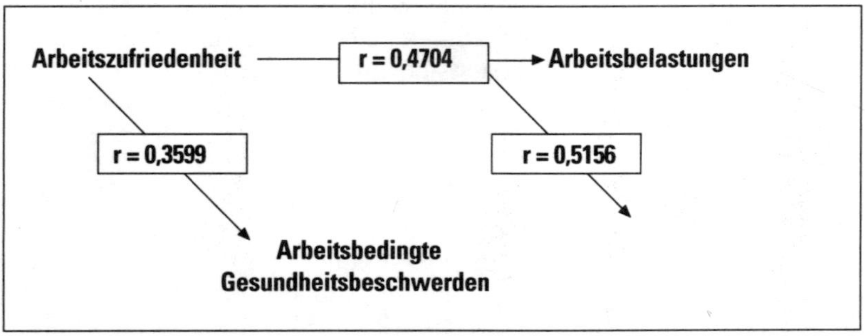

Quelle: Oppolzer 2000:359

Faktor Mensch erhöhte Aufmerksamkeit« zu schenken, »indem die Humanressourcen durch Struktur und Personalentwicklung entfaltet sowie teamartige und partizipative Arbeits- und Entscheidungsstrukturen geschaffen werden«. (ebd.: 361).

6. Gesundheit und Arbeitspotenzial der Mitarbeiter

Wir haben bis hierher ausgeführt, dass in den Mittelpunkt der Betrachtung das Potenzial der Mitarbeiterinnen und Mitarbeiter gestellt werden muss, eine bestimmte Arbeit zu bewältigen. Je früher eine solche Analyse angestellt wird, um so leichter kann die Frage geklärt werden, welche Unterstützung in welchem Bereich der einzelne Mitarbeiter benötigt.

In diesem Kapitel soll die funktionelle Kapazität – eine entscheidende Quelle für menschliche Gesundheit – genauer betrachtet werden. Era fasst die folgenden wichtigsten Veränderungen der physischen funktionellen Kapazität unter dem Gesichtspunkt der Teilnahme am Arbeitsleben zusammen (zitiert aus Ilmarinen 1999:59):

1. Veränderungen in der physischen funktionellen Kapazität beginnen spätestens mit dem 30. Lebensjahr. Sie sind nicht unmittelbar abhängig von dem Alter der betroffenen Person. Das bedeutet, man findet jüngere Menschen in schlechterer körperlicher Verfassung und ältere Menschen in besserer körperlicher Verfassung, als durchschnittlich zu erwarten ist.
2. Veränderungen bei Männern und Frauen beginnen zu unterschiedlichen Lebenszeiten und verlaufen in unterschiedlichen Zyklen, in denen sich der biologische Unterschied zwischen den Geschlechtern schon relativ früh widerspiegelt.
3. Entwicklungen in direkter Abhängigkeit von dem Älterwerden sind oft nur schwierig zu unterscheiden, weil z.B. die Arbeit und die übrigen Lebensgewohnheiten solche Veränderungen verlangsamen oder beschleunigen können.
4. Das Nachlassen der physischen funktionellen Kapazität in Abhängigkeit vom Alter kann so groß sein, dass es beachtet werden muss, wenn die physischen Anforderungen beim Arbeitsleben überprüft und organisiert werden. Besonders bei Frauen, die älter als 55 Jahre sind, begrenzt die niedrigere funktionelle Kapazität der Sauerstoffaufnahme die Gesamtleistung einer Gruppe bei physikalisch schweren Arbeitsaufgaben. (Ilmarinen u.a. 1991)
5. Die Arbeitsgestaltung und Optimierung der Arbeitsumgebung können signifikant die Fähigkeiten älterer Arbeitnehmer verbessern, eine bestimmte Arbeitsaufgabe zu bewältigen. Dabei ist wichtig, dass bestimmte Verbesserungen wie z.B. die Beleuchtung am Arbeitsplatz unabhängig vom Alter allen Mitarbeitern nützen.
6. Obwohl Veränderungen der Wahrnehmungsfunktionen (das sind Funktionen von Augen, Ohren, Geruch und Geschmack) allgemein üblich sind, erweisen diese sich selten als so schwerwiegend, dass man dies nicht durch eine Umorganisation des Arbeitsplatzes ausgleichen könnte. Die verschiedenen Sinnesfunktionen arbeiten überwiegend unabhängig voneinander. Sie sind jedoch oft Frühhinweise

für ein Nachlassen der Geschwindigkeit der Wahrnehmung und der kognitiven (gehirnleistungsbezogenen, d. Verf.) Funktionen. Und sie sind dann ein wichtiger Hinweis, den Mitarbeitern mental stärker anfordernde Arbeitsaufgaben zu übertragen.

7. Veränderungen über die Kontrolle der Körperhaltung haben im Bereich der Arbeitssicherheit bisher keine ausreichende Beachtung bekommen.
8. Ein Charakteristikum für die allgemeinen physikalischen Leistungen und die wichtigeren Sinnesfunktionen besteht darin, dass sie erstens nachlassen und zweitens mit dem Alter variieren. Eine Person kann »alt« sein im Hinblick auf eine bestimmte Funktion (z.B. hören oder sehen) und »jung« im Hinblick auf eine andere Funktion. Aufgrund dieser auffallenden individuellen Unterschiede sollten stereotype (allgemein feststehende, d. Verf.) Beurteilungen vermieden werden, wenn eine Reorganisation der Arbeitsabläufe für ältere Mitarbeiter vorgenommen wird.
9. Oft sind verschiedene Risikofaktoren für schwere Unfälle bei älteren Arbeitern verknüpft mit Veränderungen im Bereich der Wahrnehmung und hier speziell der sensomotorischen Geschwindigkeit[1] der Wahrnehmung. (Salminen 1993, zitiert aus Ilmarinen 1999:59) Diese Verlangsamung der Wahrnehmung als Ergebnis des Älterwerdens sollte in Betracht gezogen werden sowohl bei der Prävention von Arbeitsunfällen als auch bei der Einteilung der Arbeitsleistung.
10. Die Untersuchungen der funktionellen Kapazität bei Arbeitern in verschiedenen Beschäftigungsbereichen haben zu dem gleichen Ergebnis geführt wie Untersuchungen, die unter Laborbedingungen durchgeführt worden sind.

6.1 Physische Grundlagen

Erinnern Sie sich bitte an die Kapitel 1.1.2 und 1.1.3. Dort wurde dargestellt, dass der Körper in der Lage ist, in einem bestimmten Umfang Leistungen zu vollbringen. In einer solchen Belastungsreaktion setzt er Hormone frei (Adrenalin und Noradrenalin), die Kreislauf, Atmung und Energiestoffwechsel umstellen. Entscheidend ist nun bei diesem Vorgang, dass der Körper Sauerstoff aufnehmen muss, um die im Körper freigesetzte Energie zu verbrennen, und die dabei frei werdende »Kohlensäure« (CO^2) wieder abzuatmen.

Es kommt also wesentlich auf ein Zusammenspiel von Muskeln, Herz-Kreislauf- und Atmungssystem an, und wir können heute dieses Zu-

[1] Die Sensomotorik beschreibt das Zusammenspiel von z.B. der Wahrnehmung eines Signals (Senso) und der Durchführung einer entsprechenden Leistung (Motorik).

sammenspiel dadurch messen, dass wir direkt die **Sauerstoffaufnahme** bestimmen können.

Die Normbereiche für die »maximale Sauerstoffaufnahme« sind sowohl für Männer als auch für Frauen getrennt ermittelt worden, und wir wissen, dass die Grenzen für die jeweils höchstmögliche Sauerstoffaufnahme in direkter Abhängigkeit vom Alter abnehmen: Das bedeutet, mit steigendem Alter steht einem Menschen, einer Frau, einem Mann, zunehmend weniger Sauerstoff zur Verfügung. Die Abbildung 94 zeigt dies am Beispiel von Frauen mit zunehmendem Alter.

Lesebeispiel: Auf der Y-Achse finden wir die maximal mögliche Sauerstoffaufnahme (L/Min), auf der X-Achse die Altersverteilung. Die obere Kurve gibt die absoluten (maximal möglichen) Werte bei den Frauen wieder, und man erkennt, dass spätestens nach dem 30. Lebensjahr die maximal mögliche Sauerstoffaufnahme gleichmäßig abfällt.

Diese Entwicklung hat einen erheblichen Einfluss auf die Fähigkeit, physische Arbeit zu bewältigen. Entscheidend sind dabei nicht Hochleistungspersonen (siehe die »olympiareifen Mannschaften«), sondern Durchschnittspersonen. Entsprechend den Untersuchungen haben z.B. Frauen im Alter von 50 Jahren eine durchschnittliche maximale Sauerstoffaufnahme von 1.98 Litern/Min.

Abb./Tab. 94: Sauerstoffaufnahme und Lebensalter bei durchschnittlich trainierten Frauen

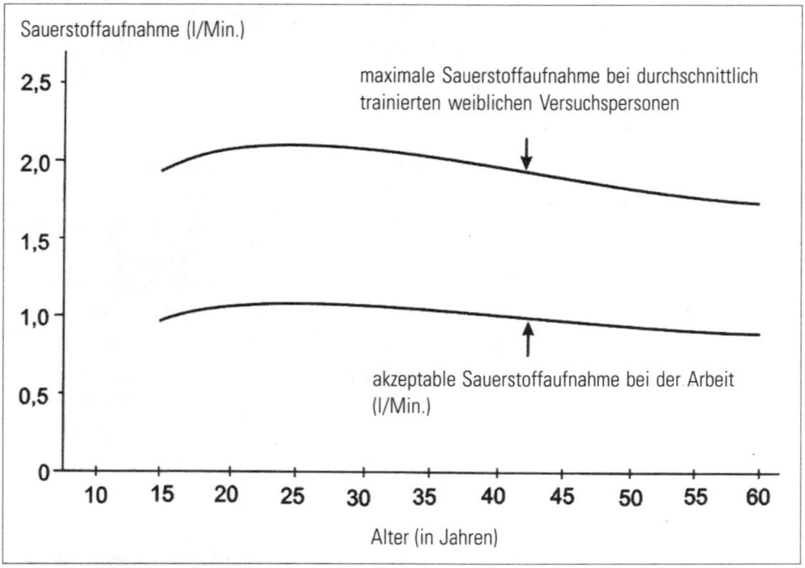

Quelle: Ilmarinen 1999:61

Es gibt nun eine international anerkannte Empfehlung, dass im Arbeitsleben die physische Belastung nicht mehr als 50% der maximal möglichen Sauerstoffaufnahme benötigen sollte, unter Berücksichtigung der üblichen Pausen.

Bei Frauen bedeutet dies, dass sie unter normalen Bedingungen einen durchschnittlichen Sauerstoffverbrauch von 1.0 Liter/Min. nicht überschreiten sollten. Wenn die Sauerstoffaufnahme, die für die Arbeit benötigt wird, diese beschriebenen 50% der individuellen maximalen Sauerstoffaufnahme überschreitet, dann kommt es zu einer Überlastung der betroffenen Person und z.B. einer Anhäufung von sauren Stoffwechselprodukten (wie z.B. Milchsäure) in den Muskeln.

Was kann man nun in der Praxis mit solchen Untersuchungen anfangen? Eine solche Überlastung wird dazu führen, dass die Mitarbeiter sich erschöpft fühlen, eine Schwäche der Muskulatur oder Muskelkater entwickeln und seine oder ihre durchschnittliche Arbeitsleistung abnehmen wird. Haben wir nun eine Frau in schlechterer körperlicher Verfassung, deren maximale Sauerstoffaufnahme bei 1.5 Liter/Min. liegt, wird ihre mögliche Arbeitsleistung bei einer maximalen Sauerstoffaufnahme von 0.75 Litern/Min. liegen, wenn eine Überlastung vermieden werden soll.

In der Praxis entspricht dies einer Arbeit in sitzender Position oder leichter körperlicher Arbeit im Stehen. Im Alltag ist hier besonders der Arbeitsplatzwechsel oder der Wechsel der Tätigkeit z.B. von leichterer Steharbeit zu Hebe- und Tragearbeit zu beachten, was sehr schnell zu einer Überschreitung der Sauerstoffaufnahme von über 1 Liter führt. Besonders wichtig ist hier der Wechsel von der sog. **dynamischen Arbeit**, das ist Arbeit in Bewegung mit einem regelmäßigen Wechsel von Anspannung und Entspannung, zur sog. **statischen Arbeit**, die im Wesentlichen im Arbeitsleben der Halte- und Tragearbeit entspricht.

Dies war sozusagen die *schlechte Meldung*, aber es gibt auch *gute* in dieser Frage, wie die Abbildung 95 (S. 196) vielleicht etwas trocken zeigt.

Lesebeispiel: Auf der Y-Achse finden wir die Maßzahl für die maximale Sauerstoffaufnahme, auf der X-Achse die Altersangabe. Es wurden pro Person, die an der Studie teilnahmen, jeweils drei Untersuchungen durchgeführt und die Werte nach Alter und getrennt für Männer und Frauen aufgetragen. Die parallel verlaufenden Geraden zeigen die Entwicklung des Mittelwertes, der – wie erwartet – kontinuierlich abnimmt.

Betrachtet man dagegen die einzelnen Verläufe, dann kann man ganz unterschiedliche Ergebnisse finden. Es gibt Abfälle, Anstiege usw., je nach Aktivitäten und biologischen Unterschieden der Versuchspersonen. Die wichtigsten Aussagen sind:

Das Absinken der Durchschnittswerte hat keine Aussagekraft. Es gibt nicht den »durchschnittlichen älteren Arbeitnehmer«.

Abb./Tab. 95: Unterschiedliche Veränderung der maximalen Sauerstoffaufnahme mit dem Alter bei Männern und Frauen

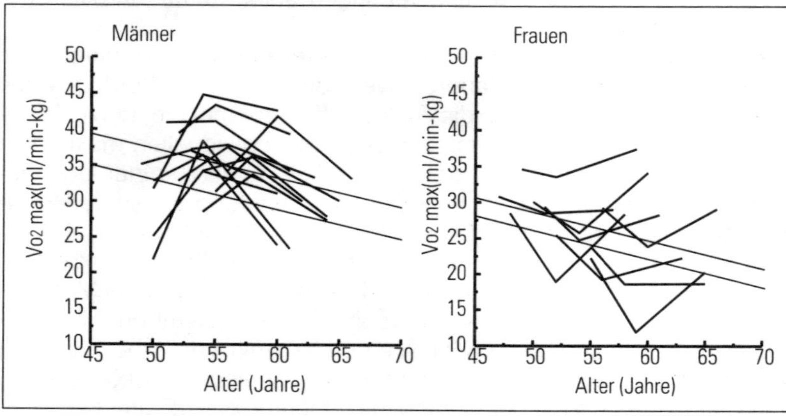

Verlaufsuntersuchung über 10 Jahre: Wie verändert sich die maximale Sauerstoffaufnahme pro Kilogramm Körpergewicht bei 11 älteren Männern und 9 Frauen?

Quelle: Smolander, Ilmarinen et al. 1999:238

Man kann zu jedem Zeitpunkt in jeder beliebigen Ausgangslage Kreislauf und Muskeln trainieren und dadurch die maximale Sauerstoffaufnahme wieder verbessern: Die einen gehen Kegeln, die anderen fahren Fahrrad, gehen Laufen, Schwimmen oder Tanzen usw.

Vorschnelle Meinungsbildungen wie »das schaffe ich nicht mehr« oder »das packt der nie« verschlechtern nur die Ausgangslage und die Motivation, es auszuprobieren.

In einem allgemeinmedizinischen Modellversuch haben 15 Patienten einer Hausarztpraxis im Gesundheitspark der Münchner Volkshochschule zusammen mit ihrem Arzt und einer Psychologin an einem Kurs teilgenommen: »Für die eigene Gesundheit arbeiten.«

Sie waren ausgewählt nach hohem Gesundheitsrisiko, arbeitsbedingten Belastungen und eher niedrigem Lohnniveau. Viele waren stocksteif, übergewichtig und hatten kein Bewegungsprogramm. Bei einem Kurstreffen pro Woche konnten innerhalb von sechs bis acht Wochen alle Teilnehmer ohne Schwierigkeiten 20-30 Minuten laufen, sich dabei unterhalten und das Eichhörnchen am Weg entdecken. (Tempel 1994)

Wir haben in Kapitel 1.1.1 darauf hingewiesen, dass etwa 22% der europäischen Arbeitnehmer und etwa 14% der europäischen Arbeitnehmerinnen im Alter von 45 Jahren und mehr noch körperliche Arbeit in erheblichem Umfang leisten müssen. Umso wichtiger ist es deshalb, den Zusammenhang zwischen der **muskulo-skelettalen Kapazität** und dem Alter zu beachten. Hier liegen Erkenntnisse für die Altersgruppen

52-62 Jahre vor. (Nygård 1999, zitiert aus Ilmarinen 1999:63). Die Ergebnisse weisen darauf hin, dass im Rahmen einer Verlaufsbeobachtung die Frauen statistisch signifikant an Gewicht zugenommen hatten und ebenso die Kraft ihrer Beugemuskeln (Flexoren) und Streckmuskeln (Extensoren) abgenommen hat. Bei Männern wurde das Gleiche beobachtet: Sie haben signifikant im Verlauf an Gewicht zugenommen, während die Greifkraft der Hand und die Kraft der Beuge- und Streckmuskeln des gesamten Körpers wie bei den Frauen nachgelassen hat.

Diese Veränderungen in der funktionellen Kapazität des muskuloskelettalen Systems war gleich für alle drei Formen von Arbeit (physische Arbeit, mentale Arbeit und kombinierte physische und mentale Arbeit). Allerdings fiel auf, dass die Abnahme der Stärke der Beugemuskulatur für Männer und Frauen in den Tätigkeiten mit kombinierter physischer und mentaler Belastung nicht so ausgeprägt war wie bei den anderen Gruppen. Die Greifkraft der Hände bei den Frauen hat nicht so deutlich abgenommen wie bei denen in den anderen beiden Gruppen.

Ein bemerkenswerter Befund war, dass die isometrische Körperkraft (statische Muskelarbeit) bei Männern, die geistig oder mental arbeiteten, zu 40-50% in der beschriebenen Zehn-Jahres-Periode abnahm. Diese Abnahme war 4-5mal größer als in den Ergebnissen mit den Vergleichsgruppen.

Die drastische Verschlechterung der muskulo-skelettalen Leistungsfähigkeit bei Männern mit körperlicher Arbeit muss zum einen verhindert werden durch gezielte – d.h. ausgehend von einer Arbeitsplatzanalyse – körperliche Aktivitäten, und gleichzeitig muss die geforderte Arbeitsleistung vermindert werden im Verhältnis zum natürlichen Nachlassen der muskulo-skelettalen Leistungsfähigkeit mit dem Alter. (Nygård et al. 1999, zitiert aus Ilmarinen 1999:64)

Eine große Bedeutung sowohl bei der muskulo-skelettalen als auch bei der kardio-respiratorischen (Kreislauf-Atmungs-)Leistungsfähigkeit hat der Zusammenhang von **Gewicht und Alter bzw. Älterwerden** (s.o.).

Wir benutzen heute den sog. **Body-Mass-Index** zur groben Beurteilung des Körpergewichts im Verhältnis zur Körpergröße. Folgt man nun dem ermittelten Body-Mass-Index (BMI), dann hat ungefähr die Hälfte der Bevölkerung der Europäischen Union ein normales Gewicht (BMI bis 25). Allerdings sind ein Drittel der EU-Bürger übergewichtig (BMI bis 29,9) und etwa 10% sind adipös, das bedeutet BMI über 30. (European Commission 1999, zitiert aus Ilmarinen 1999:64) Die Tabelle 96 zeigt die Verteilung der Gewichtsgruppen Untergewicht, normales Gewicht, Übergewicht und Adipositas (Fettleibigkeit) auf die EU-Staaten.

Die meisten übergewichtigen Menschen leben in Deutschland und Griechenland (35%), und die meisten adipösen Menschen kommen

Abb./Tab. 96: Verteilung der BMI-Kategorien in unterschiedlichen europäischen Staaten

Land	Untergewicht	Normalgewicht	Übergewicht	Adipositas
Österreich	10	48	32	10
Belgien	12	48	31	9
Dänemark	13	49	31	8
Finnland	9	48	33	10
Frankreich	17	52	24	7
Deutschland	**8**	**46**	**35**	**11**
Griechenland	9	45	35	11
Irland	10	50	31	8
Italien	14	49	30	7
Luxemburg	11	53	27	9
Niederlande	9	52	29	10
Portugal	8	50	33	9
Spanien	9	47	33	11
Schweden	11	49	33	7
Großbritannien	12	46	30	12
EU-Durchschnitt	11	48	31	10

BMI-Kategorien in den 15 Mitgliedstaaten, Angabe in Prozent (Europäische Kommission 1999). Die europäischen Durchschnittswerte wurden gewichtet nach der Größe der verschiedenen Populationen.

Quelle: Ilmarinen 1999:65

aus England (12%). Insgesamt sind aber die Unterschiede gering und statistisch nicht signifikant.

Für betriebliche oder bevölkerungsbezogene Interventionsansätze erscheinen noch folgende Ergebnisse der Befragung wichtig:

- 60% der Befragten hatten ihr Gewicht in den letzten sechs Monaten gehalten, das bedeutet umgekehrt, dass etwa 40% ihr Gewicht verändert hatten und in der Tendenz zugenommen haben.
- 65% der übergewichtigen Personen und 54% der adipösen Personen berichteten, dass sie nicht versucht hatten abzunehmen.
- Bedeutsam war auch die Zahl derjenigen, die keinerlei sportliche Aktivitäten in ihre Versuche einbezogen hatten abzunehmen, vor allen Dingen, weil sie sich nicht als »sportlichen Typ« empfunden haben.

Die Abbildung 97 zeigt die Entwicklung von Übergewicht und Adipositas in Abhängigkeit vom Alter bei Männern und Frauen in der Bundesrepublik Deutschland (VERA-Studie).

Lesebeispiel: Auf der Y-Achse finden wir den Prozentanteil derjenigen, die an Übergewicht oder Adipositas (Fettleibigkeit) leiden. Die X-

Abb./Tab. 97: Entwicklung von Übergewicht und Adipositas bei unterschiedlichen Altersgruppen

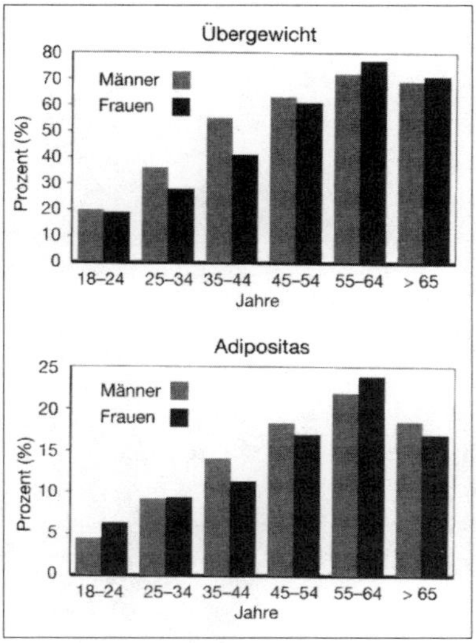

Quelle: Wirth 1997:39

Achse zeigt die Altersgruppen und die Unterschiede bei Männern (grau) und Frauen (schwarz).

»Es fällt auf, dass bei den jüngeren Erwachsenen die Männer häufiger Übergewicht zeigen, bei den Älteren dagegen eher die Frauen; die Umkehr im Geschlechterverhältnis liegt um das 50. Lebensjahr (ähnlich wie bei der DHP-Studie). Mit zunehmendem Lebensalter steigt das Gewicht an, ab dem 60. Lebensjahr nimmt es im Mittel wieder ab. Ähnlich wie das Übergewicht zeigt sich die Adipositas.« (Wirth 1997: 39)

Entscheidend für das Gewichtsproblem ist die Tatsache, dass »in den letzten Jahren sowohl Energieaufnahme (Nahrungsaufnahme, d. Verf.) als auch Energieverbrauch (körperliche Arbeitsbelastung und Bewegung in der Freizeit, d. Verf.) abgenommen haben; letztere sank jedoch stärker, sodass es zu einer Positivierung der Energiebilanz[2] mit steter Zunahme des BMI kam«. (ebd.)

Wir finden aber nicht nur einen Zusammenhang zwischen Übergewicht und Adipositas in Abhängigkeit vom Alter, sondern auch vom Grad der Bildung. Sowohl bei Männern als auch bei Frauen gibt es Hinweise, dass ein niedriges Bildungsniveau mit größeren Wahrscheinlichkeiten verbunden ist, übergewichtig oder adipös zu werden. Siehe dazu die Tabelle 98 (S. 200).

Lesebeispiel: Auf der Y-Achse finden wir die Einteilung nach Bildungsgrad (Grundschule, Mittelschule und Oberschule) und Altersgruppen, auf der X-Achse den Prozentsatz an Übergewichtigen und Adipösen.

Demnach findet man bei der Altersgruppe 45-54 Jahre den höchsten Prozentsatz (58%) bei den Männern mit Grundschulbildung. Dieser Prozentsatz nimmt mit steigendem Lebensalter wieder ab, was dem bereits dargestellten biologischen Phänomen entsprechen dürfte.

---

[2] Die **Energiebilanz** bestimmt das Verhältnis von aufgenommener Kalorienzufuhr zu verbrauchter Kalorienmenge. Sie soll, wenn man abnehmen will, »negativ« sein, d.h. es werden mehr Kalorien verbraucht als zugeführt. Bei einer positiven Energiebilanz steigt dagegen das Körpergewicht (d. Verf.).

Abb./Tab. 98: Übergewicht (BMI 25-29,9) und Adipositas (BMI über 30) nach Geschlecht, Alter und Bildung in der Europäischen Union, % (Europäische Kommission 1999)

Bildungsgrad/ Altersgruppe	Übergewicht Männer	Übergewicht Frauen	Adipositas Männer	Adipositas Frauen
Grundschule				
45-54	58	39	12	17
55-64	47	40	19	23
≥ 65	46	44	11	16
Mittelschule				
45-54	39	28	15	14
55-64	44	35	12	12
≥ 65	47	34	11	12
Oberschule				
45-54	35	29	12	6
55-64	48	29	6	6
≥ 65	54	25	7	6

Quelle: Ilmarinen 1999:65

Weiterhin sollen noch die physischen Aktivitäten der Bürger dargestellt werden, die im Rahmen der bereits zitierten Studie untersucht wurden. Demnach waren die verbreitetsten Aktivitäten: länger als 30 Minuten spazieren gehen an einem Stück (31%), Gartenarbeit (18%), Fahrrad fahren (17%), schwimmen (10%) und Fitnesstraining (10%). (Europäische Kommission 1999) 31% der gesamten europäischen Bevölkerung nahmen nicht an irgendwelchen physikalischen Aktivitäten innerhalb einer 1-Wochen-Periode teil.

Es gab dabei erhebliche Unterschiede zwischen den verschiedenen Ländern (Finnland 5%, Portugal 40%). Weiterhin wiesen die Ergebnisse darauf hin, dass Frauen öfter sportlich passiv waren als Männer (35% gegenüber 25%), Menschen mit niedriger Bildung stärker sportlich aktiv waren als solche mit dem höchsten Bildungsniveau (40% gegenüber 22%), und es gab mehr übergewichtige Personen mit sitzender Tätigkeit als Personen mit sitzender Tätigkeit und normalem Gewicht (39% gegenüber 29%).

Diejenigen, die physische Aktivitäten als gesundheitsförderlich betrachteten, waren seltener sportlich passiv (18%) als diejenigen mit der entgegengesetzten Auffassung (31%).

Befragt man die Mitarbeiterinnen und Mitarbeiter eines Unternehmens der Telekommunikation nach ihren Wünschen zu Maßnahmen der betrieblichen Gesundheitsförderung, dann finden sich die in Abbildung 99 aufgeführten Angaben.

Abb./Tab. 99: Interesse für Teilnahme an einem betrieblichen Bewegungsprogramm

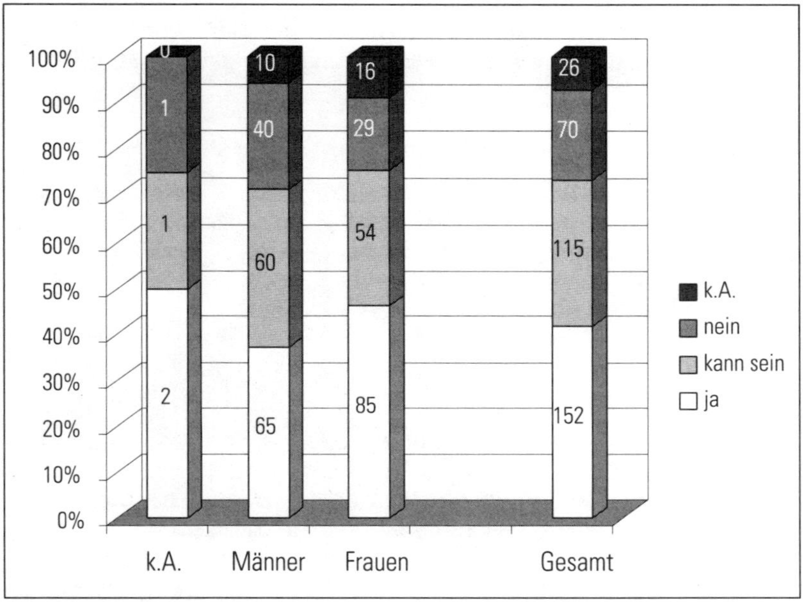

Unveröffentlichte Ergebnisse im Rahmen eines EU-Projektes: Gesundheitsschutz am Arbeitsplatz (Prework-Project), N =363

Quelle: Ahrens und Tempel 2001

Lesebeispiel: Auf der Y-Achse finden wir den Prozent-Anteil der Personen (N), die an der Befragung teilgenommen haben, bei insgesamt 480 Beschäftigten.

Die erste Säule betrifft Personen, die die Fragen beantwortet, aber keine Angaben zum Geschlecht gemacht haben. Die anderen Säulen werden unterschieden nach k. A.: Keine Angaben zur Frage, nein, kann sein, ja. Die Angaben in den Säulen betreffen die absoluten Zahlen (N).

Man erkennt den hohen Anteil von Frauen und Männern, die entweder klar mit »Ja« antworten oder mit »kann sein« ihr Interesse an Bewegung bekunden. Insgesamt wollen fast 40% teilnehmen und weitere 30% könnten vielleicht durch geeignete Maßnahmen gewonnen werden (s. dazu Kapitel 8.4 über die Organisation der Arbeitszeit und Pausenregelungen).

Die Bedeutung solcher Aussagen beschreibt der unterschiedlich ausgeprägte Zusammenhang zwischen verschiedenen Risikofaktoren und der Sterblichkeit: Ausgedehnte Verlaufsstudien unter amerikanischen Bürgern haben ergeben, dass das Risiko, vorzeitig zu sterben, am stärksten durch Bewegungsmangel und geringe Fitness erhöht wird, gefolgt von den Rauchgewohnheiten.

Wenn 1,0 durchschnittliches Risiko bedeutet, dann verdoppelt sich dies bei Frauen und Männern mit Bewegungsmangel und geringer Fitness.

Abb./Tab. 100: Risikofaktoren und Sterblichkeit (Blair et al. 1996)

	Geringe Fitness	Rauchen	erhöhter Blutdruck	Cholesterin 240 +	Gewicht BMI 27+
Männer	2,03	1,89	1,67	1,45	1,33
Frauen	2,33	2,12	0,89	1,16	1,18

Quelle: Ilmarinen 1999:211

6.2 Psychische (mentale) Grundlagen

Die mentale funktionelle Kapazität eines Menschen wird oft definiert als seine Fähigkeit, verschiedene Aufgaben wahrzunehmen, die intellektuelle und andere Formen geistiger Anstrengungen benötigen.

Dabei gibt es einen Zusammenhang zu biologischen Prozessen, ähnlich wie es bei der physischen funktionellen Kapazität der Fall ist. In diesem Sinn sind die folgenden kognitiven (geistigen) Funktionen am besten untersucht worden: Wahrnehmung, Gedächtnis, Lernen, Denken und der Gebrauch der Sprache.

Ein anderer Forschungsschwerpunkt zur mentalen funktionellen Kapazität ist die Beziehung zwischen dem Individuum und seiner äußeren Welt, z.B. die Selbstwahrnehmung, die Selbstbewertung, die wahrgenommene Kompetenz und die Fähigkeit, das eigene Leben zu kontrollieren.

Darüber hinaus gibt es einen dritten Forschungsschwerpunkt, der sich erst in letzter Zeit entwickelt hat, die sog. »Metakognition«,[3] die sich mit der Bewertung der kognitiven Leistungsfähigkeit einer Person befasst: So werden z.B. Fragen der geistigen Gesundheit (mental health), des physischen Wohlbefindens und der Haltung, die jemand gegenüber dem eigenen Alterungsprozess einnimmt, durch die mentale funktionelle Kapazität erheblich beeinflusst. (Ruoppila u. Suutama: 1994, zitiert aus Ilmarinen: 68)

Vom Standpunkt des Arbeitslebens sind die wichtigsten Veränderungen der mentalen funktionellen Kapazität mit zunehmendem Alter die Einschränkung (das Nachlassen) der Genauigkeit der Beurteilung

---

[3] Es handelt sich um die Fähigkeit, sozusagen »einen Schritt zurückzutreten« und sich selber in einem bestimmten geistigen und/oder sozialen Zusammenhang wahrzunehmen und zu bewerten.

und der Geschwindigkeit der Wahrnehmung von Signalen (Perzeption), die von außen auf einen Menschen einwirken. Diese Veränderungen betreffen das gesamte menschliche System der Informationsverarbeitung. Dazu gehören:

- das Sinnessystem, das für die Aufnahme von Informationen durch die Sinne maßgebend ist,
- das kognitive (geistige) System, das die Daten verarbeitet, die mit den Sinnen aufgenommen werden, die Gedächtnisleistungen und
- das motorische System, das für die Umsetzung von Funktions- bzw. Reaktionsentscheidungen verantwortlich ist.

Es ist offensichtlich so, dass die Geschwindigkeit, mit der diese drei Systeme funktionieren, mit dem Alter abnimmt.

Aber: Diese Veränderungen können durch ergonomische Maßnahmen am Arbeitsplatz, bessere Organisation der Arbeit und persönliche (individuelle) Hilfe (wie Brillen, spezifische Beleuchtung am Arbeitsplatz) erfolgreich kompensiert werden.

Die alltäglichen (aktuellen) Funktionen der Informationsverarbeitung verändern sich im Laufe eines Arbeitslebens sehr wenig, im Gegenteil: Einige geistige Fähigkeiten wie z.B. der Gebrauch der Sprache oder die Möglichkeit, komplexe Probleme in unsicheren Situationen zu lösen, verbessern sich mit zunehmendem Alter.

Bei den meisten Arbeitsaufgaben können Geschwindigkeit und Genauigkeit durch die hohe Motivation des älter werdenden Arbeitnehmers, seine Erfahrung und sein Verständnis ausgeglichen werden, die er im Laufe seines Arbeitslebens angesammelt hat. So sind z.B. aktuelle Lernprozesse nicht abhängig vom Alter einer Person, obwohl die Geschwindigkeit des Lernens mit dem Alter abnehmen kann. Starke Motivation kann hier erheblich ausgleichen.

Man kann außerdem immer wieder beobachten, dass die Lernfähigkeit und Lerngeschwindigkeit in den älteren Mitarbeitergruppen hoch ist, da sie im Vergleich mit den Personen, die in den Zeiten von 1970 bis 1980 zur Schule gingen, geringere Bildungschancen gehabt haben. Folgt man der Literatur, lässt sich – wie in Tabelle 101 – der Zusammenhang von Älterwerden und geistiger Entwicklung zusammenstellen. Es ist offensichtlich, dass diese Fähigkeiten nicht »angeboren« sind, sondern dass sie unabhängig von der Qualität der mitgebrachten Ausbildung (Ausbildungswissen) erst im Laufe eines Lebens erworben werden können (Erfahrungswissen). Das Arbeitsleben sollte demzufolge so gestaltet werden, dass jüngere Mitarbeiterinnen und Mitarbeiter unterstützt werden, ihr Ausbildungswissen so einzusetzen, dass sie dieses mit Erfahrungswissen erweitern und ergänzen können und umgekehrt die älteren Mitarbeiterinnen und Mitarbeiter von dem Ausbildungswissen der jüngeren profitieren und gleichzeitig ihr Erfahrungswissen bei der Bewältigung der Arbeitsaufgabe zur Verfügung stellen können.

Abb./Tab. 101: Älterwerden und Wachstum der geistigen Fähigkeiten (nach Baltes u. Smith 1990, Ruoppila u. Suutama 1994, Ruoppila 1996, zitiert aus Ilmarinen 1999:69)

Weisheit und Lebenserfahrung	bessere Kontrolle der eigenen Lebenssituation
scharfe Auffassungsgabe	stärkeres Engagement bei der Arbeit
Fähigkeit, über eine Angelegenheit sorgfältig nachzudenken	höheres Vertrauen in Arbeitgeber bzw. Vorgesetzte
logisches Denkvermögen	weniger Fehlzeiten bei der Arbeit
Fähigkeit, komplexe Zusammenhänge zu verstehen	größere Arbeitserfahrung
bessere Ausdrucksfähigkeit bei der Gestaltung von Arbeitsanweisungen	höhere Motivation zu lernen

Obwohl die Forschung zu diesem Thema erst begonnen hat, besteht Einigkeit darüber, dass in der Liste der geistigen Wachstumsfaktoren das allgemeine Erfahrungswissen am besten untersucht und anerkannt ist, unabhängig von den verschiedenen regionalen oder nationalen Kulturen. »Weisheit im Sinne von alltäglichem Erfahrungswissen ist definiert worden als Fähigkeiten eines Experten, Informationen in der alltäglichen Praxis zu verarbeiten.« (Baltes u. Smith 1999) Untersucht man nun diese Alltagserfahrungen und Handlungsfähigkeit genauer, lassen sich die folgenden Merkmale unterscheiden:

- Organisation und Bewältigung von komplexen Problemen
- kreative Anwendung von bestehenden Schemata
- das Vermögen, in einer bestimmten Situation als Person mit allen Fähigkeiten beteiligt zu bleiben, obwohl z.B. physische oder geistige Funktionen nachlassen (z.B. Ausdauer in schwierigen Verhandlungssituationen, länger dauernde Arbeitsabläufe, Rechenprozesse)

In einer anderen Untersuchung haben Baltes and Smith 1990 fünf Kriterien festgelegt, mit deren Hilfe Weisheit so definiert werden kann:

- komplexes Sachwissen über Lebensabläufe und -situationen
- komplexe Kenntnisse über Strategien zur Lösung von aktuellen Lebensfragen
- Verständnis für die Komplexität von Lebensprozessen: Kenntnisse über die unterschiedlichen Lebensbedingungen und ihre zeitlichen, örtlichen und prozessualen Merkmale
- Verständnis und Akzeptanz für Relativität und Unterschiedlichkeit von Personen und Dingen: Kenntnisse über die Unterschiede *(individueller Werte und prioritärer Zielsetzungen)* zwischen individuellen Wertvorstellungen und Zielsetzungen

– Fähigkeit, Unsicherheit zu erkennen und zu ertragen: Verständnis und Kenntnisse für die relative Unsicherheit und Unvorhersagbarkeit des menschlichen Lebens sowie die Fähigkeit, diese Unsicherheit zu bewältigen.

Für die Praxis lässt sich dieser Begriff der Alltagsweisheit so zusammenfassen, dass er die Fähigkeit widerspiegelt, in einer bestimmten Problemsituation die wichtigsten Aspekte aufzuspüren und festzuhalten, sie wertend einzuordnen und dann einen »guten« Vorschlag zu entwickeln, wie diese zu lösen wären. Entscheidend ist, dass diese Fähigkeit, die im Laufe des Lebens erworben und erweitert wird, kreativ – und nicht engstirnig – angewandt wird, um selbst in Zeiten großer Unsicherheit neu auftretende Probleme zu lösen. (Ruoppila u. Suutama 1994, zitiert aus Ilmarinen: 70) Problemlösungsfähigkeit ist eine der Grundvoraussetzungen für viele Berufe und gewinnt an Bedeutung in dem Maß, wie das Arbeitsleben selber komplexer gestaltet wird. Hier entwickelt sich eine wichtige Frage:

Wir finden einerseits eine Entfremdung der Masse der älter werdenden Arbeiterinnen und Arbeiter von ihrem Arbeitsleben. Dies ist hauptsächlich ein Ergebnis der Veränderungsprozesse, die durch die ökonomischen Bedingungen hervorgerufen werden. Und: Setzt diese Entfremdung Wert und Bedeutung von Alltagswissen und Weisheit nicht in ein schiefes Licht? Gibt es im Arbeitsleben keinen Bedarf dafür? Oder verhält es sich so, dass überhaupt nur wenige Menschen im Laufe ihrer Karriere zu Weisheit und Alltagswissen gelangen?

- Welche Form des Alltagswissens wird denn nun im Arbeitsleben wirklich benötigt, und befinden sich älter werdende Mitarbeiterinnen und Mitarbeiter nicht in einer Situation, in der sie ihre Fähigkeiten und Weisheit entsprechend den Anforderungen entwickeln können?
- Weiterhin ist es aus verständlichen Gründen sehr gut möglich, dass ein Mangel an Alltagswissen und Lebensweisheit im Arbeitsleben zu einer starken Diskriminierung von älter werdenden Arbeitnehmern geführt hat, dies besonders bei der Entscheidung über Einstellungen, bei Weiterbildung und Training, bei beruflichem Aufstieg und gezolltem Respekt gegenüber der individuellen Lebensleistung.
- Es ist also einiges zu untersuchen und zu klären, wenn es darum geht, die Beziehungen zwischen Weisheit und Arbeitsleben genauer zu bestimmen.

Ältere Personen verfügen nun im Arbeitsleben über ein »Schlüsselkonzept« (Standardverfahren), mit dessen Hilfe sie Minderung oder Verlust an funktioneller Kapazität ausgleichen: »Sie benutzen das Prinzip der **Selektion** und der ausgleichenden (kompensatorischen) **Optimierung.**« (Ilmarinen 1999:70) Mit anderen Worten: Sie konzentrieren sich auf das Wesentliche, halten daran fest und bearbeiten es.

Dieses Prinzip der selektiven Wahrnehmungen, der **Optimierung des Einsatzes** und des Ausgleichs von Schwächen (**Kompensation**) gewinnt in dem Maße an Bedeutung, wie die biologische, psychische und soziale funktionelle Kapazität eines Menschen nachlässt.

Unter *Selektion* verstehen wir zunehmende Spezialisierung im Rahmen von Veränderungen, Arbeitsaufgaben und/oder Arbeitsprozessen. Die *Optimierung* beinhaltet die Vorstellung, dass Menschen auf ihr eigenes Leben Einfluss nehmen, indem sie gezielt versuchen, Qualität und Quantität ihrer Leistung in bestimmten Bereichen zu verbessern (das bedeutet auch, dass sie in einer bestimmten Situation andere Bereiche gezielt vernachlässigen).

Kompensation, also Ausgleich von Schwächen oder Defiziten, ist dann erforderlich, wenn objektive oder subjektive Einschränkungen die Fähigkeiten einer Person vermindern oder aufheben, eine Leistung zu vollbringen.

Diese Einschränkungen treten vor allen Dingen dann auf, wenn ein breites Spektrum an Funktionen und Höchstleistungen (top performances) gefordert wird. Es zeigt sich dann, dass die Kompensation in der Praxis eine Form der Optimierung darstellt.

Durch die Verknüpfung von selektiver und kompensierender Optimierung gelingt es vielen älteren Arbeitnehmern, auch in Zukunft wichtige Aufgaben und Funktionen zu erfüllen, obwohl ihre funktionelle Kapazität nachgelassen hat. (Ruoppila 1996, zitiert aus Ilmarinen: ebd.)

In diesem Zusammenhang gewinnt die **persönliche Erfahrung** an entscheidender Bedeutung, da sie die Voraussetzung ist,

- die richtige Auswahl zu treffen, welche Funktionen z.B. gezielt wahrgenommen werden sollen,
- welche Tätigkeiten eher vernachlässigt werden,
- an welchen Stellen kompensatorische Hilfe oder Anstrengung zu einer Optimierung führen kann.
- Es ist in der Regel die eigene individuelle Arbeitserfahrung, die dabei den Ausschlag gibt.
- Sie kann aber sehr wohl durch Hilfe von außen (Sicherheitsfachkraft, Betriebsarzt, Arbeits- und Organisationspsychologie) unterstützt werden.

Salthouse (zitiert aus Ilmarinen 1999:71) hat diese Effekte des Alterns auf kognitive Leistungen und die Konsequenzen, die im Arbeitsleben daraus erwachsen, untersucht. Zunächst ergeben alle experimentellen Untersuchungen – und das hat der Autor auch eingeräumt – eine Abnahme der kognitiven Leistungen in Abhängigkeit vom Alter. Es ist weiterhin festzustellen, dass hierbei erhebliche individuelle Unterschiede gefunden wurden. Folgt man den Ergebnissen dieser experimentellen Untersuchungen, dann kommt es in Abhängigkeit vom Alter

- zur Verschlechterung der kognitiven Leistungen in einigen Bereichen.
- Diese schwächere Leistung in den kognitiven Tests ist häufiger bei Tätigkeiten im Niedriglohnbereich, mit allgemein geringerer Arbeits-

anforderung bzw. beim Einsatz in Tätigkeiten mit weniger geistigen Anforderungen.

- Außerdem kann dieser Prozess des Alterns in Bezug gesetzt werden zu geringerer Arbeitsanforderung oder zur Versetzung in Tätigkeiten, die weniger geistige Fähigkeiten verlangen.

Nun haben viele Studien und auch ihre kritische Überprüfung (Meta-Analyse) ebenfalls nachgewiesen, dass es keine definitive Verbindung zwischen Alter und Leistung gibt.

Viele Untersuchungen haben nämlich gezeigt, dass ältere Arbeitnehmerinnen und Arbeitnehmer genauso produktiv und professionell arbeiten können wie jüngere.[4]

Salthouse hat über die Ursachen nachgedacht, die zu den *Widersprüchen zwischen den Erwartungen (experimentelle Laborergebnisse) und der Realität (tatsächliche Leistung am Arbeitsplatz)* führen.

Eine erste Erklärung ergab sich bei einfachen Untersuchungen und Messungen der Arbeitsleistung vor Ort. So sind z.B. die unmittelbaren Vorgesetzten nicht so sehr an einer maximalen und qualitativ hochwertigen Arbeitsleistung interessiert, sondern vielmehr daran, ob die zum Einsatz gebrachten Fähigkeiten minimale Erwartungen (die Stückzahl muss stimmen) erfüllen.

Häufig findet man außerdem im Unternehmen kein stimmiges Konzept, wie Arbeitsleistung zu messen ist und eine optimale oder maximale Arbeitsleistung definiert werden könnte.

Eine weitere Erklärung ergibt sich aus der Tatsache, dass geistige Teilfunktionen, die im Alter nachlassen, im modernen Arbeitsleben nicht notwendigerweise nützlich oder wichtig sind.

So ist es vorstellbar, dass z.B. die Motivation, eine Arbeitsleistung komplett zu erbringen, die Zielgerichtetheit des Handelns, die soziale Intelligenz und verschiedene Persönlichkeitsmerkmale dazu beitragen, Produktivität zu entwickeln und zu steigern. Diese Merkmale können nur schwierig gemessen werden, was nichts daran ändert, dass sie in Abhängigkeit von Arbeitserfahrung und auch vom Alter zunehmen können.

Es ist weiterhin möglich, dass diese Fähigkeiten größere Auswirkungen auf die Arbeitsleistung haben als die traditionellen kognitiven Qualitäten.

- Es ist also letztlich nicht ausgeschlossen, dass die Wissenschaftler aus der Sicht des Arbeitslebens die falschen kognitiven Merkmale untersucht haben.

Kristalline Gedächtnisleistungen (das sind festgefügte klare Handlungskonzepte) erfordern die Fähigkeit, angehäuftes Wissen und Erinne-

[4] Ein Überblick findet sich bei Lehr, U. (1991): Psychologie des Alterns. Heidelberg/Wiesbaden, Quelle & Meyer.

rung bei der Problemlösung einzusetzen. *Fluide Gedächtnisleistung* (offenes Denken und Konzipieren von Problemlösungen) wird dagegen benötigt, wenn es darum geht, neue und im Prinzip völlig unbekannte Probleme zu beschreiben und zu bewältigen.

- So kann schließlich die Erklärung für den Widerspruch zwischen den experimentellen Untersuchungen der kognitiven Fähigkeiten und der tatsächlichen Leistung im Arbeitsleben in der *Arbeitserfahrung* liegen.

Diese Arbeitserfahrung verbessert und verändert auch die Art und Weise, wie wir unsere Arbeit verrichten. Die Arbeitserfahrung kann sich entweder unmittelbar auf die Arbeitsleistung auswirken (»Sie sind doch Spezialist für ....«) oder sie tut dies auf dem Umweg über grundlegende kognitive Leistungen. Dies wird in der Abbildung 102 modellhaft erläutert.

Lesebeispiel: Konzentrieren Sie sich bei der Betrachtung bitte auf den Begriff der Erfahrung. Mit dem Altern sammeln Menschen positive (Berufs)erfahrungen, die direkt oder indirekt ihre Arbeitsleistung positiv beeinflussen und somit die allgemeinen negativen Einflüsse von Alter auf die grundlegenden kognitiven Leistungen ausgleichen oder mildern können.

Abb./Tab. 102: Beziehung zwischen Alter, Erfahrung, grundlegenden kognitiven Leistungen und Arbeitsleistung (Salthouse, 1997)

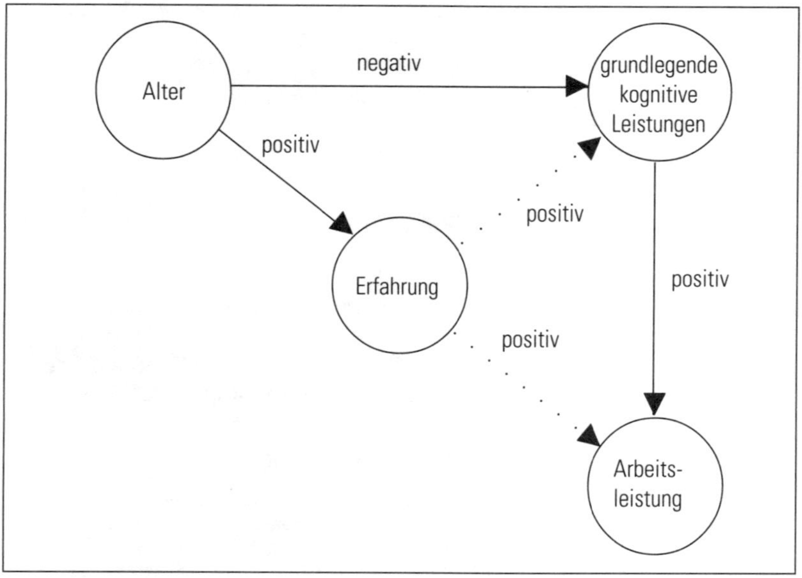

Quelle: Ilmarinen 1999:71

- Wenn Arbeitserfahrung überwiegend dazu beiträgt oder ausschließlich dazu benutzt wird, das Arbeitsergebnis zu verbessern oder aufrecht zu halten, dann sind die positiven Auswirkungen zwischen Arbeitserfahrung und Arbeitsleistung eher schwächer. Kognitive Fähigkeiten werden dabei weniger oder gar nicht gefördert.
- Wenn Arbeitserfahrung direkt die Arbeitsleistung aufrecht erhält *und* kognitive Leistungen gefördert werden, dann kann eine komplexe Arbeitsleistung erreicht werden und die Beteiligten entwickeln neue Fähigkeiten.
- Beide Einflüsse der Arbeitserfahrung sind also möglich und können deshalb erklären, warum die Arbeitsleistung nicht mit dem Alter abnimmt.

Allerdings haben diese verschiedenen Wege in der Praxis unterschiedliche Auswirkungen:

- Wenn die Arbeitserfahrung direkten Einfluss auf die Leistung nimmt, wird sich die Arbeitsleistung älterer Arbeitnehmer dann verschlechtern, wenn sie in Tätigkeiten versetzt werden, bei denen sie über keine persönliche Erfahrung verfügen.
- Wenn jedoch umgekehrt die Arbeitserfahrung die kognitiven Leistungen eines Mitarbeiters gestärkt hat, kann die Versetzung in unterschiedliche Tätigkeiten mit verschiedenen Aufgaben positiven Einfluss nehmen, und es kann weiterhin zu einer guten Arbeitsleistung kommen.

Salthouse hat neuerdings Forschungsergebnisse vorgelegt, die z.B. bei Architekten und Musikern nachweisen, dass die kognitiven Fähigkeiten dieser Personen mit dem Alter kontinuierlich nachlassen, obwohl ihre Arbeitsleistung durchaus hoch bleibt. Mit anderen Worten: Erfahrung und fortlaufende Praxis können nicht verhindern, dass bestimmte kognitive Merkmale und Leistungen abnehmen.

Dies Ergebnis unterstreicht den eher direkten Einfluss von Arbeitserfahrung auf die Arbeitsleistung, was nach den Aussagen von Salthouse durch zwei Mechanismen erreicht werden kann, Adaptation und Kompensation.

Bei der **Adaptation** tauscht die betroffene Person eine Tätigkeit gegen eine andere aus, bei der dann bestimmte Qualitäten nicht mehr so wichtig sind. Beispiel: Ein Hochleistungssportler, dessen Leistungsgrenze aus Altersgründen erreicht ist, wechselt ins Trainerfach. Obwohl wenig Daten über dieses Phänomen vorliegen, ist es offensichtlich so, dass viele Arbeiter am Ende ihres Arbeitslebens diese Form der Adaptation durchlaufen. Wir können allerdings darüber keine generellen Aussagen treffen.

Die **Kompensation** ist ein anderer Mechanismus, mit dessen Hilfe geistige Veränderungen im Alter überbrückt werden können. Erfahrene Arbeitnehmer sind imstande, befriedigende und effiziente Wege zu finden, um ihre Arbeitsaufgabe zu bewältigen und dadurch die altersbedingten Veränderungen auszugleichen. Mit anderen Worten: Mit Hilfe der Kompensation lassen sich dieselben Arbeitsziele mit Mitteln und Handlungen erreichen, die sich im Laufe eines Arbeitslebens verändern können.

Insgesamt kann nach Salthouse (1997) daraus geschlossen werden, dass

- kreativere Tätigkeiten und die systematische Anwendung von Arbeitserfahrung (Erfahrungswissen) dazu beitragen können, die Bewältigungsmöglichkeiten älterer Arbeitnehmer im Arbeitsleben erheblich zu verbessern und dass
- deshalb jede Mitarbeiterin und jeder Mitarbeiter in die Lage versetzt werden sollten, diese Hilfen der Adaptation und Kompensation an ihrem oder seinem Arbeitsplatz zu entwickeln und einzusetzen.
- Sie benötigen dabei die unmittelbare Unterstützung von Vorgesetzten, Personalentwicklungs- und Bildungsabteilung, gegebenenfalls darüber hinaus aus dem Bereich der Arbeits- und Organisationspsychologie.

6.3 Soziale Grundlage

Über die Entwicklung der sozialen funktionellen Kapazität im Rahmen einer Arbeitskarriere ist bisher wenig untersucht worden. Die meisten Studien konzentrieren sich auf die physischen oder geistigen Veränderungen. In dieser Frage gibt es bisher auch noch keine einheitliche Terminologie. Diese wird gegenwärtig erst gebildet. Trotzdem können für menschliche Bedingungen zwei Dimensionen in die Forschung einbezogen werden:

– die Person in ihren Wechselbeziehungen (soziale Interaktionen) mit anderen und
– die Person als aktiv handelndes Wesen in unterschiedlichen Gemeinschaften. (Heikkinen R-L 1994, zitiert aus Ilmarinen 1999:72)

Um als Teil einer Familie, eines Arbeitsteams oder einer sozialen Gruppe zu funktionieren, werden von den Einzelnen unterschiedliche **soziale Fähigkeiten** und Kenntnisse verlangt. Verschiedene Arbeitsaufgaben wie z.B. in der Krankenpflege oder im Verkauf erfordern bestimmte soziale Fähigkeiten. Es ist in vielen Bereichen des Arbeitslebens eine allgemeine Anforderung, dass die Arbeit in Gruppen oder Teams durchgeführt wird, was von allen Mitarbeitern aller Altersgruppen erhebliche soziale Kenntnisse und Fähigkeiten verlangt.

Besonders im modernen Arbeitsleben ist diese Fähigkeit, mit unterschiedlichen Gruppen und Personen zu kooperieren, einer der wichtigsten zusätzlichen Einflussfaktoren auf die Arbeitsbewältigungsfähigkeit. Dies gilt sowohl für Tätigkeiten in der Industrie als auch im Dienstleistungsbereich.

Im Rahmen der finnischen Forschung wurden Maßkriterien entwickelt, mit deren Hilfe die soziale funktionelle Kapazität eines Menschen untersucht werden kann. (ebd., zitiert aus Ilmarinen 1999:73) Dabei wurden betrachtet:

1. Größe und Funktionalität (Kooperationsfähigkeit) des sozialen Netzwerkes
2. Zusammenhalt der Gemeinschaft und soziale Unterstützung:
   - die Möglichkeit, Ratschläge, Handlungsanleitungen und Information zu erhalten
   - Vorhandensein von vertrauten Freunden und Verbündeten, an die man sich wenden kann
   - das Gefühl, von anderen respektiert zu werden (Rückversicherung von Werten und Einstellungen)
   - die Fähigkeit, sich geistig zu bilden, oder das Gefühl, geistig gebildet zu werden, der Bedarf an Nähe und Zusammenschluss, Zusammenhalt und Liebe
   - soziale Integration und Zugehörigkeit zu einer Gruppe, Gemeinschaft oder Gesellschaft (Ausmaß der Integration)
3. Isolierung, d.h. 20 Faktoren, die in Form von Stellungnahmen abgefragt wurden, die soziale Isolierung messen, die aus dem Bereich der zwischenmenschlichen Beziehungen, ihrer erfolgreichen oder erfolglosen Gestaltung resultieren.
4. Selbsteinschätzung der Interaktion:
   - Aggressivität
   - Nähe und Abhängigkeit
   - Unabhängigkeit
   - Fähigkeit, soziale Kontakte aufzunehmen
   - Fähigkeit, sich anderen unterzuordnen
5. soziale Beweglichkeit
   - Hier werden sozial wünschenswerte und nicht wünschenswerte Qualitäten gemessen auf der Grundlage der Selbsteinschätzung. Ziel ist es, die Fähigkeit einer Person zu erfassen, ihr Verhalten an die Erfordernisse unterschiedlicher Situationen anzupassen.
6. Freizeitaktivitäten
   - Diese wurden mit Hilfe eines Fragenkatalogs bewertet. Daraus wurde ein Index entwickelt, mit dessen Hilfe das Ausmaß der Freizeitaktivitäten eingestuft werden kann.

Die Untersuchungen sind nicht abgeschlossen. Es gibt aber grundlegende Ergebnisse zu einem Zeitpunkt, als die Teilnehmer der Verlaufsstudie 62 Jahre alt waren. (Heikkinen R.-L., ebd.) Dabei zeigt sich, dass

- z.B. Männer stärker isoliert sind als Frauen, dies aber nicht so sehr aufgrund ihres Alters oder ihrer persönlichen Merkmale, sondern aufgrund ihres Beschäftigungsstatus. Krankenschwestern waren z.B. weniger isoliert als Arbeiter aus anderen Berufen.
- Die Fähigkeit zum sozialen Zusammenhalt war bei Männern und Frauen gleich ausgeprägt, obwohl sie sich in der Frage des vertrau-

ten Freundes und »Verbündeten« unterschieden. Die Ausdehnung und die Funktionsfähigkeit des sozialen Netzwerks erschien bei Frauen etwas breiter als bei Männern.

- Folgt man den Selbsteinschätzungen der Arbeiter (Männer) bzgl. ihrer sozialen Flexibilität, waren Männer und Frauen in gleicher Weise anpassungsfähig.
- Es gab außerdem keine Unterschiede zwischen den Geschlechtern bzgl. ihrer Erfahrung mit zwischenmenschlichen Beziehungen und Interaktionsproblemen.

Insgesamt wird der weitere Verlauf dieser Studie die Entwicklung einer genaueren, umfassenderen Vorstellung über die soziale funktionelle Kapazität bei älteren Arbeitnehmerinnen und Arbeitnehmern ermöglichen, als dies bisher der Fall war. Es werden dabei auch die sozialen Fähigkeiten im Zusammenhang mit den Folgen des Rückzugs aus dem Arbeitsleben untersucht werden. Die Studie wird weiterhin klarere Aussagen ermöglichen über die Beziehungen zwischen sozialer funktioneller, physischer und mentaler Kapazität sowie den Veränderungen, die in den jeweiligen Wechselwirkungen zu beobachten sind. Langfristiges Ziel ist es, ein mehr ganzheitliches Verständnis dieses Begriffs zu entwickeln und neue Informationen darüber zu gewinnen, wie im Arbeitsleben mit Hilfe sozialer Faktoren die funktionelle Kapazität erhalten werden kann. Folgt man früheren Forschungsergebnissen, verändert sich diese in Abhängigkeit vom Alter, weil Menschen im Laufe ihres Lebens mit ihren eigenen Grenzen und ihren Fähigkeiten, ihr Verhalten entsprechend zu verändern, besser vertraut werden. Diese Veränderungen werden unmittelbar beeinflusst durch die Selbstwahrnehmung und Selbsterkenntnis, über die eine Person verfügt.

Heikkinen (ebd.) hat dargestellt, dass diese Veränderungen in der sozialen funktionellen Kapazität auch aus der Sicht des Arbeitslebens sehr bedeutsam sind. So hat z.B. die ältere Bevölkerung nachgewiesen, dass sie besser als jüngere Leute in der Lage ist, ihr Verhalten an eine gegebene Situation anzupassen. Dementsprechend kann man davon ausgehen, dass der Alterungsprozess die Fähigkeiten eines Menschen bzgl. Toleranz gegenüber anderen, Selbstwahrnehmung und Selbsterkenntnis und allgemeiner Erkenntnis der menschlichen Natur nicht vermindert. Ältere Menschen sind dafür bekannt, dass sie unkorrekte Verhaltensmuster zurückweisen und – sozusagen als Gegenleistung – Verhaltensmuster anbieten, die in den alltäglichen Aktivitäten nützlich sind, sowohl innerhalb als auch außerhalb des Arbeitslebens.

- Daraus ergibt sich dann zwanglos, dass der Alterungsprozess selbst den Menschen Möglichkeiten bietet, soziale Kenntnisse und Fähigkeiten zu erwerben.
- Das Vermögen, »meinen Willen« in »unseren Willen« zu verwandeln, kann mit dem Alter zunehmen, sodass ältere Menschen bessere Verhandlungspartner sein können.

Aber aktive soziale Interaktion ist nicht einfach. Sie umfasst viele Probleme der Anpassung zwischen Menschen, die unterschiedlich denken, unterschiedliche Kenntnisse haben, unterschiedlich fühlen und sich in ihren Glaubensgrundsätzen und Funktionsfähigkeiten unterscheiden. Deshalb sind soziale Aktivitäten und ihre Erfolgsmöglichkeiten immer zu einem Teil auch von den anderen abhängig.

Wir wissen heute, dass soziale Partnerschaft und Aktivität dazu beitragen, Gesundheit, funktionelle Kapazität und geistiges Wohlbefinden aufrechtzuerhalten.[5] Zwischenmenschliche Beziehungen im Arbeitsleben und Gemeinschaftsgefühl fördern und erhalten die Beweglichkeit und Lebendigkeit, mit der ein Arbeitsprozess abläuft. Diese Qualitäten erhöhen auch die Arbeitszufriedenheit. Wenn eine Person auf Schwierigkeiten stößt, sei es im Arbeitsleben oder zu Hause, dann hat die soziale Unterstützung, die diese Person erfährt, eine wichtige positive Auswirkung: Fähigkeiten, die eigene Arbeit zu kontrollieren, die sozialen Beziehungen am Arbeitsplatz und der Zusammenhalt unter den Mitarbeitern üben starken Einfluss auf Bewältigungsmöglichkeit und Gesundheit eines Arbeitnehmers aus. (Vahtera 1993, zitiert aus Ilmarinen: 74)

Obwohl die interaktiven Fähigkeiten und zwischenmenschlichen Beziehungen im Zentrum der sozialen funktionellen Kapazität stehen, gibt es bisher wenig Forschungsergebnisse über ihre Veränderung in Abhängigkeit vom Alter. Das Potenzial für Entwicklung und Verbesserung der sozialen Fähigkeiten im Arbeitsleben ist groß, aber es gibt auch erhebliche Unterschiede zwischen den Individuen.

Die Auswirkungen des Arbeitslebens selbst sind zwiespältig zu bewerten:

- Zeitdruck, Leistungsdruck, mit anderen Worten, die Arbeit selbst können die sozialen Fähigkeiten eines Arbeitnehmers unterhöhlen. Darüber wissen wir noch zu wenig.
- Es gibt mehr Erkenntnisse über Menschen in sozialen Berufen oder als **aktive, sozial handelnde Individuen** als über Menschen, die sich in einer **sozial eher passiven Interaktion** befinden.
- So können die Freizeitaktivitäten und ihre Veränderungen im Arbeitsleben in Abhängigkeit von Beruf und Geschlecht auch Auskunft über die soziale Stellung und Beteiligung einer Person geben.

Einige Beispiele für die Beteiligung von älter werdenden Arbeitnehmern in Klubaktivitäten und Vereinen sind im kommunalen Sektor in

[5] Auch Robinson Crusoe hat sich auf der Insel »seinen Freitag« gesucht, nachdem er die unmittelbaren Folgen seines Schiffbruchs überwunden hat. Die eher kolonialistische Darstellung von Freitag ändert nichts daran, dass Robinsons Fähigkeit, auf der Insel zu überleben und später gerettet zu werden, nicht nur durch den Aufbau einer Festung aus Baumstämmen wesentlich verbessert wurde, sondern durch den regelmäßigen sozialen Kontakt zu Freitag.

einer Verlaufsstudie über elf Jahre erarbeitet worden. (Seitsamo und Klockars 1997)

Aktive Teilnahme am Klub- und Vereinsleben, ein bis zwei Mal in der Woche, schien im Alter zwischen 51 und 62 Jahren von 18 auf 24% zuzunehmen, aber die größten Veränderungen waren in der ältesten Gruppe, die aus dem Arbeitsleben ausgeschieden war (19 auf 30%), zu beobachten.

Wenig Veränderungen gab es bei den Aktivitäten von jüngeren Frauen (am Anfang der Studie 44-48 Jahre alt).

Die Beteiligung von Männern im Klub- und Vereinsleben sank dagegen in dem 11-Jahre-Beobachtungszeitraum von 21 auf 17%.

Die sehr jungen Männer waren am wenigsten aktiv, aber es gab keine Veränderung dieser Daten bei den älteren.

- Insgesamt fanden sich also Veränderungen bei Männern und Frauen in entgegengesetzter Richtung und auch in unterschiedlichen Altersgruppen.

Die Forschungsergebnisse weisen nach, dass nur annäherungsweise jeder fünfte ältere Arbeiter wöchentlich in Klubs oder Vereinen aktiv ist. Männer und Frauen beteiligen sich gleichermaßen in der Altersgruppe 44-58 Jahre. Soweit die Ausgangssituation. Im Verlauf der nächsten elf Jahre waren jedoch vor allen Dingen aus der Sicht des Arbeitslebens Veränderungen zu beobachten.

- Die, die im Arbeitsverhältnis blieben, hatten ihre Aktivitäten vermindert, während diejenigen, die ihre Berufs- oder Erwerbsunfähigkeitsrente erhalten hatten, ihre Aktivitäten fortsetzten.
- Und: Bei den Rentnern, die den gesetzlichen Ruhestand erreicht hatten, fanden sich mehr Aktivitäten.

❖ Die Ergebnisse zeigen auf, dass das Aufrechterhalten und Entwickeln von sozialen Aktivitäten für diejenigen unter den Befragten schwieriger wird, die im Arbeitsleben verbleiben.

Ein solcher Prozess kann z.B. die Folge von Arbeitsdruck oder Arbeitshetze sein, er kann aber auch damit zusammenhängen, dass die betroffene Person nicht mehr die Kraftreserven und den Willen hat, ihre Aktivitäten fortzusetzen. Hier besteht sicherlich auch eine Wechselbeziehung zwischen physischer Erschöpfung im Arbeitsleben und der noch verbleibenden Fähigkeit, im Freizeitbereich Aktivitäten fortzusetzen.

- Vom Standpunkt der Erhaltung der sozialen funktionellen Kapazität eines Menschen muss es als sehr ungünstig und unglücklich betrachtet werden, wenn die Beteiligung am sozialen Leben und der Erhalt der sozialen Kompetenz nur noch auf das Arbeitsleben beschränkt wird.

7. Ausbildung, Weiterbildung und Berufserfahrung

In verschiedenen Kapiteln haben wir herausgearbeitet, dass die Ausbildung wie auch die berufliche Weiterbildung und die spezifische Berufserfahrung nicht nur für die Bewältigung des Arbeitslebens von entscheidender Bedeutung sind, sondern auch für die Gesundheit der Betroffenen. Dies gilt nicht nur für ältere Mitarbeiter, die verschiedenen Formen des Wandels von Arbeitsleben und Produktion unterworfen sind, sondern auch für die jüngste Altersgruppe, die mit ihrer Ausbildung zunächst ins Arbeitsleben eintreten muss. Die Abbildung 103 zeigt die Entwicklung der Abschlüsse der Schulentlassenen.

Lesebeispiel: Auf der X-Achse finden wir den Prozentanteil der Schulentlassenen. In der Mitte sind die verschiedenen Qualitäten des Schulabschlusses dargestellt, die unterschiedlichen Säulen stellen die Jahre 1970, 1980, 1990 und 1995 dar. 1995 werden die Abschlüsse in Deutschland dargestellt, in den Jahren vorher jeweils nur in dem Gebiet der alten Bundesrepublik Deutschland.

»Gemessen am Schulabschluss hat sich das Bildungsniveau in den letzten 30 Jahren erheblich verändert.

❖ Die Hauptschulabgänger mit oder ohne Abschluss stellten 1970 im Westen noch 63% aller Schulabgänger, 1995 waren es in Deutschland nur noch 31%.

Abb./Tab. 103: Abschlüsse der Schulentlassenen

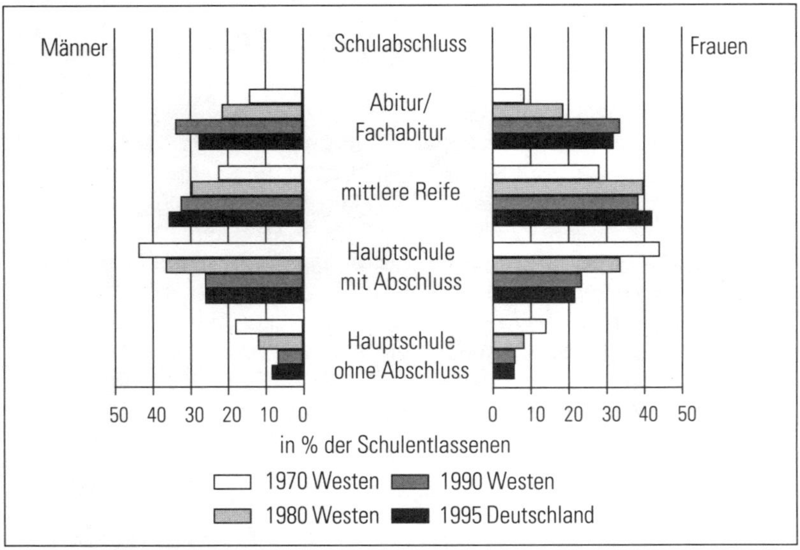

Quelle: Bundesamt 1998:23

- ❖ Inzwischen ist die Mittlere Reife mit fast 40% aller Schulabgänger der häufigste Schulabschluss.
- ❖ Erheblich an Bedeutung gewonnen hat auch das Abitur mit einem Anteil von nunmehr 30%.

Der leichte Rückgang an Abiturienten in der 1. Hälfte der 90er Jahre ist allein darauf zurückzuführen, dass im Osten das Abitur vor allem bei männlichen Jugendlichen etwas weniger verbreitet war.

Bemerkenswert ist, dass sich die Bildungsunterschiede zwischen den Geschlechtern im Beobachtungszeitraum umgekehrt haben. 1970 überstieg im Westen der Anteil männlicher Abiturienten noch den der weiblichen, 1995 verhielt es sich in Deutschland genau umgekehrt.

- ❖ Die Bildungsexpansion seit den 70er Jahren hat auch dazu geführt, dass dem Arbeitsmarkt immer qualifiziertere Schulabgänger zur Verfügung stehen.
- ❖ Umgekehrt verschlechtern sich die Arbeitsmarktchancen ohne qualifizierten Schulabschluss.
- ❖ Für die Arbeitswelt ergeben sich zunehmend Bildungsunterschiede zwischen älteren, mittleren und jüngeren Mitarbeitern. Verschiedene Bildungszeitalter leben und arbeiten mit- bzw. nebeneinander.« (ebd.: 23, Hervorhebung, d. Verf.)

Was nun die Ausbildung von älteren Arbeitnehmern (45-64 Jahre) betrifft, gibt es bei den EU-Ländern, aber auch gegenüber Amerika usw. erhebliche Unterschiede bei der Einstufung der Qualifikation, sodass die Beschreibung einheitlicher Bildungsstandards nicht möglich ist.[1] Im Rahmen unserer Fragestellung ist es weiterhin notwendig, nicht nur den aktuellen Stand von 1995 zu erfassen, sondern Hochrechnungen für 2015 anzustellen. Die OECD (Organisation für wirtschaftliche Zusammenarbeit und Entwicklung) hat solche Daten vorgelegt. Daraus ergeben sich – unter allen Vorbehalten – spezifische Probleme der Weiterbildung für ältere Arbeitnehmer.

Lesebeispiel: Auf der Y-Achse finden wir die verschiedenen EU-Länder sowie unter dem Strich den OECD-Durchschnitt. Die Säulen geben von links nach rechts wieder: Hauptschulabschluss und weniger, Mittlere Reife und weiterführend bis zum Abitur, Fachschulabschluss und andere nicht-universitäre Ausbildungen und abgeschlossenes Hochschulstudium.

Für **Deutschland** erkennt man z.B., dass 1995 das Gros der Beschäftigten mit 58,1% die mittlere Reife und mehr haben, 15,4% den Hauptschulabschluss und weniger, 11,7% Fachschulbildung u.ä. und 14,8% haben ein Hochschulstudium abgeschlossen.

[1] S. dazu die Unterschiede in den Begriffen der deutschen Statistik und der OECD-Statistik. Die Kategorien können nur annäherungsweise wiedergegeben werden.

Abb./Tab. 104: Verteilung des Schulabschlusses auf Arbeitskräfte im Alter von 45-64 Jahren in den EU-Ländern im Jahre 1995,%. OECD, gewichteter Durchschnitt (OECD 1998)

Land	Hauptschulabschluss und weniger	Mittlere Reife und weiterführend bis zum Abitur	Fachschulabschluss und andere nicht-universitäre Ausbildungen	Abgeschlossenes Hochschulstudium
Österreich	33,0	58,7	1,5	6,8
Belgien	46,2	27,0	13,3	13,5
Dänemark	35,5	42,4	6,1	15,9
Finnland	43,4	36,0	8,6	12,0
Frankreich	38,4	44,0	6,5	11,1
Deutschland	**15,4**	**58,1**	**11,7**	**14,8**
Griechenland	71,4	14,4	3,6	10,6
Irland	61,3	18,9	9,1	11,3
Italien	67,2	21,9	(...)[a]	10,9
Luxemburg	62,0	20,1	(...)	17,9
Niederlande	36,9	38,1	(...)	25,0
Portugal	84,0	5,2	3,8	7,0
Spanien	78,8	7,1	2,7	11,5
Schweden	35,8	37,4	11,5	15,3
Großbritannien	27,6	51,3	9,9	11,2
OECD, gewichteter Durchschnitt	44,1	35,2	9,1	13,4

[a] Nicht-universitäre weiterführende Bildung nicht anwendbar

Quelle: Ilmarinen 1999:77

Folgt man den Einschätzungen der OECD für die Bildungstrends bei älter werdenden Arbeitnehmern, wird man feststellen (siehe Tab. 5, S. 218), dass es im Jahre 2015 allgemein deutlich weniger ältere Arbeitnehmer geben wird, die den niedrigsten Bildungsgrad haben. Die Zahl der Beschäftigten mit Mittelschulreife und mehr, Fachschul- und Hochschulabschluss wird ebenfalls deutlich zunehmen. In Deutschland finden wir einen ähnlichen Trend vor. (s. Tab. 105, S. 218)

Damit sind wichtige Voraussetzungen dafür erfüllt, dass:

- junge Menschen z.B. in der Bundesrepublik Deutschland auch in Zukunft in den Arbeitsprozess hineinfinden und ihn mit ihrem verbesserten Ausbildungswissen mitgestalten können und dass
- ältere Arbeitnehmerinnen und Arbeitnehmer besser auf die Anforderungen des Arbeitslebens vorbereitet sein werden, als das 1995 der Fall war.

Abb./Tab. 105: Verteilung des Schulabschlusses auf Arbeitskräfte im Alter von 45-64 Jahren in den EU-Ländern im Jahre 2015,%. OECD, gewichteter Durchschnitt (OECD 1998)

Land	Hauptschulabschluss und weniger	Mittlere Reife und weiterführend bis zum Abitur	Fachschulabschluss und andere nicht universitäre Ausbildungen	Abgeschlossenes Hochschulstudium
Österreich	17,5	69,8	2,8	9,8
Belgien	25,7	35,6	19,1	19,6
Dänemark	23,5	49,6	8,3	18,6
Finnland	17,9	56,2	10,5	15,4
Frankreich	15,4	57,8	11,0	15,8
Deutschland	**8,6**	**63,5**	**10,8**	**17,1**
Griechenland	41,5	29,6	9,9	19,1
Irland	36,4	31,4	15,1	17,1
Italien	44,6	42,3	(...)[a]	13,1
Luxemburg	53,2	25,8	(...)	20,9
Niederlande	23,5	46,1	(...)	30,4
Portugal	67,8	14,7	4,3	13,2
Spanien	49,5	20,1	8,4	22,0
Schweden	14,7	54,3	16,4	14,6
Großbritannien	13,0	61,3	9,4	16,4
OECD, gewichteter Durchschnitt	26,9	45,9	11,5	18,1

Quelle: Ilmarinen 1999:78

Wir sehen aber auch, dass die Unterschiede zwischen den einzelnen EU- bzw. OECD Ländern weiterhin erheblich sein werden.

7.1 Lebenslanges Lernen

Dieses Ausbildungswissen muss nun im Arbeitsleben mit dem aus der Praxis gewonnenen Erfahrungswissen verknüpft und aufbereitet werden. Dabei haben Jüngere das Problem, dass sie Zugang zum Beruf erlangen müssen, während die Älteren zwar über die berufliche Erfahrung verfügen, aber gegebenenfalls über keine ausreichende Schulausbildung. So steht letztlich jede Altersgruppe entsprechend ihren Vorbedingungen vor dem Problem, dass sie sich ständig weiterbilden muss unter Berücksichtigung der mitgebrachten Bildungsunterschiede und der spezifischen Anforderungen des Arbeitslebens.

Tarja Tikkanen beschreibt in ihrer Doktorarbeit (Tikkanen 1998) eine paradoxe Situation bezüglich der Weiterbildung von Erwachsenen im Arbeitsleben (zitiert nach: Ilmarinen 1999:80-82):

- In dem Maße, in dem die Bedeutung von Erfahrungswissen im Arbeitsleben und in der Erwachsenenbildung zugenommen hat, hat die Anerkennung für die beruflich hoch erfahrenen älteren Arbeitnehmer abgenommen.
- Deshalb haben Einstellungen und Verhalten bezüglich Lernen und Training von älteren Mitarbeitern im Arbeitsleben ein großes Gewicht.

Man stößt auf offensichtliche Altersdiskriminierung, wenn man der Frage nachgeht, wer am betrieblichen Training teilnimmt, und diese Altersdiskriminierung richtet sich bereits gegen Mitarbeiter im Alter von 40 Jahren und älter. In diesem Zusammenhang muss auch daran gedacht werden, dass die Teilnahmequoten beim Erwachsenentraining nicht allein vom Alter abhängen, sondern auch durch Ausbildungsniveau und Geschlecht der Teilnehmer bestimmt werden. Ein weiterer wichtiger Faktor besteht darin, dass innerhalb der Trainingsgruppen und auch innerhalb der verschiedenen Altersgruppen deutliche Unterschiede bestehen.

Die älter werdende Mitarbeiterschaft bedeutet für die Personal- und Organisationsentwicklung eine erhebliche Herausforderung. Diese ist nach den Aussagen von Tikkanen der zentrale Bereich, in dem das (arbeits-)lebenslange Lernen organisiert werden kann und muss.

Die **Aufgabe Personalentwicklung** – auch die des älteren Personals – sollte hierbei als Ressource und nicht nur als Kostenfaktor gesehen werden. Aber auch rein rechnerisch kann es Ökonomie- und Effizienzvorteile bringen, wenn das Know-how von vorhandenen Arbeitskräften gesteigert wird, anstatt diese durch jüngere mit besserem Grundwissen zu ersetzen.[2]

Der Manager einer Automobilfabrik benutzte Begriffe aus dem Finanzwesen, um das Gleiche auszudrücken: »Bevor ein junger Mechaniker ausreichend qualifiziert ist, um dem Unternehmen Profite zu erarbeiten, kosten seine Ausbildung und sein spezielles Training ungefähr FIM 250.000.[3] Wenn wir FIM 50.000 in die spezifische Weiterbildung eines älteren Mechanikers investieren, können wir das gleiche Ergebnis erhalten.«

Entscheidend ist, dass eine Person erst mit der Zeit ein voll anerkanntes und befähigtes Mitglied eines Teams wird. Das geht nicht über Nacht. Dieses Phänomen ist nicht nur in hoch spezialisierten Organisationen bekannt, sondern es gilt allgemein in der Arbeitswelt.

In ihrer Zusammenfassung kommt Tikkanen (1998) zu dem Ergebnis, dass berufliche und persönliche Reife im Arbeitsleben ihre Bedeutung verloren hat. Ein Widerspruch bzgl. der Reife, die auf Erfahrung

[2] S. dazu auch die Kapitel 1.2 bis 1.2.3

[3] 250.000 Finnmark entsprechen 83.000 DM.

beruht, wird durch die Tatsache erhellt, dass zwar in der Geschäftswelt und der Öffentlichkeit fast nur Personen in fortgeschrittenem Alter als Führungspersonen ausgewählt werden, dies jedoch im Alltag nicht für alle Lebensabschnitte, Alters- und Berufsgruppen gleich realisiert wird. Im Hintergrund solcher Entscheidungen stehen Unkenntnis und Vorurteile,

- ❖ denn ältere Arbeiter sind offensichtlich die letzte Gruppe, die in diese Diskussion um lebenslange Lernprozesse mit einbezogen wird.
- ❖ Pensionäre und Rentner haben dagegen schon seit langem ihre eigenen Bildungsinstitute und Universitäten.

Den älteren Arbeitnehmern wird dagegen gerne mitgeteilt, dass sie erst einmal Neues lernen müssten, statt dass man ihnen Wege aufzeigt, wie sie sich an das moderne Arbeitsleben *adaptieren* können (s. Kapitel 6.2). Genauso gut kann man jüngere Arbeiter fragen, wie sie lernen, das Expertenwissen ihrer Kollegen, das überwiegend auf der praktischen Arbeitserfahrung beruht, anzuerkennen und daraus für sich Vorteile zu ziehen. (Tikkanen 1998)[4]

Fazit: Die gängige Praxis und die vorherrschenden Prinzipien der Erwachsenenbildung im Arbeitsleben sind nicht gerade ermutigend und unterstützend für ältere Arbeitnehmer, wenn sie sich daran beteiligen wollen. Das Training wird mehrheitlich für jüngere Erwachsene mit einem relativ hohen Schulabschluss geplant. Das führt auf die Dauer dazu, dass ältere Arbeitnehmer die engagierten **Erwachsenenausbilder** vor erhebliche Probleme stellen – und umgekehrt.

- ➜ Es ist nicht nur notwendig, spezifische Methoden zu entwickeln, um Lernmodelle für ältere Arbeitnehmer vorzubereiten,
- ➜ es ist darüber hinaus auch erforderlich, die Einstellungen und das Verhalten der Kurs- und Weiterbildungsleiter in diesem Punkt zu korrigieren und die Qualität ihrer Arbeit zu überprüfen.

Die zentrale Frage ist die Bedeutung von Fachkenntnissen im Arbeitsleben und welche Anforderungen an einen Facharbeiter bzgl. verschiedener Aufgaben und ökonomischer Sektoren gestellt werden. Nur weil gegenwärtig keine vernünftigen Evaluationsmethoden zur Verfügung stehen, kann nicht behauptet werden, dass Fachkenntnis und Arbeitsleistung eines älteren Arbeitnehmers schlechter seien als die eines jüngeren. Die Art und Weise, wie Fachkenntnis im modernen Arbeitsleben eingefordert und bewertet wird, erscheint hier sehr schmalspurig.

Denn: »Die Fähigkeit, Daten in Wissen zu transformieren und dieses für das Unternehmen vorteilhaft einzusetzen, macht das Individuum zum zentralen Träger der organisationalen Wissensbasis.[5] ... Das

---

[4] Es ist notwendig zu überprüfen, wie weit diese Ergebnisse auf die Bundesrepublik Deutschland zu übertragen sind.

[5] Das ist die Summe aller Kenntnisse und Fähigkeiten, die die in einem Unternehmen beschäftigten Menschen individuell oder kollektiv einbringen können (d.Verf.).

spezifische Wissen eines Unternehmens ist zu einem bedeutenden Anteil in den Köpfen seiner Mitarbeiter gespeichert. Je höher die Bedeutung organisationalen Wissens für die Wertschöpfung eines Unternehmens ist, um so wichtiger wird auch die intellektuelle Arbeit hochqualifizierten Personals. Dieses wird immer seltener als reiner Produktionsfaktor Arbeit verstanden. Vielmehr öffnet sich das Management zunehmend der Erkenntnis, dass Mitarbeiter Produzenten und Inhaber immaterieller Vermögenswerte sind.« (Probst, Raub et al. 1998:37-38)

Das gilt auch für den Umgang mit der Facharbeiterschaft und ihren schöpferischen Fähigkeiten. Tatsächlich werden die individuellen Ausprägungen der Fachkenntnisse nicht voll ausgeschöpft, und das differierende Know-how von jüngeren und älteren Arbeitnehmern wird sozusagen als ein natürliches Ergebnis behandelt, das nicht weiter hinterfragt wird.

Insbesondere interessiert sich kaum jemand für die Ausprägungen und Möglichkeiten der einzelnen Mitarbeiter, die auf der unterschiedlichen Fachkenntnis und Arbeitserfahrung basieren (zur Bedeutung s. Kapitel 6.2). Fachkenntnis durch Erfahrung unterscheidet sich von der jüngerer Menschen, aber beides wird dringend benötigt.

Die Position älterer Arbeitnehmer auf dem Arbeitsmarkt kann auch dadurch gestärkt werden, dass man sie als mögliche Instruktoren betrachtet. Die Verwandlung von Erfahrung in Information und Know-how, die dem Unternehmen zur Verfügung stehen, verlangt noch deutlich mehr Kenntnisse des Entwicklungsprozesses, mit dessen Hilfe durch Fachkenntnis zusätzliche Werte im Unternehmen geschaffen werden. (nach Tikkanen 1998, S. 222)

Dass es sich dabei nicht um eine übertrieben pessimistische oder einseitige Sicht der Dinge handelt, zeigt abschließend die EU-Statistik (s. Abb.106).

Lesebeispiel: Auf der linken Y-Achse findet man – wie bereits bekannt – die EU-Länder in der Rangfolge der Prozentanteile, auf der X-Achse die Prozentanteile und auf der rechten Y-Achse die Differenzen in Prozentpunkten zwischen den Befragten über 45 und unter 45 Jahren.

Im Durchschnitt sind in der EU nur 15% aller Arbeitnehmer über 45 Jahre an Weiterbildungsmaßnahmen beteiligt, die mehr als fünf Tage im Jahr umfassen. Bei den Arbeitnehmerinnen sind es nur 12%. Wir finden erhebliche Unterschiede bei den einzelnen EU-Ländern. Sowohl bei den Männern als auch bei den Frauen überwiegen die negativen Differenzen beim Vergleich der älteren und jüngeren (auf die 5%-Unterschiede achten).

Abb./Tab. 106: Bezahlte Weiterbildung und Lebensalter im europäischen Ländervergleich

Vom Arbeitgeber bezahlte Weiterbildung (< 5 Tage/Jahr) zur Verbesserung der Fachkenntnisse. Prozentanteil von Ja-Antworten bei Männern und Frauen über 45 Jahre. Differenz (Prozentpunkte) bei der Weiterbildung zwischen älteren und jüngeren Männern und Frauen in den EU-Mitgliedsstaaten (Eurobarometer 1996), EUR 15 = gewichteter Durchschnitt

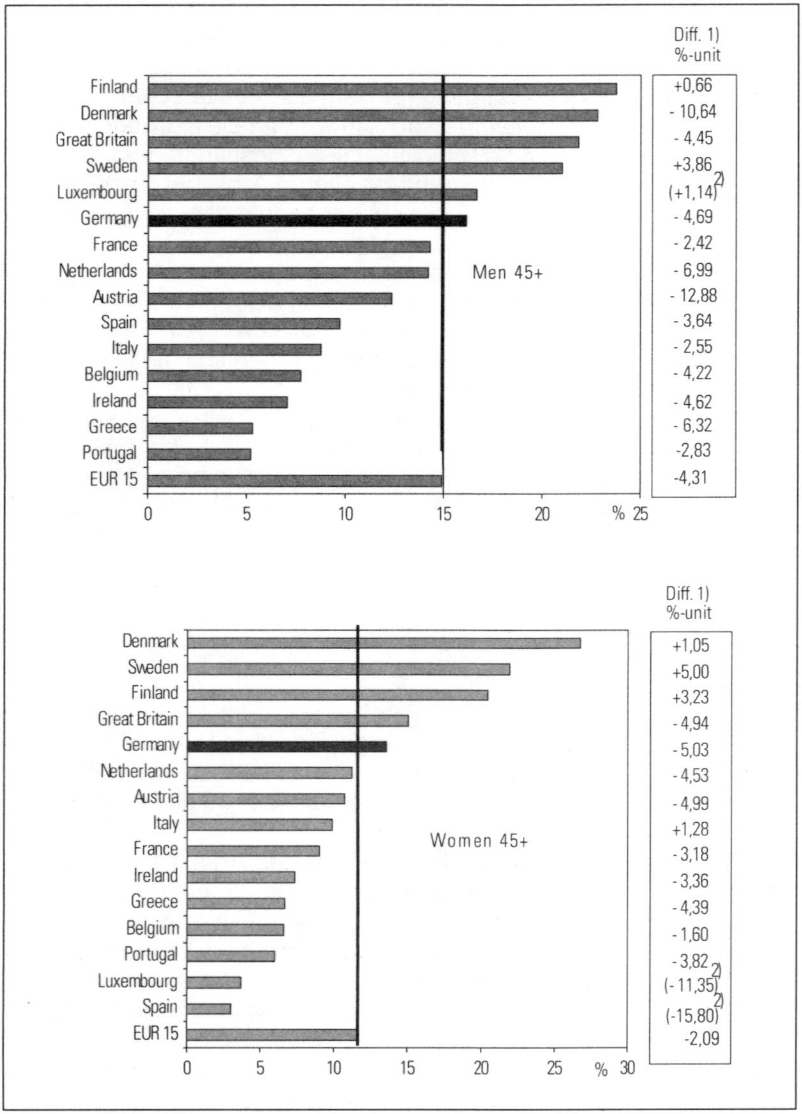

Quelle: Ilmarinen 1999:81

7.2 Betriebliche Weiterbildung und »learning on the job«

Über 70% aller Beschäftigten in der EU, Männer wie Frauen, ältere (über 45 Jahre) und jüngere (unter 45 Jahre), haben die Möglichkeit, bei ihrer Arbeit *neue Dinge* zu lernen. Wir finden aber erhebliche Unterschiede nach Geschlecht und Ländern. Wichtig ist, im Einzelfall auch die Unterschiede nach Prozentpunkten zwischen den Älteren und den Jüngeren zu betrachten.

Lesebeispiel: Die Darstellung folgt den bekannten Verfahrensweisen. Im EU-Durchschnitt (EUR 15) haben die Männer über 45 Jahre zu 6,35% weniger die Möglichkeit, bei der Arbeit neue Dinge zu lernen, als die Männer unter 45. Bei den Frauen sind es entsprechend 5,44% weniger.

In Deutschland liegt der Unterschied für ältere Männer bei 8,05% weniger, also fast zwei Prozentpunkte über dem EU-Durchschnitt, und bei den Frauen entsprechend bei 5,81% weniger, also etwas über dem EU-Durchschnitt.

Das Erlernen neuer Tätigkeiten kann in der Praxis große Anforderungen an die Arbeitsgestaltung stellen. Wo das nicht gelingt, entstehen den Beteiligten erhebliche Probleme. »Dies soll exemplarisch am Beispiel der **Spezialisierungsfalle** erläutert werden (Wolff 1999:VI), in die Mitarbeiter geraten können, die in fortgeschrittenem Alter im Betrieb bleiben, in ihrem Potenzial unterschätzt und ausgeschlossen von den kontinuierlichen Verbesserungsprozessen (KVP) in die Spezialistenrolle gedrängt werden.

Sie können dabei kurzfristig eine einseitige Arbeitsteilung für Leistungsvorteile nutzen, was von manchen Unternehmen begrüßt wird, da dadurch der Qualifizierungsaufwand reduziert werden kann. Aber ›Laufzeiten von mehr als 10 Jahren für bestimmte Produktlinien, Herstellungsprozesse und Arbeitsabläufe sind inzwischen die Ausnahme. Die Laufzeiten reichen aber bei der beschriebenen Arbeitsteilung zwischen jüngeren und älteren Mitarbeitern noch aus, um die Einsatzfähigkeit (die Arbeitsbewältigungsfähigkeit, d. Verf.) der Mitarbeiter mit ihren Produkten und Tätigkeiten altern zu lassen. Sie werden lernungewohnt, und es fällt ihnen immer schwerer, Veränderungen Rechnung zu tragen.‹ (ebd.)

Die gesundheitlichen Folgen solcher ›sozialen Krisen‹ im Arbeitsleben sind ausreichend beschrieben. Sie erhöhen unnötig den Krankenstand der älteren Mitarbeiter, was wiederum zu neuen Vorurteilen mit entsprechenden Konsequenzen führen kann (Prinzip der self fulfilling prophecy).« (Ilmarinen und Tempel 2000:104) Dies kann an einem einfachen Beispiel erläutert werden:

Ein Unternehmen stellt seinen Kunden auf Anforderung Unterlagen und Materialien zur Verfügung, die sie für bestimmte Tätigkeiten benötigen. Der Arbeitsablauf setzt sich aus dem Kundenkontakt, dem Sichten, Sortieren und Bereitstellen der Materialien zusammen. Alle Mitar-

Abb./Tab. 107: Arbeitsgestaltung und Weiterbildung nach Lebensalter im europäischen Ländervergleich

Die Arbeit bezieht das Erlernen neuer Fähigkeiten und Tätigkeiten mit ein. Prozentanteil von Ja-Antworten bei Männern und Frauen über 45 Jahre und Differenz in Prozentpunkten zwischen älteren und jüngeren Männern und Frauen in den EU-Mitgliedsstaaten (Eurobarometer 1996), EUR 15 = gewichteter Durchschnitt

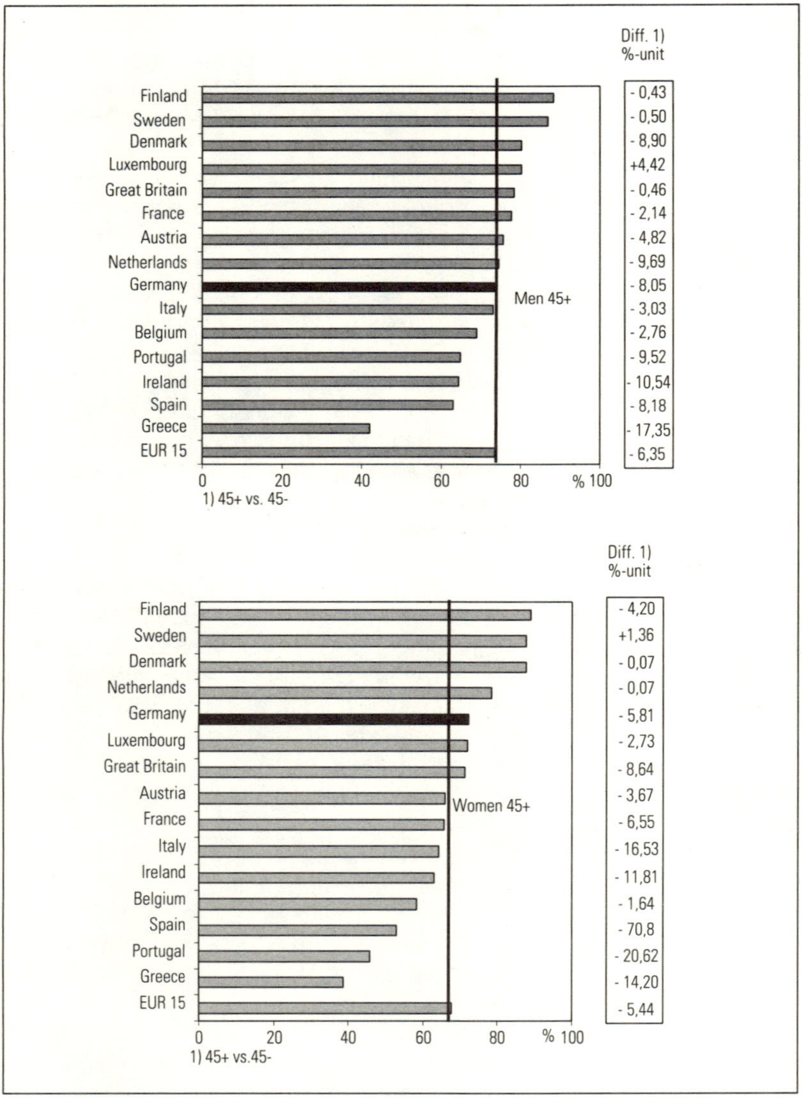

Quelle: Ilmarinen 1999:115

beiterinnen und Mitarbeiter, egal in welcher Altersgruppe, können die verschiedenen Arbeiten selbstständig durchführen.

Diese Aufgaben werden nun in einem Call-Center organisiert, wobei die jüngeren Mitarbeiterinnen und Mitarbeiter die Kundengespräche am Telefonplatz führen, während die älteren nur noch die Bearbeitung der eingegangen Bestellungen übernehmen. Sie suchen die Materialien raus, tüten sie ein und versenden sie. Nach ungefähr zwei Jahren wird den jüngeren Mitarbeitern die einseitige Tätigkeit am Telefon zu viel, sie leiden an Kopfschmerzen, Konzentrationsstörungen und wollen »gerne auch mal wieder die andere Arbeit übernehmen«. An diese haben sich nun die älteren Mitarbeiter »gewöhnt«. Außerdem haben sie Angst, den Aufgaben am Telefonarbeitsplatz nicht gewachsen zu sein.

Es kommt zu einem Arbeitskonflikt, der im Kern vorprogrammiert war, da die älteren Mitarbeiter vom Erlernen »neuer Dinge« ausgeschlossen waren. Nach zwei Jahren ist ein erheblicher Zeit-, Kraft- und Überzeugungsaufwand notwendig, um die Arbeit so zu reorganisieren, dass die ursprüngliche Vielfalt der Tätigkeiten wiederhergestellt ist (s. auch Theorie X und Y in Kapitel 4.1).

7.2.1 »Sie waren doch zum PC-Kurs«

Modernes Arbeitsleben und moderne Dienstleistung, insbesondere im Informationsbereich, sind ohne Computer nicht vorstellbar.

Lesebeispiel: Die Darstellung folgt dem bekannten Verfahren. Nach den Ergebnissen des Eurobarometers (1996) war die Benutzung von Computern am Arbeitsplatz für wenigstens die Hälfte der Arbeitszeit unter den jüngeren Arbeitnehmern (unter 45 Jahre) weiter verbreitet als unter den älteren (über 45 Jahre). Jeder vierte der jüngeren und jeder fünfte der älteren Männer benutzt für wenigstens die Hälfte der Arbeitszeit einen Computer. Die Unterschiede waren zwischen den Frauen nach Altersgruppen etwas größer. Insgesamt finden wir wieder erhebliche Länderunterschiede, aber auch deutliche Differenzen in den Altersgruppen:

Das Training am Computer mit den externen Experten, die die Erwachsenenbildung durchführen, ist eines der Probleme, die Tikkanen beschrieben hat (siehe Kapitel 7.1). Es wird in Seminaren und Einzelgesprächen immer wieder berichtet, dass entweder der Begriff »learning on the job« in der Weise missbraucht wird, dass ein PC hingestellt wird und die Betroffenen ermuntert werden: »Sie schaffen das schon«, oder dass im Schnellverfahren Einzelne zu Lehrgängen geschickt werden, die dann dem Rest der Abteilung beibringen sollen, wie mit Computern umzugehen ist.

Im Zentrum steht dabei das Problem, dass Jugendliche heute in einem großen Prozentsatz mit Computern vertraut sind (s. dazu die Ausführungen der Shell-Studie in Kapitel 2.2), während Ältere oft noch

Abb./Tab. 108: Bedarf an Computerfähigkeiten bei der Arbeit und Lebensalter im europäischen Ländervergleich

Die Arbeit verlangt den Umgang mit Computern (Netzwerke, Großrechner) wenigstens für die Hälfte der Arbeitszeit. Prozentanteil von Männern und Frauen über 45 Jahre, die davon betroffen sind, und Differenz in Prozentpunkten zwischen älteren und jüngeren Männern und Frauen in den EU-Mitgliedsstaaten (Eurobarometer 1996), EUR 15 = gewichteter Durchschnitt

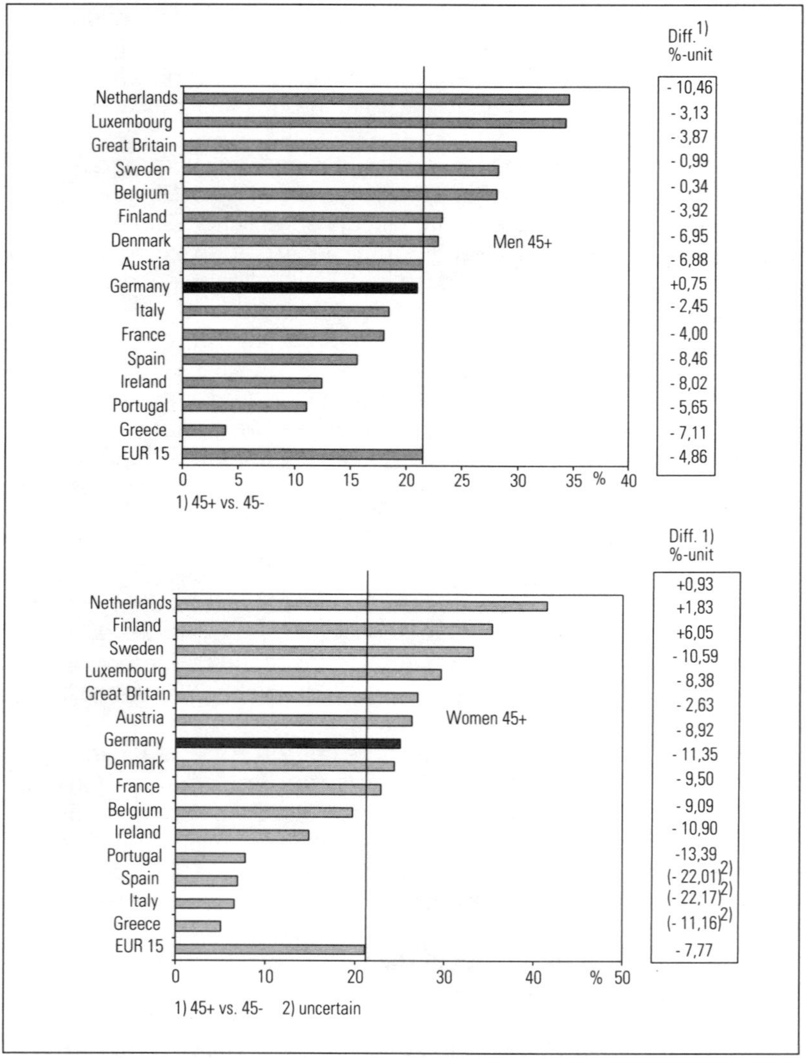

Quelle: Ilmarinen 1999:109

nie mit einem Computer zu tun gehabt haben und eventuell eine ablehnende Grundeinstellung mitbringen, die erst abgebaut werden muss.

In den Kursen selbst orientieren sich die externen Experten gerne an denen, die schon am besten mit einem Computer umgehen können, differenzieren ihre Unterrichtsmethoden zu wenig nach der Alterszusammensetzung der Gruppe und den Unterschieden in der Vorerfahrung und tragen dadurch dazu bei, dass ältere Teilnehmer vor der Aufgabe resignieren und sich innerlich zurückziehen.

So können die Älteren begrenzt oder nur wenig profitieren und geraten dabei gleichzeitig in einen Teufelskreis, weil sie am Arbeitsplatz dann als erfolgreiche Teilnehmer angesprochen werden, obwohl der Kurs für sie persönlich ein großer Misserfolg war.

Bei der Vergabe und Durchführung von solchen Aufträgen ist an die Qualitätssicherung und Kontrolle zu denken:

➔ die Teilnehmer müssen abschließend befragt werden, wie sie von dem Kurs profitiert haben, und

➔ eine Nachschulung nach einem angemessenen Zeitraum kann dazu beitragen, die Ergebnisse zu sichern.

7.2.2 Führungsverhalten und Weiterbildung

Es ist durch die Forschung erwiesen, dass das Verhalten der Vorgesetzten (engl.: Supervisor) unmittelbaren Einfluss darauf hat, die Arbeitsfähigkeit von älter werdenden Arbeitnehmern zu erhalten oder zu verbessern (ausführlich in Kapitel 8.3.1). In diesem Zusammenhang ist es von großer Bedeutung, wie weit Arbeitnehmerinnen und Arbeitnehmer diese *Möglichkeit haben* und von ihr *Gebrauch machen*, über arbeitsbezogene Probleme zu sprechen und gemeinsam nach Lösungen zu suchen. Die folgende Tabelle zeigt zunächst die Durchschnittswerte:

Abb./Tab. 109: Haben Sie mit Ihrem Vorgesetzten in den letzten 12 Monaten arbeitsbezogene Probleme diskutiert? Prozentsatz nach Geschlecht und Altersgruppe in der Europäischen Union (Eurobarometer 1996)

Altersgruppe	Männer, n = 9061		Frauen, n = 6740	
	Ja	Nein	Ja	Nein
< 45 Jahre	58,30	41,70	57,11	42,89
≥ 45 Jahre	50,78	49,22	54,49	45,51
N	5043	4018	3795	2945

Quelle: Ilmarinen 1999:132

Lesebeispiel: Wir finden drei Säulen mit den Altersgruppen, Ja- bzw. Nein-Antworten der Männer und entsprechend der Frauen. Im Durchschnitt haben 58,3% der Männer im Alter unter 45 Jahre und 57,11% der Frauen die Frage mit Ja beantwortet. Bei den Männern über 45 Jahre

Abb./Tab. 110: Problemdiskussion mit Vorgesetzten nach Alter im europäischen Ländervergleich

Haben Sie mit Ihrem Vorgesetzten in den letzten 12 Monaten arbeitsbezogene Probleme diskutiert? Prozentanteil der Ja-Antworten bei Männern und Frauen nach Altersgruppe und Differenz nach Prozentpunkten zwischen älteren und jüngeren Männern und Frauen in den Ländern der Europäischen Union (Eurobarometer 1996), EUR 15 = gewichteter Durchschnitt

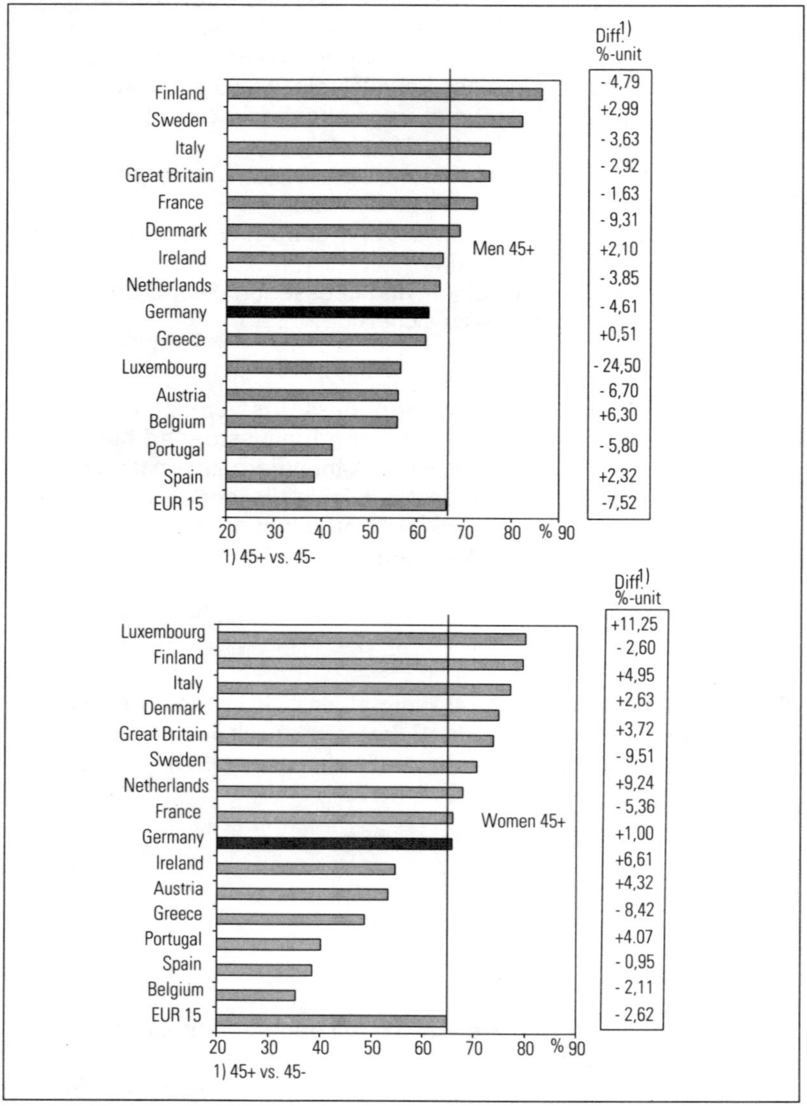

Quelle: Ilmarinen 1999:133

sind es 50,78% und bei den Frauen 54,49%. Man kann also davon ausgehen, dass wenigstens die Hälfte aller Arbeitnehmer, in der EU über diese Möglichkeiten verfügt und in den letzten zwölf Monaten auch davon Gebrauch gemacht hat.

Betrachtet man die Unterschiede bei den einzelnen EU-Ländern, dann finden wir die besten Zahlen für Finnland und Schweden mit über 80% bei den älteren Männern (45+) (s. Abb. 110).

Lesebeispiel: Die Darstellung folgt der bekannten Verfahrensweise. Deutschland liegt bei den Männern etwas unter dem Durchschnitt (EUR 15) und hat bei den Altersgruppen fast 5% Unterschied. Die entsprechenden Werte bei den Frauen sind unauffällig. Es war eine Überraschung, dass Finnland bei Frauen wie Männern die besten Ergebnisse hatte, während Schweden, das als Wegbereiter in diesen Fragen gilt, deutlich dahinter liegt.

Bei der Beurteilung solcher Ergebnisse ist auch zu bedenken, dass bei den älteren Arbeitnehmern die Probleme vielleicht auch abnehmen und deshalb eine Diskussion mit dem Vorgesetzten weniger nötig ist. Vielleicht wird aber auch das Mittel der Diskussion von den Älteren weniger benötigt.

Bei den Frauen ist der Prozentsatz derjenigen, die ihre Arbeitsprobleme mit dem Vorgesetzten besprechen, höher, jedoch unter einer 5%-Differenz.

- Wenn ca. 50% der Befragten ihre Arbeitsprobleme mit den Vorgesetzten besprechen, dann bedeutet dies umgekehrt, dass annäherungsweise die andere Hälfte nicht dazu in der Lage war, wo immer die Gründe dafür zu suchen sind.
- Betrachtet man die Unterschiede der Altersgruppen, dann liegen diese bei den Männern bei > 8%.
- Über die Produktivität und Qualität der Produktion sagen die Ergebnisse nichts aus, aber
- auf die vorherrschende betriebliche Arbeitskultur kann beides einen erheblichen Einfluss ausüben, und die Ergebnisse unterstreichen die Bedeutung der Vorgesetzten.
- Die Aneignung von Bildung und Weiterbildung ist keine Frage des Selbstverschuldens, obwohl sie natürlich individuelles Bildungsinteresse voraussetzt. Die Gestaltung der betrieblichen Bildung ist deshalb eine Führungsaufgabe.

7.3 Bildung und Weiterbildung als Gesundheitsförderung

Wonach werden Sie gefragt, wenn Ihre Gesundheitsprobleme und -risiken zur Diskussion stehen?

Nach dem Gewicht im Verhältnis zur Körpergröße und nach dem Body Mass Index (BMI), wie wir ihn in Kapitel 6.1 beschrieben haben? Wie steht es mit Ihrer körperlichen Leistungsfähigkeit und wie viele Stunden in der Woche bewegen sie sich so, dass der Schweiß tropft?

(ebd.) Für die Senkung der Cholesterinwerte im Blut werden Millionen DM ausgegeben, weil das erhöhte Cholesterin ebenfalls einen Risikofaktor darstellt.

Aber was wurde aus dem Patienten in Kapitel 1.2.3, dessen Bildung und Weiterbildung nicht mehr ausreichte, um sein Arbeitsleben zu bewältigen? Die Leserinnen und Leser können selber nachprüfen, ob und wann sie schon einmal von ihrem Hausarzt gefragt wurden, ob ihr Wissen noch für die Arbeit ausreicht. Die Abbildung 111 zeigt die Zusammenhänge für amerikanische Bürger auf.

Lesebeispiel: Auf der Y-Achse finden wir die Blutdruckwerte gemessen in mm Hg (Millimeter Quecksilbersäule). Begrifflich unterschieden werden der *systolische* (oberer Wert) und der *diastolische* (unterer Wert) *Blutdruck*. Wenn jemand, wie man so sagt, einen Blutdruck »von 140 zu 80« hat, dann bedeutet dies, dass der systolische Druck 140 und der diastolische 80 mm Hg betragen. Erhöhte Blutdruckwerte über 140 mm Hg systolisch und 90 mm Hg diastolisch führen leichter zu Herzinfarkt, Schlaganfall und arteriellen Durchblutungsstörungen.

Auf der X-Achse wird die Zahl der Jahre wiedergegeben, die die Ausbildung betragen hat. Unterschieden wird nach den Möglichkeiten des amerikanischen Schulsystems < 5 Jahre, 5-8 Jahre, 9-12 Jahre und > 13 Jahre.

Abb./Tab. 111: Bildungsgrad, Rasse und Blutdruck (Erwachsene U.S. Bürger, 25-74 Jahre)

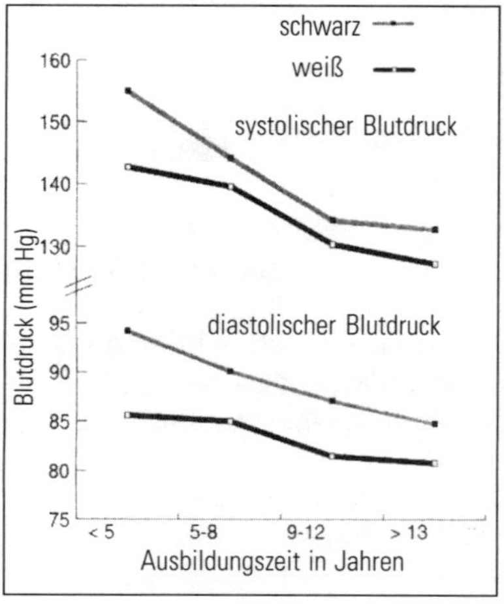

Datenbasis: United States, 1971-1975, National Health Survey, Series 11, No 221, DHHS, Publ. 81-1671, 1981.

Quelle: Lynch 2000:139

Die graue Linie gibt die entsprechenden durchschnittlichen Werte der schwarzen Amerikaner wieder, die schwarze Linie die der weißen. »Für Männer und Frauen, sowohl schwarze als auch weiße, gab es eine konsistente (logische und widerspruchsfreie, d. Verf.) umgekehrte Beziehung zwischen Ausbildung und Blutdruck. Je höher der Ausbildungsgrad war (ausgedrückt in der Zahl der Ausbildungsjahre, d. Verf.), desto niedriger lagen die ermittelten Blutdruckwerte. Vergleichbare Ergebnissee werden in jüngeren Untersuchungen wiederholt gefunden.« (Lynch 2000:140)

Im Zusammenhang mit den Herz-Kreislauferkrankungen geistert nun immer noch ein Märchen durch die Welt, das z.B. in Deutschland in den 60er Jahren weitererzählt wurde: »Manager« hätten öfter einen Herzinfarkt als »einfache Arbeiter«. »Die koronare Herzkrankheit (die zum Herzinfarkt führt, d. Verf.) ist also, entgegen einer auch noch heute weit verbreiteten Auffassung, keine Erkrankung oberer Statusgruppen (Managerkrankheit), sondern trifft überproportional häufig Personen, die zu den weniger Privilegierten in modernen westlichen Industriegesellschaften zählen.« (Rugulies 2001:25)

Wir kommen nur deshalb darauf zurück, weil wir in den Veranstaltungen und Seminaren immer wieder auf diese Frage stoßen (s. Kapitel 1.2.1-1.3.1). Außerdem enthalten Märchen immer auch einen wahrer Kern, den zu erforschen in diesem Zusammenhang sinnvoll ist. Die Tabelle enthält zunächst allgemeine Daten.

Abb./Tab. 112: Erstes beeinträchtigendes Auftreten der Koronaren Herzkrankheit bei Beschäftigten von Bell-System im Alter von 30 bis 59 Jahren, Fälle auf 1000 Mitarbeiter, 1963-1965

Funktion innerhalb des Unternehmens	Gesamt	College-absolventen	Nicht-College-absolventen
Geschäftsführer	1,85	2,46	1,65
Gebietsleiter (Niederlassungsleiter)	2,85	5,14	2,07
Örtliche Leiter	3,91	4,28	3,68
Abteilungs- und Fachbereichsleiter	3,91	4,17	2,92
Werkmeister und Vorarbeiter	4,52	4,53	4,68
Arbeiter	4,33	4,46	4,15

Quelle: Lynch 2000:162

Lesebeispiel: Wir betrachten die Säulen einzeln von links nach rechts und folgen dem Gang der Erkenntnis. Die **erste Säule** beschreibt die Funktion innerhalb des Unternehmens: Oben stehen die Geschäftsführer des Unternehmens »Bell-System«, einer amerikanischen Telefongesellschaft, die 1960 ca. 270 000 männliche Beschäftigte hatte. Dann kommen die Gebietsleiter (Niederlassungsleiter), örtliche Leiter, Abteilungs- und Fachbereichsleiter, die Werkmeister und Vorarbeiter und schließlich die Arbeiter. Von allen Beschäftigten lagen komplette, sorgfältig geführte medizinische Datenblätter vor. (Lynch 2000:158-163)

Die **zweite Säule** gibt die jeweilige Krankheitsrate auf 1000 Mitarbeiter an. Betrachtet man nur diese Daten, dann ist »die Krankheitsrate für die Arbeiter mit 4,3 auf tausend mehr als doppelt so hoch als die Rate bei den höchsten Managern mit 1,85 auf tausend.

Aber als die gleichen Personen unterteilt wurden in solche, die auf das College (Fachhochschule oder Vorstufe zur Universität) gegangen waren, und solche, auf die dies nicht zutraf (**dritte Säule**, d. Verf.), konnte man eine verblüffende Veränderung der Tendenz entdecken. Die Gebietsleiter, die nicht auf das College gegangen waren, hatten die höchste Rate an Herzerkrankungen in der ganzen Gesellschaft mit 5,14 auf tausend.

Obwohl sie den zweithöchsten Rang einnahmen und unter den bestbezahlten aller Mitarbeiter zu finden waren, hatten sie die höchste Krankheitsrate! Umgekehrt hatten Manager mit exakt der gleichen Position und gleichem Einkommen, die auf das College gegangen waren, weniger als die Hälfte der koronaren Herzkrankheiten« (2,07 auf tausend). (Lynch 2000:ebd.).

Als nächster Schritt wurde der Zusammenhang zwischen Gesundheit bzw. Krankheit und Ausbildung nach Altersgruppen untersucht: »Sowohl die Todesfälle als auch die ersten Anzeichen einer koronaren Herzkrankheit (Angina pectoris-Anfall oder ›Herzattacke‹) traten eindeutig häufiger bei den Männern auf, die nicht auf das College gegangen waren.« (Lynch 2000:ebd.) (s. Abb. 113)

Lesebeispiel: Die linke Y-Achse beschreibt die belastenden Krankheitsereignisse, die durch die Linien dargestellt werden. Die X-Achse erfasst die Altersverteilung in Fünf-Jahres-Gruppen von 30 bis 64 Jahre. Bis zur Altersgruppe 40-44 Jahre sind die Unterschiede gering, dann zeigt sich ein gleichmäßiger Erkrankungsunterschied zwischen der weißen Linie (College) und der schwarzen (Nicht-College).

Abb./Tab. 113: Erkrankung und Tod an einer koronaren Herzkrankheit – Beziehung zwischen Grad der Ausbildung und Alter

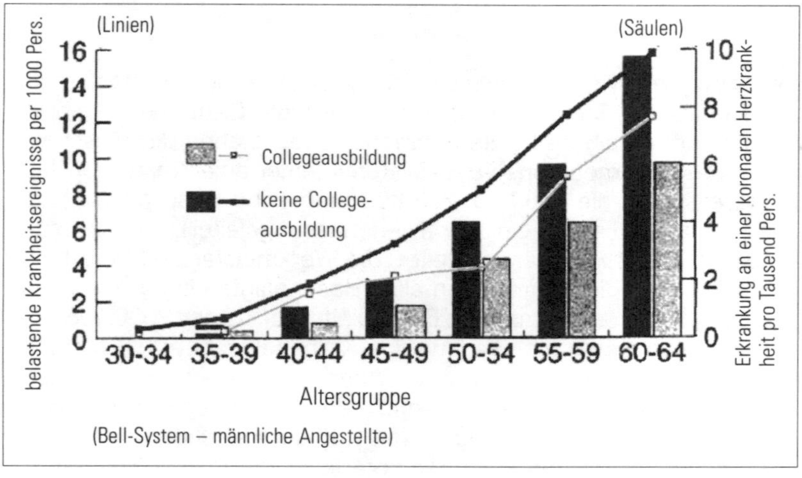

Quelle: Lynch 2000:163

Vielleicht kann man es so formulieren, dass

- die Beschäftigten mit der schlechteren Ausbildung ein von anderen Faktoren unabhängiges Gesundheits- bzw. Koronarrisiko entwickeln, das dann mit steigendem Alter zum Tragen kommt.
- Dieser Effekt der Bildung ist aber in den einzelnen Berufsgruppen unterschiedlich, denn die Arbeiter profitieren zwar auch von der Bildung, aber ihre Erkrankungsrate unterscheidet sich wesentlich weniger: Nicht-College mit 4,46 auf tausend, College mit 4,15 auf tausend.

Es entsteht weiterhin der Eindruck, dass mit sinkender Autonomie der Tätigkeit das Koronarrisiko unabhängig von der Bildung ansteigt, wie es inzwischen auch durch Untersuchungen bestätigt wurde.

Die Vorarbeiter erscheinen dabei so belastet, dass ihre Rate erstens – geringfügig – höher ist als bei den Arbeitern und zweitens die Collegebesucher unter den Vorarbeitern eine höhere Erkrankungsrate haben als die Nicht-Besucher. Der Bildungseffekt kommt hier also nicht zum Tragen.

Über solche Probleme wäre konkret mit den Betroffenen zu diskutieren. Wir wollen hier abschließend festhalten:

❖ Bildungsdefizite stellen ein grundlegendes Krankheitsrisiko dar, das im Arbeitsleben besonders schwer wiegt,
❖ diese Defizite können mit steigendem Alter manifest werden, weil sie die Möglichkeiten der Adaptation und Kompensation der Betroffenen einschränken und
❖ die Veränderung des Arbeitslebens selbst dieses Krankheitsrisiko bei allen Altersgruppen steigern kann durch Veränderung und Erhöhung der Bildungsanforderung.
❖ Dies gilt aber besonders für ältere Mitarbeiterinnen und Mitarbeiter, denen der Zugang zum Lernen und zur Weiterbildung aus den verschiedensten Gründen verwehrt wird.

8. Die Arbeit: Anforderung und Gestaltung

Die zukünftige Gestaltung des Arbeitslebens, aber auch der Personalbeschaffung und -entwicklung wird die dafür Verantwortlichen vor zwei Probleme stellen:

- Das Angebot an jüngerer Arbeitskraft wird drastisch zurückgehen.
- Es wird ein Überangebot an Beschäftigten geben, die älter als 45 Jahre sind.

Die Lösung dieser beiden Probleme wird außerdem dadurch erschwert, dass die »Babyboom-Generation« den Altersbereich erreicht, in dem über Vorruhestand nachgedacht wird.

- Dabei sind die Faktoren, die älter werdende Mitarbeiterinnen und Mitarbeiter im Arbeitsleben halten, deutlich schwächer als die, die ihr vorzeitiges Ausscheiden beschleunigen.
- Arbeitskräfte unter 30 Jahre werden überwiegend von der Informationsbranche »angesaugt werden«, und zwischen den Branchen wird ein erheblicher Wettkampf um die jüngere Arbeitskraft einsetzen, der die Aufmerksamkeit der Verantwortlichen auf dieses Problem einengen kann.
- Die Bedingungen für die Entwicklung und Umsetzung komplexer »intergenerativer« Modelle, in denen die verschiedenen Altersgruppen zusammengefasst werden können, sind deshalb gegenwärtig eher ungünstig.

Die allgemeinen Überlegungen zu diesem Problem sind noch sehr bruchstückhaft, da die Lösungsvorstellungen bei den Individuen, den Unternehmen und der Gesellschaft bis jetzt noch wenig übereinstimmen. Untersucht man Maßnahmen wie betriebliche Reorganisation oder Entlassungen, dann finden wir einen schwerwiegenden Gegensatz von Theorie und Praxis, Reden und Handeln. In diesem Zusammenhang soll nur auf die niedrige Zahl der über 50-Jährigen verwiesen werden, die in letzter Zeit eine Arbeit gefunden haben.

Köchling beschreibt die Notwendigkeit, einen Paradigmenwechsel vorzunehmen und »alte Wege« zu verlassen, um »neue Wege« zu beschreiten. (Köchling 2001:F24)

»*Alte Wege* in der Personalbeschaffung orientieren sich an Young Professionals oder an olympiareifen Rekrutierungspotenzialen.

Neue Wege orientieren sich an einer großen Vielfalt im Rekrutierungspotenzial und im Personalbestand:

- Ältere Arbeitslose aus Umschulungsmaßnahmen
- Hauptschüler mit weniger guten Noten als Azubis
- Ausländer mit industriefremder Berufsausbildung als zukünftige Facharbeiter
- Teilzeitbeschäftigte, geringfügig Beschäftigte als Teilnehmer an Personalentwicklungsprogrammen
- last but not least: ›Frauen in Männerberufen‹.«

Ein wichtiges Hindernis auf diesen neuen Wegen bildet die **Gestaltung der Planungszeiträume**:

»*Alte Wege* in der Personalbeschaffung orientieren sich an kurzfristig überschaubaren Planungszeiträumen bei der Übernahme von Praktikanten, Diplomanden oder Trainees.

Neue Wege setzen viel längere Zeiträume der Planung voraus: z.B. die Zeitdauer der berufsbegleitenden Ausbildungen (2 bis 5 Jahre).

Alte Wege in der Personalbeschaffung sind einfach und gradlinig strukturiert.

Neue Wege sind komplex und nicht immer sofort überschaubar.« (ebd.: F25)

Unternehmen, die im Rahmen dieser zukünftigen Personalpolitik einen ausgewogenen »Vertrag der Generationen« im Betrieb herstellen wollen, müssen beides können: »die Schaffung von Betriebsbindung bei den Jüngeren und die Herstellung von Arbeitsfähigkeit bei Älteren. (s. Abb. 114)

Vielleicht kann man an einem kleinen Land wie Finnland, das nur über eine geringe Arbeitsbevölkerung verfügt, besser verdeutlichen, was im Prinzip auf alle EU-Staaten zukommt:

- Bei der Darstellung der demografischen Daten und der Hochrechnungen der Bevölkerungsentwicklung wurde die Nettoimmigration

Abb./Tab. 114: Prinzipien der intergenerativen Personalpolitik

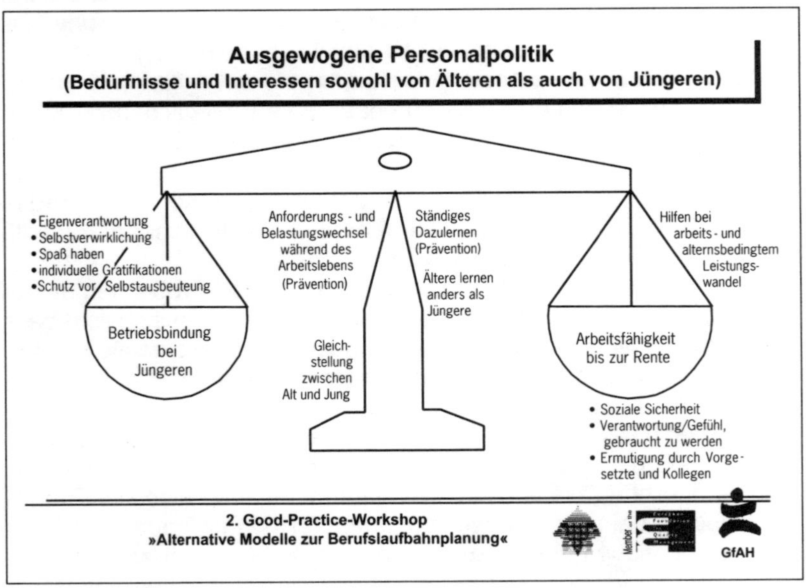

Quelle: Köchling 2001:F26 (ATZ: Altersteilzeit)

bereits berücksichtigt (s. Kapitel 3.1). Mit anderen Worten: Wenn erst einmal ein spürbarer Mangel an Arbeitskraft eingetreten ist, wird es keine »schnellen Hilfsmittel« geben, diesen Bedarf auszugleichen.

- Dies bedeutet z.B. für die Bundesrepublik Deutschland, dass der Bedarf an qualifizierter Arbeitskraft nicht durch Zuwanderung alleine gedeckt werden kann, selbst wenn sie Einwanderungsland werden würde: Das Green-Card-Konzept kann das Problem nicht lösen, sondern nur mildern (s. Kapitel 3.1.2).
- So schafft der demographische Wandel eine Lage, in der Arbeitsanforderung, Arbeitsgestaltung und Beschaffung von Arbeitskräften sich eher nach den Menschen richten müssen als umgekehrt.

8.1 Das Verhältnis von Arbeitsanforderung und Arbeitsbewältigung

Wir benötigen demnach ein grundlegendes Verständnis für die Fragen, wie die Arbeitsanforderung (des Unternehmens) und die Arbeitsbewältigungsfähigkeit (des Individuums) zusammenhängen und erfolgreich in Einklang gebracht werden können.

Dafür wurde auf der Grundlage der finnischen Forschungsergebnisse ein Konzept entwickelt, das die **Integration von vier verschiedenen Handlungsfeldern** ermöglicht, um die Arbeitsbewältigungsfähigkeit eines Menschen zu verbessern oder aufrechtzuerhalten.

Dabei geht es nicht nur um die Sicherung der Arbeitsfähigkeit eines älter werdenden Menschen, sondern es beschreibt genauso, wie bei den jüngeren Mitarbeitern die Voraussetzungen geschaffen und verbessert werden können, sich in das Arbeitsleben zu integrieren.

Die **Grundannahme** besteht darin, dass sowohl das Individuum als auch das Unternehmen – aus durchaus unterschiedlichen Blickrichtungen – ein Interesse an guter Arbeitsfähigkeit und Gesundheit entwickeln können. Die einzelne Mitarbeiterin und der einzelne Mitarbeiter bringen ihr berufliches Potenzial und ihre Gesundheit mit in das Arbeitsleben ein, wobei diese im Verlauf des Arbeitslebens erheblichen Veränderungen ausgesetzt sein können.

Dies wird am deutlichsten in den beschriebenen Problemen der älter werdenden Arbeitnehmer, es ist aber ebenso offensichtlich, dass Gesundheit alleine nicht Voraussetzung für die professionelle Kompetenz ist, die für jeden einzelnen Mitarbeiter angestrebt wird.

So kann z.B. eine schlechte Arbeitsumgebung die »mitgebrachte« Gesundheit der jüngeren Mitarbeiter vorzeitig verschleißen. Das Gleiche gilt für Fehler in der Personalentwicklung, Arbeitsorganisation und innerbetrieblichen Weiterbildung. Darauf mit einer »Politik des Entlassens und Neueinstellens« zu reagieren, ist bereits heute eine eher schlechte Lösung ohne Zukunftsperspektive. Die Fluktuationsrate eines Unternehmens gibt Hinweise auf die vorherrschenden Auffassungen.

Abb./Tab. 115: Förderungsmodell der Arbeitsfähigkeit – Vier Dimensionen von Maßnahmen und die Konsequenzen

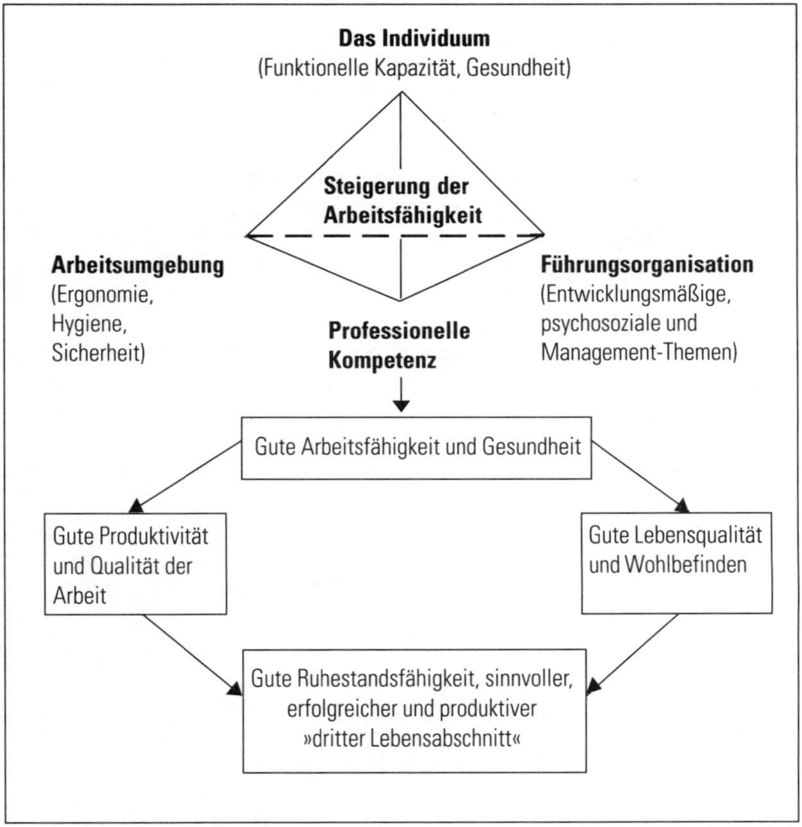

Quelle: Ilmarinen 1999:12 und Ilmarinen 1999:190

Vielmehr müssen die **Faktoren** Individuum, Arbeitsumgebung, Führungsorganisation und professionelle Kompetenz – wie im Modell dargestellt – in einem ausgewogenen Verhältnis zueinander stehen. Wo dies der Fall ist und so im Unternehmen eine gesunde Arbeitskultur entwickelt oder aufgebaut werden kann, muss kein Widerspruch bestehen zwischen guter Produktivität und Qualität der Arbeit und guter Lebensqualität und Wohlbefinden der Mitarbeiter. Die Ziele einer solchen Entwicklung werden nicht alleine durch die betrieblichen Interessen bestimmt, sondern darüber hinaus sollen die Möglichkeiten der Mitarbeiterinnen und Mitarbeiter gefördert werden, ihren **Lebensabend (dritter Lebensabschnitt)** sinnvoll, erfolgreich und produktiv zu gestalten.

Ein solches Modell schließt die Verbesserung der Lebensqualität und ggf. auch der Lebenserwartung über die Lebensarbeitszeit der Betroffenen hinaus mit ein. Einige finnische Studien geben Hinweise darauf, dass die Langzeiteffekte von betrieblicher Gesundheitsförderung, die auf der Grundlage dieses Basismodells durchgeführt wurden, bis hinein in das »dritte Lebensalter« reichen. (Ilmarinen u. Louhevaara 1999, zitiert aus Ilmarinen: 191) (S. dazu Abb. 115 auf S. 237)

8.2 Arbeitsumgebung, Ergonomie und Arbeitssicherheit

Wenn etwa 25% der europäischen Arbeiterschaft erheblichen körperlichen Belastungen ausgesetzt sind, dann ist die Verminderung der ergonomischen Risikofaktoren nach wie vor von erheblicher Bedeutung, und man kann keinesfalls davon ausgehen, dass diese Probleme bereits umfassend gelöst sind.

Die folgende Liste von ergonomischen Risikofaktoren, die die Arbeitsbewältigungsfähigkeit eines Menschen beeinträchtigen, gilt sowohl für jüngere als auch für ältere Mitarbeiter. Während sie für die jüngeren Mitarbeiter überwiegend *präventive* Wirkung hat, kann ihre Umsetzung bei den älteren als *unmittelbare Therapie* betrachtet werden (s. dazu die Grundlagen in Kapitel 1.1.2 und 6.1):

1. zu hohe physikalische Anforderungen
- überwiegend statische Muskelarbeit
- Abhängigkeit der Arbeit von großer Muskelkraft
- Heben und Tragen
- Spitzenbelastungen
- monotone, repetitive Arbeit
- Arbeit in ungünstiger Haltung (Über-Kopf-Arbeit, verdrehte Wirbelsäule)

2. belastende und gefährliche Arbeitsumgebung
- Schmutzarbeit und Nassarbeit
- Arbeitsbedingungen mit erhöhtem Unfallrisiko
- Hitzearbeit, Wärmearbeit
- Kältearbeit, Arbeit mit wechselnder klimatischer Belastung

(Ilmarinen 1999:193)

Grundsätzlich gilt, dass Arbeitsplätze danach beurteilt werden müssen, wer an ihnen arbeitet: Der individuelle Aktionsradius des Schultergelenkes oder Hüftgelenkes eines Mitarbeiters kann mit der Zeit abnehmen oder einseitig eingeschränkt sein, so dass die ihm vertraute Maschine plötzlich nicht mehr »passt«. Man kann diese oft mit einfachen technischen Hilfen an die neuen Gegebenheiten anpassen.

Oder: Wenn eine Mitarbeiterin in die Wechseljahre kommt, benötigt sie möglicherweise andere klimatische Bedingungen an ihrem Büroarbeitsplatz als vorher. So bekommen Kassiererinnen an modernen Kassenarbeitsplätzen Heizungen, die sie leicht selbstständig regeln können, entsprechend ihren Bedürfnissen.

Spirduso (zitiert aus Ilmarinen 1999:193) hat 1995 einen Maßnahmenkatalog zusammengestellt, nach dem Arbeitsplätze altersentsprechend gestaltet werden können. Er ist bei der Durchführung von Arbeitsplatzveränderungen hilfreich für Arbeitgeber und besonders für unmittelbare Vorgesetzte. Diese Arbeitsplatzveränderungen sollten Vorrang vor Versetzungen an andere Arbeitsplätze mit entsprechend leichteren Arbeitsanforderungen haben. Sie können in die betriebliche Gefährdungsbeurteilung, die nach dem Arbeitsschutzgesetz durchzuführen ist, aufgenommen werden. Dieser Katalog wurde für die amerikanische Industrie entwickelt, liefert aber auch für das europäische Arbeitsleben eine Fülle von Anregungen.

Altersbezogene physiologische und psychologische Veränderung	**Anpassung von Arbeitsplatz und Arbeitsumgebung**
1. Eingeschränkte Beweglichkeit der Gelenke, verminderte Elastizität von Sehnen und Bändern	**Vermeiden von Jobs, die erfordern oder bereits haben:** Aktivitäten mit angehobenen Armen länger dauernde ungewöhnliche Körper haltungen verdrehte Wirbelsäule Arbeiten mit erheblicher Verbiegung des Handgelenks, um Kraft mit Hilfe von Werkzeugen auszuüben Beachte: Positionierung von Gegenständen, Kontrollgeräten, Bildschirmen, um verlängertes Verbiegen der Körperhaltung, Vorbeugen und Bücken zu minimieren Die Maschinenausrüstung soll an die individuellen Körpermaße angepasst werden: – in Fahrzeugen – im Büro Gestaltung der Sitze, um Vibrationen zu vermindern niederfrequente Vibrationen (Lastwagen, Baugeräte, Werkbaugeräte) größere Belastungen der Handgelenke beim Ausführen von Arbeiten
2. Nachlassen der Kraft	**Vermeide:** Kontrollgeräte und Werkzeuge, die große Kraft erfordern Heben, Senken, Schieben, Ziehen und Tragen von Lasten Heben von Lasten > 20% der Maximalleistung eines jungen Arbeiters

	schnelles Heben **Gestalte Arbeitsabläufe so, dass** eine Last in Körpernähe getragen werden kann die Aufgabe kein übermäßiges Beugen, Bücken oder Verdrehen der Wirbelsäule verlangt genügend Pausen zwischen den einzelnen Arbeitsaufgaben sind Bodenhaftung und sicherer Stand möglich sind Beachte: korrekte Unterweisung der Mitarbeiter in »Heben und Tragen«
3. Verminderte physische funktionelle Kapazität	**Beachten:** Tätigkeiten mit erhöhtem Energieaufwand sollten nicht 0,7 (Männer) oder 0,5 (Frauen) l/min Sauerstoffverbrauch überschreiten
4. Verminderte Wahrnehmung und Entscheidungsfähigkeit Defizite bei der Aufmerksamkeit Defizite beim Gedächtnis Schwierigkeiten bei der geistigen Umsetzung	**Stelle bereit:** Längere Trainingsabschnitte Ergänzung der Praxis durch schriftliche Arbeitsanweisungen Videos, die die gewünschte Arbeitsleistung darstellen Erhöhung der Signal-Geräusch-Relation am Arbeitsplatz Einteilung von älteren Arbeitnehmern für Aufgaben, in denen die Arbeit eher vorhergesehen als in Reaktion geleistet wird Aufgaben, die eine gute Mischung von Erfahrungswissen und Weiterbildung erfordern
5. Sehschwächen Sehschärfe Farbensehen (blau/grün), Sehschwäche	**Bereitstellung von:** 50% mehr Beleuchtung für Arbeitnehmer zwischen dem 40. und 55. Lebensjahr 100% mehr Beleuchtung für Arbeitnehmer über 55 Jahre Erhöhung des Kontrasts an Sichtgeräten und Messinstrumenten Vergrößerung der Schrift und Symbole auf Monitoren und Sichtgeräten Abbau von Blendung Blau-Grün-Unterscheidung aus dem Signalangebot entfernen
6. Hitzeunverträglichkeit	**Vermindern:** Hitzebelastung am Arbeitsplatz

7. Weniger Kälteverträglichkeit	**Aufrechterhalten von:** Optimalen Arbeitsplatztemperaturen Kälteschutzkleidung einführen und benutzen
8. Hörverminderung	**Erhöhen der:** Signal-Geräusch-Relation bei Aufgaben, die signalabhängige Anweisungen enthalten
9. Höhere Häufigkeit von Lendenwirbelsäulenbeschwerden (low-back pain)	**Bereitstellen von:** Trainingsprogrammen über Prävention von LWS-Beschwerden Entsprechende Risiken bei der Arbeit Verbreitung von Basiswissen über die Körperreaktionsmuster Spezielle Arbeitsanweisungen, um dies zu vermeiden Arbeitsaktivitäten so gestalten, dass Rückenbeschwerden minimiert werden Vorbeugen von Beschwerden und Verletzungen im Freizeitbereich
10. Erhöhtes Risiko für Fallen und Ausrutschen	**Beseitigen von:** schlüpfrigen Arbeitswegen Fußtrittmarkierung auf Rampen ausreichende Beleuchtung des Arbeitsplatzes
11. Langsamere Behandlung (Rehabilitation) bei Verletzungen und Erkrankungen	**Ermöglichen von:** – schrittweiser Rückkehr zur vollen Arbeitsbelastung – Rotation zwischen leichter und schwerer Arbeit, um eine Gewöhnung an die Arbeitsanforderung zu erleichtern Bereitstellung von Informationsmaterial bzgl. Vernünftiger Rehabilitation und Rückkehr zur Arbeit
12. Höhere Arbeitsbelastung	**Vermeiden von Arbeitshetze** den Mitarbeitern Kontrolle über ihre Arbeitslast *einräumen* *Betonung* der Arbeitsgenauigkeit gegenüber der Arbeitsgeschwindigkeit
13. Tendenz zur Inaktivität	**Bereitstellen:** – eines inner- und/oder außerbetrieblichen Fitness-Programms Ermunterung für die Mitarbeiter, von diesem Programm Gebrauch zu machen

Quelle: Spirduso,1995

Für den beruflichen Alltag im Arbeitsschutz sind die Umfrageergebnisse von Eurobarometer bzgl. der Lage älterer Arbeitnehmer in Europa wichtig:

- Demnach scheinen die Belastungen durch Vibration, Lärm, Hitze, Kälte und schlechte Luft in der Umgebung unverändert auch für Ältere zu gelten.
- Die Anpassung der Arbeitsergonomie an die Altersentwicklung findet also gegenwärtig eher wenig statt.
- Es soll aber abschließend noch einmal hervorgehoben werden, dass gleiche Exposition gegenüber einem Schadstoff oder einer Belastung eine größere Gefährdung der Arbeitsbewältigungsfähigkeit für den älteren Arbeitnehmer bedeutet als für den jüngeren.

Grundsätzlich können zu diesem Komplex »Gestaltung der Arbeitsumgebung« die folgenden Empfehlungen gegeben werden:

Empfehlung 1: Physikalische Belastungsfaktoren (z.B. Vibration, Lärm, Hitze, Kälte, Luftverschmutzung) müssen bei älteren Mitarbeitern vermindert werden.

Empfehlung 2: Physische Arbeitsanforderungen (z.B. eingeschränkte Arbeitshaltung, Tragen schwerer Lasten, monotone und repetitive Arbeit, statische Muskelarbeit, Spitzenbelastungen) müssen bei älteren Arbeitnehmern abgebaut werden, besonders bei Frauen.

Die *psychische Arbeitsanforderung* scheint in der Europäischen Union mit steigendem Alter eher abzunehmen als zuzunehmen.

Dies gilt besonders in Bezug auf Computerbenutzung, zu eng gefasste Arbeitsanweisungen, komplizierte Arbeitsaufgaben und Lernschritte. Am deutlichsten bei der Arbeit vermindert ist die Benutzung von Computern und das Erlernen »neuer Dinge« für älter werdende Arbeitnehmer. Bei den Männern nehmen die komplizierten Arbeitsaufgaben eher zu, während sie bei den Frauen mit dem Alter eher abnehmen. Man kann es im Sinne einer Anpassung der psychischen Arbeitsbelastung durchaus positiv bewerten, dass die Arbeitsanforderung nicht zunimmt. Betrachtet man aber die Entwicklungsförderlichkeit einer zugewiesenen Tätigkeit, dann kann dies nicht immer als positiv bezeichnet werden:

- Eine Arbeit, die nicht interessant ist, fördert keine Lernprozesse, und hier könnte die Benutzung von modernen Geräten wie Computern helfen, die Arbeit des älteren Arbeitnehmers inhaltlich anzureichern. Durch die Beauftragung mit komplizierteren Arbeitsaufgaben wird gleichzeitig geistiges Wachstum gefördert.
- Dementsprechend sollte bei älter werdenden Arbeitnehmern die Vereinfachung der psychischen Arbeitsanforderungen und des Arbeitsgeräts verhindert werden, besonders bei Frauen, die – das zeigen die aufgeführten Daten – hier stärker betroffen sind.

Empfehlung 3: Der Vereinfachung der psychischen Arbeitsanforderungen bei älteren Arbeitnehmern sollte vorgebeugt werden, besonders bei Frauen. Ältere Arbeitnehmer benötigen interessante Arbeit unter Einbeziehung neuer Lernprozesse.

8.3 Die Bedeutung der Arbeitsorganisation für die Arbeitsfähigkeit

Es ist ein Ergebnis der finnischen Verlaufsbeobachtung über Jahre, dass

- ❖ schlecht organisierte Arbeit einen ebenso ernsten Risikofaktor für die Arbeitsbewältigungsfähigkeit darstellt wie die Risikofaktoren im Bereich der physischen Arbeitsanforderungen.

In diesem Bereich wird bei der betrieblichen Gesundheitsförderung die Interessenübereinkunft von älteren und jüngeren Arbeitnehmern besonders deutlich:

- ❖ Die gleichen Faktoren, die jüngere Angestellte behindern oder ihnen Unbehagen bereiten, sind für den älter werdenden Mitarbeiter eine echte Bedrohung ihrer Arbeitsfähigkeit.

Die folgenden Punkte fassen die höchsten Risiken im Bereich der schlechten Arbeitsorganisation zusammen:

- ❖ Unklarheit und Konfusion von Rollen
- ❖ Beaufsichtigung und Einmischung in die Arbeit
- ❖ Angst vor Versagen und Fehlern
- ❖ Mangel an Freiheitsgraden
- ❖ gefordertes erhöhtes Arbeitstempo
- ❖ Mangel an Möglichkeiten, auf die Arbeit Einfluss zu nehmen
- ❖ Mangel an Ausbildung und Professionalität
- ❖ Mangel an Anerkennung und Respekt

Unklarheiten über die eigene Rolle sind z.B. ein Hinweis, dass die Verantwortlichkeiten von Arbeitnehmern nicht klar festgelegt sind und sie nicht wissen, ob ein Arbeitnehmer mit größerer Berufserfahrung, aber ohne Vorarbeiterbefugnisse, im Falle eines Unglücks mehr Autorität zugesprochen bekommt als ein jüngerer und weniger erfahrener Arbeiter.

Mit anderen Worten: Wie ist der Zusammenhang zwischen Arbeitserfahrung und Autorität bei Mitarbeitern, die auf gleicher Produktionsebene beschäftigt sind (Entwicklung von Verantwortung auf vertikaler Unternehmensebene)?

Die (übermäßige) **Beaufsichtigung** durch Vorgesetzte und deren Einmischung in die Arbeit wird von älteren Arbeitnehmern oft als Zeichen von Misstrauen bewertet. Die **Angst vor Versagen** oder fehlerhaftem Arbeiten nimmt mit dem Alter zu. Die Lösung ist einfach:

Ältere Arbeitnehmer sollten genauso wie die jüngeren die Möglichkeit haben, zu versagen und aus ihren Fehlern zu lernen, besonders dann, wenn im Verlauf der Arbeit ständig neue Arbeitsanforderungen auftauchen. Ein **Mangel an Freiheitsgraden** bei der Arbeit beschränkt die individuellen Möglichkeiten, diese zu gestalten. Sie wird monoton und unterfordernd.

Ein übermäßiges **Arbeitstempo**, der Zwang, schnell zu arbeiten, kann aufgrund einseitiger überhöhter Anspannung ohne kurzfristige Möglichkeiten der Entspannung zu Fehlern führen (Prinzip der rechtzeitigen kleinen Pausen, s.u. und Kapitel 1.1.2). Er kann aber auch zur Folge haben, dass das Ausmaß an anfallender Arbeit überschätzt wird.

Empfehlung 4: Um dem vorzubeugen, benötigen ältere Mitarbeiter mehr Möglichkeiten, ihre Arbeit zu gestalten, als dies bei den jüngeren der Fall ist. Sie sollen insbesondere nach anstrengender Arbeit die Möglichkeit zu Mikropausen bekommen, um die Arbeitsbelastung individuell zu gestalten und die kurzfristige Erholung zu verbessern.[1] Das hängt damit zusammen, dass die Integration ins Arbeitsleben und der Alterungsprozess selbst erheblich größere individuelle Leistungen verlangt. Eine Ursache liegt darin, dass ältere Arbeitnehmer in ihrem Grundlagenwissen oft Bildungsdefizite aufweisen und deshalb einen größeren Bedarf an professioneller Entwicklung und Weiterbildung haben.

Empfehlung 5: In diesem Zusammenhang sollte auch der Unfallvermeidung bei älterwerdenden Arbeitnehmern besondere Beachtung gewidmet werden. Wir kennen zwar deren erhöhtes Risiko für tödliche Arbeitsunfälle, aber nicht die Zusammenhänge.

Wenn dann noch ein **Mangel an Anerkennung und Respekt** dazukommt, kann dies das Fass zum Überlaufen bringen. Fehlende Wertschätzung durch den unmittelbaren Vorgesetzten wie durch die Kollegen erschwert es älter werdenden Arbeitnehmern erheblich, an ihr eigenes Potenzial und die Qualität ihrer Arbeit zu glauben. In diesem Bereich gibt es einen erheblichen Spielraum für Verbesserungen. Sie müssen darauf abzielen, das individuelle Expertentum des einzelnen Mitarbeiters zu fördern und ihm die Möglichkeit einzuräumen, die Arbeit dementsprechend einzuteilen und zu leisten.

Empfehlung 6: Der Abbau von zu engen Arbeitsanweisungen und zu hohem Arbeitstempo ist ein wichtiges Ziel, älteren Arbeitnehmern zu helfen, im Arbeitsleben zu verbleiben.

Empfehlung 7: Älter werdende Männer und Frauen sollten deshalb die Möglichkeit haben, ihre Arbeit nach eigenem Ermessen einzuteilen und die Reihenfolge von Arbeitsaufgabe, Arbeitsmethode und Arbeitsgeschwindigkeit zu verändern oder anzupassen.

Tuomi u.a. 1997, zitiert aus Ilmarinen: 201, haben in ihren Verlaufsstudien nachgewiesen, dass

- der schwerwiegendste Faktor bei Einschränkung und Verlust der Arbeitsbewältigungsfähigkeit in Abhängigkeit vom Alter der Mangel an Anerkennung und Respekt ist.

---

[1] Es wäre in diesem Zusammenhang interessant zu untersuchen, wie oft Vorgesetzte bei Einstellungsgesprächen nach den Fähigkeiten einer Bewerberin oder eines Bewerbers fragen, sich zu entspannen oder eine Pause einzulegen. Das gilt selbstverständlich auch für junge Bewerber.

Wenn die Möglichkeit, im Arbeitsleben Anerkennung und Respekt zu erlangen, aus irgendeinem Grund zwischen dem 51. und 62. Lebensjahr abgenommen hat, stieg das **Risiko** für eine verminderte Arbeitsfähigkeit im Vergleich mit den Beschäftigten, bei denen dies nicht der Fall war, auf das **2,4Fache**. Alle Mitarbeiter, egal welcher Altersgruppe sie angehören, benötigen Anerkennung für eine gut gelöste Arbeitsaufgabe, und dieser Bedarf verschwindet nicht mit dem Alter und der Arbeitserfahrung. Es ist eher umgekehrt. Siegrist hat den Zusammenhang zwischen Anerkennung, Wirksamkeit (»ich kann etwas bewirken bei der Arbeit«) und Zugehörigkeit zu einem Team, einer Abteilung u.a. näher untersucht (s. Abb. 116).

Abb./Tab. 116:

Quelle: Siegrist 1991. Das gleichschenklige Dreieck soll die gleichstarke Wirkung der einzelnen Faktoren ausdrücken.

Das Maß der Anerkennung kann sich auch in der Sorgfalt ausdrücken, mit der auf die **Gestaltung der Arbeitsmittel und Räumlichkeiten** geachtet wird. Wenn die Zufriedenheit mit Arbeitsmitteln und Räumlichkeiten sank, war das **Risiko** einer verminderten Arbeitsfähigkeit um das 1,6Fache erhöht. Ältere Arbeitnehmer finden sich oft am Ende der Liste wieder, wenn Arbeitsräume verbessert oder effizientere und leistungsfähigere Computer angeschafft werden sollen. Diese Einstellung, dass es nicht lohnt, in Arbeitsräume und -werkzeuge von älteren Mitarbeitern zu investieren, ist nicht wenig verbreitet. Alle diese Signale an den älteren Mitarbeiter werden überwiegend als – berechtigte – Hinweise auf einen Mangel an Anerkennung bewertet – mit einem fließenden Übergang zur Diskriminierung.

Empfehlung 8: Genauso wie ihre jüngeren Kollegen benötigen ältere Mitarbeiter Anerkennung und Respekt für ihre Arbeitsleistungen. Dementsprechend sollten ihre Arbeitsräume und -mittel angepasst und/oder verbessert werden.

8.3.1 Die Arbeit der Vorgesetzten und die Führung älterer Mitarbeiter

Gutes Führungsverhalten und gute Arbeit von Vorgesetzten ist der einzige hoch signifikante Faktor, für den eine Verbesserung der Arbeitsfähigkeit zwischen dem 51. und 62. Lebensjahr nachgewiesen wurde. (Tuomi u.a. 1997, zitiert aus Ilmarinen: 202)

Erhöhte Zufriedenheit mit dem Verhalten des Vorgesetzten/Vorarbeiters hat die Arbeitsfähigkeit im Vergleich mit denjenigen, die damit unzufrieden waren, um das **3,6Fache** verbessert.

Detailliertere Studien haben aufgezeigt, dass es aus der Sicht von älter werdenden Arbeitnehmern vier Führungsqualitäten für Vorgesetzte gibt:

- eine aufgeschlossene – nicht stereotype – Einstellung gegenüber dem Alter
- Bereitschaft zu kooperieren
- Fähigkeit zur individuellen Arbeitsplanung
- Kommunikationsfähigkeit (Ilmarinen 1999:202)

Abb./Tab. 117: Die Anforderungen an das Führungsverhalten gegenüber älter werdenden Mitarbeitern lassen sich untergliedern in:

Einstellungen und Haltungen	**Organisation der Arbeitsabläufe**
– negativ/positiv	– statisch/dynamisch
– eigene/andere	– wechselnder Kraftaufwand
– Beurteilung	– individuelle Lösungen
Formen der Kooperation	**Kommunikationsfähigkeit**
– Hierarchisch/teamorientiert	– Information über anstehende Veränderungen
– eigene Beteiligung	
– Unterstützung	
– Gesprächsbereitschaft	
– Vorurteilslosigkeit und Offenheit	

Quelle: Ilmarinen 1999:202

Gutes Führungsverhalten gegenüber älteren Beschäftigten beginnt mit der Frage, wie der Vorgesetzte seinem **eigenen Alterungsprozess** gegenübersteht. Ist seine Haltung negativ, besteht die Gefahr oder Tendenz, dass er bei älteren Mitarbeitern überwiegend negative Veränderungen wahrnimmt. Eine positive Einstellung gegenüber dem eigenen Älterwerden stützt sich auf die **Erfahrung**, dass bei diesem Prozess auch positive Veränderungen stattfinden können. Man entdeckt neue Stärken und Fähigkeiten, Aufgaben besser zu lösen als früher. Schwierige und komplexe Arbeitsprobleme verlieren ihren Schrecken.

Die **eigenen positiven Wahrnehmungen** in Verbindung mit dieser Erfahrung helfen dann, auch den Blick auf die Mitarbeiter zu überprüfen. Welches Bild (s. Kapitel 1.3.2) herrscht denn eigentlich in meinem Kopf vor, wenn ich z.B. einer älteren Mitarbeiterin gegenübersitze und ein Dienstgespräch führe?

Eine realistischere Einstellung gegenüber dem eigenen Alterungsprozess führt letztlich zur Identifizierung, zum Verstehen und Akzeptieren der positiven wie negativen Faktoren. Es beginnt ein Erkenntnisprozess, der die Angst (Kapitel 1.2.3) vor dem Älterwerden abbaut und damit geistiges Wachstum ermöglicht und aufbaut. So können von Vorgesetzten Prozesse in Gang gesetzt werden, die insgesamt die Stärken älterer Angestellter fördern.

Eine andere Form des Führungsverhaltens gegenüber Älteren ist eng verbunden mit der **Fähigkeit zur Kooperation**.

Ältere Angestellte begrüßen und würdigen es, wenn Vorgesetzte ihre Arbeit gemeinsam mit den anderen als Teil des Teams oder der Gruppe leisten. Kooperative Vorgesetzte sind auch in der Lage, sich vor die »versammelte Mannschaft« zu stellen und ihren Wunsch nach kooperativen Arbeitsmethoden klar auszudrücken. Sie benötigen dazu keine hierarchischen Führungsmethoden. Stattdessen fordern sie unterschiedliche Sach- und Fachkenntnisse in das Team ein und fördern damit die Arbeitsfähigkeit der einzelnen Teammitglieder, während ein hierarchischer Führungsstil dazu neigt, die Arbeitsfähigkeit der Einzelnen zu vermindern.

Eine der größten Herausforderungen für die Arbeit eines Vorgesetzten ist die **individuelle Arbeitsplanung** und ihre Umsetzung in der Praxis.

Die Notwendigkeit eines solchen Vorgehens basiert auf der Tatsache, dass wir uns in Abhängigkeit vom Alter physisch, geistig und sozial verändern. Wir werden im Kapitel 9.1 auch sehen, dass diese Veränderungen sehr unterschiedliche Auswirkungen auf unsere Arbeitsfähigkeit haben können. Dementsprechend versuchen gute Vorgesetzte, ihre Arbeitsplanung dieser Entwicklung anzupassen. Bei solchen Entscheidungen und Aufgaben benötigt der Vorgesetzte auch die Akzeptanz der übrigen Beschäftigten (z.B. in seiner Gruppe oder Abteilung). Denn wenn bei der Bewältigung der Arbeitsaufgabe nach verschiedenen, personenbezogenen Lösungen gesucht wird, müssen Vorgesetzte und Mitarbeiter kooperieren.

Im **Abschnitt I** (Unternehmen im Wandel) wurde sehr ausführlich dargestellt, welche Auswirkungen die Reorganisation oder Neugestaltung des Arbeitslebens auf die Mitarbeiterschaft haben können. Dieser Wandel in der betrieblichen Praxis, die neuen Formen der Arbeitsorganisation und -anforderungen werden als hauptbelastende Faktoren erlebt.

Ältere Beschäftigte benötigen oft mehr Zeit, sich anzupassen (zu adaptieren, s. Kapitel 6.2) und auf die anstehenden Aufgaben und Erneuerungen vorzubereiten, als jüngere. Vorgesetzte wissen in der Regel über die anstehenden Veränderungen Bescheid und stellen sich darauf ein. Das bedeutet auch, dass sie verantwortlich dafür sind, die Mitarbeiter darüber zu informieren und diese mit ihnen zu diskutieren.

Erfahrene Vorgesetzte können davon überzeugt werden, dass es möglich ist, den betrieblichen Entwicklungsprozess durch eine offene Diskussion zu unterstützen. Vorgesetzte, die an einer intergenerativen Arbeitskultur mitarbeiten, sind in der Lage, schwierige Themen so zu diskutieren, dass sie Argumente und Lösungen finden, die von den älteren Mitarbeitern akzeptiert werden können.

Die Offenheit der Kommunikation in einem Unternehmen, verbunden mit präzisen inhaltlichen Angaben, hängt zu einem großen Teil vom Führungsverhalten der Vorgesetzten ab (siehe Kapitel 1.3.2).

➜ Da das Vorgesetztenverhalten für die Verbesserung der Arbeitsfähigkeit von älter werdenden Arbeitnehmern eine so hohe Bedeutung hat, sollte es »erste Priorität« erlangen.

Die Vorgesetzten sollten in diesen Fragen des Führungsverhaltens gegenüber älter werdenden Mitarbeitern geschult werden, ihre eigenen Voraussetzungen zu überprüfen und über die betriebliche Autorität verfügen, das Problem in ansprechender und respektvoller Weise zu bearbeiten.

Empfehlung 9: Vorgesetzte benötigen Information und Schulung über die Grundlagen und Methoden, nach denen ältere Mitarbeiter geführt werden. Sie brauchen darüber hinaus in der Praxis die betrieblichen Voraussetzungen und den entsprechenden Einfluss, diesen Anspruch umzusetzen.

Ein gutes Beispiel für den Effekt der Vorgesetztenarbeit bei Fragen der Arbeitsfähigkeit des Personals wurde im Rahmen einer Studie entdeckt, die bei Sozialarbeitern der Stadt Helsinki durchgeführt wurde. (Pohjonen u. Pukari 1999, zitiert aus Ilmarinen: 203) Es handelte sich um Sozialarbeiter, die sehr viel Besuchs- und Gemeindearbeit zu leisten hatten (aufsuchende Sozialarbeit). Das Durchschnittsalter der beteiligten Krankenschwestern (N = 869) betrug 42 Jahre, und der Anteil von Älterwerdenden war 50,2%.

Ihr durchschnittlicher Arbeitsbewältigungsindex war 38 Punkte, und dieser Durchschnittswert streute von 40 Punkten für die Altersgruppe (19-34 Jahre) bis zu 34 Punkten für die Altersgruppe 50-62 Jahre. Als nun die Untersucher die zwei höchsten Gruppen (»sehr gut« und »gut«) und die zwei niedrigsten (»mäßig« und »schlecht«) bei der Einstufung der Arbeitsfähigkeit (s. Kapitel 4.3) zusammenfügten und dann die Eigenschaften und Fähigkeiten eines guten Vorgesetzten in den verschiedenen Gruppen untersuchten, waren die Ergebnisse völlig klar:

Mitarbeiter mit guter Arbeitsbewältigungsfähigkeit vertraten die Auffassung, dass ein guter Vorgesetzter Unterstützung leistet, Ermutigung und Lob ausspricht, inspirierend wirkt, diskutiert, für sie offen ist und sich um ihre Arbeitsumgebung kümmert, den Beschäftigten vertraut, sie anspornt, sich weiterzubilden, und ihre Arbeitsaufgabe gut kennt.

Die Unterschiede in den Auffassungen zwischen den Mitarbeitern mit guter und denen mit schlechter Arbeitsfähigkeit waren statistisch signifikant. Mitarbeiter mit guter Arbeitsfähigkeit bewerteten ihre Vorgesetzten differenzierter als solche mit schlechter Arbeitsfähigkeit.

Gute Arbeitsfähigkeit war dann auch verknüpft mit den bereits erwähnten Qualitäten von guten Führungskräften, und diese Qualitäten entsprechen recht genau den Merkmalen des Führungsverhaltens gegenüber älter werdenden Mitarbeitern.

- Hier wird gleichzeitig wieder deutlich, dass viele Fragen »der älteren Arbeitnehmer« von allgemeiner Bedeutung für die zukünftige Arbeitskultur sind.

Die Tabelle 118 fasst noch einmal die wichtigsten Einflussfaktoren auf die Arbeitsfähigkeit in einer Übersicht zusammen. Es werden dabei mit Hilfe eines statistischen Verfahrens (odds ratio, OR) die Chancen beschrieben, die entstehen, wenn man die Arbeitsfähigkeit mit Hilfe bestimmter Variablen verbessert, und die Risiken, wenn man es unterlässt. Mit dieser Methode lassen die Vorteile beschreiben, die Beschäftigte und Unternehmen haben werden, die »in Arbeitsfähigkeit investieren«:

Abb./Tab. 118: Handlungsmöglichkeiten zur Förderung der Arbeitsfähigkeit: Chancen durch Maßnahmen der Entlastung

Darstellung von Arbeits- und Lebensstilfaktoren, die mit einer Verbesserung der Arbeitsfähigkeit einhergehen.[a] Odds Ratio (OR) und 95% Konfidenzbereich (95% CI) des logistischen Regressionsmodells (Tuomi et al. 1997)

Variable	OR	95% CI
Repetitive, monotone Bewegungen[b]		
Nicht vermindert	1,0	
Vermindert	*2,1*	1,0-3,4
Zufriedenheit mit dem Verhalten des Vorgesetzten[b]		
Nicht erhöht	1,0	
Erhöht	*3,6*	1,8-7,2
Anstrengendes körperliches Training in der Freizeit[b]		
Nicht vermehrt	1,0	
Vermehrt	**1,8**	1,0-3,5

[a] Der Arbeitsbewältigungsindex hat sich wenigstens um *drei Punkte* in der Zeit von 1981 bis 1992 verbessert

[b] Veränderungen in der Zeit von 1981 bis 1992

Quelle: Ilmarinen 1999:188

Lesebeispiel: Angenommen, jemand verrichtet überwiegend monotone, repetitive Arbeit, diese Belastung wird im Beobachtungszeitraum von 12 Jahren nicht vermindert und dies wird gleich 1 gesetzt. Dann haben die Mitarbeiter, bei denen dies vermindert wird, eine 2,1fach höhere Chance, ihre Arbeitsfähigkeit zu verbessern. Dies geschieht in einem großen Beobachtungszeitraum von 12 Jahren. Am deutlichsten ist die Verbesserung der Arbeitsfähigkeit bei der Zufriedenheit mit den Vorgesetzten.

Abb./Tab. 119: Negative Auswirkungen auf die Arbeitsfähigkeit: Risiken durch Unterlassung oder Verschlechterung

Darstellung von Arbeits- und Lebensstilfaktoren, die mit einer Verschlechterung der Arbeitsfähigkeit einhergehen.

[a] Odds Ratio (OR) und 95% Konfidenzbereich (95% CI) des logistischen Regressionsmodells (Tuomi et.al. 1997)

Variable	OR	95% CI
Monotones Stehen an einem Platz[b]		
Nicht erhöht	1,0	
Erhöht	1,7	1,0-2,9
Zufriedenheit mit dem Arbeitsplatz [b]		
Nicht vermindert	1,0	
Vermindert	1,6	1,0-2,6
Möglichkeiten für Anerkennung und Wertschätzung bei der Arbeit[b]		
Nicht vermindert	1,0	
Vermindert	*2,4*	1,4-4,3
Anstrengendes körperliches Training in der Freizeit[b]		
Nicht vermindert	1,0	
Vermindert	*1,8*	1,2-2,8

[a] Der Arbeitsbewältigungsindex hat sich wenigstens um *zehn Punkte* in der Zeit von 1981 bis 1992 verschlechtert.

[b] Veränderungen in der Zeit von 1981 bis 1992

Quelle: Ilmarinen 1999:188

Lesebeispiel: Angenommen, jemand findet bei der Arbeit Anerkennung und Wertschätzung. Wenn dies nicht vermindert wird und man das Risiko gleich 1 setzt, dann haben die Personen, bei denen Wertschätzung und Anerkennung am Arbeitsplatz vermindert werden, ein 2,4fach höheres Risiko, im Verlauf der Beobachtung ihre Arbeitsfähigkeit zu verschlechtern.

8.4 Die Organisation der Arbeitszeit

Seit acht Jahren bekommen Fahrerinnen und Fahrer der Verkehrsbetriebe/Stadtwerke München, die im öffentlichen Personennahverkehr (ÖPNV) arbeiten, die Möglichkeit, an einem betrieblichen Gesundheitsförderungsprogramm teilzunehmen. Sie gehen an 20 Tagen im Jahr in den Gesundheitspark München.[2]

[2] Das Programm wird beschrieben in: Ertl, B., M. Schmid-Neuhaus, et al. (1998): Lebensqualität für Leistungskraft – Das Gesundheitsförderungsprojekt für die Bus-, Straßenbahn- und U-Bahn-Fahrer/innen der Verkehrsbetriebe/Stadtwerke München. Bremerhaven, Wirtschaftsverlag NW, Verlag für neue Wissenschaft GmbH.

In den ersten Jahren der Gesundheitsförderungsmaßnahmen wurden Evaluationsuntersuchungen[3] vorgenommen, in deren Rahmen auch die Entwicklung der körperlichen Leistungsfähigkeit vor und nach Durchführung des Programms untersucht wurde. Bei der Anfangsuntersuchung waren ca. 70% der Teilnehmer in einer normalen körperlichen Verfassung, gemessen an den Ergebnissen der Belastungsuntersuchung (Fahrradergometrie).

Bei der Kontrolluntersuchung nach Abschluss des Programms wurde diese Belastungsuntersuchung wiederholt, und dabei ergab sich ein erstaunlicher Befund: Über 30% der Teilnehmer brachen im Bereich der normalen (nach Geschlecht, Gewicht und Alter) Belastung oder etwas darüber von sich aus die Untersuchung ab mit der Begründung: »Es reicht« oder »Ich will keinen Stress haben«.

Neben der allgemeinen Verbesserung der körperlichen Leistungsfähigkeit bei etwa 15% der Teilnehmer war es bei einem Drittel zu einer Differenzierung der Wahrnehmung gekommen (»Es geht mir besser mit der Luft«) und zu einem anderen Umgang mit Leistung, Grenzen der Leistung und Organisierung von Pausen im (Arbeits-)Alltag. (Tempel 1995)

Dieses Programm wird bis heute erfolgreich in München durchgeführt und liefert einen wichtigen Beitrag zur Erhaltung der Gesundheit der Fahrerinnen und Fahrer und zum Abbau der vorzeitigen Fahrdienstuntauglichkeit in diesem Arbeitsbereich. In den Jahren 1986-1992 vor Einführung des Programms wurden von 1.800 Fahrerinnen und Fahrern insgesamt 129 fahrdienstuntauglich, seit Durchführung der Gesundheitsförderungsmaßnahmen 1993-1999 insgesamt nur noch 60 Fahrerinnen und Fahrer, also über 50% weniger (Ertl 2000).

Die Bedeutung der Verbesserung der Körperwahrnehmung (In welcher Verfassung bin ich eigentlich in diesem Augenblick?) und der Einsicht in die Notwendigkeit, kurze, kleine Pausen einzulegen, kann gar nicht hoch genug eingeschätzt werden. Wir haben in Kapitel 1.1.2 die arbeitsphysiologischen Grundlagen dargestellt. Es muss aber weiterhin klargestellt werden, dass die Notwendigkeit kurzer Erholungspausen zum einen mit dem Alter und zum anderen in Abhängigkeit vom Ausmaß der körperlichen Belastung steigt (s. Abb. 120, S. 252).

Die Pausen sollten mit dem Alter »mit leben«, denn ein älterer Mitarbeiter benötigt mehr Zeit, um sich von Belastungen zu erholen, als ein jüngerer. Dabei hängt der Mehrbedarf von der Arbeitslast ab, die zu bewältigen ist. Je körperlich schwerer die Arbeit ist, desto größer ist der Mehraufwand an Erholungszeit mit steigendem Alter. Dabei ist für die *Effizienz der Erholung* von entscheidender Bedeutung, dass sie

---

[3] Mit solchen Untersuchungen werden Wirksamkeit und Nutzen einer betrieblichen Gesundheitsförderungsmaßnahme überprüft.

Abb./Tab. 120: Bedarf an Erholungspausen in Abhängigkeit von Alter und Schweregrad der Arbeit

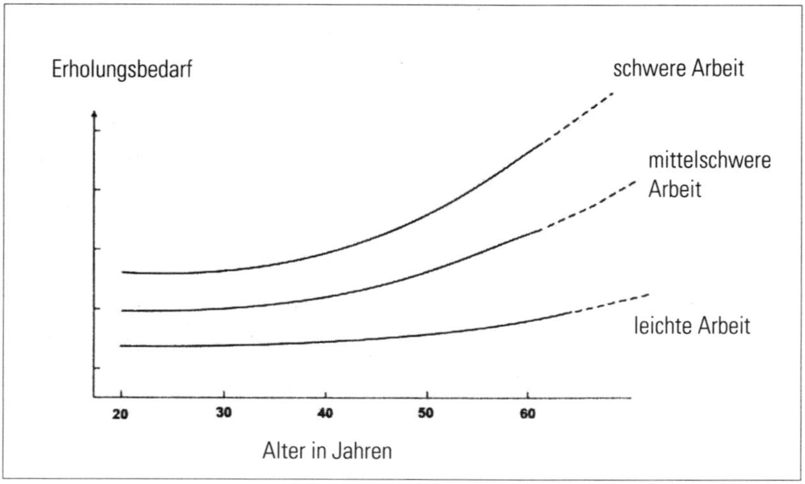

Quelle: Ilmarinen 1999:59

unmittelbar im Anschluss an eine Spitzenbelastung oder Phase schwererer Arbeit angeschlossen werden kann (muss). In solchen Fällen kann die Erholung bereits mit sog. Mikro- oder Kurzpausen (1-3 Minuten) beginnen. Dies entspricht dem geschilderten Prinzip der Entspannung, die auf jede Anspannung folgt (siehe Kapitel 1.1.2).

- ❖ In der Praxis muss also effiziente Erholung unmittelbar während der Arbeit stattfinden.
- ❖ Sie kann nicht – wenn dies physiologisch gestaltet werden soll – vorverlegt oder verzögert werden, ohne dass die Effizienz der Erholung darunter leiden würde:
- ❖ Zu frühe Pausen sind vergeudet und verbessern nicht die Arbeitssituation,
- ❖ während zu späte Pausen ihre positive Wirkung verlieren.

Viele Arbeitnehmer haben mit steigendem Alter gemerkt, dass die Freizeit, die im Anschluss an die Arbeit kommt, oder der darauf folgende *Nachtschlaf* für eine komplette Erholung nicht ausreichen.

Der nächste Schritt ist dann, dass das *Wochenende* für die Erholung nicht ausreicht, und schließlich wird die Lage kritisch, wenn die *Ferien* nicht mehr genügen, um die angehäufte Erschöpfung auszugleichen. Als z.B. Arbeitnehmer in Wechselschicht gefragt wurden, wie sie ihre Freizeit verbringen, antworteten 92% derjenigen, die über 50 Jahre alt waren, dass sie geruht hätten. (Nätti u.a. 1997, zitiert aus Ilmarinen 1999: 197) Dies bedeutet, dass sie ihre Aktivitäten auf die Erholung von der Arbeit beschränkt hatten.

Bei der Einführung von Mikropausen ist förderlich, dass

- ❖ sie in der Regel den Arbeitsablauf nicht wesentlich unterbrechen und
- ❖ individuell genommen werden können, wenn es von den anderen Mitarbeitern akzeptiert wird.

Das Beispiel der Busfahrer zeigt aber noch ein ganz anderes Problem: Die Mitarbeiterinnen und Mitarbeiter beginnen ihr Arbeitsleben im Alter von ca. 20-30 Jahren und verfügen über große Reserven, die es ihnen ermöglichen, ohne Rücksicht auf ihre Kräfte ihr Arbeitsleben zu gestalten. Wenn sie dann zwischen 40 und 50 sind, haben sie das »Pausennehmen« verlernt und müssen neu dafür gewonnen und unterrichtet werden, die Signale des Körpers wahrzunehmen und entsprechende Entscheidungen zu treffen. Dies wird dann auch noch wesentlich durch die am Arbeitsplatz herrschende Pausenkultur beeinträchtigt oder gefördert.

Empfehlung 10: Älteren Mitarbeiterinnen und Mitarbeitern sollten die Möglichkeiten für Mikropausen eingeräumt werden, besonders nach belastender Arbeit, und andere Pausen, soweit gewünscht, mit dem Ziel, die Arbeitsbelastung individuell anzupassen und die Erholungsmöglichkeiten zu verbessern.

- ❖ Entsprechend den Darstellungen in Kapitel 1.1.2 konnte auch in neueren Untersuchungen (Jansen und Haas) nachgewiesen werden, dass die richtige Nutzung von Pausen hohe ökonomische Bedeutung hat:
- ❖ Je schwerer die Arbeitslast war, desto kleiner wurden die Verluste, wenn die Pausen vergrößert wurden.
- ❖ Es besteht ein unmittelbarer Zusammenhang zwischen Arbeitsschwere, Pausen und Lebensalter, wie auch die Tabelle 121 zeigt.

Abb./Tab. 121: Jährlicher Produktionsverlust pro Schicht in Abhängigkeit von Schweregrad der Arbeit, Pausen und Lebensalter in der Metallindustrie, Prozentangaben

Alter/Pausen	Arbeitslast		
	sehr schwer	schwer	mäßig
< als 45 Jahre			
ohne Pausen	6,77	3,74	2,49
einige Pausen	4,36	3,36	2,67
mehrere Pausen	3,64	3,86	2,70
> als 45 Jahre			
ohne Pausen	7,55	5,99	4,60
einige Pausen	5,19	4,22	3,94
mehrere Pausen	3,51	4,74	3,39

Quelle: Jansen und Haas 1991

Abschließend soll noch einmal hervorgehoben werden, dass Pausen sowohl die physische als auch die psychische (mentale) Erschöpfung vermindern. Wie wir bereits dargestellt haben, ist für die Dynamik der Erholung (Entspannung) charakteristisch, dass dieser Effekt schnell und unmittelbar eintritt.

- ❖ In den ersten 15 Minuten ist die Erholung ungefähr zweimal so schnell und effektiv wie in den darauf folgenden 15 Minuten.
- ❖ Es ist deshalb unbedingt notwendig, die Erholungszeit nicht zu verlagern oder gar an das Ende einer Schicht oder des Arbeitstages zu verlegen, sondern kurze Pausen einzuschieben,
- ❖ weil die positiven Auswirkungen auf die Produktivität wie auf die verbleibende Freizeit wesentlich günstiger sind.

Wir wollen zum Abschluss dieses Kapitels zeigen, dass die maximale Arbeitszeit pro Arbeitstag ebenfalls vom Alter abhängig ist. Grundsätzlich gilt dabei:

- ❖ Je älter eine Mitarbeiterin oder ein Mitarbeiter ist, desto größer ist die Notwendigkeit, den durchschnittlichen Arbeitstag zu verkürzen.

Lesebeispiel (zu Abb. 122): Die Y-Achse zeigt die Anzahl der Arbeitsstunden/Tag, die geleistet werden können. Die X-Achse zeigt die Altersverteilung. Die Kurven geben den Prozentanteil eines Kollektivs von Beschäftigten wieder, die in Abhängigkeit vom Alter eine Senkung der Tagesarbeitszeit benötigen. Mit steigendem Alter finden wir eine erhebliche Spreizung der täglichen Arbeitszeit, die für den einzelnen

Abb./Tab. 122: Wachsender Bedarf an Verkürzung der Tagesarbeitszeit

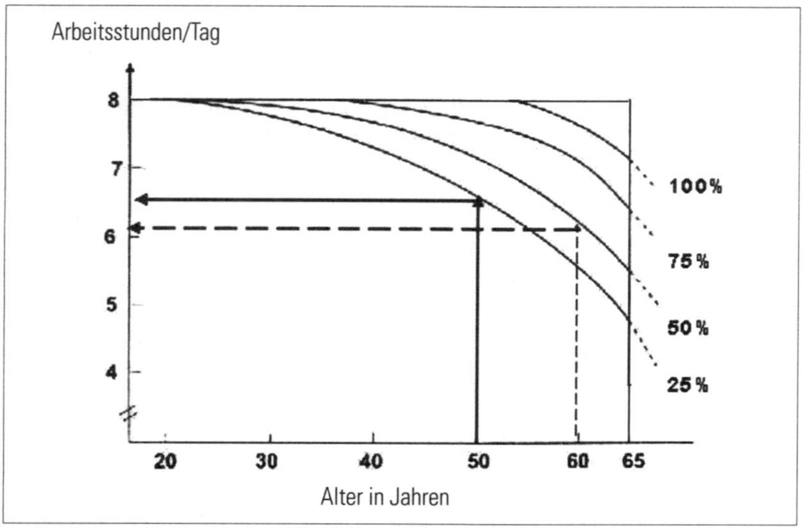

Quelle: Ilmarinen 1999:204

Betroffenen optimal wäre: Im Alter von 50 Jahren benötigen 25% eines Kollektivs etwa 6,5 Stunden täglich, weitere 25% können 7,4 und weitere 25 bis 7,8 Stunden arbeiten, während 8 Stunden eigentlich für alle zu viel sind. Bei den 60-Jährigen können 25% nur noch ca. 5,6 Stunden arbeiten, weitere 25% bis 6,2 Stunden, usw. bis maximal 7,8 Stunden. Es sind bewusst keine Mittelwerte dargestellt, sondern die unterschiedlichen Anteile eines Kollektivs, um zu verdeutlichen, dass mit steigendem Alter der Bedarf nach individuellen Lösungen bei der Gestaltung der Arbeitszeit zunimmt. Diese Schätzungen beruhen auf einer Auswertung der Literatur und verschiedener Diskussionen.

Empfehlung 11: Alternde Arbeitnehmer sollten verminderte und/ oder flexiblere Arbeitszeit eingeräumt bekommen. Dies entsprechend ihrer Gesundheit, ihrer Ausbildung und den Anforderungen ihrer Lebenssituation.

Es ist deshalb notwendig, sich im europäischen Maßstab die durchschnittlichen Arbeitsstunden bei Ganztagsarbeit (full-time jobs) anzusehen und dabei zu unterscheiden, wie sie sich auf die beiden Altersgruppen unter 45 und über 45 verteilen.

Abb./Tab. 123: Wie viele Stunden arbeiten Sie regelmäßig in der Woche in Ihrer Hauptbeschäftigung?

Prozentsatz nach Arbeitszeitkategorien, unterteilt nach Geschlecht und Altersgruppe in der Europäischen Union (Eurobarometer 1996)

Altersgruppe	Männer (n = 9143)			Frauen (n = 6781)		
	< 35	35-40	> 40 h/Woche	< 35	35-40	> 40 h/Woche
< 45 Jahre	7,83	57,23	34,94	30,96	51,85	17,19
> 45 Jahre	8,52	51,72	39,76	35,42	46,32	18,26
n	738	5.055	3.330	2.192	3.401	1.188

Quelle: Ilmarinen 1999:135

Lesebeispiel: Wir unterscheiden nach den bekannten Altersgruppen, nach Geschlecht und der Anzahl der Arbeitsstunden (weniger als 35, 35-40 und über 40 Stunden pro Woche).

Betrachtet man nun die Wochenarbeitszeit, so findet man bei den »kurzen Arbeitswochen« einen größeren Anteil der älteren Männer und dies ebenfalls bei den Frauen, die sogar bis zu einem Drittel unter 35 Stunden pro Woche arbeiten.

Im Bereich 35-40 Stunden liegen die Jüngeren unter 45 bei beiden Geschlechtern über den Älteren, während bei den »langen Arbeitswochen« über 40 Stunden pro Woche die Älteren wiederum zu einem höheren Prozentsatz vertreten sind als die Jüngeren. Arbeitsphysiologisch bedeutsam sind die sog. langen Arbeitswochen, die hier noch ausführlicher untersucht werden sollen.

Der Anteil der über 40-Stunden-Arbeitswochen variiert bei der Altersgruppe über 45 erheblich zwischen den einzelnen EU-Mitgliedsstaaten. Über die Hälfte der älteren griechischen, portugiesischen und irischen Männer arbeiten lange Wochen. Die Arbeitswochen der skandinavischen Männer zusammen mit den Holländern waren deutlich unter dem EU-Durchschnitt. Insgesamt betrug der Anteil in diesen Ländern weniger als 30% der älteren Männer, die lange Wochen arbeiten mussten. (s. Abb. 124)

Lesebeispiel: Die Länder sind in der Rangfolge der Prozentanteile angeordnet, nach denen Männer bzw. Frauen über 40 Stunden pro Woche (lange Wochen) arbeiten müssen. Wir finden auf der Y-Achse die Darstellung der Länder und auf der X-Achse die Prozentskala von 20-60%, die den Anteil wiedergibt. Auf der rechten Y-Achse sind die Differenzangaben in Prozentpunkten aufgetragen zwischen dem Anteil, zu dem ältere Männer und Frauen im Vergleich mit den jüngeren lange Wochen arbeiten müssen.

Der durchgehende senkrechte Strich entspricht dem europäischen Durchschnitt, und man erkennt sehr schön, dass sowohl bei den Männern als auch bei den Frauen erhebliche Länderunterschiede vorliegen. Bedeutsam erscheint in diesem Zusammenhang, dass bei den Männern, die lange Wochen arbeiten müssen, der Anteil der älteren praktisch in allen Ländern größer ist, dies am deutlichsten in Luxemburg mit +14%, in Belgien mit +10,8%, in Irland mit +9,7%. In Deutschland ist das Verhältnis vergleichsweise ausgewogen. Hier ist der Anteil der älteren nur +1,43%.

Bei den Frauen beobachten wir die größten Unterschiede in Griechenland mit +11,7%. Wir finden aber auch Länder, in denen die Differenz deutlich weniger als 1% oder knapp 1% beträgt. Insgesamt können diese Daten nur als Anregung für die Eröffnung einer Diskussion um die Differenzierung der Arbeitszeiten nach Geschlecht und Alter genommen werden.

8.4.1 Nacht- und Schichtarbeit

In den modernen Industrienationen wird Nachtarbeit in der Regel aus ökonomischen, technologischen und sozialen Gründen eingeführt. In letzter Zeit finden wir weiterhin zunehmend Nachtarbeit im Bereich der Unterhaltungs- und Fernsehindustrie.

Allgemein gilt: »Die ›24-Stunden-Gesellschaft‹ hat die Zeiteinteilung im Arbeitsleben richtungsweisend verändert. Die Globalisierung der Ökonomie und die Veränderungen der Produktion erfordern von den Beteiligten eine erhöhte Flexibilität.

Die wechselnden Bedürfnisse und Vorlieben für individuelle Arbeitszeitgestaltung wie auch die technologischen und strukturellen betrieblichen Umgestaltungen haben den Anteil nicht-traditioneller Arbeitszeitarrangements, den Anteil von Nacht- und Schichtarbeit und die

Abb./Tab. 124: Arbeitszeiten, Lebensalter, Geschlecht und europäischer Ländervergleich

Arbeitszeit über 40 Stunden pro Woche in der Haupttätigkeit. Prozentanteil der Männer und Frauen über 45 Jahre und Differenz (Prozentpunkte) zwischen älteren und jüngeren Männern und Frauen in den europäischen Mitgliedsstaaten (Eurobarometer 1996), EUR 15 = gewichteter Durchschnitt

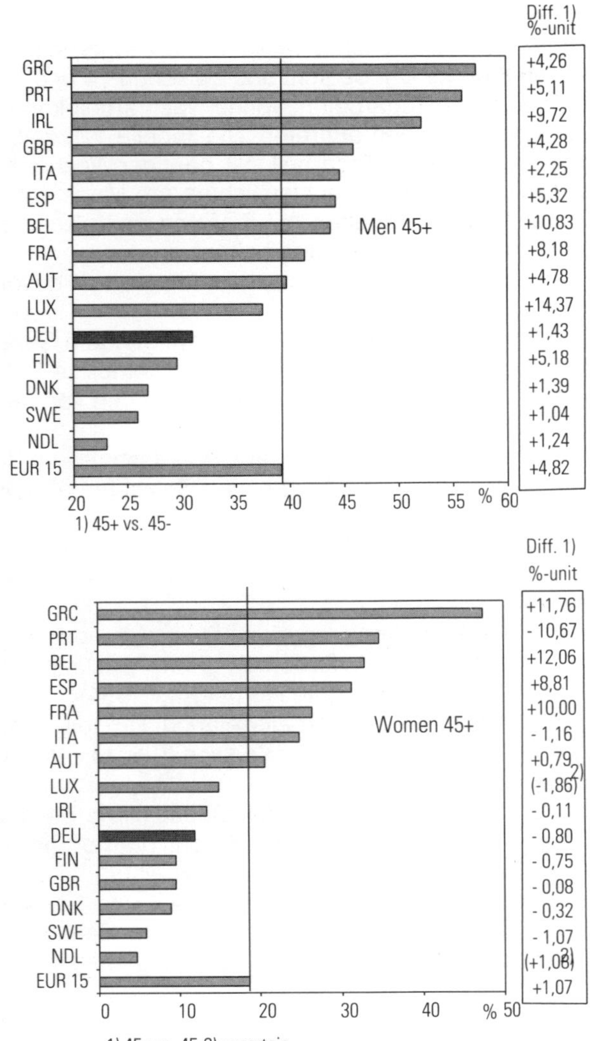

Quelle: Ilmarinen 1999:136

Komplexität der Arbeitszeitgestaltung« erhöht. (Härmä und Ilmarinen 1999:610)[4]

Die folgende Übersicht beschreibt zunächst allgemein, in welchem Umfang Männer und Frauen in Europa entweder in sog. »Normalschicht« arbeiten bzw. in »irregulärer Tagarbeit«. Wir folgen dabei der Definition von Bøggild: »Der Begriff Schichtarbeit wird in einem allgemeineren Sinn benutzt und beschreibt Arbeit, die außerhalb des Normalarbeitstages stattfindet.« (Boggild 2000:7)

Unter einem Normalarbeitstag versteht man Tagarbeit, die in der Regel zwischen 6 und 9 Uhr beginnt und zwischen 14 und 17 Uhr endet. Bei der irregulären Tagarbeit mit/ohne Nachtarbeit können unterschiedlichste Kombinationen auftreten. Die Tabelle 125 zeigt Formen und Häufigkeiten irregulärer Tagarbeit inkl. häufiger Wochenendarbeit, Schichtarbeit mit ein bis vier Nachtschichten pro Monat inkl. häufige Wochenend- und Schichtarbeiten mit fünf und mehr Nachtschichten pro Monat inkl. häufige Wochenendarbeiten.

Bei der Beurteilung der gesundheitlichen Folgen ist davon auszugehen, dass

- Nacht- und Schichtarbeit zu einem schwerwiegendem Gesundheitsrisiko zählt und es sich dabei um eine sehr komplexe Belastungsform handelt, die an einen arbeitenden Menschen von außen herangetragen wird.
- Wir finden aber auch eine individuelle Bereitschaft – in der Regel aus Verdienstgründen –, die Nacht- und Schichtarbeit auszuüben und:
- Weiterhin bobachten wir Menschen, die aus den verschiedensten Gründen mit Nachtschichtarbeit ein Arbeitsleben lang bestens zurechtkommen.
- Es gibt mittlerweile allgemein anerkannte Regeln über die Beurteilung bestehender und die Anforderung an die Gestaltung zukünftiger Schichtsysteme. (Knauth and Hornberger 1994)

In Finnland sind die Anteile von Arbeitszeitmodellen, die nicht der regulären Tagarbeit entsprechen, in der Zeit von *1984* bis *1997* von 24% auf 30% gestiegen. (Härmä: ebd)

1995 leisteten in der Bundesrepublik Deutschland etwa 13% der abhängig Beschäftigten Nacht- und/oder Schichtarbeit (in der Form von 2-Schicht-, 3-Schicht- und Konti-Schichtarbeit u.a.), insbesondere aus wirtschaftlichen Gründen. *1989* waren es 14% und *1993* etwa 12%. (Bauer, Groß et al. 1996:77f.) »Zur Entwicklung der Zahl der Beschäftigten, die in Schicht- und Nachtarbeit tätig sind, gab es in den letzten

---

[4] Für die Bundesrepublik Deutschland findet sich eine aktuelle Darstellung der Situation bei: Bundesmann-Jansen, J., H. Groß, et al. (2000): Arbeitszeit '99 – Ergebnisse einer repräsentativen Beschäftigtenbefragung zu traditionellen und neuen Arbeitszeitformen in der Bundesrepublik Deutschland. Köln, MASSK.

Abb./Tab. 125: Tag- und Schichtarbeit von Männern nach Altersgruppen in der Europäischen Union, Prozentsatz (Eurobarometer 1996)

Altersgruppen	Männer (n = 9047) reguläre Tagarbeit (ohne Wochenenden)	irreguläre Tagarbeit (inkl. häufige Wochenenden)	Schichtarbeit 1-4 Nachtschichten pro Monat (inkl. häufige Wochenenden)	Schichtarbeit 5 und mehr Nachtschichten pro Monat (inkl. häufige Wochenenden)
< 45 Jahre	32,25	39,04	11,04	17,67
> 45 Jahre	35,15	40,48	10,57	13,80
n	3.010	3.578	984	1.475

Tag- und Schichtarbeit von Frauen nach Altersgruppen in der Europäischen Union, Prozentsatz (Eurobarometer 1996)

Altersgruppen	Frauen (n = 6671) reguläre Tagarbeit (ohne Wochenenden)	irreguläre Tagarbeit (inkl. häufige Wochenenden)	Schichtarbeit 1-4 Nachtschichten pro Monat (inkl. häufige Wochenenden)	Schichtarbeit 5 und mehr Nachtschichten pro Monat (inkl. häufige Wochenenden)
< 45 Jahre	43,05	42,16	6,12	8,67
> 45 Jahre	44,14	43,51	4,93	7,42
n	2.894	2.840	384	553

Quelle: Ilmarinen 1999:137-138

Jahren Trendmeldungen, die eher auf eine Stagnation (Stille/Zwiener, 1997) bzw. einen leichten Rückgang (Seifert, 1995) hindeuteten. Die Daten unserer Beschäftigtenbefragung belegen dagegen eher eine Zunahme von Schicht- und Nachtarbeit, zumindest im Zeitraum zwischen *1995* und *1999.*

Für das gesamte Bundesgebiet geben bei der aktuellen Befragung 18% aller Beschäftigten an, dass sie regelmäßig (d.h. »an jedem Arbeitstag« oder »häufig«) Schicht- und/oder Nachtarbeit leisten. Im Vergleich zu 1995 bedeutet dies ein Anstieg um immerhin 5 Prozentpunkte.« (Bundesmann-Jansen, Groß et al. 2000:63f.), (Hervorhebungen, d. Verf.) (s. Tab. 126, S. 260)

»Arbeiter und Arbeiterinnen weisen bundesweit mit 27% den höchsten Anteil an Schicht- und Nachtarbeitern auf, während Angestellte lediglich auf 12% und Beamte auf 14% kommen. In Bezug auf die

Abb./Tab. 126: Häufigkeit von Schicht- und/oder Nachtarbeit nach Geschlecht (in %)

	Westdeutschland			Ostdeutschland			Gesamtbundesgebiet		
	Männer	Frauen	Insges.	Männer	Frauen	insges.	Männer	Frauen	insges.
Schicht- und Nachtarbeit an jedem Arbeitstag	12	9	11	11	10	10	12	9	11
häufig	8	7	7	7	8	8	8	7	7
selten	8	4	6	11	5	8	8	4	7
nie	73	80	76	71	78	74	72	80	76
Nachtarbeit									
regelmäßig	11	4	8	11	9	10	11	5	8
selten/nie	90	96	92	89	91	90	90	95	92

Quelle: Bundesmann-Jansen, Groß et al. 2000:64

Ergebnisse der letzten Beschäftigtenbefragung hat sich die ungleichmäßige Verteilung von Schicht- und Nachtarbeit verstärkt.

Die höchste Zuwachsrate weisen mit + 8 Prozentpunkten die Arbeiter/-innen auf, wobei die Un-/Angelernten sogar eine Steigerung um 13 Prozentpunkte zu verzeichnen haben. Dagegen stagniert bei den Beamten der Schicht- und Nachtarbeitsanteil, während die Angestellten leicht um 3 Prozentpunkte zulegen.« (ebd.)

Bei den Beamten interessiert der Anteil der Schicht- und Nachtarbeiter im Öffentlichen Dienst (ausgenommen Bahn und Post). Dies sind im gesamten Bundesgebiet 14%. Es dürfte sich dabei zu einem sehr großen Anteil um den sog. Vollzugsdienst handeln. Dieser Begriff umfasst die Feuerwehr, die Polizei und die Justizvollzugsbeamten, die überwiegend in Nacht- und Schichtarbeit tätig sind und bei denen die Nachtarbeit mit erheblichen physischen, psychischen und sozialen Belastungen verknüpft ist, die sich aus der Arbeit ergeben.

8.4.2 Das Urteil des Bundesverfassungsgerichtes

Weiterhin gilt allgemein bei der Beurteilung von gesundheitlichen Risiken der regelmäßigen Nachtarbeit:

Es ist aus biologischen Gründen nicht möglich, dass Menschen gleich gesund oder gleich krank sind.[5] Es ist aber anzustreben, dass in unserer Gesellschaft Menschen gleiche Chancen auf Gesundheit, Vermeidung von Krankheit oder Behandlung von Krankheiten bekommen.

[5] ausführlich bei Markl, H. (1996). Eine evolutionäre Perspektive der Medizin, in: Die Zukunft der Medizin – Neue Wege zur Gesundheit, hrsg. von G. Kaiser, J. Siegrist, E. Rosenfeld and K. W.-À. Vandai. Frankfurt/New York, Campus. 4.

Abb./Tab. 127: Häufigkeit von Schicht- und Nachtarbeit nach Stellung im Beruf (in%)

			Westdeutschland							
	Arbeiter/-innen				Angestellte				Beamte/	Beschäftigte
	un-/ange-	Fach-	Vorarbeiter/	Ins-	einfache	mittlere	leitende	ins-	Beamtinnen	insgesamt
	lernte	arbeiter	Meister	gesamt				gesamt		
	Arbeiter									
regelmäßig[1]	35	26	19	28	14	11	9	12	12	18
selten/nie	65	74	81	72	86	89	91	88	88	82
			Ostdeutschland							
	Arbeiter/-innen				Angestellte				Beamte/	Beschäftigte
	un-/ange-	Fach-	Vorarbeiter/	Insge-	einfache	mittlere	leitende	insgesamt	Beamtinnen	insgesamt
	lernte	arbeiter	Meister	samt						
	Arbeiter									
regelmäßig[1]	22	21	18	21	21	11	4	13	31	18
selten/nie	78	79	82	79	80	89	96	87	69	82
			gesamtes Bundesgebiet							
	Arbeiter/-innen		Angestellte						Beamte/	Beschäftigte
un-/ange-	Fach-	Vorarbeiter/	Insgesamt	einfache	mittlere	leitende	insgesamt	Beamtinnen	insgesamt	
	lernte	arbeiter	Meister							
	Arbeiter									
regelmäßig[1]	33	25	19	27	16	11	8	12	14	18
selten/nie	67	76	81	74	84	89	92	88	86	82

Summen abweichend von 100 ergeben sich aufgrund von Rundungen. Prozentuierungen von einer Basis, deren n kleiner oder gleich 50 ist, stehen in Klammern.

[1] Umfasst die Kategorien »an jedem Arbeitstag« und »häufig«

Frage: Wie oft leisten Sie im Durchschnitt gesehen Schicht- und/oder Nachtarbeit? (Gestellt an alle Befragten)

Quelle: Bundesmann-Jansen, Groß et al. 2000:65

Demgegenüber hat das Bundesverfassungsgericht in seinem Urteil vom 28.02.1992 unmissverständlich festgestellt:

- »Nachtarbeit ist grundsätzlich für jeden Menschen schädlich.« Und
- »Der Gesetzgeber ist verpflichtet, den Schutz der Arbeitnehmer vor den schädlichen Folgen der Nachtarbeit neu zu regeln.
- Eine solche Regelung ist notwendig, um dem objektiven Gehalt der Grundrechte, insbesondere des Rechts auf **körperliche Unversehrtheit** (Art. 2 Abs. 2 Satz 1 GG, Hervorhebung d. Verf.) Genüge zu tun.« (zitiert nach NZA – Heft 6/1992, Seite 270-273)

Dieser Auffassung des Bundesverfassungsgerichts liegt eine ausführliche wissenschaftliche Auseinandersetzung um die Folgen der Nacht- und Schichtarbeit, hier insbesondere der Nachtarbeit, zugrunde, die dann zu dem zitierten Grundsatzentscheid geführt hat.[6]

Man kann das Problem in vereinfachter Form so beschreiben:

Der Organismus ist am Tag mehr auf Anspannung und Leistung eingestellt. Zu diesem Zweck steuert der **Sympathikusanteil** des vegetativen Nervensystems die spezifischen Körperfunktionen und die Freisetzung von benötigter Energie durch Ausschüttung von Stresshormonen.

In der Nacht dagegen stellt sich der Organismus auf Erholung und Entspannung und Ausruhen ein. Dies wird durch den **Parasympathikusanteil** des vegetativen Nervensystems geregelt. Es kommt zur Wiederanreicherung von verbrauchter Energie in der Leber und den Muskeln und zum Aufbau neuer körpereigener, energiereicher Substanzen.

Dieser Rhythmus findet sich in den verschiedensten Organen wieder und ist offensichtlich eine Voraussetzung für Lebendigkeit und Langlebigkeit. Der Ablauf ist in der Abbildung 128 dargestellt.

Lesebeispiel: Wir finden auf der Y-Achse die Leistungsfähigkeit eines Menschen, angegeben in Prozent über bzw. unter dem täglichen Durchschnitt. Das bedeutet: 0 entspricht der durchschnittlichen Leistungsfähigkeit. Auf der X-Achse finden wir den Stundenrhythmus über einen Tag von 6 Uhr bis 6 Uhr.

Folgt man nun dem – idealtypisch dargestellten – Tagesrhythmus der physiologischen Leistungsbereitschaft, dann nimmt die Leistungsfähigkeit zwischen 6 Uhr und 9 Uhr kontinuierlich zu, überschreitet dann ihren Höhepunkt und sinkt gegen 14 bzw. 15 Uhr in einen durchschnittlichen Bereich, der früher der Mittagspause entsprach und heute kaum noch beachtet wird.

Die Leistungsfähigkeit steigt dann bis 20 Uhr noch einmal leicht an und fällt dann in der Zeit von 22 Uhr bis 3 Uhr kontinuierlich in weit

[6] S. dazu auch die grundlegenden Ausführungen von Elsner, G. (1992): Risiko Nachtarbeit. Ein Gutachten für die Industriegewerkschaft Metall. Bonn, Dietz.

Abb./Tab. 128: Unsere durchschnittliche tägliche physiologische Leistungsbereitschaft (eingezeichnet: Bereiche üblicher Arbeitszeiten)

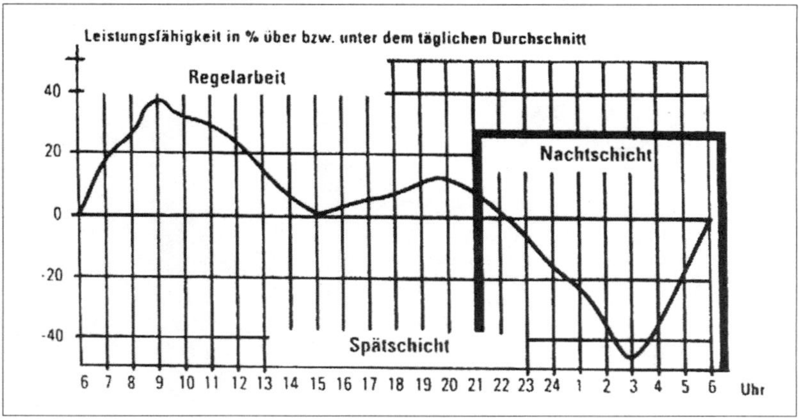

Quelle: Ertl, Schmid-Neuhaus et al. 1998, modifiziert nach Schweflinghaus 1995

unterdurchschnittliche Bereiche (bis -40%) ab, um dann in der Zeit von 3 Uhr bis 6 Uhr wieder gleichmäßig anzusteigen.

Dieser Abschnitt entspricht deshalb auch der Zeit, zu der wir in der Regel schlafen gehen.

Der Zeitpunkt der tiefsten unterdurchschnittlichen Leistungsfähigkeit entspricht dem sog. toten Punkt, der individuell um ein bis drei Stunden schwanken kann und von den von Nachtarbeit Betroffenen sehr unterschiedlich wahrgenommen wird. Zum Zeitpunkt des maximalen Leistungstiefs ist es besonders schwierig, maximale körperliche Leistung und psychische Präsenz zu entwickeln. Es gibt Branchen, bei denen im Rahmen der Arbeitsorganisation in der Nachtschicht auf solche Probleme Rücksicht genommen werden kann.

Untersucht man dazu die Stoffwechselvorgänge, dann findet man übereinstimmend mit diesem »toten Punkt« ein kontinuierliches Absinken der für die aktuelle Leistungsfähigkeit relevanten Hormone und der Körpertemperatur (s. Abb. 129, S. 264).

Lesebeispiel: Auf der Y-Achse zeigen die 0 bzw. die 37.0 °C den Durchschnittswert an. Auf der X-Achse finden wir die Tageszeit.

Die Daten zeigen den alltäglichen Verlauf im Wechsel von Tag (Leistung und Anspannung) und Nacht (Erholung und Entspannung). Man sieht sehr schön, dass der Organismus nachts schrittweise in das physiologisch sinnvolle und energetisch notwendige »Tief« hineingerät und gegen Morgen wieder herauskommt: »Die körperliche Aktivierung für die Anforderung des Wachzustandes erfolgt ähnlich wie bei der Stress-Reaktion; Kreislauf und Atmung werden beschleunigt, um erhöhten Leistungsanforderungen Rechnung zu tragen.

Abb./Tab. 129: Zirkadianer Verlauf einiger Hormonaktivitäten vor dem Hintergrund des Temperaturrhythmus als wichtigstem physiologischen Parameter zur Beurteilung der zirkadianen Phasenlage

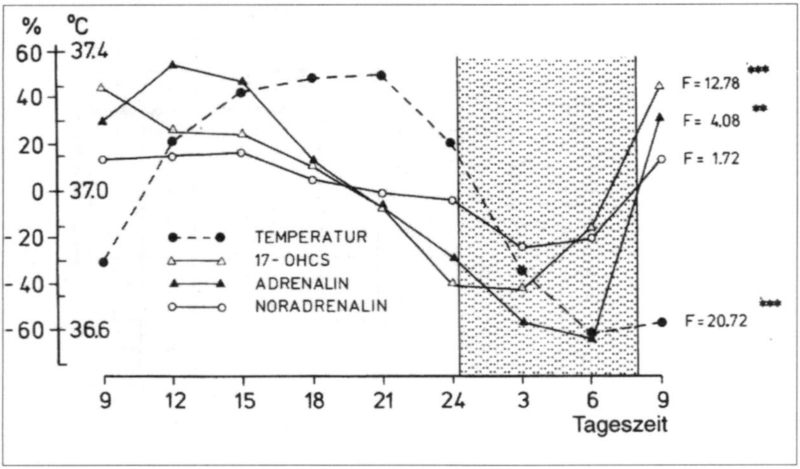

Quelle: Wenzel, Gerzer et al. 1998:III-1.6.2

Vorbereitet wird diese Reaktion durch erhöhte Katecholamin – Ausschüttung (d.s. in der Graphik die Hormone Adrenalin und Noradrenalin, d. Verf.), die dementsprechend mit dem Beginn des Wachzustandes zusammenfällt. Die Corticoide (d.i. das 17-OHCS, d. Verf.) steigen schon vor dem Erwachen an; entsprechend ihrer regenerativen Funktion muss ihr Einsatz vor der eigentlichen *Leistungsbereitstellung erfolgen.«* (ebd.)

Zusammenfassend gilt:

- ❖ Dieser biologisch festgelegte Rhythmus ist nicht umkehrbar, und es gibt auch keine klar nachweisbaren Möglichkeiten, »sich daran zu gewöhnen«.
- ❖ Damit ist Arbeit zur Nachtzeit »dem biologischen Rhythmus entgegenlaufend prinzipiell unphysiologisch«. (Hettinger 1985:536)
- ❖ Menschen sind aber in der Lage, durch Willensanstrengung trotzdem nachts größte Leistungen – zum Guten wie zum Schlechten – zu vollbringen. Dies bleibt jedoch nicht ohne Folgen:
- ❖ Es kommt zu einem Durcheinander der verschiedenen »zirkadianen[7] Rhythmen« (mismatch of circadian rhythms): »Wenn man in der Nacht arbeitet und am Tag schläft, dann kommt es auch nach Wochen der Nachtarbeit zu keiner kompletten Anpassung der Rhyth-

[7] Diese zircadianen Rhythmen entsprechen nur ungefähr (circa) dem 24-Stunden-Rhythmus. Daher der Ausdruck.

Abb./Tab. 130: Langdauernde Nachtarbeit und koronare Herzerkrankung – ein Erklärungsmodell

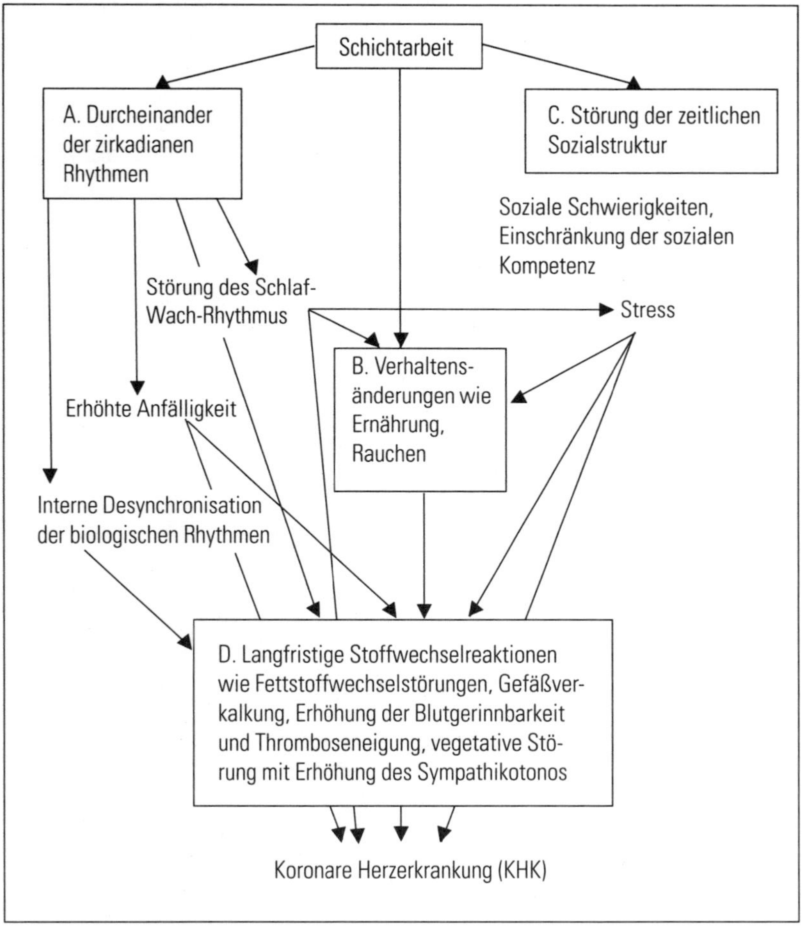

Quelle: Boggild 2000:15, modifiziert

men. Der einzelne Rhythmus verhält sich sozusagen nach seinem eigenen Schrittmacher und die unterschiedlichen Rhythmen können dabei in Disharmonie untereinander oder zu ihrer Umgebung kommen.

- Dieser Vorgang wird als *interne Desynchronisation* bezeichnet.« (Boggild 2000:15)
- Grundsätzlich ist dabei zwischen den »kurzfristigen Belastungen und Störungen« (short-term disturbances) und den »langfristigen

Auswirkungen« (longterm effects) zu unterscheiden. (Costa 1997:89-98)

- Sie führen erst nach einer bestimmten Zeit zu einer nachhaltigen »Störung der autonom-vegetativen Regulationsmechanismen, die schließlich dekompensieren und in pathogene (Krankheit verursachende) Prozesse übergehen« können. (Tempel 1999:155)
- Bei der Beurteilung der langfristigen Schäden kann man die Vermutung anstellen, dass die Dauer der ausgeübten Schichtarbeit und die Schwere der Belastung bei der Schichtarbeit einen Einfluss ausüben (mögliche Dosis-Wirkungs-Beziehung).
- Es gibt aber auch Menschen, die bestens damit zurechtkommen und durchaus gesünder sein können als andere (so genannter healthy worker effect: Die Arbeit selbst wirkt selektiv, wer es nicht schafft, scheidet vorzeitig aus. (ausführlicher bei Moog 1997:19 und Wagner 1996:39)

Die Abbildung 130 (S. 265) zeigt die verschiedenen Möglichkeiten und Mechanismen für Schädigungen und Folgen der Nacht- und Schichtarbeit bezüglich der Entwicklung von Herz-Kreislauf-Erkrankungen (KHK). Das hier abgebildete Schema spiegelt zugleich allgemeine Zusammenhänge und mögliche Gesundheitsrisiken wider.

Erläuterungen: A) Durcheinander der verschiedenen »circadianen Rhythmen«, B) riskante Verhaltensänderungen, C) Störung der sozialen Zeitstruktur und Beziehungsmuster, D) Stoffwechselreaktionen, hier insbesondere Störungen des Fettstoffwechsels und daraus resultierend die Gefahr des Hochdrucks und der Gefäßerkrankung

8.4.3 Moderne Schichtsysteme

Alexander Wedderburn und Dora Scholarios haben Mitarbeitern in der Elektro- und Textilindustrie folgende Frage gestellt:

Abb./Tab. 131: Einstellungen zur Nachtarbeit in England

»Wenn Sie alle verschiedenen Aspekte in Betracht ziehen, was ist dann Ihre eigene Haltung bzgl. der Schichtarbeit?«

Frage	Elektroindustrie in %	Textilindustrie in %
Ich mag sie sehr.	15	14
Ich mag sie mehr, als dass ich sie ablehne.	35	38
unentschieden	31	21
Ich lehne sie mehr ab, als ich sie mag.	17	16
Ich lehne sie sehr stark ab.	2	11
insgesamt (100%)	n = 49	n = 71

Quelle: Wedderburn and Scholarios 1993:213, eigene Übersetzung

Die Befragung zeigt, dass die Schichtarbeiter in beiden Fabriken grundsätzlich eine eher positive Einstellung zur Schichtarbeit hatten. Insgesamt waren es – wie die Tabelle zeigt – zweimal so viele, die eine solche Haltung einnahmen als die mit einer negativen. (ebd.)

In der aktuellen deutschen Untersuchung Arbeitszeit '99 wird ebenfalls nach Einstellungen zur Schichtarbeit gefragt: Dabei »ist festzustellen, dass 2% der Schichtbeschäftigten ›gern öfter‹ und 49% ›genauso häufig‹ in Schichtarbeit tätig sein wollen. Noch etwas positiver äußern sich die Frauen, die zu 56% ›genauso häufig‹ oder ›gern öfter‹ (2%) Schichtarbeit leisten möchten. Im regionalen Vergleich wird Schichtarbeit in Ostdeutschland mit zusammen 54% etwas positiver bewertet als in Westdeutschland, wo auf diese beiden Antwortmöglichkeiten 49% entfallen«. (Bundesmann-Jansen, Groß et al. 2000:72-73)

Wie der Tabelle 132 zu entnehmen ist, darf dabei aber nicht übersehen werden, dass »48% aller Schichtarbeiter/innen den Wunsch äußern, ›gern seltener‹ (23%) oder ›gar nicht mehr‹ (25%) in dieser Form der flexiblen Arbeitszeit tätig sein zu wollen. Seit 1995 hat sich ihr Anteil um zusammen 4% noch etwas erhöht.

Abb./Tab. 132: Einstellungen zur Schichtarbeit nach Geschlecht und Familienstand in Deutschland

Einstellung zur Schichtarbeit	Westdeutschland			Ostdeutschland			Gesamtes Bundesgebiet		
	Männer	Frauen	insgesamt	Männer	Frauen	insgesamt	Männer	Frauen	insgesamt
gern öfter	2	2	2	1	2	1	2	2	2
genauso häufig	42	55	47	48	59	53	43	56	49
gern seltener	25	20	23	25	19	22	25	19	23
gar nicht mehr	29	21	26	23	17	20	27	20	25
keine Angabe	2	2	2	3	3	3	2	2	2

	Westdeutschland				Ostdeutschland				Gesamtes Bundesgebiet			
	AS*	AE*	ZOK*	ZMK*	AS*	AE*	ZOK*	ZMK*	AS*	AE*	ZOK*	ZMK*
gern öfter	4	(4)	3	-	-	(-)	3	-	3	(6)	3	-
genauso häufig	46	(60)	46	48	54	(70)	54	51	48	(60)	48	48
gern seltener	20	(-)	29	23	17	(10)	26	25	19	(3)	29	23
gar nicht mehr	26	(32)	22	28	26	(20)	14	19	26	(29)	21	26
keine Angabe	5	(4)	-	2	3	(-)	3	5	4	(3)	1	3

Summen abweichend von 100% ergeben sich aufgrund von Rundungen.
Prozentuierungen von einer Basis, deren n kleiner oder gleich 50 ist, stehen in Klammern.
* AS: Alleinstehende AE: Alleinerziehende ZOK: Zusammenlebende ohne Kinder
ZMK: Zusammenlebende mit Kindern

Quelle: Bundesmann-Jansen, Groß et al. 2000:73

Dem Anstieg der Schicht- und Nachtarbeit steht somit in Deutschland eine zunehmend skeptische Haltung der Betroffenen gegenüber. Stark zurückgegangen ist – dies zeigt die Tabelle – die Zustimmung vor allem bei den ›Zusammenlebenden mit Kind‹ (ZMK). Äußerten sich hier 1995 noch 60% positiv, so ist dies 1999 nur noch bei 48% (West 48%; Ost 51%) der Fall, während nun 49% (West 51%; Ost 44%) die Schichtarbeit reduzieren oder ganz aufgeben möchten.« (ebd.)

Lesebeispiel: Die Tabelle unterscheidet einmal geografisch Westdeutschland, Ostdeutschland und gesamtes Bundesgebiet, dann Männer und Frauen und dann die verschiedenen sozialen Merkmale wie allein stehend, allein erziehend usw.

Insgesamt entsteht der Eindruck, der auch in vielen Diskussionen und Seminaren bestätigt werden kann, dass die Haltung gegenüber der Nacht- und Schichtarbeit **zwiespältig** ist und die Nacht- und Schichtarbeit selber auf die Betroffenen eine erhebliche Selektionswirkung hat: wer damit zurechtkommt, der bleibt, sonst versuchen die Betroffenen, irgendwie aus der Schichtarbeit wieder herauszukommen.

In Zukunft wird dabei zu beachten sein, wie weit Menschen, die zur Nacht- und Schichtarbeit verpflichtet werden, über Möglichkeiten verfügen, den Arbeitsplatz zu wechseln oder aufzugeben, oder wie weit sie – um überhaupt ihre Existenz sichern zu können – gezwungen sind, Nacht- und Schichtarbeit in Kauf zu nehmen. Hier scheint der Zustand des Arbeitsmarkts eine wesentliche Rolle zu spielen, denn wenn die Nachfrage nach Arbeitskraft vorhanden ist, verbessern sich auch die Chancen, sich einen Arbeitsplatz ohne Nachtarbeit oder in Normalschicht zu suchen: »Die beachtliche Fluktuation von 3-Schicht-Arbeitern in Arbeit ohne Nachtschichtarbeit ist sicher auch durch gesundheitliche Beeinträchtigungen mit bedingt und beeinflusst auch die Arbeitseffektivität (z.B. fanden wir bei drei verschiedenen Berufsgruppen [jeweils n > 100] rund 50% Ausgeschiedene nach 12 Jahren, in einer Gruppe nach 28 Jahren 90%) unter den Rahmenbedingungen der alten Bundesrepublik.« (Moog 1997:19)

Es ist in Zukunft eher davon auszugehen, dass diese Möglichkeiten der freien Fluktuation eingeschränkt werden:

- Eine der einfachsten Möglichkeiten der Prävention, nämlich die Vermeidung der Nacht- und Schichtarbeit, wie sie sicherlich von einem großen Teil von abhängig Beschäftigten betrieben wird, wird demnach in Zukunft eher eingeschränkt oder aufgehoben sein.

➜ Um so wichtiger ist es, Kriterien zu entwickeln und umzusetzen, mit deren Hilfe die gesundheitlichen Nachteile bei der Nacht- und Schichtarbeit soweit wie möglich aufgehoben werden können.

»Ein ›maßgeschneidertes‹ Schichtsystem sollte (dabei) immer ein Kompromiss aus den betrieblichen Anforderungen, den Wünschen der Mitarbeiter und den arbeitswissenschaftlichen Empfehlungen sein. Viele traditionelle Schichtsysteme in Deutschland entsprechen noch nicht den neueren arbeitswissenschaftlichen Erkenntnissen... Wenn eine hohe Akzeptanz eines neuen Schichtsystems erreicht werden soll, sind eine umfangreiche Information der betroffenen Schichtarbeiter und ihrer Vorgesetzten, die Beteiligung der Schichtarbeiter in der Planungsphase sowie eine Probezeit unerlässlich.« (Knauth und Hornberger 1994:04.04.-18) Unter Auswertung der Fachliteratur wurden Merkmale in vier Gruppen zusammengestellt, die im Folgenden als Tabellen (Tab. 133-137) wiedergegeben werden sollen:

Abb./Tab. 133: Schichtplanmerkmale, die für die arbeitswissenschaftliche Beurteilung bedeutsam sind

Aufeinanderfolge der Schichten – Rotationsgeschwindigkeit – Rotationsrichtung – Spezialfälle
Dauer und Verteilung der Arbeitszeit – Anzahl hintereinanderliegender Arbeitstage – Schichtdauer – Ruhezeit zwischen den Schichten
Lage der Arbeitszeit – Frühschichtbeginn – Spätschichtende – Nachtschichtende – Wochenendarbeit
Kurzfristige Abweichungen vom Soll-Plan – durch Arbeitgeber veranlasst – auf Wunsch des Mitarbeiters

Quelle: Knauth und Hornberger 1994

In der Praxis hat sich folgendes Vorgehen als nützlich erwiesen: Die Akteure des betrieblichen Gesundheitsschutzes eines Unternehmens (z.B. der Arbeitskreis Gesundheit oder Arbeitssicherheit) setzen sich zusammen und erarbeiten die Empfehlungen etwa auf Grundlage der hier zitierten Veröffentlichung.

Dabei ist es wichtig, dass alle Beteiligten den Sinn der einzelnen Empfehlungen fachlich verstehen. Dies gilt besonders für die dritte Spalte bei Tabelle 134 (S. 270), die sich mit den erwarteten Wirkungen bei Berücksichtigung der Empfehlungen befasst.

Wenn die Empfehlungen im Arbeitskreis ausreichend erarbeitet sind, kann z.B. eine Arbeitsgruppe damit beauftragt werden, ein entsprechendes Schichtmodell zu entwerfen. Dabei sollten grundsätzlich die Interessen des Unternehmens, der Betroffenen sowie der Stand der arbeitswissenschaftlichen Erkenntnisse dargestellt werden.

Abb./Tab. 134: Arbeitswissenschaftliche Empfehlungen in Bezug auf das Schichtplanmerkmal »Aufeinanderfolge der Schichten«

Kriterien		Empfehlungen	Erwartete Wirkungen bei Berücksichtigung der Empfehlung ⇓ vermeiden, minimieren, reduzieren verbessern, erhöhen
maximale Anzahl hinterein-anderlie-gender gleicher Schichten	Nachtschichten	1) möglichst wenige hintereinanderliegende Nachtschichten (max. 3)	– Umstellungsprobleme ⇓ (biolog. Tagesrhythmik) – Anhäufung von Schlafdefiziten ⇓ – soziale Kontakte
		2) Dauernachtschicht vermeiden	– möglichst langfristige Gesundheitsschäden ⇓ – Anhäufung von Schlafdefiziten ⇓ – soziale Kontakte
	Frühschichten	3) möglichst wenige hintereinanderliegende Frühschichten (max. 3) (siehe auch Empfehlung 12)	– Anhäufung von Schlafdefiziten ⇓
	Spätschichten	4) möglichst wenige hintereinanderliegende Spätschichten (max. 3)	– soziale Kontakte
Rotationsrichtung FSN = Vorwärtswechsel NSF = Rückwärtswechsel		5) Vorwärtswechsel	– Umstellungsprobleme ⇓ (biologische Tagesrhythmik)
spezielle Schicht-folgen	N-F	6) mind. 2 freie Tage nach der letzten Nachtschicht	– Schlafreduzierung vor der Frühschicht ⇓
	N-N	7) N-N vermeiden	– Umstellungsprobleme ⇓ (biologische Tagesrhythmik)
	– F – – S – – N –	8) einzelne Arbeits-tage zwischen freien Tagen vermeiden	– Unterbrechung von Freizeitblöcken ⇓

(Knauth und Hornberger 1994)

Abb./Tab. 135: Arbeitswissenschaftliche Empfehlungen in Bezug auf das Schichtplanmerkmal »Dauer und Verteilung der Arbeitszeit«

Kriterien	Empfehlungen	erwartete Wirkungen bei Berücksichtigung der Empfehlung ⇓ vermeiden, minimieren reduzieren verbessern, erhöhen
maximale Anzahl hintereinander-liegender Arbeitstage	9) maximal fünf bis sieben Arbeitstage (siehe auch Empfehlung 10)	– Anhäufung von Ermüdung ⇓
Schichtdauer	10) Lange Arbeitsschichten (> 8 Std.) sind nur dann akzeptabel, wenn die – Arbeitsinhalte und die Arbeitsbelastungen eine längere Schicht zulassen – ausreichend Pausen vorhanden sind – das Schichtsystem so angelegt ist, dass eine zusätzliche Ermüdungsanhäufung vermieden werden kann – die Personalstärke zur Abdeckung von Fehlzeiten ausreicht – keine Überstunden hinzugefügt werden – die Einwirkung gesundheitsgefährdender Arbeitsstoffe begrenzt ist – eine vollständige Erholung nach der Arbeitszeit möglich ist	– Anhäufung von Ermüdung ⇓ – Fehlleistungen ⇓ – Unfälle ⇓ – mögliche langfristige Gesundheitsschäden ⇓
Ruhezeit zwischen zwei Schichten	11) Die Dauer der Ruhezeit sollte > 11 Std. betragen	– Schlafreduzierung ⇓

(Knauth und Hornberger 1994)

In einer offenen Auseinandersetzung kann dann das Für und Wider der einzelnen Entscheidungen auf der Grundlage der 20 Empfehlungen diskutiert und umgesetzt werden. (s. Tab. 136, S. 272)

Von besonderer Bedeutung ist zudem die Vereinbarung eines Probelaufs, am besten mit einer abschließenden schriftlichen und anonymisierten Befragung der betroffenen Mitarbeiter, wie sie ihre Erfahrungen mit dem neu eingeführten oder veränderten Schichtsystem bewerten. (s. Tab. 137, S.273)

Abb./Tab. 136: Arbeitswissenschaftliche Empfehlungen in Bezug auf das Schichtplanmerkmal »Lage der Arbeitszeit«

Kriterien	Empfehlungen	erwartete Wirkungen bei Berücksichtigung der Empfehlung ⇓ vermeiden, minimieren reduzieren verbessern, erhöhen
Frühschichtbeginn	12) nicht zu früh (d.h. 6.30 besser als 6.00 Uhr 6.00 Uhr besser als 5.00 Uhr usw.)	– Schlafreduzierung ⇓
Spätschichtende	13) nicht zu spät (d.h. 22.00 Uhr besser als 23.00 Uhr 23.00 Uhr besser als 24.00 Uhr usw.	– Schlafreduzierung ⇓
	– in Sonderfällen frühes Ende (z.B. 18.00 Uhr am Wochenende)	– soziale Kontakte
Nachtschichtende	14) so früh wie möglich	– Anzahl der Schlafstunden während der Nachtzeit
Wochenend-arbeit	15) Wochenendarbeit vermeiden 16) geblockte freie Wochenenden (wenn Empfehlung 15 nicht realisierbar)	– soziale Kontakte – soziale Kontakte

(Knauth und Hornberger 1994)

8.4.4 Spezielle Erfahrungen mit jüngeren Mitarbeiterinnen und Mitarbeitern

In den Jahren 1996-1999 wurde eine Untersuchung an Nachtschichtarbeitern durchgeführt,[8] die sich mit einem aufwändigen Instrumentarium sowohl auf die Ernährung als auch auf Lebens- und Arbeitsgewohnheiten von 505 Nachtschichtarbeitern, die wenigstens fünf Jahre regelmäßig Nachtschichtarbeit geleistet hatten, und 50 Arbeitern aus einer Kontrollgruppe, die niemals an Nachtschichtarbeit teilgenommen haben, bezog.

Bei der Untersuchung wurde ein »Methoden-Mix« mit einer »Kombination von persönlichem Interview, schriftlicher Erfassung der Arbeitsbewältigung (Arbeitsbewältigungsindex), medizinischer Anamne-

[8] siehe ausführlich bei Korczak, D., S. Klotzhuber, et al. (1999): Ernährungszustand von Nachtschichtarbeitern. Weiler/Allgäu, GP-Forschungsgruppe, im Auftrag des BMG, zur Veröffentlichung vorgesehen.

Abb./Tab. 137: Arbeitswissenschaftliche Empfehlungen in Bezug auf das Schichtplanmerkmal »Kurzfristige Abweichungen vom Sollplan«

Kriterien		Empfehlungen	Erwartete Wirkungen bei Berücksichtigung der Empfehlung ⇓ vermeiden, minimieren, reduzieren verbessern, erhöhen
Kurzfristige Abweichungen vom Soll-Plan	durch Arbeitgeber veranlasst	17) Kurzfristige Abweichungen vermeiden	– Planbarkeit der Freizeit
		18) »Spielregeln in Bezug auf Vorankündigungen und Ausgleich festlegen	– Planbarkeit der Freizeit
		19) Mitarbeiter bestimmen selbst die Arbeitszeit und übernehmen Verantwortung für die fristgerechte Erledigung der Aufgaben (zeitautonome Arbeitsgruppen)	– Vereinbarkeit von Beruf und Privatleben
	auf Wunsch des Mitarbeiters	20) Flexibilität ermöglichen (z.B. flexible Schichtwechselzeiten, Schichttausch, Zeitfenster, zeitautonome Arbeitsgruppen)	– Vereinbarkeit von Beruf und Privatleben

(Knauth und Hornberger 1994)

se und Untersuchung sowie Laboranalyse« angewandt. (Korczak, Klotzhuber et al. 1999:21)

Für die Auswertung wurden drei Gruppen gebildet:

- die Kontrollgruppe mit den Probanden, die niemals Nachtschicht geleistet haben,
- die Feuerwehr, bei der neben der Nachtschichtarbeit die besondere Belastung des Berufs dazu kam, und
- das »Nachtschichtarbeiterkollektiv«, in dem insbesondere Probanden aus den Bereichen der chemischen Industrie, der Papierindustrie und der Energieversorgung zusammengefasst werden.

Auf die Frage: »Welche Auswirkung hat die Schichtarbeit bzw. die Arbeit (Kontrollgruppe) auf Ihre Gesundheit?« fanden wir folgende Antworten: Wenn man die Kategorien »mittel«, »stark« und »massiv« zusammenfasst, waren dies bei der Kontrollgruppe 39%, bei dem Nachtschichtarbeiterkollektiv sind es insgesamt 33%, und die Feuerwehr liegt mit 70% auffallend darüber. Wir haben bei der Auswertung i.d.R. drei Altersgruppen gebildet: bis 35 Jahre, 36-45 Jahre und 46 und älter. Die Tabelle 138 zeigt die unterschiedlichen subjektiven Einschätzungen, verteilt nach diesen Altersgruppen.

Abb./Tab. 138: Subjektive Auswirkungen der Schichtarbeit auf die Gesundheit nach Altersgruppen (Zusammenfassung von »mittel«, »stark« und »massiv«) in %

	Bis 35 Jahre	36-45 Jahre	46 und älter
Kontrollgruppe (N=41)	58	19	33
Feuerwehr (N=97)	53	74	80
Nachtschichtarbeiterkollektiv (N=230)	30	31	39

Quelle: Tempel 1999:161

Lesebeispiel: In der Kontrollgruppe bewerten die Probanden mit der geringsten Berufserfahrung (bis 35 Jahre) die Auswirkungen der Arbeit auf ihre Gesundheit am höchsten. Im mittleren Lebensabschnitt nimmt diese Bewertung ab und steigt dann über 46 Jahre wieder an. Hier werden die ersten Erfahrungen mit der Entwicklung von chronischen Erkrankungen und Langzeitauswirkungen und Bewertungen des Arbeitslebens den Ausschlag geben.

Die hohe subjektive Einschätzung bei den Jüngeren deckt sich mit den Untersuchungen, die in Bremen gemacht wurden: Bei den Befragten, die ihren Gesundheitszustand (Selbsteinstufung) als sehr gut oder gut bezeichneten, bewerteten die Jüngeren die Bedeutung der Arbeitsanforderungen und -belastungen deutlich höher (43,2% 16-29 Jahre gegenüber 27,8% 50-65 Jahre) als die Älteren. (Marstedt, Last et al. 1993:23) Hier scheinen das subjektive Befinden sowie die konkrete berufliche Erfahrung ein wichtiges Korrektiv bei der Beurteilung des Zusammenhangs zu sein. Dies wird auch deutlich an den Ergebnissen der Feuerwehr: Hier waren die Jüngeren von Anfang an mehrheitlich der Überzeugung, dass sich die Schichtarbeit auf die Gesundheit auswirkt. Diese nimmt dann mit steigendem Lebensalter kontinuierlich zu, während das Nachtschichtarbeiterkollektiv mit ganz anderen Formen der Belastung zu deutlich abweichenden Einschätzungen kommt.

Solche Daten können recht gut die kontroversen Diskussionen über Nacht- und Schichtarbeit einmal unter den Betroffenen selbst widerspiegeln, zum anderen aber auch die Altersabhängigkeit der Erfahrung und Bewertung sowie die Kombination ganz unterschiedlicher Tätigkeiten mit Nacht- und Schichtarbeit.

Insgesamt ist zu vermuten, dass eine positive Auslese und Motivationsbildung schon während der Lehrzeit und bei der Berufsfindung stattgefunden hat. So gibt es Berufe, bei denen die Tatsache, dass dies ein traditioneller »Schichtarbeiterberuf« ist, frühzeitig in das wachsende professionelle Selbstverständnis integriert wird. Beispiele sind hier besonders die chemische und die Druckindustrie. Kogi und Thurman berichten über die grundlegende Bedeutung der Nachtschicht in der chemischen Industrie (Kogi und Thurman 1990), das Holz-, Papier- und Druckgewerbe liegt mit 20% der Beschäftigten in Schichtarbeit an zweiter Stelle hinter der chemischen Industrie. (Knauth und Hornberger 1997:20-21)

Wir finden aber auch im betrieblichen Alltag, in der Beratungstätigkeit bei Problemen mit Schichtsystemen und in der Seminararbeit zu den Auswirkungen von Nacht- und Schichtarbeit immer wieder unterschiedliche Auffassungen zur Bewertung der Folgen. Jüngere Mitarbeiterinnen und Mitarbeiter bevorzugen lange Freizeitblöcke, um diese für Kurzreisen, Kurzurlaube, Hobbys und Nebentätigkeiten zu nutzen. Sie fahren darüber hinaus gerne Sonderschichten und genießen den finanziellen Spielraum, der ihnen daraus entsteht.

Aber auch ältere Mitarbeiterinnen und Mitarbeiter verhalten sich nicht einheitlich: In einem Unternehmen der Nahrungsmittelindustrie wurde zum Entsetzen aller Betroffenen die 2-Schicht-Arbeit auf 3-Schicht-Arbeit erweitert. Nach einem Jahr wurden die Betroffenen bzgl. ihrer Einschätzung der neuen Situation befragt:

- Dabei lehnten rund 75% der Befragten die Einführung der 3-Schicht-Arbeit weiterhin ab,
- 68% waren unzufrieden mit der Art und Weise, wie sie im Betrieb auf die 3-Schicht-Arbeit vorbereitet worden sind, und
- 70% sind mit dem eingeführten 3-Schicht-Modell nicht zufrieden.

Um die älteren Mitarbeiterinnen und Mitarbeiter vor den Belastungen der Nachtschichtarbeit besser zu schützen, war eine Betriebsvereinbarung getroffen worden, wonach mit dem Erreichen des 55. Lebensjahres Mitarbeiter ohne Angabe von Gründen in die 2-Schicht-Arbeit zurückkehren können, wenn sie dies wünschen.

In einer Nachschulung etwa 1 ½ Jahre nach Einführung der 3-Schicht-Arbeit stellte sich heraus, dass mittlerweile 10 Betroffene berechtigt gewesen wären, auf Grund des erreichten Alters in die 2-Schicht-Arbeit zurückzukehren. Der Betrieb hatte sich darauf vorbereitet, aber niemand wollte von der Möglichkeit Gebrauch machen, da der Zusammenhalt in der Schichtgruppe und das gemeinsame Arbeits- und Erholungserleben höher bewertet wurden als die Entlastung von der Nachtschicht. (Tempel, 1997:109)

Abschließend noch ein paar arbeitsphysiologische Überlegungen: Betrachtet man die Zusammenhänge zwischen funktioneller Kapazität, Arbeitsbewältigungsfähigkeit und Lebensalter (siehe Kapitel 4.2,

6, 6.1-6.3 und 8.1), wird deutlich, dass Mitarbeiterinnen und Mitarbeiter am Anfang ihres Arbeitslebens über erhebliche Energiereserven verfügen, die es ihnen ermöglichen, große und größte Arbeitsbelastungen zu bewältigen, ohne kurzfristigen Schaden zu nehmen.

Dieses Potenzial basiert darauf, dass die durchschnittliche Arbeitsanforderung i.d.R. bei 50% der maximalen Leistungsfähigkeit eines Menschen liegt und diese Differenz zwischen Arbeitsanforderung und maximaler Leistungsfähigkeit letztlich die Energie- und Leistungsreserven eines Menschen beschreibt. Es handelt sich dabei keineswegs um eine fiktive Modellgröße, sondern um die Beschreibung der physiologischen Grundlagen des Phänomens, dass jüngere Menschen nur sehr schlecht die Grenzen ihrer Leistungsfähigkeit subjektiv erfahren und dementsprechend wahrnehmen können (siehe dazu auch die Ausführung über Schlafdefizite in Kapitel 2.4.2).

Eine Ausnahme bilden dabei die Beschwerden und Erkrankungen im Magen-Darm-Bereich: Die wenigen, eher älteren, epidemiologischen Studien über den Zusammenhang von Schichtarbeit und Erkrankungen im Bereich des Magen-Darm-Traktes liefern Hinweise, dass diese Probleme unter den jungen Schichtarbeitern am häufigsten auftreten zwischen dem 21. und 25. Lebensjahr. Dies war im Durchschnitt nach fünf bis sechs Jahren der Fall. (ausführlicher bei Härmä und Ilmarinen 1999:611)[9]

8.4.5 Spezielle Erfahrungen mit älteren Mitarbeiterinnen und Mitarbeitern

Die Probleme der älteren Mitarbeiter mit der Nacht- und Schichtarbeit sind relativ schwierig zu beurteilen, da diejenigen, die diese Belastungen im Arbeitsleben nicht bewältigen können, i.d.R. vorher wegen Krankheit ausscheiden oder sich – soweit dies möglich ist – eine andere Arbeit suchen.

Dies wird wie bereits beschrieben immer schwieriger, und der Anteil der älteren Arbeitnehmerinnen und Arbeitnehmer wird in den Industrienationen kontinuierlich steigen. »So muss man nachfragen, ob die Entwicklung der Arbeitszeiten sich auch in Überlegungen zu Gesundheit und Wohlbefinden von älteren Mitarbeitern widerspiegeln.« (Härmä and Ilmarinen 1999:611) Bezüglich Älterwerden, Schichtarbeit und

[9] Diese bekannten Ergebnisse konnten in der aktuellen Befragung von deutschen Nachtschichtarbeitern nicht bestätigt werden. S. Tempel, J. (1999): Der Einfluß der Nachtarbeit auf den Gesundheitszustand. In: Ernährungszustand von Nachtschichtarbeitern (Veröffentlichung in Vorbereitung). D. Korczak, S. Klotzhuber, J. Tempel, C. Eggerdinger und G. Schallenmüller. München – Weiler/Allgäu, GP-Forschungsgruppe. In den letzten Jahren haben sich aber die Möglichkeiten von frühzeitiger Diagnostik und Therapie erheblich verbessert. In allen drei Gruppen hatten 20% und mehr bereits eine Magenspiegelung durchgemacht.

Gesundheitsfolgen können folgende Fakten zusammengestellt werden (ebd.:611f.):

Der Alterungsprozess trägt dazu bei, die Amplitude der biologischen Rhythmen abzuflachen und die Tendenz zur inneren Desynchronisation (s. S. 265) zu verstärken. Älterwerden verlangsamt die Geschwindigkeit der Anpassungsversuche an die Nachtarbeit und hat einen wesentlichen Einfluss auf den Schlaf. Dies ist eine der wichtigsten Klagen von Schichtarbeitern.

Schichtarbeiter, die älter als 40 Jahre sind, haben ein erhöhtes Risiko für Schlafstörungen. So schwankten in einer prospektiven Studie bei 12.000 Personen zwischen dem 40. und dem 50. Lebensjahr bei den Schichtarbeitern die Häufigkeit der berichteten Schlafstörungen zwischen 22% und 36%. Bei denen, die nicht mit Nachtschichtarbeit belastet waren, ergab sich eine zunehmende Differenz im Verlauf einer 5-Jahres-Beobachtung von 6,2% auf 13,3%.

Die altersbedingten Veränderungen im Schlaf sind am meisten verursacht durch die Verkürzung des Tagschlafs im Anschluss an eine Nachtschicht. So konnte man bei Schichtarbeitern, die älter als 40 Jahre waren, gleichbleibend feststellen, dass sie im Anschluss an eine Nachtschicht weniger Schlafmöglichkeiten hatten als jüngere Schichtarbeiter, während die Schlafdauer im Anschluss an eine Tagschicht bei beiden Gruppen gleich war.

Es verdient besondere Beachtung, dass ältere Schichtarbeiter das Ausmaß ihrer Müdigkeit in der Morgenschicht vergleichsweise geringer einschätzten, als die jüngeren dies taten, während dabei keine Unterschiede in der Nachtschicht zu finden waren.

Insgesamt stimmen die gefundenen Zusammenhänge zwischen Alterungsprozessen und Schlaf in Abhängigkeit von verschiedenen Schichten gut überein mit der Tatsache, dass Älterwerden mit einer zunehmenden »Morgenfrische« (morningness) verknüpft ist. Dies bedeutet einen beschleunigten Schlaf-Wach-Rhythmus und vorgezogene Aktivität.

Die Entwicklung einer koronaren Herzerkrankung ist in der Regel ein jahre- bis jahrzehntelanger Prozess, so dass diese erst bei älteren Schichtarbeitern auftreten wird. Hier muss aber besonders darauf verwiesen werden, dass die Erkrankten zu einem Teil vorzeitig ausscheiden und ein zu positives Bild mit steigendem Alter entstehen kann (healthy worker effect). In neueren Untersuchungen wird auch darüber berichtet, dass älterwerdenden Schichtarbeiter zunehmend an Depressionen leiden in Abhängigkeit von der Dauer. Die durchschnittliche Häufigkeit betrug 15%, stieg aber nach 11 bis 16 Jahren Schichtarbeit auf etwa 30% an. (Scott u.a., zitiert aus Härmä und Ilmarinen 1999)

Wir möchten in diesem Zusammenhang die Ergebnisse aus der Untersuchung der Nachtschichtarbeiter mit dem Arbeitsbewältigungsindex darstellen. (s. Tab. 139, S. 278-279)

Abb./Tab. 139: Arbeitsbewältigungsindex im Vergleich: Tagarbeiter – Nachtschichtarbeiter allgemein – Feuerwehrleute

ABI-Kategorien	Kontrollgruppe (%) N = 41					Schichtarbeiter (%) N = 230				
Altersgruppe	20-29	30-39	40-49	50-59	Ges.	20-29	30-39	40-49	50-59	Ges.
Sehr gut	14,3	38,9	42,9	-	34,1	58,3	36,8	34,6	24,2	35,2
Gut	71,4	44,4	57,1	50,0	53,7	41,7	56,6	55,1	42,4	53,0
Summe »Sehr gut« u. »gut«	85,7	83,3	100,0	50,0 (↓)	87,8	100,0	93,4	89,7	66,6	88,2
Mäßig	14,3	16,7	–	50,0	12,2	–	6,6	10,3	15,2	9,1
Schlecht	–	–	–	–	–	–	–	–	18,2	2,6
Gesamt	100,0	100,0	100,0	100,0	100,0	100,0	100,0	100,0	100,0	100,0

Quelle: Tempel 1999

Lesebeispiel: Die Tabelle zeigt die prozentuale Häufigkeit der verschiedenen ABI-Kategorien für die Kontrollgruppe, die Schichtarbeitergruppe, in der unterschiedliche Berufe mit Ausnahme der Feuerwehr zusammengefasst sind, für die Feuerwehr und den finnischen Vergleichsbetrieb.

Sie unterscheidet weiterhin die verschiedenen Altersgruppen, 20-29, 30-39, 40-49, 50-59 Jahre und die Gesamtwerte.

Bei den Kategorien haben wir zur besseren Lesbarkeit der Tabelle »sehr gut« und »gut« zusammengefasst und diese Zeile dann den Zeilen »mäßig« und »schlecht« gegenübergestellt.

Vergleicht man zunächst die Gesamtwerte, finden sich bei Kontrollgruppe, Schichtarbeitern und Vergleichsbetrieb keine wesentlichen Unterschiede. Die Werte liegen zwischen 85,0 und 88,2% für die Kategorien »sehr gut« und »gut«. Hier fällt aber bereits auf, dass sich bei der Feuerwehr nur 46,4% in den entsprechenden Kategorien ergeben.

Betrachtet man dann die einzelnen Altersgruppen, so finden wir bei den 20-29-Jährigen in der Kontrollgruppe 85,7%, bei den Schichtarbeitern 100%, bei der Feuerwehr ebenfalls 100% und im Vergleichsbetrieb 98,4%. In dieser Altersgruppe ergibt sich also kein wesentlicher Unterschied.

Das gilt in der nächsten Altersgruppe (30-39 Jahre) für die Kontrollgruppe, die Schichtarbeiter und den Vergleichsbetrieb, während sich bei der Feuerwehr nur noch 56% mit den Kategorien »sehr gut« und »gut« nachweisen lassen.

In der Altersgruppe 40-49 Jahre haben wir in der Kontrollgruppe 100%, bei den Schichtarbeitern 90%, im Vergleichsbetrieb 87,5% und bei der Feuerwehr 54,5%. In der Altersgruppe 50-59 Jahre finden wir

Feuerwehr (%) N = 97					Vergleichsbetrieb (%) N = 683				
20-29	30-39	40-49	50-59	Ges.	20-29	30-39	40-49	50-59	Ges.
25,0	3,3	-	-	2,1	71,9	52,4	46,6	26,1	44,9
75,0	53,3	54,5	20,0	44,3	26,5	41,3	40,9	43,9	40,1
100,0	56,6 (↓)	54,5 (↓)	20,0 (↓)	46,4	98,4	93,7	87,5	70,0	85,0
–	40,0	33,3	43,3	37,1	1,6	6,3	11,3	21,7	12,2
–	3,3	12,1	36,7	16,5	–	–	1,21	8,3	2,8
100,0	100,0	100,0	100,0	100,0	100,0	100,0	100,0	100,0	100,0

schließlich bei der Kontrollgruppe 50% in der Kategorie »sehr gut« und »gut«, bei den Schichtarbeitern 66,6%, beim Vergleichsbetrieb 70% und bei der Feuerwehr nur noch 20%.

Die entscheidenden Unterschiede in der Altersabhängigkeit der Arbeitsbewältigungsfähigkeit ergeben sich also für die Feuerwehr. Da die Schichtsysteme der Feuerwehrleute in ihrer Belastung mit den Schichtsystemen der anderen Schichtarbeiter durchaus vergleichbar sind, kann man dies als Hinweise deuten, dass die spezifische Arbeit der Feuerwehrleute den Ausschlag für die vorzeitige Einschränkung der Arbeitsbewältigungsfähigkeit gibt.

Zu beachten ist die relativ kleine Kontrollgruppe. Insgesamt liefern die Zahlen erste Eindrücke, die weiter untersucht werden müssen.

Abschließend sollen die ABI-Werte für die Feuerwehrleute noch mit denen finnischer Feuerwehrleute verglichen werden. (s. Abb. 140, S. 280)

Lesebeispiel: Wir finden auf der Y-Achse die Prozentangaben und auf der X-Achse entsprechend den Altersgruppen jeweils vier Säulen. Die erste Säule steht für »schlecht«, die zweite für »mäßig«, die dritte für »gut« und die vierte für »sehr gut«.

»Die meisten der Feuerwehrleute hatten eine gute Arbeitsbewältigungsfähigkeit (im Durchschnitt: 39 Punkte). Der Anteil von schlechter Arbeitsbewältigungsfähigkeit nahm aber mit dem Alter zu, so dass 19% der Feuerwehrleute über 49 Jahre ihre Arbeitsbewältigungsfähigkeit als ›schlecht‹ einstuften. Die entsprechenden Zahlen für schlechte Arbeitsbewältigungsfähigkeit bei kommunalen männlichen Arbeitern in der gleichen Altersgruppe entspricht in Finnland 15%.« (Punakallio, Lusa-Moser et al. 1999:119)

Abb./Tab. 140: ABI-Kategorien bei finnischen Feuerwehrleuten nach Altersgruppen, Angaben in %

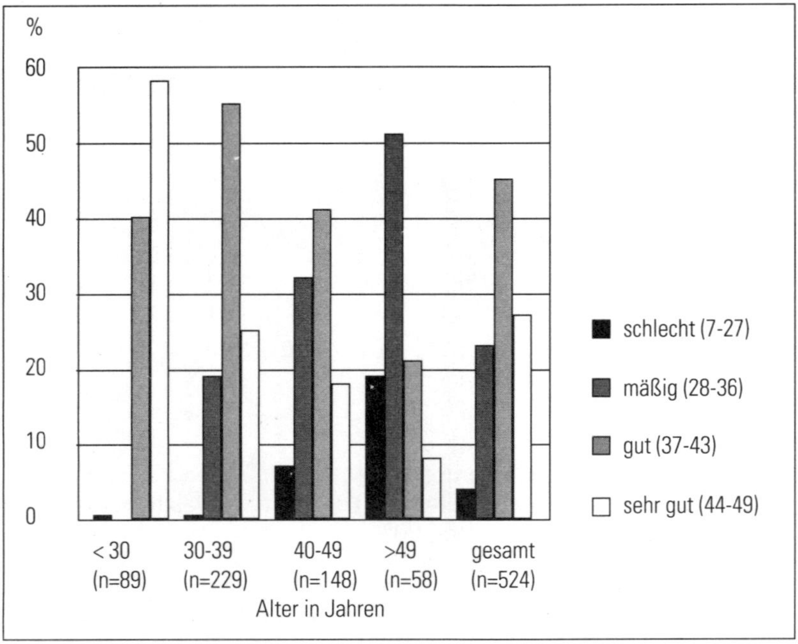

Quelle: Punakallio, Lusa-Moser et al. 1999:120

Zum besseren Verständnis haben wir die Ergebnisse für die deutschen Feuerwehrleute vergleichbar dargestellt. (s. Abb. 141) Wir finden nun für beide Feuerwehren in der jüngsten Altersgruppe weder die Kategorie »schlecht« noch »mäßig«. Für die Altersgruppe 30-39 finden wir einen größeren Anteil von »mäßigen«, in der Altersgruppe 40-49 stimmen die »mäßigen« und die »schlechten« fast überein, während sie in der ältesten Altersgruppe wieder vergleichbare Größenordnungen haben. Insgesamt fällt auf, dass bei den deutschen Feuerwehrleuten von Anfang an der Anteil der »sehr guten« niedriger ist und wir ab der Altersgruppe 40-49 die Kategorie »sehr gut« nicht mehr finden.

8.5 Altern und Produktivität

Schließlich näherten sie sich dem Licht des Lagerfeuers, das vor dem Zelt errichtet worden war. Daneben standen die zwei alten Frauen, bewaffnet mit langen, scharfen, gefährlich aussehenden Speeren.

Abb./Tab. 141: ABI-Kategorien Feuerwehr (N=97)

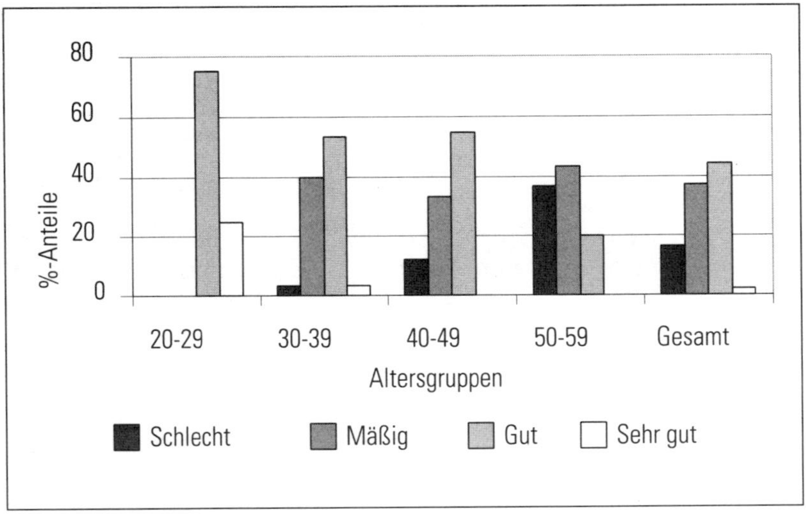

Quelle: Tempel 1999

Der alte Anführer konnte ein bewunderndes Lächeln nicht verhehlen, als er die zwei alten Frauen wie zwei Krieger dastehen sah, bereit zur Verteidigung.
Sa' bemerkte, wie mitgenommen und müde die Männer aussahen. Selbst der Anführer, der so stolz dastand, wirkte elend. »Ihr seht müde aus«, sagte sie fast gegen ihren Willen. »Kommt herein.« Und sie geleitete sie in ihre geräumige, warme Behausung. Die vier Männer betraten das Zelt nur zögernd, denn sie wussten, dass sie keine willkommenen Gäste waren. Die Frauen winkten ihnen, Platz zu nehmen, und als die Männer um das warme Feuer saßen, machte Sa' sich hinter ihrem Bettzeug an der Zeltwand zu schaffen und zog einen Beutel mit Fischen hervor. Jedem der Männer reichte sie eine Portion getrockneten Fisch. Während die Männer ihren Fisch aßen, schauten sie sich um. Sie konnten erkennen, dass das Bettzeug der Frauen aus frisch verarbeitetem Kaninchenpelz bestand, und die zwei Frauen schienen in besserem Zustand zu sein als das Volk. Wie konnte das angehen?
Nachdem die Männer ihren getrockneten Fisch aufgegessen hatten, servierte Sa' ihnen heiße Kaninchenbrühe, die sie dankbar tranken. (Aus: Zwei alte Frauen)

Ältere Arbeitnehmer sind umso wichtiger für die Produktivität eines Unternehmens, je größer das benötigte Erfahrungswissen ist und je geringer die Anteile körperlicher Arbeit sind, die von den Mitarbeiterinnen und Mitarbeitern abverlangt werden.

»Definiert wird die Produktivität als Verhältnis zwischen Produktionsmenge (output) und dem Faktoreneinsatz (input). Bei dem Faktoreneinsatz wird grundsätzlich zwischen materiellen, finanziellen und personellen Ressourcen unterschieden«, wobei in unserem Zusammenhang der Einfluss des Alters auf diese personellen Ressourcen zur Diskussion steht.

Dabei handelt es sich – das haben wir ausführlich dargestellt – keineswegs um einen linearen, negativen Zusammenhang. Grundsätzlich gilt vielmehr, dass sämtliche Fähigkeiten eines Menschen durch Benutzung und Übung gebessert werden können und die biologisch bedingte, altersabhängige Verschlechterung der funktionellen Kapazität nicht schicksalhaft hingenommen werden muss. Zur besseren Verdeutlichung soll noch einmal das Förderungsmodell der Arbeitsfähigkeit mit seinen vier Dimensionen von Maßnahmen und möglichen Konsequenzen dargestellt werden.

Als *theoretisches Konzept* leistet dieses Modell einen Beitrag zum Überwinden der sog. »Verhalten-Verhältnisdebatte«, die im Wesentlichen darauf begründet ist, dass die einzelne Mitarbeiterin und der einzelne Mitarbeiter eigene Anstrengungen (Verhalten) erbringen sollen, um ihren nachlassenden Gesundheitszustand aufrechtzuerhalten und/oder zu verbessern, während die davon Betroffenen wiederum dem Arbeitgeber vorhalten, dass die Bedingungen (Verhältnisse), unter denen sie arbeiten müssen, ihre Gesundheit beeinträchtigen.

Die Blockaden, die bei solchen Debatten sehr leicht entstehen, können dadurch aufgelöst werden, dass sowohl zwischen den Mitarbeiterinnen und Mitarbeitern wie auch im Management eines Unternehmens Klarheit besteht, dass »gute Produktivität und Qualität der Arbeit« keinen Gegensatz zu »guter Lebensqualität und Wohlbefinden« bedeuten. Im Gegenteil, die Gesundheit der Mitarbeiter ist eine wesentliche Voraussetzung für den Erfolg des Unternehmens. Um dies zu erreichen, darf sich die betriebliche Gesundheitsförderung nicht auf eine der o.a. Komponenten beschränken. Vielmehr muss in einem betrieblichen Diskussions- und Beteiligungsprozess das passende Gleichgewicht zwischen den vier verschiedenen Dimensionen erzeugt werden.

Im Zentrum der betrieblichen Auseinandersetzung steht oft die Erhöhung der Arbeitsanforderung (work demands), die unter Umständen mit einem gleichzeitigen Personalabbau verbunden sein kann. Mit der Abbildung 143 (S. 284) soll zunächst grundlegend aufgezeigt werden, welche Fehler dabei gemacht werden können.

In der Regel soll die durchschnittliche Arbeitsanforderung nicht mehr als 50% der maximalen funktionellen Kapazität betragen, wie es in der

Abb./Tab. 142: Förderungsmodell der Arbeitsfähigkeit – Vier Dimensionen von Maßnahmen und die Konsequenzen

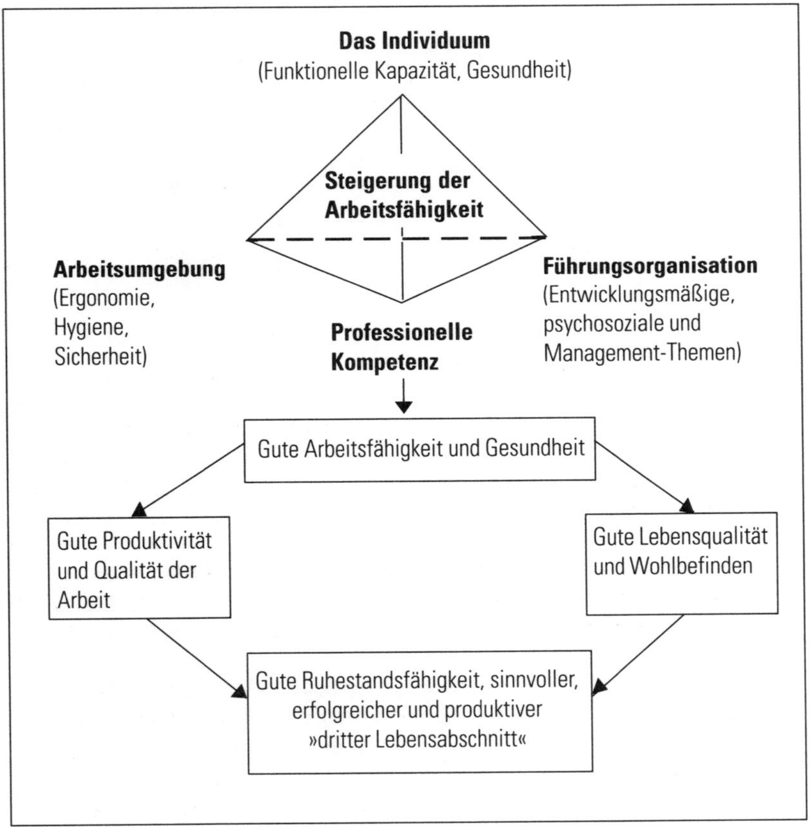

Quelle: Ilmarinen 1999:190; Ilmarinen 1999:12

Grafik dargestellt ist. Auf dieser Grundlage können **alle Altersgruppen** in einem Unternehmen die Arbeitsanforderungen erfüllen. Das bedeutet, dass Produktivität und Qualität der Arbeit durch die »vorhandene Mannschaft« gesichert werden können.

Wenn nun die Arbeitsanforderung um z.B. 10% (s. waagerechter langer Pfeil) erhöht wird, können die Teile der Belegschaft, die ca. 45 Jahre alt sind, in gesundheitliche Schwierigkeiten geraten (s. senkrechter langer Pfeil).

Solche Veränderungen der Belastung können nun sehr unterschiedliche Auswirkungen auf die Beteiligten haben:

Abb./Tab. 143: Erhöhung der Arbeitsanforderung, funktionelle Kapazität und Veränderung der Energiereserven

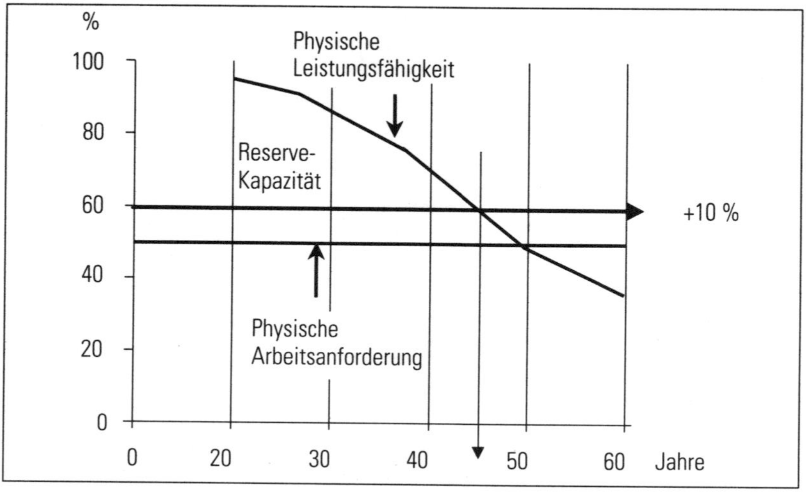

Quelle: Ilmarinen 1999:185, modifiziert

- Wenn sie in der Minderheit sind, besteht die Gefahr, dass sie für ihre Probleme wenig Verständnis finden, resignieren und auf den vorzeitigen Verbrauch ihrer Reserven mit einem »inneren Rückzug« reagieren.[10]
- Weiterhin ist vorstellbar, dass bestehende Krankheitsprozesse – etwa jede fünfte Mitarbeiterin oder Mitarbeiter über 45 Jahre leiden an einer chronischen Krankheit (s. Kapitel 1.1.3) – beschleunigt werden, weil die körperlichen Regulations- und Ausgleichsmöglichkeiten durch die Steigerung der Anforderungen endgültig erschöpft sind.
- Wenn das Unternehmen ein relativ hohes Durchschnittsalter der Belegschaft und große Anteile der Mitarbeiterinnen und Mitarbeiter in diesen Altersgruppen vertreten sind, wird das Unternehmen in erhebliche Schwierigkeiten geraten.

Deswegen ist eine der wichtigsten arbeitswissenschaftlichen Erkenntnisse aus der finnischen Forschung die Forderung, dass

➜ Erhöhung der Arbeitsanforderungen immer mit Entlastungen z.B. im Bereich der Pausengestaltung,

---

[10] Eine ausführliche Darstellung der Abschiedsdynamik und des Syndroms »Widerwillen gegen Arbeit findet sich bei Karazman, R. (1995): Abschiedsdynamik – Salutogene und pathogene Auswirkungen auf die Gesundheit älterwerdender Arbeitnehmer, in: Alt, erfahren und gesund – Betriebliche Gesundheitsförderung für älterwerdende Arbeitnehmer, hrsg. von R. Karazman, H. Geißler, I. Kloimüller and N. Winkler. Gamburg, G. Conrad – Verlag für Gesundheitsförderung. 1.

Abb./Tab. 144: Arbeitsanforderung, funktionelle Kapazität und Alter/Altern

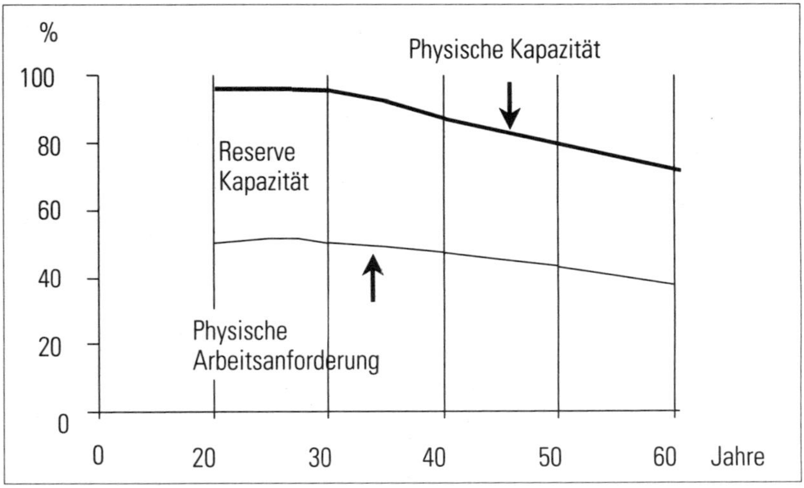

Quelle: Ilmarinen 1999:185

→ der Einteilung der Arbeitsaufgaben und
→ der Selbstregulation, die den Mitarbeiterinnen und Mitarbeitern eingeräumt wird, verknüpft sein müssen.

Eine optimale Gestaltung solcher Veränderungsprozesse könnte auf der Grundlage der folgenden, bereits vorgestellten Grafik durchgeführt werden: Durch individuelle Gesundheitsförderungsmaßnahmen kann der altersabhängige, biologisch bedingte Abbau der funktionellen Kapazität vermindert werden. Gleichzeitig sollten die Arbeitsanforderungen durch Maßnahmen der Arbeitseinteilung und Organisation der Arbeitsabläufe spezifisch nach den Bedürfnissen und Möglichkeiten der unterschiedlichen Altersgruppen gestaltet werden.

Abschließend wird an einem *konkreten Beispiel* aufgezeigt, dass solche Maßnahmen keineswegs einseitig zulasten von Produktivität und Gewinn eines Unternehmens gehen müssen, sondern dass *alle Beteiligten davon profitieren* können:

Im Bundesdurchschnitt werden Fahrerinnen und Fahrer im Öffentlichen Personennahverkehr (ÖPNV) im Alter von 49 Jahren und nach 20 Fahrdienstjahren Fahrdienst untauglich. Umgekehrt schwanken die Angaben zwischen 1 und 4% der Fahrer, die im aktiven Fahrdienst überhaupt noch das gesetzlich vorgeschriebene Rentenalter von 63 Jahren erreichen. Dieses vorzeitige Ausscheiden aus dem Fahrdienst ist für die Betroffenen in der Regel eine persönliche Katastrophe, da sie selten noch eine vergleichbar befriedigende Tätigkeit fin-

Abb./Tab. 145: Unfallverhalten bei älteren Fahrerinnen und Fahrern

Unfälle pro Mitarbeiter

	21-29	30-39	40-49	50-59	Gesamt
Rheinbah	1,23	0,78	0,69	0,57	0,74
Nürnberg	2,15	0,98	0,64	0,79	0,84
Leipzig	0,87	0,80	0,72	0,61	0,74
Hamburg	1,40	1,27	1,10	0,98	1,15
Bochum	0,63	0,56	0,41	0,32	0,46

Unfälle pro Mitarbeiter verschuldet

	21-29	30-39	40-49	50-59	Gesamt
Rheinbah	0,54	0,26	0,23	0,21	0,26
Nürnberg	0,74	0,43	0,28	0,33	0,36
Leipzig					
Hamburg					
Bochum	0,38	0,24	0,17	0,18	0,22

Unfälle pro Mitarbeiter unverschuldet

	21-29	30-39	40-49	50-59	Gesamt
Rheinbah	0,69	0,52	0,46	0,36	0,47
Nürnberg	1,41	0,55	0,36	0,46	0,48
Leipzig					
Hamburg					
Bochum	0,26	0,31	0,23	0,15	0,24

Gesamtunfälle

	Zahl der Fahrer	Zahl der Unfälle	Unfälle/ 100 MA
21-29	355	444	1,25
30-39	1532	1466	0,95
40-49	1658	1410	0,85
50-59	1149	869	0,75
Gesamt	4694	4189	0,89

Quelle: Ell 1995 :160-170; Ell 1997, mit freundlicher Genehmigung

den können. Für das Unternehmen ist es gleichzeitig ein erheblicher Verlust, da die Fahrer mit ihrer langjährigen Berufserfahrung, erfolgreichen Fahrpraxis und Fähigkeit, die Atmosphäre in den Verkehrsmitteln zu gestalten, dringend benötigt werden. Die Tabelle 145 zeigt die Unfallstatistik in Abhängigkeit von der Altersverteilung.

Lesebeispiel: In fünf Betrieben (linke Säule) werden in Abhängigkeit von den Altersgruppen die Unfälle pro Mitarbeiter analysiert. Un-

Abb./Tab. 146: Prävention der vorzeitigen Fahrdienstuntauglichkeit – ein Erklärungs- und Handlungsmodell

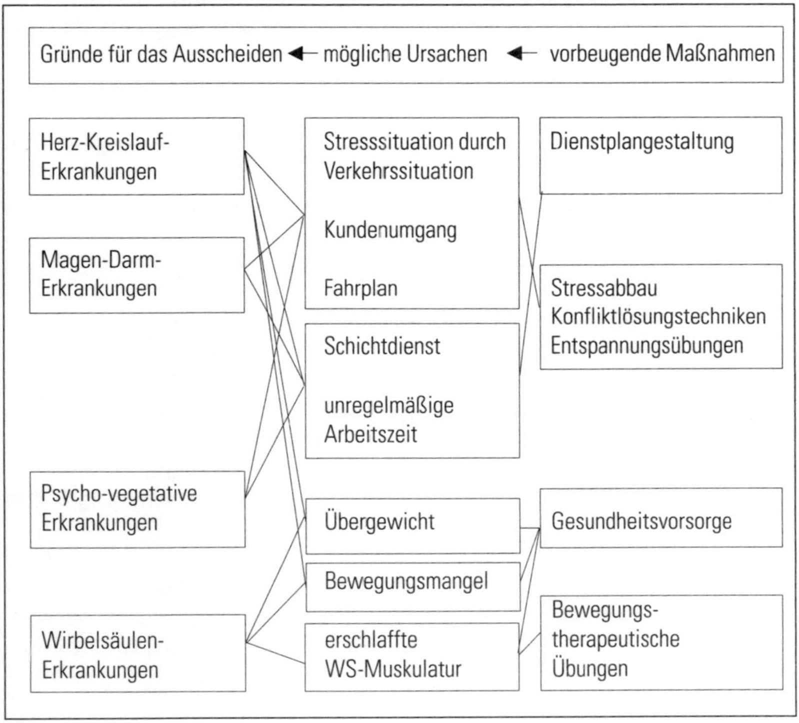

Quelle: Ell 1995:114

terschieden wird dabei nach verschuldeten und unverschuldeten Unfällen sowie Gesamtunfallzahlen. Man findet mit zunehmendem Alter ein Sinken sowohl der verschuldeten wie auch der unverschuldeten Unfälle. Entsprechend ist die Gesamtzahl (Unfälle pro 100 Mitarbeiter) in der Altersgruppe 50-59 deutlich niedriger.

Dieser Sachverhalt zusammen mit den anderen oben geschilderten hat die Verkehrsaktiengesellschaft Nürnberg dazu veranlasst, ein Gesundheitsförderungsprogramm für die Fahrer zu entwickeln. Die Abbildung 146 zeigt eine Darstellung der komplexen Zusammenhänge von Belastung, Beanspruchung und schließlich Krankheitsentwicklung, die dann zu einzelnen sehr differenzierten Maßnahmen geführt haben.

Lesebeispiel: Die linke Säule zeigt die Gründe für das Ausscheiden, die mittlere die möglichen Ursachen, die einerseits im Bereich der Arbeitsanforderungen liegen, zum anderen aber auch individuell verursacht und verstärkt werden können. Die rechte Spalte gibt Auskunft über die möglichen vorbeugenden Maßnahmen, die vom Unternehmen schrittweise durchgeführt wurden:

- Zunächst änderte man den Dienstplan entsprechend den Möglichkeiten des Unternehmens und modernen arbeitswissenschaftlichen Erkenntnissen,
- dann wurden Stressbewältigungsprogramme für die Fahrer durchgeführt und die Gesundheitsvorsorge verbessert.
- Schließlich wurde ein bewegungstherapeutisches Programm entwickelt.

Alle Maßnahmen haben keine richtungsweisende Verbesserung oder Lösung des Problems ergeben. Die Abbildung 147 erläutert die Situation noch einmal mit Hilfe der Krankenstandsdaten (Arbeitsunfähigkeitsstatistik):

Lesebeispiel: Die drei Grafiken zeigen mit unterschiedlichen Maßzahlen den Krankenstand. Die weiße Säule gibt den Krankenstand von 55-jährigen Versicherten der AOK Nürnberg wieder. In dieser Krankenkasse sind 50% der Nürnberger Bevölkerung versichert und die übergroße Mehrheit der betroffenen Fahrerinnen und Fahrer des Unternehmens. Die mittlere Säule zeigt den Krankenstand der Fahrer/Mitarbeiter ab 55 und die rechte Säule eine Vergleichsgruppe, hier »Sonderrotte« genannt.

Für diese Gruppe erwies sich folgende Maßnahme »bereits bei der Befragung nach einem Jahr als äußerst erfolgreich bzgl. des Abbaus von Befindlichkeitsstörungen aller Art. Es handelt sich dabei um eine Arbeitszeitverkürzung, die den über 57-jährigen Fahrern unabhängig von dem Gesundheitszustand gewährt wird. Hierzu ist zu sagen, dass der reguläre Dienst in Nürnberg einen Turnus von sechs Tagen aufweist, bei dem nach fünf Tagen Dienst ein Tag dienstfrei gewährt wird. Der fünfte Dienst, ein sog. kurzer Frühdienst, wurde den älteren Mitarbeitern bei vollem Lohnausgleich ›geschenkt‹. In einer Modellrechnung gingen wir davon aus, dass diese Maßnahme kostenneutral durchgeführt werden kann.

Voraussetzung dabei war, dass zwei oder drei Fahrdienstuntauglichkeiten pro Jahr verhindert würden und dadurch das Durchschnittsalter beim Eintritt der Fahrdienstuntauglichkeit um etwa ein halbes Jahr angehoben werden könnte. Eine Analyse der Arbeitsunfähigkeitsdaten fünf Jahre später ergab ein überraschendes Ergebnis. Statt 49 Kalendertagen krankheitsbedingter Fehlzeit, wie sie für die Gruppe der über 55-Jährigen im Unternehmen zu beobachten ist, nahmen die Fehlzeiten in der Sonderrotte deutlich ab und betrugen nur noch 27 Tage im Jahr. Die Abbildung zeigt deutlich, dass die älteren Mitarbeiter im Unternehmen nicht nur weniger häufig krank waren als die vergleichbare Altersgruppe, sie waren auch, wenn sie erkrankten, weniger lange krank und kehrten früher an ihren Arbeitsplatz zurück«. (Ell 1995: 164f.)

Abb./Tab. 147: Krankenstand und betriebliche Gesundheitsförderung »Sonderrotte«

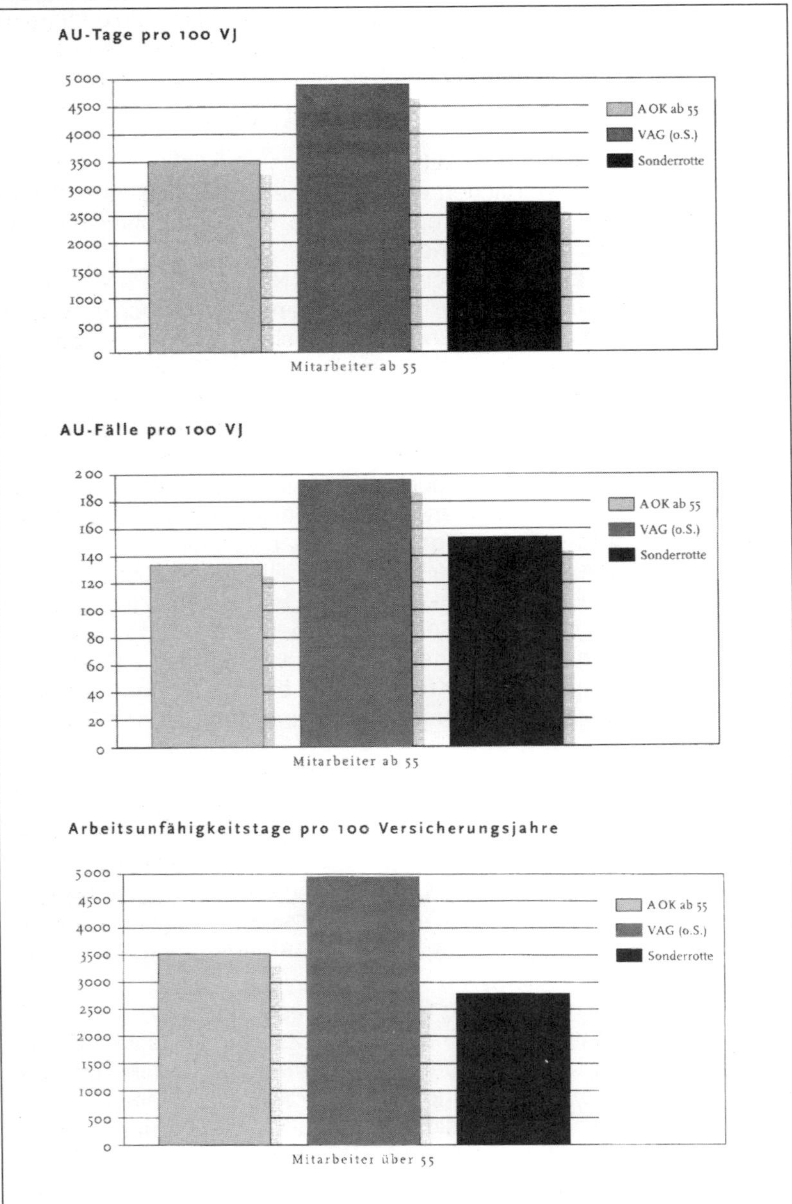

Quelle: Ell 1995:115

Diese Erfahrungen wurden in München aufgegriffen und zu einem Gesundheitsförderungsprogramm für die Fahrerinnen und Fahrer der Verkehrsbetriebe/Stadtwerke weiterentwickelt, das bis heute erfolgreich läuft und mittlerweile dazu geführt hat, dass in den Jahren des Programms die vorzeitige Fahrdienstuntauglichkeit um 50% gesenkt werden konnte. (Ertl 2000)

8.6. Die »intergenerative Arbeitskultur«

»Die Personalverantwortlichen eines regionalen Kreditinstituts (Sparkasse) antworten auf die Frage, ob ihre Personalpolitik auf das Jahr 2015 eingestellt ist, folgendermaßen:

Der Direktor im Zentralbereich Personal: ›Nein. Und zwar aus einem ganz einfachen Grund. Gerade im Bankenbereich wird noch ein gewisses Maß an Automatisierung und Schematisierung kommen. Ich erinnere nur an Konzepte wie 24-Stunden-Bank. Die EDV wird sicherlich intensiver genutzt werden. Wir gehen davon aus, dass wir in der Mitarbeiterzahl nicht mehr expandieren werden, sondern versuchen, mit der vorhandenen Zahl an Mitarbeitern noch mehr im Kundengeschäft zu verdienen. Wir schließen aber auch nicht aus, dass wir über neue Vertriebswege mehr Teilzeit nutzen werden oder in andere Arbeitsfelder vorstoßen, die wir heute noch gar nicht genau kennen.‹

Der Abteilungsleiter Personalbetreuung: ›Die Automatisierung wird sicherlich noch wesentlich stärker greifen. Der Kostenfaktor Arbeit ist so hoch, dass wir in einigen Bereichen Arbeit einsparen werden. Ich möchte da nicht ins Detail gehen, aber es wird künftig z.B. so sein, dass ein Kunde einmal einen Kreditrahmen beantragt. Das wird bearbeitet, anhand der Kontoführung geprüft, und dann ist der Fall erledigt.‹

Die Antwort zeigt, dass der demographische Wandel keineswegs als bedrohlich angesehen wird. Die beiden Personalverantwortlichen sehen neben der technologischen und arbeitsorganisatorischen Entwicklung die Möglichkeit, notwendige Qualifikation über Fortbildung zu schaffen.« (Mansel and Trautwein-Kalms 1998:42f.) Aber auch Betriebsräte können entweder eine entsprechende Planung »nicht erkennen«, oder sie stehen ihr selbst indifferent bis ablehnend gegenüber: »Nein, das ist zu weit weg.« (ebd.)

Wie immer im Einzelnen die Situation dieser deutschen Unternehmen eingeschätzt und gehandhabt wird, in Zukunft sollte kein Betrieb darauf verzichten, sich die in der Tabelle 148 aufgeführten fünf Kernfragen bzgl. Altersstrukturen und Zukunftsplanung zu stellen.

So ist es unbedingt notwendig, die genauere Altersstruktur des Unternehmens regelmäßig zu erfassen und daraus bzgl. Erstausbildung, Weiterbildung der Mitarbeiter und Neueinstellungen Konsequenzen zu ziehen. Bezüglich der Arbeitsfähigkeit der Mitarbeiterinnen und Mitarbeiter geht es darum, deren aktuelles Potenzial zu erfassen und ge-

Abb./Tab. 148: Fünf Fragen an das Unternehmen zum Stand des Altersmanagements

1)	Besteht die Gefahr des langfristigen »personellen Ausblutens« durch Fehlen von permanenten Personalzugängen bei anstehenden Personalabgängen? Welche Altersgruppen sind davon besonders betroffen?
2)	Ist die Arbeitsfähigkeit – als Einheit von Gesundheit, Qualifikation und Motivation – für alle Altersgruppen bis zur Rente gewährleistet?
3)	Findet eine kontinuierliche Erneuerung von betrieblichen Wissensbeständen statt, das der produkt- bzw. dienstleistungsspezifischen Geschwindigkeit der Wissensentwicklung Rechnung trägt? Geschieht dieses über die eigenen Humanressourcen und/oder über Integration in externe Wissensnetzwerke?
4)	Ist die Unternehmenskultur an einem »Miteinander der Generationen« ausgerichtet? Werden die Wertvorstellungen, Interessen, Bedürfnisse spezieller Altersgruppen gegenüber denen Anderer bevorzugt?
5)	Befasst sich die Personalpolitik mit dem Thema Altersstrukturen? In welcher Form geschieht dieses (Gegenwarts- und Zukunftsorientierung, quantitative und qualitative Personalanpassung)? Welchen Stellenwert hat die Personalpolitik im Betrieb?

Quelle: Köchling 2000:25

stützt auf eine arbeitswissenschaftliche Analyse Maßnahmen zu treffen, die diese Potenziale erhalten und/oder weiter entwickeln. Im Zentrum steht dabei die Frage, die das Unternehmen an seine Mitarbeiter stellen sollte: »Was können wir tun, damit Sie bleiben?«

Das Wissen hat dabei nicht nur für das Unternehmen und die Beurteilung seiner eigenen Humanressourcen erhebliche Bedeutung. Weiterbildung und Wissensentwicklung sind unmittelbare Einflussfaktoren auf individuelle Gesundheit und das Wohlbefinden der Mitarbeiter. Wissensdefizite oder Ausgrenzung von Teilen der Belegschaft von Wissensbildung haben umgekehrt unmittelbaren Einfluss auf Krankheitsentwicklung.

Auch wenn die augenblickliche Situation in der Bundesrepublik sehr stark durch Tendenzen zur Diskriminierung älterer Mitarbeiterinnen und Mitarbeiter geprägt ist (Ilmarinen and Tempel 2000:99-101), muss langfristig dafür gesorgt werden, dass alle Altersgruppen im Unternehmen vertreten sind und miteinander kooperieren.

Die Bearbeitung dieser Fragen mag schwerpunktmäßig im Bereich der Personalpolitik und der Personal- und Organisationsentwicklung liegen, sie sollte aber auch regelmäßig in den Arbeitskreisen zur Arbeitssicherheit und betrieblichen Gesundheit diskutiert werden.

Entscheidend ist aber, dass Betriebe überhaupt die vorhandenen »Altersstrukturen zum Gegenstand ihrer Personalpolitik machen«. Und dass dabei berücksichtigt wird:

- »Jede Altersstruktur führt zu besonderen Problemkonstellationen mit Anforderungen an ganz spezifische (nicht verallgemeinerbare) Lösungskombinationen.
- Das setzt eine Personalplanung voraus,
- die z.B. Personalkennziffern für quantitative Personalanpassungen bereitstellt, aber
- auch Maßnahmen zur qualitativen Personalanpassung (Personalentwicklung für alle Altersgruppen) umfasst,
- die gleichzeitig in kurz-, mittel- und langfristigen Zeithorizonten agiert,
- in deren Rahmen Entscheidungen über Rekrutierung, vorzeitige Verrentung, Arbeits- und Gesundheitsschutz, Personalentwicklung u.ä. aufeinander abgestimmt sind (Synergieeffekte zwischen Personalmanagementfunktionen),
- die nicht hinter betriebspolitischen Entscheidungen hinterherhinken muss, sondern diese vorbereiten und beeinflussen kann (Integration in die Betriebspolitik).« (Köchling 2000:36-37)[11]

Je besser dies gelingt, umso eher kann auch im Unternehmen eine Arbeitskultur entstehen, in der die unterschiedlichen Altersgruppen miteinander kooperieren können, aktuelles Ausbildungswissen und erworbenes berufliches Erfahrungswissen miteinander kombiniert und alters-, geschlechts- und personenspezifische Gesundheitsprobleme berücksichtigt und gelöst werden können.

8.6.1 Exkurs: Sisyphos – oder die Verantwortung des Arbeitgebers

Normalerweise stehen am Ende einer Anstrengung, einer geleisteten Arbeit oder einer besonderen Bemühung ein Ergebnis, eine Belohnung, ein gesichertes Einkommen oder eine menschliche Anerkennung. Das bedeutet, dass Anstrengung und ehrliches Bemühen auch zu einem gewissen positiven Ergebnis führen.

Anders verhält es sich mit Sisyphos, dem König von Korinth, der »in der Unterwelt zur Strafe für seine Verschlagenheit (er überlistete sogar Thanatos, den Tod) einen Felsbrocken auf den Gipfel eines steilen Berges wälzen« musste, »von dem er aber immer wieder herabrollte«. (Brockhaus)

Heute verstehen wir – unabhängig von diesem mythischen Hintergrund – die Sisyphosarbeit als eine Arbeit, die nicht zu leisten ist; selbst die schwersten Anstrengungen werden als vergeblich eingestuft. (ebd.) Sisyphos wurde einerseits für seine Taten bestraft, und das war ihm bewusst. Andererseits konnte er nicht erkennen, warum die Strafarbeit, die ihm auferlegt wurde, nicht zu bewältigen war: »Die Richter der Toten zeigten ihm einen riesigen Stein ... und befahlen ihm, diesen Stein den Hang eines Hügels hinaufzurollen. Oben angekommen, sollte er ihn auf der anderen Seite hinunterrollen lassen. Jedoch ist ihm

[11] Textgestaltung durch d. Verf.

dies nie gelungen. Wenn er fast den Gipfel erreicht hat, wird das Gewicht des tückischen Steines so groß, dass dieser wieder in das Tal hinabrollt. Von dort holt er ihn müde zurück und muss wieder von vorne anfangen, obwohl er in Schweiß gebadet ist und eine Staubwolke über seinem Haupte hängt.« (Robert von Ranke-Graves: Griechische Mythologie, Quellen und Deutung. Rowolt's Enzyklopädie, 1987)

In einem Unternehmen, in dem das Altersmanagement vernachlässigt oder nicht entwickelt wird, können älterwerdende Mitarbeiter, und zwar in jeder Altersgruppe, in eine solche Situation geraten, wobei ihnen im Gegensatz zu Sisyphos die Ursache ihrer Situation (die Bestrafung) nicht bekannt ist, sie sich aber in Übereinstimmung mit dem griechischen Mythos jede nur erdenkliche Mühe geben und trotzdem scheitern. Die Abbildung 149 zeigt die Zusammenhänge.

Lesebeispiel: Die Mitarbeiterinnen oder Mitarbeiter sind eingesperrt in einem »unerklärten Gefängnis« der Altersdiskriminierung. Mit dem Älterwerden wächst die Gefahr, dass aufgrund der bestehenden Vorurteile bei Führungskräften oder allgemein im Unternehmen ihre Anstrengungen und Bemühungen missachtet oder nicht wahrgenommen werden.

Sie können sich um ihre Gesundheit kümmern und das Eine oder Andere an individueller Verbesserung erreichen, haben im Laufe ihres Arbeitslebens Kompetenz erworben und eine positive Einstellung zur Arbeit entwickelt.

Abb./Tab. 149: Käfig Nr. 1 der Altersdiskriminierung: Fehlende Anpassung der Arbeit im Betrieb

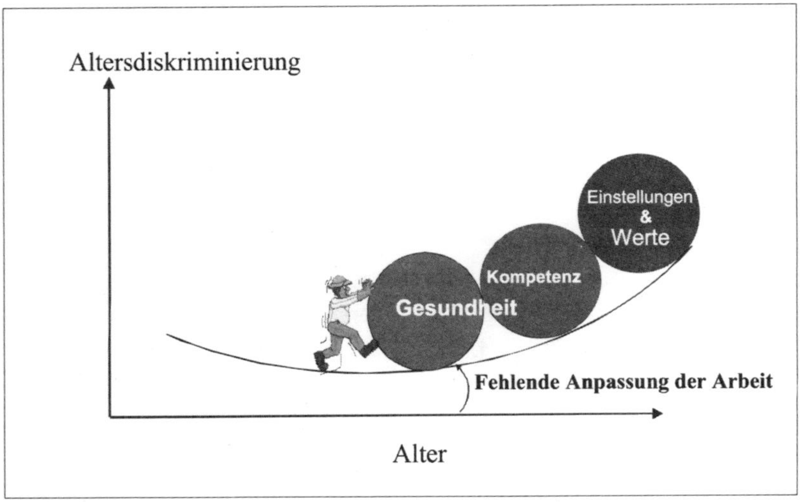

Quelle: Ilmarinen, eigene Darstellung

- Diese drei Fähigkeiten werden trotzdem nicht ausreichen, wenn das Unternehmen nicht bereit und in der Lage ist, die Arbeitsanforderungen und -gestaltung an die unterschiedlichen Altersgruppierungen anzupassen.
- Dieses Defizit verstärkt die Hindernisse und Schwierigkeiten, auf die die Mitarbeiter bei ihren Bemühungen stoßen.
- Die Betroffenen können sich soviel Mühe geben, wie sie wollen, sie scheitern an der fehlenden Anpassung der Arbeitsbedingungen und an den bestehenden Vorurteilen und Wissensdefiziten in ihrer Arbeitsumgebung.

Ähnliches gilt für die Frage der *Beschäftigungsfähigkeit* von älteren Arbeitnehmern. Hier ist die gesellschaftliche Haltung zu Bildungsarbeit, Umschulung und Wiedereingliederung von älteren Arbeitnehmerinnen und Arbeitnehmern von entscheidender Bedeutung. Solange auf den Arbeitsämtern die Umschulung aus Altersgründen (ab 45 Jahren?) verweigert wird, sind die individuellen Anstrengungen – fast – aussichtslos. Arbeitsbewältigungsfähigkeit allein schafft keine Beschäftigung.

Wir wissen, dass die Arbeitsfähigkeit im Alter sogar zunehmen kann, wenn die entsprechenden ergonomischen Möglichkeiten zur Entlastung bei der Arbeit optimal genutzt werden.

Abb./Tab. 150: Käfig Nr. 2 der Altersdiskriminierung: Gesellschaftliches Versagen bei der Sicherung der Beschäftigungsfähigkeit

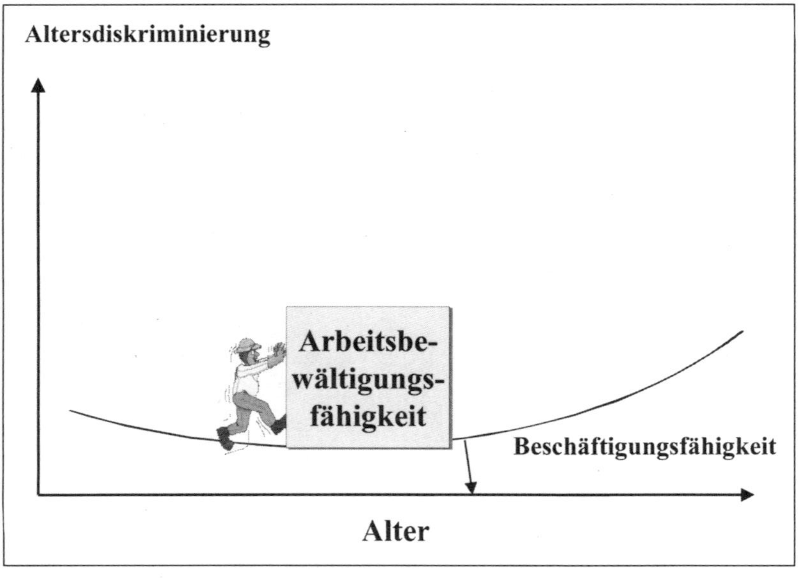

Quelle: Ilmarinen, eigene Darstellung

- Solange aber diese Zusammenhänge nicht offen und fachlich fundiert im Unternehmen diskutiert werden können, weil Altersdiskriminierung vorherrscht, wird es wenig Möglichkeiten geben, allgemeine Konzepte für Beschäftigungsfähigkeit im Unternehmen zu entwickeln. Sie scheitern ebenfalls an den bestehenden Vorbehalten gegenüber älteren Arbeitnehmern.

Diese beiden Modelle wurden entwickelt, um die Verantwortung der Unternehmensführung und der Betriebsräte für das Aufdecken, offene Diskutieren und Abbauen von vorhandener Altersdiskriminierung darzustellen. Die Betroffenen selbst sind hier auf äußere Hilfe angewiesen, weil die Grenzen individueller Möglichkeiten bei der Bewältigung des Arbeitslebens erreicht werden.

9. Die praktische Arbeit mit dem ABI

Im betrieblichen Alltag besteht ein arbeitsmedizinisches und allgemeinarbeitswissenschaftliches Interesse an einem »Untersuchungsinstrument, das geeignet ist, das Potenzial eines Menschen in einem bestimmten Lebensalter und in Bezug auf eine bestimmte Arbeitsanforderung zu beschreiben. Um Praxisnähe und gute Handhabbarkeit zu ermöglichen, sind folgende Anforderungen an ein solches Erhebungsinstrument zu stellen:

- Es muss einfach sein in der Benutzung und
- verständlich für die Probanden.
- Es soll kultur- und bildungsunabhängig einsetzbar sein (culture free test).
- Es soll geeignet sein, subjektive und objektive Daten über einen zu betreuenden Mitarbeiter zusammenzufassen.
- Es sollen sowohl Einzelbewertungen und -beratungen vorgenommen werden als auch
- größere Kollektive beurteilt werden können.
- Die Wiederholung nach einem angemessenen Zeitraum muss und
- die Evaluation einer betrieblichen oder allgemeinen Gesundheitsförderungsmaßnahme soll damit möglich sein.
- Das Ausfüllen des Fragebogens soll zeitlich und inhaltlich wenig aufwändig sein.
- Die Auswertung soll leicht zu erlernen sein.
- Der Fragebogen soll auch als Screening-Instrument im Rahmen von Grundlagenforschung und epidemiologischen Studien einsetzbar sein.« (Ilmarinen und Tempel 2000:123f.)

Der Arbeitsbewältigungsindex erfüllt diese Anforderungen, ist aber in der gegenwärtigen Form kein »Selbstausfüller«, da die Dimension 3 medizinische Daten umfasst, die ggf. im Gespräch überprüft werden müssen. »Aus diesem Grunde – wie auch aus grundsätzlichen Überlegungen – gehört der ABI unter die Kontrolle des Datenschutzes und unter die Aufsicht der arbeitsmedizinischen oder betriebsärztlichen Dienste, die der ärztlichen Schweigepflicht unterliegen. Bei der Konstruktion dieses Fragebogens lagen u.a. die in der Abbildung 151 dargestellten Überlegungen und Zusammenhänge zugrunde.« (ebd.)

Lesebeispiel: Wenn wir im Alltag von Arbeitsfähigkeit reden, dann verbirgt sich dahinter ein komplexer Zusammenhang der Faktoren Altern, Lebensweisen, Gesundheit und Arbeit (Arbeitsanforderung, Arbeitsgestaltung).

Diskussionen über die Arbeitsfähigkeit einzelner Mitarbeiterinnen und Mitarbeiter oder eines Teams müssen auf der Grundlage eines solchen komplexen Zusammenhangs geführt werden. Dies gilt besonders für die »Krankenstandsdebatte«: Die Abweichung des betrieblichen Krankenstands vom Durchschnitt einer größeren Population (z.B.

Abb./Tab. 151: Altern, Gesundheit, Arbeit und Lebensweisen beeinflussen die Arbeitsfähigkeit

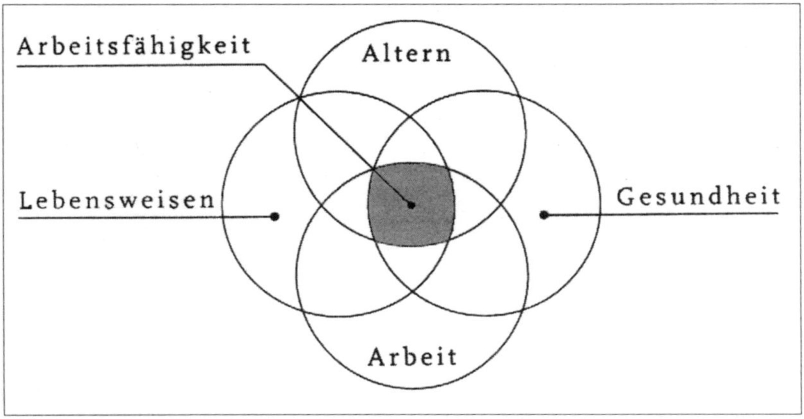

Quelle: Ilmarinen 1995:18

Busfahrer in Nürnberg und AOK Nürnberg oder Bundesverband Betriebskrankenkassen) ergeben Hinweise, dass »etwas nicht in Ordnung ist«, mehr nicht.

Für die weitere Untersuchung nach Alter, Geschlecht, Gesundheitszustand und Lebensweise bietet der Arbeitsbewältigungsindex gute praktische Möglichkeiten. Der Fragebogen »ist bereits in 12 Sprachen übersetzt worden (Schwedisch, Englisch, Estnisch, Chinesisch, Deutsch, Portugiesisch, Russisch, Holländisch, Dänisch, Japanisch, Italienisch und Polnisch, und in vielen Ländern wurden Untersuchungen durchgeführt, um den Arbeitsbewältigungsindex von älterwerdenden Arbeitnehmerinnen und -nehmern zu untersuchen.

Bei der Auswertung der Ergebnisse zeigte sich, dass das Untersuchungsinstrument in verschiedenen Kulturen gut benutzt werden kann und die Ergebnisse vergleichbar sind. Der Arbeitsbewältigungsindex schafft so neue Möglichkeiten für internationale Forschungsprojekte, mit deren Hilfe die Entwicklung der Arbeitsfähigkeit nach Alter, in unterschiedlichen Berufen unter unterschiedlichen Arbeits- und Umweltbelastungen in verschiedenen Ländern bestimmt werden kann.« (Ilmarinen 1999:159)[1]

---

[1] Im Anschluss an den Jahreskongress der Nordic Ergonomics Society vom 2.-5. September 2001 an der Universität von Tampere in Finnland, wurde der 1. internationale Kongress zu Ergebnissen der Erforschung der Arbeitsbewältigungsfähigkeit durchgeführt.

Für den deutschsprachigen Raum empfehlen wir die aktuelle Übersetzung, die jetzt von der Bundesanstalt für Arbeitsschutz und Arbeitsmedizin in Zusammenarbeit mit dem Finnischen Institut für Arbeitsmedizin herausgegeben wurde. (Tuomi, Ilmarinen et al. 2001)

9.1 Die individuelle Beratung

In der Allgemeinmedizin wird darauf geachtet, welche Position der Arzt in seiner Beziehung zu den Patienten einnimmt. »Ist er der fachliche Experte, der weiß, was zu tun ist, und an den der Patient gerne sein Problem abgibt, weil er sich davon eine Lösung verspricht? Wenn dies der Fall ist, dann haben wir eine **diagnoseorientierte** und eine **krankheitszentrierte Verfahrensweise**, die das Potenzial des Patienten, seine Angelegenheiten selber zu regeln und Selbstheilungskräfte zu entwickeln, eher unberücksichtigt lässt.

Wenn Arzt und Patient sich bemühen, eher partnerschaftlich das Problem gemeinsam zu bestimmen, die wichtigsten Fragen festzulegen und eine Rangfolge zu bilden, an welchem der Themen sie zunächst arbeiten wollen, ohne die komplexen Lösungswünsche aus dem Auge zu verlieren, dann haben wir eine mehr **patientenzentrierte** oder **klientenzentrierte Situation**, in der der Arzt Angebote unterbreitet, aber nicht Lösungen betreibt, sondern diese gemeinsam mit dem Patienten findet.« (Tempel 2000:46)

Diese Überlegungen über die Stellung des Patienten im Rahmen seiner medizinischen Versorgung gelten auch für die der Klienten und der Mitarbeiterinnen und Mitarbeiter eines Betriebes bezüglich der Arbeit des betrieblichen Gesundheitsdienstes.

Mit Hilfe des Fragebogens ist es möglich,

- alle für die aktuelle Arbeitssituation relevanten Daten zu erfassen,
- diese im Sinne der Vorgeschichte (Anamnese) biografisch einzuordnen und
- die Diskussion über die Themenbildung, Rangfolge der Themen und Schritte festzulegen, die die/der Klient/in gehen möchten.

Entscheidend ist, dass die »subjektiven« Sichtweisen der Betroffenen, von denen wir wissen, dass sie mit den »objektiven« Beobachtungen der Experten weitgehend übereinstimmen (siehe Kapitel 5.1), ins Zentrum der Diskussion und Untersuchungen treten und somit eine klientenzentrierte Arbeitsweise vorherrscht.

Die Mitarbeiterinnen und Mitarbeiter, die den betrieblichen Gesundheitsdienst aufsuchen oder von ihm besucht werden, fühlen sich als Subjekt angenommen und stellen – manchmal sehr erleichtert – fest, dass »es um sie selber geht«. Das soll an dem folgenden Fallbeispiel erläutert werden:

Eine 30-jährige kaufmännische Mitarbeiterin in einem überwiegend technischen Bereich wird schwanger. Sie hat seit langem einen unerfüllten Kinderwunsch und lebt in einer nicht völlig geklärten Beziehung, sodass sie noch nicht weiß, wie der Partner auf die Schwangerschaft reagieren wird.

Nachdem die Schwangerschaft gesichert ist, legt sie dem Arbeitgeber die ärztliche Bescheinigung vor und wünscht sich Veränderungen am Arbeitsplatz, den sie als Belastung und »Bedrohung für das Kind« einstuft.

Das Ganze passiert für alle Beteiligten überraschend zwischen Weihnachten und Neujahr. Der Vorgesetzte bittet um Bedenkzeit, um sich die richtigen Schritte zu überlegen und die Zusammenhänge zu klären. Wenige Tage später spricht die Frauenärztin ein Beschäftigungsverbot aus. Die Klientin kommt nicht mehr zur Arbeit. Daraufhin wird ein Termin mit dem Betriebsarzt vereinbart, der bereits den Arbeitsplatz angesehen, mit dem Vorgesetzten gesprochen hat und nun die Auffassung und Sichtweisen der Klientin erfahren möchte. Das Gespräch wird mit Hilfe des Arbeitsbewältigungsindex und seiner sieben Items strukturiert und soll hier modellhaft dargestellt werden:

Item 1: Arbeitsbewältigungsfähigkeit im Vergleich mit der besten jemals erreichten

Die Klientin stuft sich im Bereich acht ein. Sie hat eine Weiterbildung in der Lagerverwaltung abgeschlossen, fühlt sich fachlich »fit« und bemerkt, dass »die Schwangerschaft ja eigentlich keine Krankheit ist«.

Item 2: Arbeitsbewältigungsfähigkeit im Verhältnis zu den Anforderungen der Arbeit

Hier wird unterschieden zwischen den physischen und psychischen Anforderungen. Bei den physischen besteht schon seit längerem ein Hilfesystem in dem Lager, so dass sich die Klientin bei den schwereren Lasten bis max. 20 Kilo »männliche Hilfe« holen kann. Außerdem kann sie Lasten, die ihr zu schwer sind, einfach liegen lassen. Es gibt ein Meldebuch, so dass das Problem im Laufe des Tages spätestens mit der nächsten Schicht gelöst wird. Sie stuft ihre physische Bewältigungsfähigkeit insgesamt als gut ein.

Bei den psychischen Belastungen ergibt die Diskussion Kritik der Mitarbeiterin an bestimmten organisatorischen Problemen, mit denen sie immer wieder konfrontiert wird: »Keiner will richtig auf mich hören, und ich muss es dann wieder ausbaden.« Insgesamt sieht sie aber ihre psychische Arbeitsbewältigungsfähigkeit ebenfalls im Bereich gut.

Item 3: Anzahl der aktuellen Krankheiten, die von einem Arzt diagnostiziert worden sind

Hier ergeben die ärztlich gesicherten Diagnosen Krankheiten, die von der Schwangerschaft völlig unabhängig sind, und es fällt auf, dass die Klientin aufgrund von Übergewicht, Wirbelsäulenbeschwerden und anderen Erkrankungen bereits drei Krankheiten hat, die sie im Arbeitsleben einschränken könnten.

Item 4: Geschätzte Behinderung der Arbeit als Folge dieser Erkrankungen

Da aber die Folgen dieser Erkrankungen für die speziell ausgeübte Tätigkeit gering sind, sieht sie selber »bis auf die Schwangerschaft« im Arbeitsleben aktuell keine Behinderung durch die Krankheiten.

Item 5: Krankenstand während des letzten Jahres (12 Monate)

Soweit erinnerlich, ist die Klientin nicht krank gewesen, höchstens einmal wegen einer Grippe.

Item 6: Eigene Vorhersage über die Arbeitsbewältigungsfähigkeit ab jetzt innerhalb der nächsten zwei Jahre

Hier sieht die Klientin keinerlei Schwierigkeiten, die ausgeübte Tätigkeit fortzusetzen.

Item 7: Mentale Ressourcen und Befindlichkeiten

Hier ergibt dann die weiterreichende Diskussion, dass im Zentrum die Angst der Klientin um die Schwangerschaft besteht und ihre Kritik an ihren Arbeitsbedingungen durch diese Angst stark geprägt war. Sie hat berechtigte Bedenken gegen Geräte in ihrem derzeitigen Büroraum, der auch zu klein ist. Dort ergibt sich auch immer wieder eine erhebliche Geruchsbelästigung. Es gehe ihr aber schon besser, ihr Partner freue sich ebenfalls über die Schwangerschaft, und der Hochzeitstermin sei schon festgesetzt.

Die abschließende Bemerkung der Klientin zu dem Fragebogen ist: »Was Sie alles von mir wissen wollen. Das sind doch bloß meine Aussagen.«

Der Betriebsarzt hat während des Gesprächs festgestellt, dass die Klientin einen guten Arbeitsbewältigungsindex hat (37-43 Punkte). Die Gesprächsatmosphäre hat sich im Laufe des Ausfüllens des Fragebogens deutlich entspannt, und es kann nun zusammenfassend festgestellt werden, dass das Hauptproblem die Angst um die Schwangerschaft war.

Es wird dann gemeinsam mit der Klientin ein *Regelungskatalog* aufgestellt, der die Wünsche bezüglich der Arbeitsplatzveränderungen während der Schwangerschaft festhält. In einem gemeinsamen Gespräch mit Vorgesetztem, Klientin und Betriebsarzt werden dann die Schritte abgestimmt, mit deren Hilfe die Wünsche umgesetzt werden können. Dabei stellt sich heraus, dass es Möglichkeiten gibt, die Klientin an einen völlig anderen Arbeitsplatz ohne Kopiergerät, Fax, Drukker, Lärm und belästigende Gerüche zu versetzen.

Auf diesem neuen Arbeitsplatz nimmt sie am nächsten Werktag die Arbeit wieder auf.

Mit Hilfe dieses Beispiels sollten die entsprechenden Möglichkeiten dargestellt werden,

- ein Beratungsgespräch klienten- oder mitarbeiterzentriert zu strukturieren und erfolgreich durchzuführen,
- arbeitswissenschaftlich relevante Daten systematisch zu erfassen und zu dokumentieren und
- – gestützt auf die Ergebnisse des Index wie auch der einzelnen

Items – Lösungsschwerpunkte aufzuzeigen und zu entwickeln.
- Das gesamte Konfliktmanagement wurde auf dieser Grundlage bestimmt durch das gleichberechtigte Kooperieren von Vorgesetztem, Mitarbeiterin und Betriebsarzt.

9.2 Epidemiologische Untersuchungen

Mit dem Arbeitsbewältigungsindex wird aber auch die Möglichkeit geschaffen, Veränderungen der Arbeitsbewältigungsfähigkeit bei vergleichbaren Beschäftigungen und zwischen Arbeitnehmern der gleichen Altersgruppe in unterschiedlichen Betrieben und Ländern zu beurteilen. Mit Hilfe dieser Ergebnisse können dann z.B. die Charakteristika und Differenzen zwischen den Nationalitäten in Betracht gezogen werden, wenn Maßnahmen zur Aufrechterhaltung der Arbeitsbewältigungsfähigkeit in unterschiedlichen Ländern geplant und durchgeführt werden.

- Solche allgemein akzeptablen Untersuchungsmethoden machen es darüber hinaus möglich und wünschenswert, in größerem Umfang europäische Projekte durchzuführen, um die Arbeitsbewältigungsfähigkeit zu verbessern.
- Das neue, mittlerweile europaweit umgesetzte Arbeitsschutzgesetz liefert dafür eine ausgezeichnete Grundlage.

Zunächst soll nun die Untersuchung der Arbeitsbewältigungsfähigkeit in vier Ländern aufgezeigt und ein Vergleich mit den finnischen Daten durchgeführt werden, die bereits vorliegen.

Dabei werden die Basisdaten als Prozentanteile der Kategorien des Arbeitsbewältigungsindex entsprechend dem Alter dargestellt. Das Institut für betriebliche Gesundheitsförderung in Wien, Österreich, war verantwortlich für die erste deutsche Übersetzung des Arbeitsbewältigungsindex, und er wurde in verschiedenen Projekten sowohl in Österreich als auch in Deutschland eingesetzt.

So wurde ein österreichisches Chemieunternehmen mit Schicht- und Tagarbeitern untersucht. Die Ergebnisse von allen Beschäftigten werden in der Tabelle 152 wiedergegeben.

Lesebeispiel: Die linke Säule gibt die Kategorien des Arbeitsbewältigungsindex wieder (schlecht, mäßig, gut, sehr gut) sowie die Prozente und absoluten Zahlen. Im Weiteren zeigen die Säulen von links nach rechts die Altersgruppen und als letzte Säule die Gesamtwerte.

Betrachtet man zunächst die Gesamtwerte, dann finden wir als größten Anteil den der Beschäftigten mit »guter« Arbeitsbewältigungsfähigkeit (42,7%), und die zweitgrößte Gruppe umfasst die Beschäftigten mit »sehr guter« Arbeitsbewältigungsfähigkeit (39,3%). Untersucht man die Ergebnisse nach Altersgruppen, ergibt sich, dass ein Viertel der Arbeitnehmer zwischen 40 und 49 Jahren und ungefähr ein Drittel von denen über 50 Jahre eine »mäßige« Arbeitsbewältigungsfähigkeit haben. Das Verhältnis der Beschäftigten mit »schlechter« Arbeitsbe-

Abb./Tab. 152: Prozentsatz von österreichischen Schicht- und Büroarbeitern in einem Chemiebetrieb nach Arbeitsbewältigungskategorien in Abhängigkeit vom Alter

Arbeitsfähigkeit Kategorie	Alter, Jahre < 29	30-39	40-49	über 50	gesamt
schlecht	-	1,2	4,4	9,7	3,9
mäßig	10,9	20,5	25,8	33,3	24,1
gut	39,1	46,1	44,5	33,3	42,7
sehr gut	50,0	32,2	25,3	23,7	39,3
gesamt,%	100,0	100,0	100,0	100,0	100,0
gesamt, n	46	171	229	93	539

Quelle: Karazman u.a., Institut für betriebliche Gesundheitsförderung, Wien, Österreich, 1999

wältigungsfähigkeit steigt mit dem Alter, und fast 10% der über 50 Jahre alten gehören in diese Kategorie. Der Arbeitsbewältigungsindex der Schichtarbeiter war schlechter als der der Tagarbeiter. Die Unterschiede sind in der Abbildung 153 dargestellt.

Abb./Tab. 153: ABI-Werte bei Schichtarbeitern und Büroangestellten in einem Chemiebetrieb

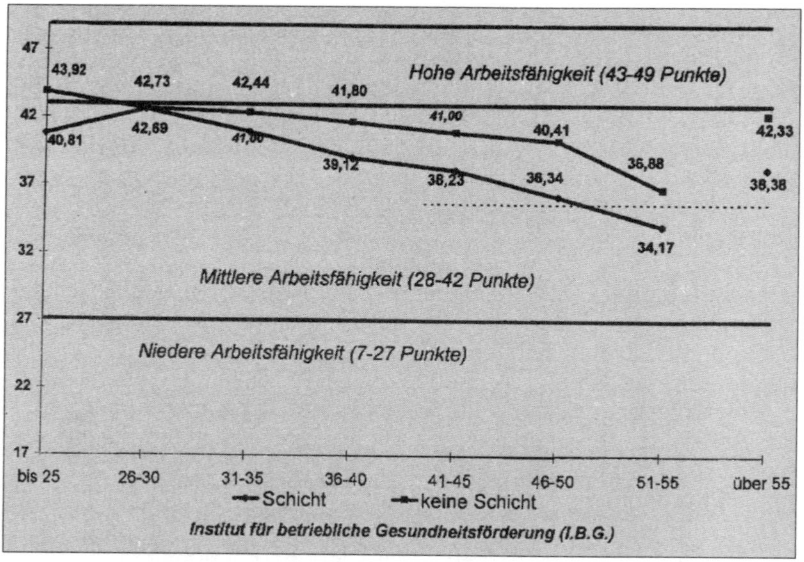

Quelle: Heinrich Geißler, 1998. Institut für betriebliche Gesundheitsförderung, Wien, Österreich

Lesebeispiel: Auf der Y-Achse finden wir die Punkte des Arbeitsbewältigungsindex von 17-47 Punkten mit den drei Kategorien »hoch«, »mittel« und »niedrig«, wie sie früher benutzt wurden. Wir folgen aber den ermittelten durchschnittlichen Punktwerten.

Die X-Achse zeigt die Altersgruppen, für die die Punktzahlen ermittelt wurden. Die obere Linie gibt die Verteilung der Punktwerte auf die Altersgruppen bei den Büroarbeitern in reiner Tagarbeit wieder, die untere Linie die Entwicklung für die Schichtarbeiter in dem bereits zitierten Chemiebetrieb.

Aus dieser Abbildung wird deutlich, dass mit steigendem Lebensalter der ABI langsam sinkt, bei den Schichtarbeitern jedoch deutlich »schneller« als bei den Beschäftigten der Verwaltung. Die Ergebnisse bei deutschen Busfahrern[2] waren deutlich schlechter als die, die bei den Arbeitern in dem österreichischen Chemiebetrieb ermittelt wurden:

Abb./Tab. 154: Prozentsatz der Kategorien des Arbeitsbewältigungsindex bei deutschen Fahrerinnen und Fahrern in Abhängigkeit vom Alter

Arbeitsfähigkeit, Kategorie	Alter in Jahren 25-29	30-39	40-49	50-59	(über 60)	gesamt
schlecht	10,7	6,8	11,2	19,1	(12,5)	11,7
mäßig	25,0	30,3	24,3	36,2	(75,0)	30,6
gut	35,7	45,5	40,2	34,0	(12,5)	39,5
sehr gut	28,6	17,4	24,3	10,6	-	18,2
gesamt,%	100,0	100,0	100,0	100,0	(100,0)	100,0
gesamt, n	28	132	107	94	(8)	369

Lesebeispiel: Wir finden wieder in der linken Spalte die Kategorien des Arbeitsbewältigungsindex und nach rechts die Ergebnisse in Prozent bei den verschiedenen Altersgruppen und die Gesamtwerte.

Obwohl der Anteil der Arbeiter/innen mit »guter« Arbeitsbewältigungsfähigkeit die größte Gruppe ausmacht (39,5%), was den Ergebnissen des österreichischen Beispiels entspricht, war die zweitgrößte Gruppe die der Beschäftigten mit »mäßiger« Arbeitsbewältigungsfähigkeit (fast ein Drittel der gesamten untersuchten Population).

Es gab einen Anteil von Fahrerinnen und Fahrern mit »schlechter« Arbeitsbewältigungsfähigkeit (11,7%), und es entsteht der Eindruck, dass ein großer Anteil der Busfahrer in den Altersgruppen 30-39 Jahre bereits eine »mäßige« Arbeitsbewältigungsfähigkeit hatte.

[2] Öffentlicher Personennahverkehr (ÖPNV) in einer Großstadt.

Die Situation verbesserte sich wieder in der Altersgruppe 40-49 Jahre und verschlechterte sich dann wieder deutlich im Bereich 50-59 Jahre.

Weiterhin überraschte, dass es unter den jüngsten Fahrerinnen und Fahrern eine relativ große Gruppe mit »schlechter« Arbeitsbewältigungsfähigkeit gab (10,7%). Diese Gruppe nahm bis hin zur Altersgruppe 50-59 Jahre auf 19,2% zu. Bei diesen Ergebnissen fällt auf, dass die Tätigkeiten der Fahrer/innen relativ früh zu einer deutlichen Verschlechterung der Arbeitsbewältigungsfähigkeit führen, und es verwundert umgekehrt nicht, dass große Anstrengungen unternommen wurden, um die Probleme der Fahrer/innen zu lösen.

Die holländischen Daten, die uns vorliegen, zeigen dagegen deutlich bessere Untersuchungsergebnisse als die österreichischen und deutschen:

Abb./Tab. 155: Prozentsatz der Kategorien des Arbeitsbewältigungsindex bei holländischen Arbeitern in Abhängigkeit vom Alter

Arbeitsfähigkeit, Kategorie	Alter in Jahren 20-29	30-39	40-49	50-59
schlecht	–	1,0	3,0	2,0
mäßig	2,0	7,0	14,0	26,0
gut	34,0	41,0	40,0	34,0
sehr gut	64,0	50,0	44,0	38,0
gesamt, %	100,0	100,0	100,0	100,0
gesamt, n	47	82	101	53

Quelle: Goedhard u.a., 1999 (unveröffentlichte Daten)

Lesebeispiel: Wir finden die Säulen in der bereits besprochenen Anordnung. Es fehlen die Durchschnittswerte.

Hier ergibt sich ein deutlich größerer Anteil von Arbeitern mit »sehr guter« Arbeitsbewältigungsfähigkeit und dementsprechend deutlich weniger mit »mäßiger« auch in den älteren Altersgruppen, so dass erhebliche Unterschiede zu den anderen beiden mitteleuropäischen Studien auftreten. Der Anteil der »guten« Arbeitsbewältigungsfähigkeit war in allen drei Studien gleich hoch, aber die Abweichungen verschwinden in den anderen Kategorien der Arbeitsbewältigungsfähigkeit.

Die holländische Studie benutzte einen Bevölkerungsquerschnitt mit unterschiedlichen Beschäftigungen, wobei die Probanden zu regelmäßigen Gesundheitsuntersuchungen kamen. In diesen Daten ist der Anteil der Arbeitnehmer in der Kategorie »sehr gut« der größte in allen Altersgruppen, von den jungen bis zu den ältesten Arbeitnehmern. Er umfasst 44% der Gruppe 40-49 Jahre und 38% der Gruppe 50-59 Jahre. Umgekehrt hat nur ein geringer Prozentsatz der Untersuchten eine »schlechte« Arbeitsbewältigungsfähigkeit. Diese Niveauunterschiede differieren erheblich von den Ergebnissen in Finnland in verschiedenen Wirtschaftsbereichen.

Weiterhin gibt es zwei Bespiele aus völlig unterschiedlichen Kulturen. In einer groß angelegten chinesischen Studie im kommunalen Bereich wurden z.B. die Arbeitsbewältigungsfähigkeit, die funktionelle Kapazität und die Arbeitsinhalte mit den gleichen Methoden untersucht, wie sie auch in der finnischen Verlaufsstudie benutzt wurden. (Wang u.a., 1997, siehe die Tabelle 156)

Abb./Tab. 156: Prozentsatz der Kategorien des Arbeitsbewältigungsindex bei Beschäftigten einer chinesischen Stadtverwaltung nach Geschlecht und Alter (m = Männer, f = Frauen)

Arbeits-	Alter in Jahren											
fähigkeit,	20-29		30-39		40-49		50-59		= 60		gesamt	
Kategorie	m	f	m	f	m	f	m	f	m	(w)	m	f
schlecht	3,8	2,3	5,9	4,4	6,6	4,7	13,5	5,9	34,4	(11,1)	8,0	4,5
mäßig	33,3	37,8	34,7	35,9	32,2	31,6	35,8	42,0	15,6	(33,3)	33,4	34,8
gut	49,2	45,9	45,6	47,5	43,7	47,5	39,9	45,4	40,6	(55,6)	43,9	47,6
sehr gut	13;7	14,0	13,8	12,2	17,5	16,2	10,8	6,7	9,4	–	14,7	14,1
gesamt, %	100,0	100,0	100,0	100,0	100,0	100,0	100,0	100,0	100,0	(100,0)	100,0	100,0
gesamt, n	475	172	421	181	1400	573	696	119	32	(11)	3024	1045

Quelle: Wang u.a., Institut für Arbeitsmedizin, West China University of Medical Sciences, Chengdo, P.R. China, 1997

Lesebeispiel: Die Säulen entsprechen dem bekannten Aufbau, wobei hier noch zusätzlich nach Geschlecht unterschieden wird.

Die Ergebnisse zeigen, dass der Anteil von Arbeitnehmern mit »gut« sowohl für die Frauen (47,6%) als auch für die Männer (43,9%) der größte war. Die zweitgrößte Gruppe umfasst die Probanden mit »mäßiger« Arbeitsbewältigungsfähigkeit (ein Drittel). In der Kategorie »schlecht« gab es mehr Arbeitnehmer als Arbeitnehmerinnen, und man hatte den Eindruck, dass die Veränderungen bis zur Altersgruppe 50-59 Jahre relativ gering waren.

Der Anteil der Männer mit »guter« Arbeitsbewältigungsfähigkeit nimmt kontinuierlich ab, während der Anteil derjenigen mit »schlechter« Arbeitsbewältigungsfähigkeit dementsprechend zunimmt. In der Altersgruppe 50-59 Jahre fand man fast genauso viele Probanden mit »guter« wie mit »mäßiger« Arbeitsbewältigungsfähigkeit. Bei den Männern waren jedoch deutlich mehr Personen mit »schlechter« Arbeitsbewältigungsfähigkeit (13,5%) als bei den Frauen (5,9%).

Der Anteil der über 60 Jahre alten Männer mit »schlechter« Arbeitsbewältigungsfähigkeit umfasste ein Drittel der Befragten in der Altersgruppe, während die Frauen in diesem Altersabschnitt bereits verrentet waren. Monteiro untersuchte in ihrer Doktorarbeit (Monteiro, 1999) brasilianische »white collar-Arbeiter« und Forscher in einem Forschungsinstitut in Sao Paulo.

Die Ergebnisse zeigten, dass die meisten der Untersuchten eine »sehr gute« oder »gute« Arbeitsbewältigungsfähigkeit hatten. In der Altersgruppe 40-49 Jahre waren genauso viele Untersuchte mit »sehr guter« wie mit »guter« Arbeitsbewältigungsfähigkeit. Der Anteil der Untersuchten mit der Kennzeichnung »sehr gut« nahm mit steigendem Alter zu, und der von denen mit »mäßiger« Arbeitsbewältigungsfähigkeit ging entsprechend zurück.

Abb./Tab. 157: Prozentsatz der Kategorien der Arbeitsbewältigungsfähigkeit bei brasilianischen Angestellten und Forschern in einem Forschungsinstitut in Abhängigkeit vom Alter

Arbeitsfähigkeit, Kategorie	Alter, Jahre 35-39	40-49	50-57
schlecht	1,3	1,6	–
mäßig	17,6	9,4	–
gut	48,7	44,9	46,0
sehr gut	32,4	44,1	54,0
gesamt, %	100,0	100,0	100,0
gesamt, n	74	127	37

Quelle: Monteiro, 1999

Lesebeispiel: Die Tabelle folgt dem bekannten Aufbau der Säulen, es fehlen aber in diesem Fall die Durchschnittswerte.

Diese Ergebnisse zeigen einen anderen Verlaufstyp der Entwicklung der Arbeitsbewältigungsfähigkeit als bisher dargestellt: Sie nimmt mit dem Alter zu. Vergleichbare Resultate wurden gewonnen bei staatlich geprüften Krankenschwestern und Krankenpflegehelferinnen in Brasilien. In der Altersgruppe 50-60 Jahre waren die Beschäftigten in den Kategorien »sehr gut«, »gut« und »mäßig« fast gleich groß (Fischer u. a., unveröffentlichte Ergebnisse). Die holländischen Daten zeigen einen ähnlichen Trend auf.

Die internationalen Beispiele für Veränderungen der Arbeitsbewältigungsfähigkeit in Abhängigkeit vom Alter basieren auf **Querschnittstudien**, während in Finnland einige **Längsschnittstudien** (Verlaufsstudien) durchgeführt worden sind. Davon ging die größte über 11 Jahre im Bereich der Stadtverwaltung und wurde nun auf 16 Jahre ausgedehnt, um den Lebenslauf von Arbeitnehmern bis zum Ruhestand zu untersuchen. Die Querschnittserhebungen aus verschiedenen Ländern liefern dabei interessante Möglichkeiten für den Vergleich der Arbeitsbewältigungsfähigkeit in unterschiedlichen Altersgruppen.

Zusammenfassend und ohne einen detaillierten Vergleich der Studien kann man zum gegenwärtigen Zeitpunkt sagen, dass

- viele Ähnlichkeiten in der Veränderung der Arbeitsbewältigungsfähigkeit in Abhängigkeit vom Alter zu beschreiben sind.
- Dies gilt sowohl für die Unterschiede in der Arbeitsbelastung und -organisation, als auch für die verschiedenen Länder.
- Die Geschwindigkeit, mit der die Arbeitsbewältigungsfähigkeit in den einzelnen Altersgruppen abnimmt, das Ausmaß der Veränderungen und der Wechsel in die verschiedenen Kategorien der Arbeitsbewältigungsfähigkeit können dabei erheblich voneinander abweichen.

Ein anderes interessantes Ergebnis ist dabei die Tatsache, dass die Arbeitsbewältigungsfähigkeit mit dem Alter zunehmen kann, und zwar in ganzen Organisationseinheiten (Fabriken, Unternehmen, Branchen). Diese Ergebnisse öffnen neue Einsichten in übergeordnete Bedingungen (»Mega-Trends«), die auch durch solche Faktoren wie Kulturdifferenzen beeinflusst werden. Weitere Informationen über die erfasste Arbeitsbewältigungsfähigkeit in verschiedenen Ländern werden in naher Zukunft dargestellt werden können.

Der Arbeitsbewältigungsindex liefert auch mit jeder einzelnen Kategorie (Item) gute Möglichkeiten der differenzierten Untersuchung und Betrachtung, die abschließend aus der Nachtarbeiterstudie (Korczak, Klotzhuber et al. 1999) für Item 1 (Arbeitsbewältigungsfähigkeit im Vergleich mit der besten jemals erreichten) und Item 3 (Anzahl der aktuellen Krankheiten, die von einem Arzt diagnostiziert worden sind) vorgestellt und dann am Beispiel der Atemwegserkrankungen der Feuerwehrleute erläutert werden (s. Tab. 158).

Abb./Tab. 158: ABI-Frage 1: Wenn Sie Ihre beste, je erreichte Arbeitsfähigkeit mit 10 Punkten bewerten: Wie viele Punkte würden Sie dann für Ihre derzeitige Arbeitsfähigkeit geben? Skala von 0-10, Mittelwerte nach Alter und Gruppen

	Bis 35	36 bis 45 Jahre	46 Jahre und älter	Gesamt
Kontrollgruppe				
(N=41)	8,4	8,4	8,3	8,4
SD	1,4	1,1	1,5	1,2
Schichtarbeiter				
(N=230)	8,3	8,5	7,8	8,3
SD	1,4	1,2	2,2	1,6
Feuerwehr				
(N=97)	8,6	7,7	7,0	7,7
SD	1,5	1,4	2,1	1,8

Quelle: Tempel 1999:209

Lesebeispiel: Die **Kontrollgruppe** (Tagarbeiter) zeigte auf hohem Niveau der Arbeitsfähigkeit keine altersabhängige Verminderung der subjektiven Einschätzung. Bei den **Schichtarbeitern** findet sich ein Rückgang in der oberen Altersgruppe. Das gleiche ergibt sich noch ausgeprägter für die **Feuerwehr**: Hier findet sich eine deutlich größere Einschränkung der subjektiven Arbeitsfähigkeit als bei der Schichtarbeitergruppe und gegenüber der Kontrollgruppe.

Abb./Tab. 159: Häufigkeiten verschiedener akuter und behandlungsbedürftiger Erkrankungen nach Krankheitsgruppen in%:

Krankheitsgruppen	Kontrollgruppe (N=45)	Schichtarbeiter (N=230)	Feuerwehr (N=97)
Unfälle*	(18)	(15)	(42)
Bewegungsapparat	44	47	67
Herz-Kreislauf-Krankheiten	18	13	12
Atemwegserkrankungen	31	18	44
Psychische Erkrankungen	11	10	26
Nervensystem u. Sinnesorgane**	(7)	(18)	(22)
Magen-Darm-Trakt	9	8	18
Geschlechts- u. Harnwegskrankh.	-	4	4
Hautkrankheiten	18	14	17
Tumoren (gut- und bösartig)	2	2	-
Hormon- und Stoffwechselkrankh.	22	24	21
Blutkrankh., Geburtsfehler	2	1	2

*Nicht verwertbar. Zu oft beim Ausfüllen Verwechslung mit Erkrankungen des Bewegungsapparates

** Ebenfalls nicht verwertbar, da zu oft gut korrigierte Brillenträger erfasst wurden.

Quelle: Tempel 1999:185

Auffallend im Vergleich ist die Feuerwehr mit den Krankheitsgruppen Bewegungsapparat, Atemwegserkrankungen, psychische Erkrankungen, und Magen-Darm-Trakt. Die Gruppe Schichtarbeiter stimmt teilweise mit der Kontrollgruppe überein, teilweise finden sich bessere Werte. Bei den Atemwegserkrankungen bestimmt die Häufung der akuten Infekte den Unterschied zwischen Feuerwehr und Kontrollgruppe bzw. Schichtarbeitergruppe. (s. Tab. 160)

Die Befragung der Kontrollgruppe wurde im Juni bis November durchgeführt, die der Feuerwehr im November und Dezember, so dass hier auch eine jahreszeitlich bedingte Häufung möglich wäre.

Wir haben aber zusätzlich nachgefragt: Wie oft hatten Sie in den letzten zwölf Monaten (umfasst also alle Jahreszeiten) schwere Infekte der Atemwege mit Husten, Auswurf, gegebenenfalls Fieber, Bettruhe und Arbeitsunfähigkeit?

Abb./Tab. 160: Krankheitsgruppe Atemwegserkrankungen (Mehrfachnennung möglich) in %

Krankheiten	Kontrollgruppe (N=41)	Schichtarbeiter (N=230)	Feuerwehr (N=97)
Akute Infekte (Tonsillits, Sinusitis, Bronchitis, Grippe)	24	13	36
Chronische Bronchitis	7	1	1
Chronische Nasennebenhöhlen-entzündung	2	3	5
Bronchialasthma/ allergische Bronchitis	2	3	2
Sonstige	2	2	4

Quelle: Tempel 1999

Abb./Tab. 161: Wie oft hatten Sie schwerere Infekte der Atemwege in den letzten 12 Monaten? (Angaben in %)

Häufigkeit in %	Kontrollgruppe (N=41)	Schichtarbeiter (N=230)	Feuerwehr (N=97)
0 mal	38	61	24,5
1 bis 3 mal	53	39	73,5
4 bis 5 mal	4	–	2
6 mal und häufiger	4	0,4	–

Quelle: Tempel 1999

Bei der Durchsicht der Altersgruppen finden sich allgemein mehr Infekte in der jüngeren und mittleren Altersgruppe (hier nicht dargestellt). Insgesamt ergaben sich erste Hinweise für eine höhere Infektanfälligkeit der Feuerwehrleute.

Wichtig ist in diesem Zusammenhang auch die Häufigkeit der allergischen Erkrankungen, die die Häufigkeit von Atemwegserkrankungen mit beeinflussen können:

Abb./Tab. 162: Leiden Sie – gesichert durch ärztliche Untersuchungen – an Heuschnupfen oder anderen Allergien? (Angaben in %)

Häufigkeit in %	Kontrollgruppe (N=41)	Schichtarbeiter (N=230)	Feuerwehr (N=97)
Ja	26	25	24,5

Alle Gruppen sind gleichmäßig mit Allergien[3] belastet.

Zu diskutieren ist weiterhin eine berufsbedingte erhöhte Belastung mit chemischen Stoffen und Brandgasbestandteilen. Dazu ist aber festzustellen, dass der Einsatz von Atemschutzgeräten bei den Befragten seit Jahren mit Erfolg verbessert wurde und die Zahl der Brandeinsätze eher konstant geblieben ist, während die der Rettungseinsätze deutlich zugenommen hat. Es handelt sich also um eine Intensitätssteigerung der Arbeit ohne spezifische Mehrbelastung der Atemwege: Die befragten Feuerwehrleute scheinen weniger mit Asthma und bronchitischem Syndrom als mit wiederholten akuten Infekten belastet zu sein.

Abb./Tab. 163: Anzahl und Art der Einsätze 1986-1996

Jahr	Brände und Verbrennungsexpl.	Hilfeleistungen	Blinde Alarme	Täuschungsalarme	Böswillige Alarme	Alarme insgesamt
1986	2195	38213	1234	295	470	42407
1987	2255	38347	1379	297	446	42724
1988	2175	38289	1317	267	412	42460
1989	2157	41393	1347	280	501	45678
1990	2139	45388	1323	289	407	49546
1991	2225	44486	1418	284	535	48948
1992	2331	43804	1411	277	510	48333
1993	2233	41609	1430	292	466	46030
1994	2057	44230	1251	266	389	48193
1995	1972	47354	1210	271	384	51191
1996	2060	50354	1250	272	316	54252

Quelle: Feuerwehr 1996

Abschließend ein Blick auf das Rauchverhalten im Vergleich:

Abb./Tab. 164: »Sind Sie Raucher?« (Häufigkeit in %)

	Kontrollgruppe			Schichtarbeiter			Feuerwehr		
	N=19	N=21	N=10	N=91	N=114	N=79	N=38	N=38	N=51
Altersgruppen	-35	36-45	46 -	-35	36-45	46-	-35	36-48	49-
Ich rauche jetzt	26	14	40	53	44	48	21	29	18
Ich habe nie geraucht	53	57	30	25	23	20	55	37	51

Quelle: Tempel 1999[4]

[3] Eine Auflistung der Allergien wird nicht vorgenommen. Es finden sich bei den Probanden keine anerkannten berufsbedingten Allergien.

[4] Die absoluten Zahlen (N) sind hier größer, weil mehr Probanden den allgemeinen Fragebogen beantwortet haben, als der Arbeitsbewältigungsindex ausgefüllt wurde.

Vor allem die jüngeren Schichtarbeiter sind höher belastet. Die jüngeren Feuerwehrleute entsprechen den Probanden der Kontrollgruppe. Mit steigendem Alter zeigt sich aber bei der Feuerwehr ein eindeutiger Rückgang der Raucher, während die älteren Probanden der Kontrollgruppe und Schichtarbeiter ihre Gewohnheiten fortsetzen.

Abschließend ist festzustellen, dass der berufsabhängige Anstieg der Infekthäufigkeit bei den Feuerwehrleuten nicht durch das Rauchverhalten, durch allergische oder exogen-inhalative Belastungen zu erklären ist. Bei den »Nie-Rauchern« stimmen Kontrollgruppe und Feuerwehr eher überein, während die Schichtarbeiter deutlich niedrigere Anteile aufweisen. Insgesamt ergeben sich Hinweise für eine höhere Infektanfälligkeit der Feuerwehrleute.

Grundsätzlich liegen epidemiologische Erkenntnisse zu berufsbedingter Häufung von Infektionskrankheiten vor. (ausführlich bei Herrmann und Geigges 1996)

Bezüglich der Krankheitsentstehung (Pathogenese) konnten »*Hinkle und Wolff (1957) in ausgedehnten epidemiologischen Langzeituntersuchungen nachweisen, daß Krankheiten immer dann gehäuft auftreten, wenn Situationen besondere Adaptationsleistungen (Anpassungsleistungen, d. Verf.) erfordern*«. (ebd.:929)

Da akute Erkältungen überwiegend von Viren verursacht werden, kann zur Erklärung der Infektionsumstände die Untersuchung von Cohen und Mitarbeitern (1991) herangezogen werden (ebd.:930):

»Bei 394 gesunden Probanden wurde durch Fragebögen ein ›Streßindex‹ erfaßt... Die Probanden erhielten mit 5 verschiedenen respiratorischen Viren[5] (Rhino-, RS- und Corona-Viren) versetzte Nasentropfen. Eine Kontrollgruppe (n = 26) erhielt nasal nur eine sterile Kochsalzlösung. Anschließend wurden die Probanden 7 Tage lang isoliert und .... überwacht.

Es zeigte sich eine dosisabhängige Beziehung zwischen Streßindex, dem Auftreten von Infektionen sowie klinischen Symptomen. Abhängig vom Streßausmaß waren 74-90% der Probanden infiziert und 27-47% manifest erkrankt. Diese Effekte zeigen sich unabhängig von verschiedenen kontrollierten Variablen wie ... Dies bedeutet, daß Streß mit der Suppression allgemeiner Mechanismen der körpereigenen Abwehr verbunden ist.«

Für die Feuerwehrleute würde dies bedeuten, dass ihr spezifischer »beruflicher Stress« den Ausschlag gibt und nicht so sehr die Tatsache, dass sie in Schichtarbeit tätig sind, denn die Gruppe der Schichtarbeiter liegt mit der Infektionshäufigkeit sogar besser als die Kontrollgruppe.

[5] Das sind Viren, die die Atemwege befallen.

9.3 Die Bewertung von Gesundheitsförderungsmaßnahmen

»Die Erfolgsbewertung (oder auch Evaluation genannt) ist das zentrale Element, das Gesundheitsmanagement von bloßem ›Gesundheitsaktivismus‹ unterscheidet. Erst durch eine fundierte Evaluation werden aus Einrichtungen und Leistungen des Gesundheitsmanagements ›lernende Systeme‹. Diese Systeme informieren sich regelmäßig durch Rückmeldungen über Angemessenheit, Effektivität und Effizienz ihrer Aktivitäten und Programme und können sich somit ihrer Umwelt durch kontinuierliche Optimierung oder auch grundsätzliche Überarbeitung ihrer Strukturen und Prozesse anpassen.« (Badura, Ritter et al. 1999: 112) Bei solchen Maßnahmen der Erfolgsbewertung liefert der Arbeitsbewältigungsindex wichtige Daten (Basisdaten, t_0-Erhebung) sowohl vor der Durchführung des betrieblichen Gesundheitsförderungsprojektes als auch danach bei der abschließenden Bewertung der Ergebnisse. Badura, Ritter und Scherf betonen, dass eine »pragmatische Evaluation, die den Erfolg rein an Krankenstandszahlen festmacht, zu kurz greifen« würde. Sie empfehlen ein »breites Spektrum an Erfolgsvariablen, so z.B.:

- Reduzierung der Belastungs-/Beschwerdesituation der Beschäftigten
- Erhöhung der Gesundheitspotenziale bzw. des Wohlbefindens
- Reduzierung der Fluktuationsrate
- Reduzierung von Reklamationen oder Produktionsausschuss
- Erhöhung eingereichter Verbesserungsvorschläge (Hauptverband der österr. Sozialversicherungsträger, 1996«. (ebd. 113)

Der Arbeitsbewältigungsindex kann im Rahmen einer regelmäßigen arbeitsmedizinischen Betreuung von Mitarbeiterinnen und Mitarbeitern ein- bis zweimal jährlich eingesetzt werden, frühestens nach sechs Monaten. Diese Zeitabstände sind notwendig, da sonst die längerfristigen Effekte einer Gesundheitsförderungsmaßnahme und deren komplexe Zusammenhänge nicht trennscharf erfasst werden können.

Welche Möglichkeiten sich dabei ergeben, soll am Beispiel der Verlaufsstudie »Arbeit, Lebensstil, Gesundheit und Arbeitsfähigkeit bei älter werdenden kommunalen Beschäftigten von 1981-1992« (Tuomi, Ilmarinen et al. 1999) dargestellt werden: Es wurde beobachtet, dass die Arbeitsfähigkeit durch Maßnahmen, die auf Wiederherstellung, Entwicklung und/oder Aufrechterhaltung der Arbeitsbewältigungsfähigkeit abzielten, positiv beeinflusst werden kann. Diese Erfahrungen trugen dazu bei, mit einer systematischen Entwicklung und Förderung der Arbeitsbewältigungsfähigkeit zu beginnen. Diese Eindrücke verstärkten sich während der 11-jährigen Verlaufsstudie, deren Ergebnisse:

- ❖ deutlich größere Möglichkeiten der Förderung der Arbeitsbewältigungsfähigkeit aufzeigten, als ursprünglich angenommen wurde, und
- ❖ dies galt auch für Beschäftigte in Berufen mit hoher physischer Anforderung. (s. Abb. 165-167)

Abb./Tab. 165: Wenn man »nichts« macht:
Installationsarbeiter A – Arbeitsbewältigungsindex nach Punkten

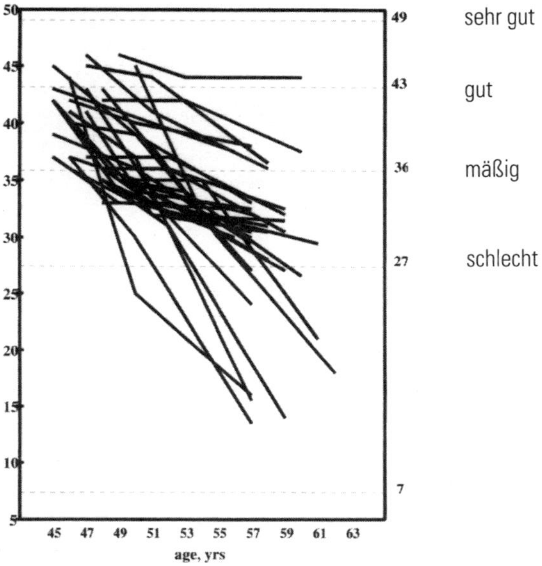

Quelle: Tuomi, Ilmarinen et al. 1999:230

Lesebeispiel (zu Abb. 165): Auf der linken Y-Achse finden wir die erreichten Punktwerte des Arbeitsbewältigungsindex, auf der rechten Y-Achse die entsprechenden Kategorien der Einstufung »sehr gut«, »gut« usw. und auf der X-Achse das Alter in Jahren. Die durchgehenden Linien verbinden jeweils drei Messpunkte im Jahr 1981, 1985 und 1992. Die Darstellung gilt für alle drei Abbildungen 165, 166 und 167.

Obwohl bei den meisten der Installationsarbeiter – dargestellt in Grafik A – die Arbeitsbewältigungsfähigkeit im Verlauf der 11 Jahre von 1981-1992 abgenommen hat, war auch eine andere Entwicklung möglich, denn in zwei anderen Gruppen der Installationsarbeiter blieb die Arbeitsbewältigungsfähigkeit unverändert oder verbesserte sich. Solche Ergebnisse können in zweierlei Weise interpretiert werden:

- Verbesserte Arbeitsbewältigungsfähigkeit benötigt kontinuierliche »Förderung und Pflege« (Abb. 166), und
- ein steiler Abfall der Arbeitsbewältigungsfähigkeit kann gestoppt werden und die Entwicklung sich umkehren (Abb. 167).

Lesebeispiel (zu Abb. 166): Bei der zweiten Messung findet sich ein Anstieg des Arbeitsbewältigungsindex, bei der dritten Messung ist dann

Abb./Tab. 166: Förderung der individuellen Gesundheit: Installationsarbeiter B –Arbeitsbewältigungsfähigkeit nach Punkten

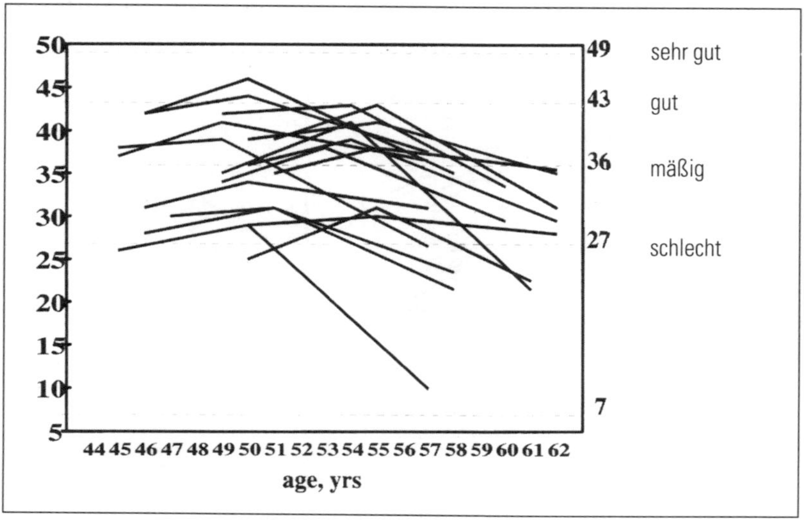

Quelle: Tuomi, Ilmarinen et al. 1999:231

Abb./Tab. 167: Individuelle Fitness und Verbesserung von Ergonomie und Führungsverhalten: Installationsarbeiter C – Arbeitsbewältigungsindex nach Punkten

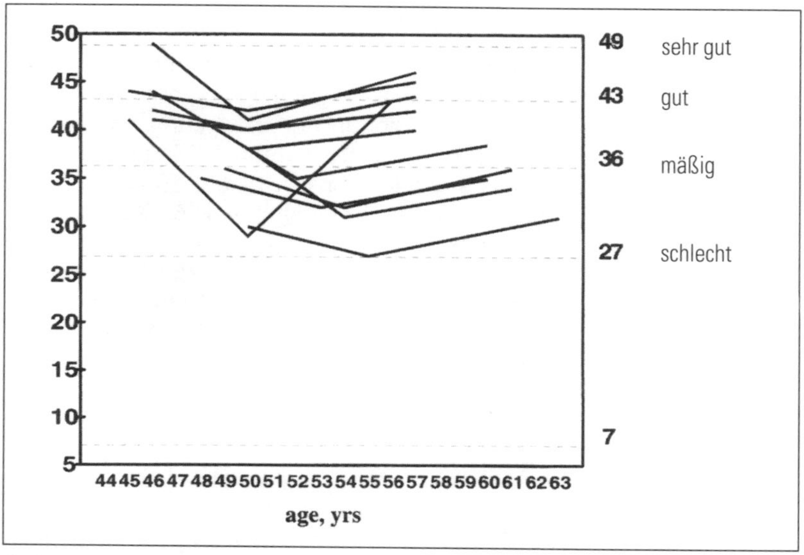

Quelle: Tuomi, Ilmarinen et al. 1999:231

aber ein deutliches Absinken der Werte im Bereich von »mäßig« und »schlecht« zu beobachten.

Lesebeispiel (zu Abb. 167): Bei der zweiten Messung nach vier Jahren (1985) ist der Arbeitsbewältigungsindex deutlich abgesunken, sieben Jahre später aber ein ebenso deutlicher Anstieg zu verzeichnen. Die Werte von 1981 (erste Messung) können dabei aber nicht wieder erreicht werden.

Allgemein kann man sagen, dass die Verbesserung der Arbeitsbewältigungsfähigkeit mit zunehmendem Alter das Ergebnis sehr unterschiedlicher Maßnahmen sein kann:

durch Verbesserung

- der Arbeitsumgebung,
- der Ergonomie,
- der Arbeitsorganisation,
- der individuellen funktionellen Kapazität, z.B. durch körperliches Training[6]
- oder durch eine Verbesserung des Gesundheitsstatus (z.B. durch eine erfolgreiche Operation).

Bei dieser Verlaufsstudie an älterwerdenden kommunalen Arbeitern liegen die wichtigsten Veränderungen

- ❖ im organisatorischen Bereich und Führungsverhalten: die unmittelbaren Vorgesetzten haben ihre Einstellung verändert,
- ❖ bei der Verminderung der physischen Arbeitsanforderung durch Verringerung der Steharbeit und
- ❖ in der Verbesserung der funktionellen Kapazität der Betroffenen durch körperliches Training in der Freizeit.

Der Arbeitsbewältigungsindex, der im Rahmen dieser Studie entwickelt wurde, ist geeignet, die sehr unterschiedlichen individuellen wie kollektiven Entwicklungen aussagekräftig abzubilden. Er hat sich nicht nur bei der Untersuchung von Gesundheitsförderungsmaßnahmen als nützlich erwiesen, sondern auch Bedeutung bekommen für Studien, die sich im weiteren Sinne mit Gesundheit als Potenzial befassen. Natürlich ist es auch in Zukunft wichtig, bei solchen Studien die Ursachen von Krankheit zu bestimmen und diesen vorzubeugen.

Es werden aber auch weiterreichende Messinstrumente wie der Arbeitsbewältigungsindex benötigt, die auf einer komplexen Betrachtung der Zusammenhänge basieren und Entwicklungsrichtungen und Potenziale (Stärken-/Schwächenanalyse) ermöglichen. Wenn jeweils nur eine Krankheit zu einem Zeitpunkt untersucht wird, entgehen die

---

[6] In Deutschland ist hierbei besonders zu beachten, dass sich Rehabilitationsmaßnahmen i.d.R. auf die Verbesserung der individuellen funktionellen Kapazität beschränken, sei es im physischen oder psychischen Bereich. Rehabilitationsmaßnahmen sind im Alltag nicht mit Veränderungen am Arbeitsplatz verknüpft.

Faktoren, die Gesundheit allgemein und möglicherweise sehr stark beeinflussen, ggf. der Aufmerksamkeit:

- Sowohl die Ergebnisse dieser Verlaufsstudien als auch einige Theorien, die sich mit Gesundheit allgemein befassen legen die Vermutung nahe, dass die Arbeitsbewältigungsfähigkeit nicht mit den gleichen Mitteln verbessert werden kann wie die Vorbeugung von Krankheiten und daraus resultierend schlechter Arbeitsfähigkeit.

Dabei wurden Verbesserung und Verschlechterung von Gesundheit oder Arbeitsbewältigungsfähigkeit getrennt dargestellt und die Untersuchung der Veränderungsfaktoren in einer neuen Form in Angriff genommen. In traditioneller Weise wird nach Faktoren gesucht, die Krankheit unter den Bedingungen vorhersagen können (Risikofaktoren), die einem krankhaften Prozess vorausgehen, bevor also die Krankheit ausbricht.

Als aber in der finnischen Studie die Veränderung der Arbeitsbewältigungsfähigkeit erklärt werden sollte, hatten in dieser Studie die Variablen, die den Verlauf beschreiben, einen viel stärkeren Erklärungswert als die Variablen, die die Ausgangssituation (Erstuntersuchungen 1981) darstellen. Die Interpretation der Ergebnisse war darüber hinaus leichter, da auf Grundlage eines komplexen Verständnisses der Arbeits(bewältigungs)fähigkeit die Entwicklungen entsprechend differenziert erklärt werden konnten.

Anforderung an ein betriebliches Gesundheitsmanagement sind heute,

- ➜ nicht nur einzelne Krankheiten zu vermeiden oder ihre Folgen zu lindern,
- ➜ sondern insgesamt das *Gesundheitspotenzial der Mitarbeiterinnen und Mitarbeiter* aufrechtzuhalten, wieder zu verbessern und/oder langfristig weiterzuentwickeln.
- ➜ Dies gilt nicht nur während des Arbeitslebens, sondern darüber hinaus bis in das Rentenalter (»dritter Lebensabschnitt«).
- ➜ Zur Bewertung solcher Maßnahmen und Prozesse ist der Arbeitsbewältigungsindex sehr gut geeignet.
- ➜ Wenn er als Untersuchungsinstrument im Rahmen der Arbeitsmedizinischen Betreuung routinemäßig eingesetzt wird, liefert er darüber hinaus
- ➜ einen wichtigen Beitrag zur »sachgerechten Gesundheitsberichterstattung« (Badura, Ritter et al. 1999:114), der weit über die Krankenstandsdaten hinausreicht,
- ➜ und hilft gleichzeitig, den »Erhebungsaufwand zu begrenzen«. (ebd.)

III. Ausblick: Aktien können nicht arbeiten gehen und nicht denken

Die Frauen verharrten sehr lange in Schweigen. Endlich sagte Sa': »Ihr werdet uns also womöglich wieder im Stich lassen, wenn wir Euch am meisten brauchen?« »Brauchen?« Der alte Anführer brauchte einige Minuten, um zu antworten, und er wünschte, der Häuptling wäre da, denn der Häuptling war erfahrener in der Beantwortung solcher Fragen.
»Ich kann nicht versprechen, dass es nicht wieder geschehen wird. In harten Zeiten werden manche Menschen bösartiger als Wölfe, und andere werden ängstlich und schwach so wie ich, als Ihr ausgesetzt wurdet.« Bei diesen letzten Worten wurde die Stimme des alten Anführers plötzlich sehr erregt, doch er beruhigte sich wieder und fuhr fort: »Eines kann ich Euch schon jetzt sagen: Wenn es jemals wieder geschehen sollte, dann werde ich Euch unter Einsatz meines Lebens beschützen, solange ich lebe.« Während er sprach, wurde der alte Anführer sich bewusst, dass in diesen zwei Frauen, die er einst für so hilflos und schwach gehalten hatte, eben jene innere Stärke wiedererstanden war, die ihn im vergangenen Winter verlassen hatte. Und auf seltsame Weise begriff er, dass er sich selbst nie mehr für alt und schwach halten würde. Niemals!
Nachdem nun alle wieder miteinander vereint waren, verlieh der Häuptling den beiden Frauen Ehrenpositionen in der Gruppe. Anfangs wollte jeder den beiden Alten helfen, wo er nur konnte. Doch den Frauen war an soviel Beistand gar nicht gelegen, denn sie genossen ihre neu gewonnene Unabhängigkeit. Und so erwies das Volk ihnen seine Ehrerbietung, indem es auf das hörte, was sie zu sagen hatten.
Es folgten noch manche bittere Zeiten der Not, denn im kalten Land des Nordens kann es gar nicht anders sein. Doch das Volk hielt sein Versprechen. Nie wieder ließ die Gruppe irgendeines ihrer Mitglieder im Stich. Sie hatten eine Lektion erhalten, und das von zwei Menschen, die sie fortan zu lieben und zu umsorgen lernten, bis jede von ihnen als wahrhaft glückliche alte Frau starb. (Aus: Zwei alte Frauen)

Wir haben im ersten Kapitel die Thesen von Liedtke aufgegriffen, denen zufolge das Kapital die Arbeit nicht ersetzen kann und sich die Aufmerksamkeit morgen schon wieder auf die Arbeit richten wird (und muss), auf die Fähigkeit von Menschen, Frauen und Männern, diese in unterschiedlichster Form zu leisten. Und im Rahmen dieser Auseinandersetzung wird die Gestaltung der Arbeitsbedingungen – zwangsläufig – erhebliche Bedeutung gewinnen.

Jeremy Rifkin entwirft stattdessen ein Horrorszenario, dem wir uns nicht ohne weiteres anschließen möchten:

»Als erstes wurde die menschliche Muskelkraft durch Maschinen ersetzt, jetzt verdrängen Computerprogramme den menschlichen Verstand. In den meisten Industrieländern sind mehr als 25% der Arbeitskräfte mit mehr oder minder einfachen Routinetätigkeiten beschäftigt. Die meisten dieser Tätigkeiten können auch von automatisierten Maschinen, Robotern oder leistungsfähigen Computern erledigt werden. Neueren Untersuchungen zufolge haben weltweit noch nicht einmal 5% der Unternehmen mit der Einführung entsprechender Technologien begonnen. Der zu erwartende Übergang in ein neues Maschinenzeitalter wird in den nächsten Jahrzehnten eine Arbeitslosigkeit ungeahnten Ausmaßes mit sich bringen (New York Times 31.01.1993: C1).« (Rifkin 1999:19)

Dieser Prognose steht das menschliche Erfahrungswissen gegenüber, das über Jahrzehnte des Arbeitslebens erworben und angereichert wurde und mit steigender Lebenserwartung und höherem Durchschnittsalter der Beschäftigten erstmals langfristig verfügbar ist. Diese menschlichen Ressourcen werden die zukünftige Zusammensetzung des Kapitals weit stärker prägen als das Investitionskapital. (s. dazu Kapitel 1.3 und Kapitel 11) Dies gilt entscheidend für den Bereich der Dienstleistung.

Im Einzelhandel – um ein wichtiges Beispiel zu nennen – wird die Atmosphäre in einem Markt wesentlich durch Produktqualität, Preis und die Menschen geprägt, die dort arbeiten. Ihre »einfachen Routinetätigkeiten« entscheiden bei niedrigen Preisen und gesicherter Qualität über die Stammkundschaft, die dem Markt die Umsatzbasis bildet. Noch deutlicher wird dieser »menschliche Faktor« im Bereich der sozialen und pflegerischen Dienstleistung.

Entscheidend ist für uns dabei die Vorstellung, dass *am Anfang* wie auch *am Ende* eines jeden Arbeitsprozesses menschliches Handeln, Ausbildungswissen, Erfahrungswissen und soziale Kompetenz stehen werden.

Diese Faktoren gewinnen umso mehr an Bedeutung, je kleiner – und das ist absehbar – die Unternehmen werden, je größer die Kundennähe und je differenzierter die im Einzelnen geforderten Leistungen sein werden. Automatisierung und Computerisierung werden diese Arbeitsvorgänge erleichtern, aber nicht entscheiden können. Außerdem sind z.B. die Berichte der Disponenten aus den Call-Centern bezüglich der Softwarequalität am Arbeitsplatz immer wieder äußerst ernüchternd.

Unternehmen, die die Bedeutung von »Denkmaschinen« überschätzen und die der menschlichen Arbeitsfähigkeit unterschätzen, werden in Zukunft ähnliche Schwierigkeiten bekommen wie Unternehmen, die in ihren Grundsatzerklärungen von den Mitarbeitern als »höchstem Gut« reden und trotzdem die Erhaltung, Förderung und Weiterentwicklung der Gesundheit dieser Personen vernachlässigen. Diese Einschätzung der Entwicklung stützt sich – wie bereits ausgeführt – auf den gegenwärtigen demografischen Wandel der Bevölkerung in den großen (europäischen) Industrienationen und keineswegs auf moralische Positionen gegenüber älteren oder alternden Mitarbeiterinnen und Mitarbeitern.

Weiterhin können wir uns auf Erfahrungen aus der Geschichte der Entwicklung der Produktivkräfte besinnen, deren Steigerung nicht nur zu einer ungeheuren Intensivierung der Arbeitsleistung geführt hat, sondern gleichzeitig die Grundlagen für gesundheitsförderliche und entlastende Maßnahmen bilden kann, wenn man es denn will:

»Im Juli 1932 forderten die Gewerkschaften Präsident Hoover auf, eine Konferenz mit Arbeitnehmer- und Arbeitgebervertretern einzuberufen, die die 30-Stunden-Woche durchsetzen und so ›Arbeit für Millionen unbeschäftigte Menschen schaffen‹ sollte (zitiert nach Bergson 1933:7f.). Viele Unternehmer schlossen sich dem Appell an, da sie keine andere Möglichkeit sahen, um die Kaufkraft der Konsumenten wieder zu erhöhen. Einige große Unternehmen, darunter Kellog's, Sears Roibuck, Standard Oil und Hudson Motors, führten von sich aus die 30-Stunden-Woche ein, um ihre Beschäftigten halten zu können. (Honnicutt 1988: 148)

Am weitesten wagte sich Kellog's vor. W.K. Kellog, der Firmenbesitzer, rechnete vor, dass »wir mit vier 6-Stunden-Schichten ... anstelle von drei 8-Stunden-Schichten 300 Familienvätern mehr Arbeit und Lohn geben können«. (zit. n. Honnicutt o. J.: 9) Um das Lohnniveau und so die Kaufkraft der Beschäftigten zu erhalten, wurde das Mindesteinkommen der männlichen Arbeiter auf vier Dollar am Tag angehoben, die Stundenlöhne wurden um 12,5% erhöht. (ebd.)

In den Erfahrungsberichten, die Kellog's in den folgenden Jahren veröffentlichte, hieß es, dass die verkürzten Schichten die Arbeitsfreude und die Leistungsfähigkeit der Beschäftigten erhöht hätten. In einer Studie von 1935 wurde aufgezählt, dass durch den 6-Stunden-Tag innerhalb von fünf Jahren die Gemeinkosten um 25% und die Stückkosten um 10% gesenkt werden konnten. Die Zahl der Arbeitsunfälle war um 40% zurückgegangen, und gegenüber 1929 arbeiteten 39% mehr Beschäftigte bei Kellog's. (zit. n. ebd.: 22) Die Firma war darauf sehr stolz und wollte ihre Erfahrungen anderen Unternehmen mitteilen:

»›Das alles ist nicht nur Theorie. Wir haben es in den letzten fünf Jahren in die Praxis umgesetzt. Wir haben gesehen, dass die kürzeren Arbeitstage die Leistungsfähigkeit und die Moral unserer Beschäftigten gesteigert haben. Die Unfall- und Versicherungsraten sowie die Lohnkosten konnten gesenkt werden, so dass wir es uns jetzt leisten können, für sechs Stunden genauso viel zu bezahlen wir früher für acht.‹ (zit. n. ebd.: 23).« (Rifkin 1999:36-37)

Das in Finnland entwickelte Konzept (s. Kapitel 8.1) wurde jetzt abschließend bewertet bezüglich folgender drei Fragen:[1]

- Welche Merkmale der Arbeitsanforderung und des Arbeitsschutzes, der Arbeitsorganisation und der Kooperation der Mitarbeiter, der Förderung von Gesundheit, funktioneller Kapazität und beruflicher Kompetenz erklären am besten die Arbeitsfähigkeit?
- Ist eine gute Arbeitsbewältigungsfähigkeit verbunden mit hoher Qualität und Produktivität der Arbeit und mit einer hohen Lebensqualität und Wohlbefinden?
- Kann gute Arbeitsbewältigungsfähigkeit allgemein die Handlungsfähigkeit eines Menschen sowie gute Gesundheit im Rentenalter vorhersagen?

Abb./Tab. 168: Arbeitsbewältigungsfähigkeit und Qualität der Arbeit

Zusammenhang zwischen Arbeitsbewältigungsfähigkeit und Qualität der eigenen Arbeit bei Personen zwischen 55 und 62 Jahren aus dem Jahre 1992 (K. Tuomi, P. Huuhtanen, et al., 2001)

Einstufung im ABI	N	Hohe Qualität der Arbeit und Produktivität	Hohe Qualität der Arbeit	Hohe Produktivität	Andere Daten	% insgesamt	P[a]
Sehr gut	105	15,2	28,6	21,9	34,3	100	<0.001
Gut	269	21,5	28,2	9,7	40,5	100	
Mäßig	466	10,7	20,8	15,5	53,0	100	
Schlecht	176	9,6	14,8	16,5	59,1	100	

Lesebeispiel: Die Säulen beschreiben von links nach rechts den Zusammenhang zwischen Einstufungen der Arbeitsbewältigungsfähigkeit und dem Arbeitsergebnis: Bei den Untersuchten, die 1992 im Alter zwischen 55 und 62 Jahren einen »sehr guten« Arbeitsbewältigungsindex hatten, fand sich bei 15,2% eine hohe Qualität der Arbeit *und* hohe Produktivität, bei 28,6% überwog die hohe Qualität und bei 21,9% die Produktivität. Bei den Untersuchten mit einem schlechteren Index liegen diese Werte deutlich niedriger.

---

[1] Tuomi, K., P. Huuhtanen, et al. (2001). »Promotion of work ability, the qualitiy of work and retirement.« JOM-accepted for publication.

Maßnahmen der betrieblichen Gesundheitsförderungen können, wenn sie richtig durchgeführt werden, nicht nur zu besserer Gesundheit und Wohlbefinden beitragen, sondern auch zu einer Erhöhung der Produktivität der Arbeit und einer Verbesserung der Produktqualität.

Darüber hinaus wollen Beschäftigte heute wissen, ob ihr Arbeitsleben positive oder negative Auswirkungen auf ihre Lebenserwartung oder die Qualität des Rentenlebens hat.

Abb/Tab 169: Verfassung im Arbeitsleben und im Rentenleben

Prozentanteile von guter körperlicher und seelischer Verfassung im Rentenleben im Verhältnis zu den ABI-Einstufungen, die 1992 gemessen wurden

Einstufung im ABI im Jahre 1992	*Gute körperliche und seelische Fähigkeiten als Rentner 1997* [a]			
	Gute Arbeitsfähigkeit N=619	Gute Gesundheit N=700	gute physische Verfassung N=700	Lebenszufriedenheit N=704
Sehr gut	63,3	73,3	80,0	35,9
Gut	56,9	62,8	65,6	29,9
Mäßig	22,5	36,6	38,8	20,5
Schlecht	5,7	20,0	19,6	8,5
P[b]	<0.001	<0.001	<0.001	<0.001

a: Die Variablen für gute körperliche und seelische Verfassung im Rentenalter waren: Aktuelle Arbeitsbewältigungsfähigkeit im Vergleich mit der besten jemals erreichten (gut=8-10 Punkte), wahrgenommener Gesundheitszustand verglichen mit dem von Personen im gleichen Alter (gut= sehr viel oder ziemlich besser), physische Verfassung verglichen mit der von Personen im gleichen Alter (gut= sehr viel oder ziemlich besser), Lebenszufriedenheit (sehr zufrieden)

b: p-werte basieren auf Chi-Quadrat-Test (Signifikanzberechnung)

Lesebeispiel: Von den Untersuchten, die 1995 mit einem sehr guten Arbeitsbewältigungsindex aus dem Arbeitsleben ausschieden, hatten 1997 auch im Rentenleben 63,3% eine gute Arbeitsfähigkeit, 73,3% befanden sich bei guter Gesundheit, 80% waren in guter physischer Verfassung und 35,9% waren mit ihrem Leben »sehr zufrieden«. Die Effekte der betrieblichen Gesundheitsförderung können demnach bis in das Rentnerleben hineinreichen und sollten auch danach beurteilt werden.

10. Die Mitarbeiter in die Zukunft mitnehmen

Wie immer man solche historischen Erfahrungen bewerten möchte, Folgendes scheint festzustehen:

- Visionen über zukünftige Formen des Arbeitslebens können nicht entwickelt und umgesetzt werden, ohne die Mitarbeiter, die heute die Grundlagen des Unternehmens bilden, auf die Zukunft vorzubereiten und dorthin mitzunehmen.

Wir haben den unternehmerischen Wandel und die möglichen Konsequenzen und Gefährdungen der davon Betroffenen in den ersten Kapiteln beschrieben. Weiterhin wurde dargestellt, dass

- der Agrarsektor nach Beschäftigtenzahlen bei etwa 3-5% der Produktion stagnieren,
- der produzierende Sektor ohne informationsverarbeitende Tätigkeiten von etwa 40% 1970 auf 20% in 2010 abnehmen und
- der klassische Dienstleistungssektor ohne Informationsverarbeitung bei 20% in der Zeit von 1980-2010 verbleiben wird.

Die eigentliche informationsverarbeitende Industrie, von der dann zu sprechen ist, wenn mehr als 75% aller anfallenden Tätigkeiten einen informationsverarbeitenden Charakter haben, wird dagegen von 1970: 30% auf 2010: 55% ansteigen.

Für die Menschen, die von dieser Entwicklung betroffen sind, werden die physikalischen Belastungen im Arbeitsleben niedrig sein oder abnehmen, während die psycho-sozialen deutlich zunehmen. Auch diese Fragen wurde bearbeitet.

»Die neue Arbeits- und Gesundheitsschutzgesetzgebung verpflichtet Arbeitgeber und Unternehmensleitung zur Durchführung einer Gefährdungsbeurteilung in den Betrieben und in diesem Zusammenhang auch zur Ermittlung von psycho-sozialen Belastungen am Arbeitsplatz (§§ 5 und 6 Arbeitsschutzgesetz).« (Giesert und Tempel 2000) Die Durchführung der psychischen Gefährdungsbeurteilung, die Erfassung von psycho-sozialen Belastungen am Arbeitsplatz und deren Beseitigung können unmittelbar dazu beitragen, drei Ziele des Arbeitsschutzes und der betrieblichen Gesundheitsförderung zu erreichen:

- Herstellung von Arbeitszufriedenheit bzw. Freude an der Arbeit
- Schaffung von Leistungsbereitschaft
- Erstellung einer Dienstleistung, eines Produktes, mit der/dem der Käufer zufrieden ist. (Göbel 2000:21)

Auf dem Weg zur Erreichung dieser Ziele »richtet sich das Interesse auch auf Gesundheitspotenziale der Arbeit und nicht nur auf Belastungen, Gefahren und krankmachende Faktoren. Wenn man sich mit Gesundheit beschäftigt, muss man sich auch mit Krankheit, Gefahren und Belastungen auseinandersetzen, im umgekehrten Fall, im Fall einer Beschäftigung mit Krankheit, Gefahren und Belastungen, nicht automatisch auch mit Gesundheit.

Abb./Tab. 170: Modell der Prävention und Gesundheitsförderung

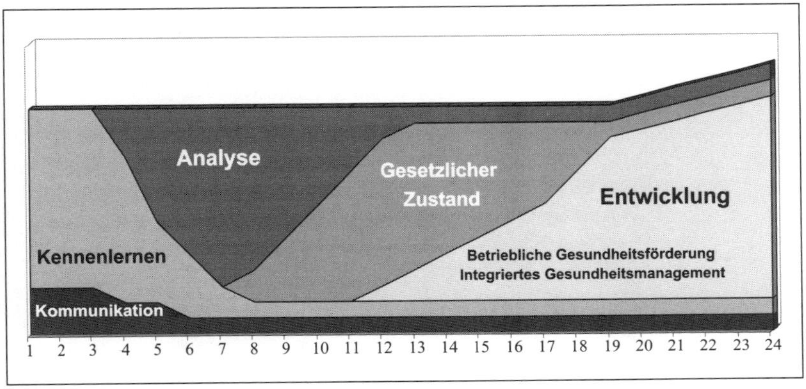

Quelle: Geißler 2000:29

Als *wesentliche externe Gesundheitsressourcen* gelten vor allem: Anerkennung, Handlungsspielraum, Kooperations- und Kommunikationsmöglichkeiten, Arbeit in (teil-)autonomen Gruppen, Sinnfindung im Arbeits- und Privatleben, Möglichkeiten der Persönlichkeitsentwicklung, Ganzheitlichkeit der Arbeitsaufgabe«. (Geißler 2000:26) Viele Unternehmen werden dabei mit völlig neuen Formen des betrieblichen Arbeits- und Gesundheitsschutzes konfrontiert werden. Geißler hat solche betrieblichen Prozesse modellhaft zusammengefasst (s. Abb. 170).

Lesebeispiel: Die »Höhe« der Y-Achse spiegelt den Anteil des Teilprozesses am Gesamtprozess wieder. Die X-Achse zeigt den zeitlichen Verlauf in 24 Monaten.

Die grafisch dargestellten unterschiedlichen Flächen beschreiben die quantitativen Anteile der verschiedenen Komponenten eines solchen **Lern- und Entwicklungsprozesses**. Die Grundlage bildet dabei eine kontinuierliche **Kommunikation**, die nach etwa sechs Monaten auf einem gleichmäßigen – verhältnismäßig niedrigen – Niveau die Basis bildet. Die **Kennenlernphase** ist am Anfang sehr stark ausgeprägt. Sie bildet die Grundlage der Kooperation der an diesem Prozess Beteiligten (siehe Tabelle 171). Dieses Sich-Kennenlernen verläuft nach Klärung wichtiger inhaltlicher Fragen und Vorgehensweisen ebenfalls im Sinne eines Basisprozesses.

Nach erfolgreicher Etablierung der Kennenlern- und Kommunikationsarbeit kann die eigentliche **Analyse** der betrieblichen Ist-Situation durchgeführt werden, die als »Diagnose« (Badura, Ritter et al. 1999) die Grundlage einer fachlich fundierten und in ihrer Auswirkung überprüfbaren Maßnahme der betrieblichen Gesundheitsförderung bildet.

Als nächster Schritt muss der **Stand der Umsetzung** der Vorschriften des Arbeitsschutzgesetzes überprüft und ggf. hergestellt werden,

Abb/Tab 171: Bedeutung der Akteure bei den verschiedenen Entwicklungsschritten

	Kennenlernen	Kommunikation	Analyse	Gesetzl. Zustand	Entwicklung
MitarbeiterInnen	✓	✓	✓		✓
Betriebsrat	✓	✓	✓		✓
Arbeitsmediziner/in	✓	✓	✓		✓
Sicherheitsfachkraft	✓	✓	✓		✓
Management	✓	✓	✓	✓	✓
Sicherheitsvertrauensperson	✓	✓	✓		✓
Ersthelfer	✓	✓	✓		✓
div. Beauftragte (Umwelt, Gift...)	✓	✓	✓		✓
Kassen, BG/AUVA		✓	(✓)		✓
Externe Gesundheits-ExpertInnen		(✓)	(✓)		✓
Gewerbeaufsicht/ Arbeitsinspektorat		(✓)	(✓)		✓

Quelle: Geißler 2000:29

um in einem weiteren langfristigen **Entwicklungsschritt** zu einer Form der Gesundheitsförderung zu gelangen, bei der die Mitarbeiter, ihr Potenzial und ihre Gesundheit in den Vordergrund treten.

Bei der Darstellung der verschiedenen Akteure, die an diesem Prozess beteiligt sind, stehen die Mitarbeiterinnen und Mitarbeiter an erster Stelle. Dies ist notwendig, weil nur so ihre Beteiligung an dem ganzen Prozess (Partizipation) gesichert werden kann. Denn:

»Teil von Entscheidungsprozessen ist immer das Abwägen, wie weit man seine Ziele (Fortbestand, Verbesserung, geringer Aufwand zum erwarteten Ertrag usw.) erreicht. Damit geht es hier auch immer um Vermeidung von Schaden. Alle Entscheidungen besitzen damit eine präventive Dimension im Zusammenhang mit einer Risikoabwägung. Je mehr sich nun die Einschätzung der Situation und die lebensweltlichen Zusammenhänge der Beteiligten eines sozialen Systems (eines Unternehmens, d. Verf.) decken, umso größer ist die Wahrscheinlichkeit, dass das Präventionspotenzial bei Entscheidungen selbstständig zum Tragen kommt.« (Geißler-Gruber 2000:33-34) Die finnischen Forschungen zur Entwicklung der Arbeitsbewältigungsfähigkeit haben die Bedeutung dieser subjektiven Sichtweisen umfassend dokumentiert.

11. Die Bedeutung des »humanen« und des »sozialen« Kapitals

Es wird letztlich notwendig sein, bei der Zusammensetzung des Kapitals, über das ein Unternehmen verfügt, die Bedeutung des »humanen« und des »sozialen« Kapitals zu überdenken und neu zu bewerten.

Rantanen beschreibt in diesem Zusammenhang zwei grundsätzliche und gegenläufige Prozesse:

»Die weltweiten globalen Operationen erfordern auf *internationaler Ebene* Gesellschaften, die größer sind als früher, und dabei nehmen bestimmte Unternehmen eine Schlüsselstellung ein: multinationale Giganten, Banken, Versicherungsgesellschaften, Manufakturen, Ölraffinerien und Produzenten anderer seltener Materialien, Telekommunikationsunternehmen, Hightech-Gesellschaften und die Medienindustrie. Gleichzeitig finden wir auf *nationaler Ebene* verschiedene Typen von Zersplitterung und Verkleinerung von Unternehmen. (Hervorhebung, d. Verf.)

Als Folge dieser Entwicklung kommt es zu einer Zunahme an kleinen und sehr kleinen Unternehmen sowie auch an Selbstständigen auf Länderebene. Z.B. arbeiten in Finnland über 97 % der Firmen mit weniger als 50 Angestellten, und die Durchschnittsgröße der Unternehmen sinkt weiter, während die Zahl der selbstständigen Existenzen sehr schnell zunimmt. Vergleichbar arbeiten in der Europäischen Union etwa 80 Millionen Menschen in kleinen und mittelgroßen Unternehmen (KMU) und 18 Millionen als Selbstständige, das bedeutet, dass insgesamt 85 % aller werktätigen Personen in der EU in kleinen Einrichtungen (Einheiten) beschäftigt sind.« (Rantanen 2000 und Rantanen 2001) Diese Zahlen vermitteln einen Eindruck vom Ausmaß der Veränderungen der Strukturen im Arbeitsleben, wobei »das gegenwärtig vorherrschende neoliberale Wirtschaftsmodell begonnen hat, seine negativen Auswirkungen nicht zuletzt auf die Lage der arbeitenden Menschen darzustellen.

Dies hat zusammen mit anderen Faktoren zur Entwicklung von alternativen ökonomischen und sozialen Modellen geführt ... Typisch für all diese neuen Sichtweisen ist ein *komplexeres Verständnis der gesellschaftlichen Zusammenhänge*, als sie bei den vereinfachenden neoliberalen Modellen vorgefunden werden. Bei diesen Theorien ist die Frage der Entwicklung des Humankapitals (human capital) und des Sozialkapitals (social capital) von großer Bedeutung. Ich glaube, dass bis zum Ende des ersten Jahrzehnts des dritten Jahrtausends die alten Wirtschaftsmodelle durch wesentlich menschenfreundlichere und stärker sozial orientierte Handlungskonzepte ersetzt werden.

Allgemein ermutigen Ausbilder und Lehrer ihre Schüler und Studenten, dass sie es wagen, neue Dinge zu lernen. Angesichts dieser Trends zur Globalisierung kann man aus der Sicht der Arbeitsmedizin und betrieblichen Gesundheitsförderung feststellen, dass wir, die wir Gesundheit und Sicherheit im Arbeitsleben entwickeln und verteidigen wollen, aufgerufen sind zu lernen, wieder etwas zu riskieren!« (Rantanen: 15)

Die Abbildung 172 zeigt die Zusammensetzung des Kapitals der Zukunft, das insbesondere bezüglich seiner humanen und sozialen Anteile besser verstanden werden muss.

Lesebeispiel: Das Kapital C eines Unternehmens setzt sich nach diesem Modell aus verschiedenen Anteilen zusammen, die in der betrieblichen Diskussion neu gewichtet werden müssen. Die Finanzmittel F bestehen aus den Geldmitteln, den Wertpapieren und Anleihen; die materiellen Mittel M aus dem Maschinenpark, den Gebäuden und Einrichtungen, den Rohmaterialien und natürlichen Ressourcen des Unternehmens; das Humankapital H aus dem betrieblichen Wissen der Mitarbeiter, den Humanressourcen, den erworbenen Kenntnissen und Fähigkeiten der Mitarbeiter, und das soziale Kapital S eines Unterneh-

Abb./Tab. 172: Die Zusammensetzung des Kapitals

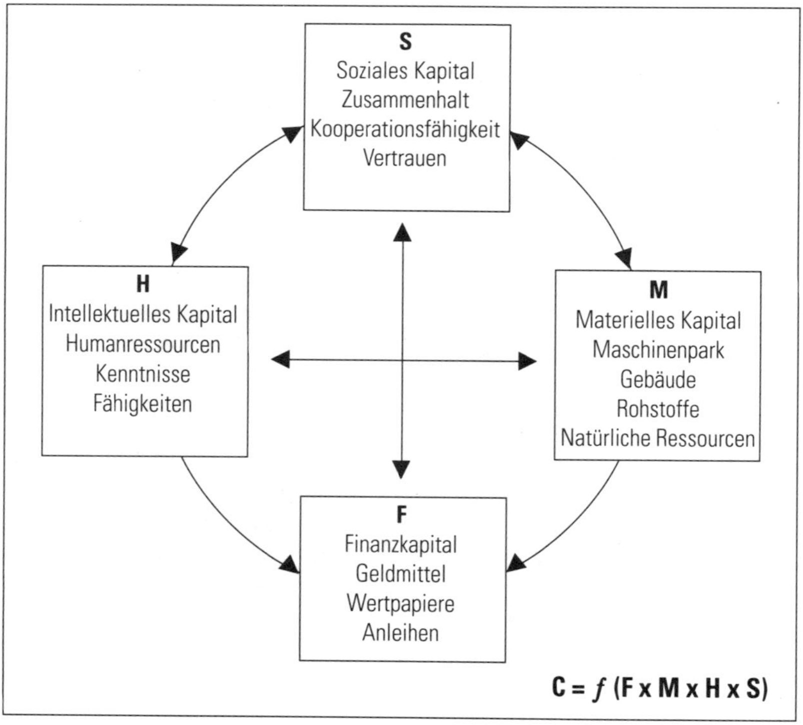

Quelle: Rantanen 2000

men wird bestimmt durch den Zusammenhalt, die Fähigkeit zur Kooperation und das gegenseitige Vertrauen, das die Beschäftigten ineinander setzen (Arbeitskultur). Der konstante Faktor f kann in diesem Zusammenhang unberücksichtigt bleiben. Entscheidend ist für unsere Überlegungen, dass in der Tendenz die Komponenten H und S des Kapitals unterbewertet werden und gerne als »weiche Daten« den sogenannten »harten« Finanzdaten gegenübergestellt werden.

12. Über das Verhältnis von Gesellschaft, Unternehmen und Individuum: Ein Flussdiagramm

Das in Abbildung 173 dargestellte Flussdiagramm wurde entwickelt, um die Zusammenhänge zwischen den Prozessen des Älterwerdens und denen des Arbeitslebens in einer Übersicht darzustellen, Lösungsmöglichkeiten vorzuschlagen und Ziele aus unterschiedlichen Blickrichtungen zu beschreiben:

- Da gibt es einmal die Sichtweisen des Individuums, dann die eines Unternehmens oder einer definierten Organisationseinheit und die der Gesellschaft, in der wir leben.
- Außerdem können die neun Felder dieses Flussdiagramms in jeder beliebigen Richtung – vertikal, horizontal und diagonal – miteinander verknüpft und gelesen werden.

Auf der *vertikalen* Ebene soll zum Ausdruck gebracht werden, dass sich Individuum, Unternehmen und Gesellschaft zwar durchaus getrennt gegenüberstehen können, es aber darüber hinaus Tatsachen und Verantwortungsbereiche gibt, die festlegen, dass sowohl das Unternehmen wie die Gesellschaft eine bestimmte Verpflichtung haben, dafür zu sorgen, dass alternde Beschäftigte im Arbeitsleben verbleiben können. Es ist deshalb notwendig, geeignete Maßnahmen zu ergreifen, dieses in der Praxis umzusetzen.

Auf *horizontaler* Ebene lässt sich darstellen, dass die Probleme und Möglichkeiten mit verschiedenen Mitteln und Lösungen behandelt und dabei je nach Interessenlage und Betrachtungsweise unterschiedliche Ergebnisse in Bezug auf die Individuen, Unternehmen und Gesellschaft erzielt werden. Diese horizontale Ebene legt das Schwergewicht auf das konkrete Handeln.

Die *diagonalen* Pfeile zwischen den Beschäftigten und dem Unternehmen beschreiben die starken Verbindungen zwischen beiden. Unternehmen würden letztlich nicht ohne die Beschäftigten existieren können.

Die zusammengestellten Schlüsselwörter wurden auf der Grundlage der Daten und Erkenntnisse ausgewählt, die in verschiedenen finnischen und anderen Studien gewonnen wurden. Sie wurden darüber hinaus durch praktische Erfahrungen aus den Projekten ergänzt, die sich mit den Problemen der alternden Arbeitnehmer befasst haben.

Die Reihenfolge, in der die Stichwörter in die Felder gesetzt wurden, entsprechen nicht einer Rangfolge. Diese soll vielmehr durch diejenigen gebildet werden, die die Felder bearbeiten. Außerdem sind die Begriffe jeweils nur in einem Feld benutzt worden, obwohl sie thematisch sehr gut mit anderen Feldern verknüpft werden können und sich überschneiden.

Im Zentrum aller Diskussionen steht dabei folgende Betrachtungsweise: Je besser die Absichten und Pläne der arbeitenden Individuen

Abb./Tab. 173: Zusammenhänge zwischen den Prozessen des Älterwerdens und des Arbeitslebens – Flussdiagramm

	Probleme/ Möglichkeiten	Mittel/Lösungen	Resultate/Ziele
Individuum	– funktionelle Kapazität – Gesundheit – Kompetenz – Arbeitsmotivation – Arbeitsfähigkeit – Erschöpfung durch Arbeit – Arbeitslosigkeit	– Entwicklung physischer, mentaler und sozialer Ressourcen – Verbesserung der Gesundheit – Kompetenzentwicklung – Bewältigung von Veränderungen – Partizipation	– bessere funktionelle Kapazitäten – bessere Gesundheit – bessere Kompetenz – bessere Arbeitsfähigkeit – geringere Erschöpfung – geringeres Arbeitslosigkeitsrisiko – bessere Lebensqualität
Unternehmen	– Produktivität – Wettbewerbsfähigkeit – krankheitsbedingte Fehlzeiten – Toleranz gegenüber Veränderungen – Arbeitsorganisation – Arbeitsumgebung – Rekrutierung	– Altersmanagement – individuelle Lösungen – intergenerative Kooperation – Altersergonomien – Pausenpläne – flexible Arbeitszeiten – Teilzeitarbeit – maßgeschneidertes Kompetenztraining	– bessere Gesamtproduktivität – bessere Wettbewerbsfähigkeit – weniger krankheitsbedingte Kündigungen – besseres Management – kompetente Manpower – besseres Image – geringere Kosten durch Arbeitsunfähigkeit
Gesellschaft	– Einstellungen bzgl. Arbeit u. Ruhestand – Altersdiskriminierung – Frührente – Kosten durch Arbeitsunfähigkeit – Ruhestandskosten – Kosten für Gesundheitsfürsorge – Beschäftigungsrate	– wechselnde Einstellungen – Prävention von Altersdiskriminierung – Verbesserung der altersgerechten Arbeitspolitik – Veränderung der altersgerechten Kündigungspolitik	– geringere Altersdiskriminierung – späterer Rentenantritt – geringere Kosten durch Arbeitslosigkeit – geringere Kosten für Gesundheitsfürsorge – Verbesserung der Volkswirtschaft – höherer Wohlfahrtsstandard

Quelle: Ilmarinen 1999:13

und des Unternehmens miteinander vereinbart werden, umso besser können sich gesellschaftliche Ziele und Ergebnisse durchsetzen, wie sie im unteren rechten Feld des Flussdiagramms dargestellt werden.

Das Unternehmen übernimmt dabei die bedeutsamste Rolle, weil

- es für die Umsetzung der Beteiligung der Individuen am Arbeitsleben verantwortlich ist.
- Außerdem sind die notwendigen Maßnahmen eines Unternehmens lang dauernd, komplex und einschneidend.
- Sie erfordern oft ein breit entwickeltes Engagement der Unternehmensführung, der Beschäftigten, der Sozialpartner und der gesellschaftlichen Öffentlichkeit.

Die Hauptaussage dieses Flussdiagramms besteht aber letztlich darin, dass Wege aufgezeigt werden, wie wir

- trotz aller Komplexität dieser Beziehungen und Wechselwirkungen die Gesamtsituation kontrollieren und die Probleme werden bewältigen können.
- Die Veränderung der Altersstruktur wird so in den einzelnen europäischen Ländern wie auch in der Europäischen Union (EU) eine lösbare Herausforderung.
- In den verschiedensten europäischen Ländern liegen bereits unterschiedliche Daten und Erfahrungen vor, wie die einzelnen Felder des Flussdiagramms gestaltet werden können.

13. Das Umdenken beginnt im Kopf – bei allen!

Die europäischen Länder stehen vor Veränderungsprozessen, die mit Sicherheit schwere Spuren bei denen hinterlassen können und werden, die davon betroffen sind. Gesellschaften, Betriebe, Abteilungen und einzelne Existenzen werden vernichtet, andere entstehen und bekommen erst im Rahmen dieser Entwicklung ein solides Fundament.

Menschen verlieren ihre Qualifikationen oder erwerben neue, um beschäftigungsfähig zu bleiben oder zu werden. Andere haben ihre Arbeit verloren und finden nur schwer oder gar nicht in ein Arbeitsverhältnis zurück. Die ausgesprochenen oder unausgesprochenen Vorurteile (Defizitmodell des Alterns, Vorurteile gegenüber Arbeitslosen) spielen dabei eine schwerwiegende Rolle und sie verbauen den Weg in die Zukunft. Das Leid, das dabei entstehen kann, belastet die Betroffenen seelisch, psychisch und gesundheitlich. Wer kann sich am Beginn seines Arbeitslebens vorstellen, dass er eines Tages so dastehen wird?

Trotzdem möchte wir darauf hinweisen, dass die Bewältigung solcher Veränderungsprozesse auch im Kopf der Beteiligten stattfinden muss: Vorgesetzte, Mitarbeiter, die betrieblichen Vertretungsorgane und Gewerkschaften, die Sachbearbeiter in den Arbeitsämtern und/oder den Sozialbehörden usw. müssen große geistige Anstrengungen vollbringen, um die Lage zu bewältigen. Das im letzten Kapitel dargestellte Flussdiagramm beschreibt viele mögliche Kombinationen von Denk- und Handlungsansätzen.

Zwei Hindernisse bei diesen Lernprozessen sollen benannt werden, weil hierzu wissenschaftliche Erkenntnisse und Überlegungen vorliegen:

- Wie bewerten wir eigentlich unser aktuelles (kalendarisches) Lebensalter?
- Wie bewerten wir Krankheit, Leistungsminderung und Schwäche oder negative Abweichung von der herrschenden Norm?

Zum ersten Punkt wurden Menschen in fünf Ländern (Brasilien, Kroatien, Polen, Ukraine und USA) befragt:

- Wie alt fühlen Sie sich?
- Wie alt sehen Sie sich selbst?
- Welches Alter bestimmt Ihr Handeln?
- Wie alt möchten Sie gerne sein?

Es handelte sich um Beschäftigte aus dem Gesundheitswesen (health care workers), insgesamt 880, wobei die Beteiligung (85% Frauen und 15% Männer) in den einzelnen Ländern zwischen n=118 und n=250 schwankte. (s. Tab. 174)

Lesebeispiel: Die Zahlen haben alle ein negatives Vorzeichen. Das bedeutet, dass das geschätzte oder gewünschte (psychologische) Alter durchgehend unter dem kalendarischen liegt.

Abb/Tab 174: Subjektives Befinden und kalendarisches Alter

Durchschnittliches psychologisches Alter – Abweichung vom kalendarischen Alter in fünf Ländern (Angaben in Jahren)

	Brasilien	Kroatien	Polen	Ukraine	USA
Wie alt fühlen Sie sich?	- 6,2	- 4,1	- 6,1	-3,4	- 5,6
Wie alt sehen Sie aus?	- 4,2	- 3,3	- 3,9	- 3,0	- 4,5
Welches Alter bestimmt Ihr Handeln?	- 4,8	- 5,2	- 7,3	- 2,0	- 4,5
Wie alt möchten Sie sein??	- 11,1	- 7,9	-15,1	- 9,7	- 9,5

Quelle: Barnes-Farrell and Rumery 2000

Die Befragten fühlen sich zwischen 3,4 und 6,2 Jahre jünger, als sie tatsächlich sind. Das geschätzte Aussehen weicht zwischen 3,0 und 4,5 Jahre ab und die eigenen Maßstäbe für das altersbezogene Handeln (wie kleiden Sie sich, welche Sportart wählen Sie usw.) um 2,5 bis 7,3 Jahre.

Am deutlichsten ist die Diskrepanz zwischen Wunsch und Realität bei der letzten Frage. Hier möchten die Probanden zwischen 7,9 und 15,1 Jahren jünger sein.

Es sollen nicht die Länderunterschiede diskutiert werden, sondern die Beobachtung, dass die Menschen in sehr verschiedenen Ländern sich einheitlich jünger einstufen, verhalten und zu sein wünschen, als dies real der Fall ist. Was hält jemanden davon ab, sich selbst in etwa entsprechend dem tatsächlichen Alter wahrzunehmen? Die Ergebnisse werden publiziert.

Im zukünftigen Arbeitsleben werden solche Diskrepanzen, wie immer sie entstehen, die Entscheidungs- und Entwicklungsprozesse erheblich erschweren. Sie können nicht nur unsere Gedanken, sondern auch Gefühle und Stimmungen erheblich beeinflussen, wenn sie unbewusst bleiben.

- Die Mitarbeiterinnen und Mitarbeiter können ihre konkreten Probleme schlechter erfassen und Wünsche bzw. Lösungen formulieren.
- Die Vorgesetzten werden dabei behindert oder davon befreit, ihre Aufgaben beim betrieblichen Altersmanagement wahrzunehmen.
- Tendenzen zur Altersdiskriminierung finden auf dem Boden einer solchen »Jugendzentriertheit« einen günstigen Nährboden.
- Alle zusammen können davon vordergründig profitieren, dass die Probleme des demographischen Wandels nicht wahrgenommen oder verdrängt werden.

Zum zweiten Punkt: Fragen des Alters und Alterns sind unweigerlich auch mit Themen wie Schwäche, Krankheit und Abweichung von der (Arbeits-)Norm verbunden. Sobald diese auftauchen, wird versteckt oder offen die »Ursachendebatte« eröffnet, denn wir alle sind voll von solchen Vorstellungen: Der hat mich angesteckt – Wenn einer aber auch so frisst – Die könnten sich am Riemen reißen, wenn sie nur wollten – Wie man in den Wald hineinruft, so schallt es heraus – Für Gesundheit wird eben kein Geld ausgegeben – Komisch, ich war seit Monaten nicht mehr erkältet, ich treibe aber auch regelmäßig Sport.

Die Reihe ließe sich beliebig fortsetzen, und sie zeigt deutlich auf, dass individuelle Krankheit im Alltag wie im Arbeitsleben mit Fantasien »vom falsch gelebten Leben, also von moralischer Schuld« belegt wird« (Kühn 2001:11), denn »die Konflikte darüber, ob und inwieweit Krankheit (im Alter oder beim Älterwerden, d. Verf.) Schuld ist, ob und inwieweit Kranke des gesellschaftlichen Schutzes (Befreiung von der Arbeit und anderen Pflichten) und der Hilfe bedürfen, ja einen rechtlich verbindlichen Anspruch darauf haben, sind zu jeder Zeit Bestandteil der sozialen und politischen Auseinandersetzung«. (Kühn 2001:12)

Um diese Debatte im Arbeitsalltag zu überstehen, braucht man zunächst einmal eine unmissverständliche Diagnose, die die Zusammenhänge eindeutig klärt: Ein Mitarbeiter, der bei der Freiwilligen Feuerwehr ist und sich bei der Rettung einer älteren Dame, besser noch eines kleinen Kindes aus dem Feuer ein Bein bricht, darf hier auf Anerkennung seines Leidens setzen.[1]

Erste Stufe: Am günstigsten erscheint letztlich ein klar definierter **Krankheitserreger**, der schnell beseitigt oder erfolgreich behandelt werden kann.[2] Die Krankheit ist begrenzt, ein Zusammenhang mit anderen Faktoren ist nicht erkennbar, und das Ende ist absehbar. Kühn führt auf gleicher Ebene auch die **genetischen Bedingungen** von Krankheit an, die zwar die »Schuldfrage« klären (»der kann nichts dafür, das hat er vom Vater«), die aber im Krankheitsverständnis des betrieblichen Alltags durchaus noch andere Fragen aufwerfen können (Einstellung von Behinderten, Ziele von Einstellungsuntersuchungen, Einforderung der Genomanalyse).

- In jedem Fall sichert ein solches Verständnis von Leistungseinschränkung und Leiden die Befreiung von der Diskussion so komplexer sozialer Zusammenhänge, wie sie bei den arbeitsbedingten Erkrankungen gegeben sind.

Zweite Stufe: Ebenfalls eindeutig, wenn auch ungünstiger für die oder den Betroffenen, ist die Diskussion des »**auf sich selbst bezogenen Fehlverhaltens«** (ebd.) bei der Einschränkung der Arbeitsfähigkeit, wie sie etwa beim Rauchen, Übergewicht, Bewegungsmangel und Stoffwechselstörungen wie Zuckerkrankheit und Gicht geführt wird. Hier

---

[1] Allerdings berichten Mitglieder von Freiwilligen Feuerwehren, dass sie durchaus Probleme mit ihren Arbeitgebern bekommen können, wenn sie zu Einsätzen den Arbeitsplatz verlassen müssen oder nicht kommen können.

[2] Wir folgen der von Kühn entwickelten Systematik und versuchen diese auf das Arbeitsleben anzuwenden (ebd.:14-15).

schwankt die betriebliche Diskussion immer wieder zwischen der Beschränkung auf die individuelle Gesundheitsförderung (bzw. -forderung) oder der Gestaltung der Arbeitsbedingungen, statt die verschiedenen Möglichkeiten zu kombinieren. Wir möchten dies an einem finnischen Forschungsergebnis erläutern.

In einer Untersuchung an Polizeibeamten wurde erfasst, mit welchen Faktoren die Arbeitsbewältigungsfähigkeit am stärksten korreliert. Dabei ergab sich die höchste negative Korrelation mit psychosomatischen Störungen, ermittelt mit Hilfe einer Beschwerdeliste (s. Abb. 175).

Lesebeipiel: Die Y-Achse beschreibt das Ausmaß der positiven (bis 0,5) und der negativen (bis –0,7) Auswirkungen (Korrelationen) bestimmter Faktoren auf die Arbeitsfähigkeit der Polizisten. Im positiven Bereich finden wir die Fitnessfaktoren wie Stärkung der Rückenmuskulatur, Verbesserung des Ausdauertrainings usw. Alle zusammen sind

Abb./Tab. 175: Zusammenhang zwischen Arbeitsbewältigungsindex, psychosomatischen Störungen und »Fitness«

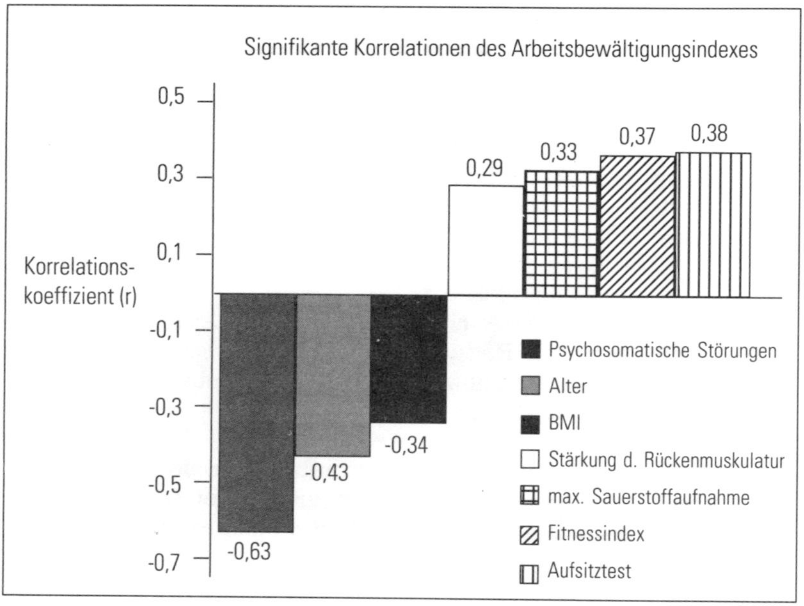

Signifikante Korrelationen (p< 0.01, Pearson's correlation test) des Arbeitsbewältigungsindexes mit psychosomatischen Störungen, Alter, BMI (Body Mass Index/Maßeinheit für Körper-Gewicht-Index) und physischer Fitness.

Quelle: Soininen 1999:134

wichtig und nützlich und sollten nicht vernachlässigt werden (s. die unten aufgeführten Empfehlungen zu »HEPA«, S. 337).

Negative Auswirkungen ergeben sich aus den Gewichtsproblemen, dem Älterwerden und den psychosomatischen Störungen, die mit einer Korrelation von –0,63 zur höchsten Beeinträchtigung der Arbeitsfähigkeit führen.

Wir wissen, dass die Beschäftigten des so genannten Vollzugsdienstes (Polizei, Feuerwehr und Strafvollzug) erheblichen psycho-sozialen Belastungen ausgesetzt sind, die wesentlich zur vorzeitigen Dienstunfähigkeit beitragen. Es wäre nun völlig verkehrt, diese psychosomatischen Beschwerden als persönliches Reaktionsmuster der Betroffenen zu bewerten. Vielmehr sind die Arbeitsbedingungen in die Problemanalyse mit einzubeziehen, wenn die Maßnahmen zur Erhaltung der Arbeitsfähigkeit nachhaltig wirken sollen.

- Man kann an diesem Beispiel weiterhin aufzeigen, dass individuelle Fitness zwar vieles mildern, aber nicht alles ausgleichen kann.[3]

Dritte Stufe: Der **Umgang mit den Umweltbelastungen**. Der betriebliche Arbeits- und Gesundheitsschutz befasst sich umfassend mit den Fragen der chemischen, physikalischen und ergonomischen Gestaltung von Arbeit. Während in der öffentlichen Diskussion Tendenzen zu Verharmlosung und Individualisierung der Umweltprobleme unübersehbar sind (Kühn 2001:15-16), wurden im Arbeitsleben erhebliche Erfolge erzielt, die allerdings für die weitere Entwicklung nicht ausreichen werden:

- Insbesondere die moderne Dienstleistung verlangt eine Weiterentwicklung der Arbeitsergonomie entsprechend dem demografischen Wandel der Arbeitsbevölkerung:
- Maschinen sollten nicht nur für die Benutzung durch kleinere oder größere Menschen konstruiert werden, sondern auch durch jüngere oder ältere.
- Wachsender Kostendruck kombiniert mit falschem Verständnis von Krankheitsverursachung kann hier immer wieder zu individualisierender Betrachtung der Altersproblematik und kurzfristig günstigeren (im Rahmen einer Jahresbilanz) aber langfristig schädlichen und teureren Entscheidungen führen.

Vierte Stufe: Wenn es in Zukunft nicht gelingt, **soziale** – in unserem Problembereich – **komplexe Zusammenhänge** des Arbeitslebens, der Arbeitsorganisation und der Kommunikation im Unternehmen in das

---

[3] Für Feuerwehrleute finden wir eine ausführliche Darstellung der Problematik einschließlich der besseren Vorbeugung der posttraumatischen Belastungsstörungen (PTBS) als Folge des Arbeitslebens bei Wagner, D., M. Heinrichs, et al. (1999): »Primäre und sekundäre Posttraumatische Belastungsstörung: Untersuchungsbefunde bei Hochrisikopopulationen und Implikationen für die Prävention«, in: psychomed 11(1): 31-39.

Verständnis von Krankheit einzubeziehen, dann werden daraus weitreichende Probleme entstehen. Denn: Es sind neben der Ausdehnung der Arbeitszeiten und der Bildschirmarbeit die psycho-sozialen Belastungen, die die Entwicklung der Informationstechnologie bestimmen.

- Das Führungsverhalten hat den größten Einfluss auf die Arbeitsfähigkeit von Menschen und muss zu den anderen Maßnahmen (Arbeitszeit- und Pausengestaltung, Bildschirmarbeitsplätze, Umsetzung der psychischen Gefährdungsbeurteilung) in ein ausgewogenes Verhältnis gesetzt werden.
- Überholte tayloristische Menschenbilder in den eigenen und den Köpfen der Vorgesetzten können sich als schwere Belastung erweisen.
- Entscheidend ist hier neben der speziellen Schulung der Führungskräfte die Entwicklung eines betrieblichen Lernprozesses, an dem alle beteiligt werden können.

Das Wohlergehen nicht nur der Mitarbeiter, sondern auch des Betriebes wird von diesen Fragen wesentlich stärker geprägt werden als manche Ernährungs-, Fitness- oder Cholesterindebatte: Die richtige Balance zwischen den einzelnen Faktoren zu finden, ist das Abenteuer der Zukunft.

Das HEPA-Netzwerk: Aktiv in die Zukunft

Das europäische Netzwerk für gesundheitsförderliche physische Aktivitäten (HEPA: Health-Enhancing Physical Activities) unterstützt Gesundheit und Wohlbefinden von europäischen Bürgern durch »Bewegungs-Politik«.

Es gibt überwältigende wissenschaftliche Erkenntnisse, dass regelmäßige physische Aktivitäten dazu beitragen, dass Menschen aller Altersgruppen ihre Gesundheit effektiv aufrechterhalten und Wohlbefinden und funktionelle Kapazität verbessern können. Die Forschung zeigt auch, dass physische Inaktivität ein wichtiger Risikofaktor bei der Zunahme von öffentlichen Gesundheitsproblemen wie Herz-Kreislauf-Erkrankungen, muskulo-skelettalen Erkrankungen und Stoffwechselstörungen ist.

Etwa 20-40% aller europäischen Erwachsenen praktizieren genügend Training, um davon gesundheitlich zu profitieren. Gleichzeitig sind die Mitgliedsstaaten mit einer Zunahme von sozialen Kosten und Ausgaben für Gesundheitsförderung konfrontiert. Regelmäßige physische Aktivität mit ihren unterschiedlichen Auswirkungen auf die Gesundheit kann dazu beitragen, diese Kosten einzuschränken.

Es ist deshalb dringend notwendig, dass

- solche Aktivitäten größere Unterstützung und Aufmerksamkeit bei der europäischen Gesundheitspolitik erhalten.
- Europäische Bürger sollen mit Möglichkeiten und Anreizen versorgt werden, ein aktives Leben zu führen.
- Dafür ist es nie zu spät, man kann in jedem Alter und auf jeder Stufe der Fitness damit beginnen!

Was wird bei HEPA in der Praxis gemacht? Physische Aktivitäten müssen nicht gewaltig sein, um einen Effekt zu erzielen: 30 Minuten am Tag für mäßige Anstrengung sind genug, um gesundheitlich davon zu profitieren. Die Möglichkeiten für Aktivitäten sind vielfältig:

flottes Marschieren	Skilanglaufen	Fenster putzen oder Auto waschen
Fahrrad fahren	Gartenarbeit	Schnee schaufeln
Schwimmen	Rasen mähen	zu Fuß zur Arbeit oder zum Einkaufen gehen
Tanzen	Eigene Ideen!	

Suchen Sie sich aus, was Ihnen am meisten Spaß macht!

14. »Age-management«: Der Schwerpunkt liegt in den Betrieben

Natürlich ist für die zukünftige Entwicklung einer am Menschen orientierten Arbeitskultur das gesellschaftliche Klima, in dem sie gedeihen soll, von großer Bedeutung. Am Ende unserer Ausführungen möchten wir aber doch herausarbeiten, dass ein wichtiger Schwerpunkt in den Betrieben selbst liegt:

- Es wird ein wesentlicher Unterschied sein, ob die Unternehmen auf die Gesellschaft verweisen und in Passivität verharren (und umgekehrt),
- ob die einzelnen Menschen neue Entscheidungen treffen, wie sie sich auf die zukünftigen Herausforderungen einstellen oder ob sie sich darauf beschränken, auf die Vorschläge von Gesellschaft und Unternehmen zu warten.
- Letztlich kann jeder in seinem Verantwortungsbereich daran gehen, seine Chancen durch die Analyse der Arbeitsfähigkeit in den verschiedenen (Arbeits-)Lebensabschnitten zu erkennen.

So müssen heute Mitarbeiterinnen und Mitarbeiter erfahren, dass sie nicht davon ausgehen können, ein Arbeitsleben lang dieselbe, einmal erlernte Tätigkeit auszuüben. Angesichts dieser Realität ist es bemerkenswert, wie wenige Unternehmen die Frage aufwerfen: Was können wir tun, damit Sie arbeitsfähig und gesund bleiben?

Die Zusammenhänge sind komplex, und es wird in Zukunft nicht mehr so leicht wie bisher möglich sein, sich einen Aspekt hervorzuheben und ihn zum alleinigen Verursacher der Probleme zu erklären. Wir möchten deshalb vorschlagen, das Bild von den vier Säulen der Arbeitsfähigkeit umzuzeichnen und so das **Haus der Arbeitsfähigkeit** aufzubauen und mit Inhalt und Leben zu füllen (s. Abb. 176).

Wie wird es in den einzelnen Stockwerken zugehen? Die verschiedenen Akteure des betrieblichen Gesundheitsschutzes, innerbetriebliche wie außerbetriebliche, sind in den einzelnen Stockwerken des Hauses in sehr unterschiedlicher Weise untergebracht. Werden sie in Zukunft mehr miteinander über Gesundheit reden und forschen und weniger über Krankheit? Wie wird sich der Dialog zu den aufgeworfenen Fragen entwickeln? Wird es gelingen, über den traditionellen Arbeitsschutz hinaus Leitlinien zu erarbeiten und umzusetzen für eine gesunde und gelebte Arbeitskultur? Es bleiben viele Fragen offen, aber es zeichnen sich in der Bundesrepublik auch erste Lösungsansätze ab, die sich in der alltäglichen Praxis entwickeln.

Wir haben unser Buch mit einem Bild aus dem Internet begonnen: »Irgendwo ist irgendetwas fürchterlich in die Hosen gegangen!« Wir möchten dagegen zum Schluss mit Hilfe einer schlichten Grafik (Abb. 177, S. 340) darstellen, was alles in einem Menschen- und Arbeitsleben schlummern kann, wenn man es zu entdecken und zu fördern weiß.

Abb. 176: Das Haus der Arbeitsfähigkeit vereinigt viele Faktoren unter einem Dach

Quelle: Ilmarinen, 2001

Lesebeispiel: Die Y-Achse beschreibt die Ausprägung menschlicher Fähigkeiten wie Arbeitsgeschwindigkeit (Speed), Leistungsfähigkeit (Performance), Effektivität (Effectiveness) und allgemeine Wirksamkeit (Impact). Die X-Achse stellt die Lebensjahre dar, wobei die Zeitachse in Abschnitte unterteilt ist, die die sehr unterschiedlichen Fähigkeiten eines Menschen, einer Frau oder eines Mannes, im Laufe ihres Daseins widerspiegeln.

Entscheidend ist bei dieser Darstellungsform, dass sie sowohl für die horizontale Ebene eines Unternehmens, also für Beschäftigte mit gleicher Verantwortung, gilt, als auch für die vertikale:

Der *Junior* arbeitet flott mit schnell steigender Geschwindigkeit und entwickelt relativ bald eine ziemliche hohe Arbeitsleistung. Dies gilt auch für die Mitarbeiterinnen und Mitarbeiter, die dann als »Profis« voll im Arbeitsleben stehen und es in den verschiedensten Bereichen zur Meisterschaft (*Master*) bringen. Während ihre Arbeitsgeschwindigkeit und -leistung nicht weiter erhöht werden kann und schrittweise nachlassen, wächst ihr Erfahrungswissen und damit ihre Effektivität und

Abb./Tab. 177: Alter, Arbeitsgeschwindigkeit und -leistung, Effektivität und Wirksamkeit

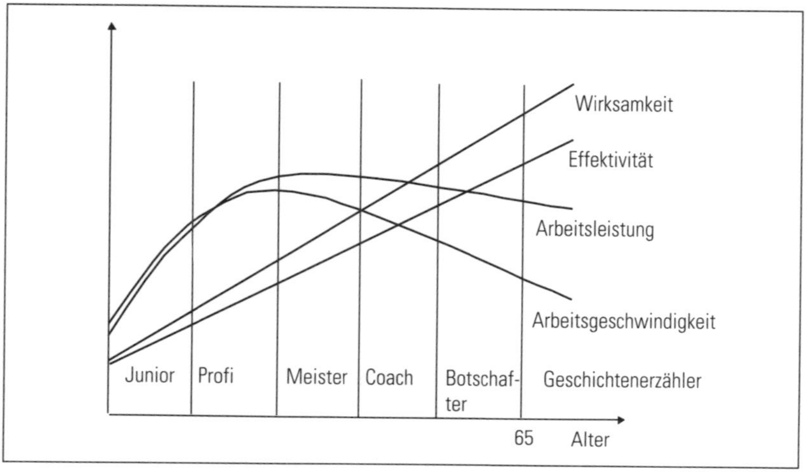

Quelle: Rantanen 2000

allgemeine Fähigkeit, was sie zum innerbetrieblichen Trainer und Ausbilder (*Coach*) qualifiziert.

In den Köpfen dieser Personen speichert sich das ungeschriebene betriebliche Erfahrungswissen, die verborgenen Schätze eines Unternehmens, die man entdecken, ausgraben und einsetzen muss. Je besser dies gelingt, um so effektiver und allgemein wirksamer werden die Botschaften (*Botschafter*) wirken, die ein Mitarbeiter weiterzugeben hat. Schließlich findet er Zeit und Muße, seine wesentlichen Erfahrungen in seiner Fantasie zu Geschichten zu verknüpfen und als Geschichtenerzähler die Lebens- und Arbeitskultur seiner Gesellschaft mitzugestalten. Es macht keinen Sinn, die Mitarbeiterinnen und Mitarbeiter eines Unternehmens – und das hängt keinesfalls von der Größe des Betriebes ab – nur nach physikalischer Arbeitsgeschwindigkeit und -leistung zu bemessen.

Es gibt in der Kunst genügend Bilder, die einen Menschen mit unterschiedlichen Gesichtern in unterschiedlichen Lebensabschnitten darstellen. Wir haben keines dieser Bilder für den Schluss dieses Ausblicks genommen, weil wir uns wünschen, dass solche Bilder in vielfältiger Weise im zukünftigen Arbeitsleben entworfen, gezeichnet und gemalt werden. Das kann jedes Unternehmen für sich selbst herausfinden, indem es die Fragen nach der Gesundheit der Mitarbeiterinnen und Mitarbeiter aufwirft. Mit anderen Worten: Wir wünschen uns, dass die Leserinnen und Leser die Ärmel hochkrempeln und sich an die Arbeit begeben.

Literatur

Aromaa, A., S. Koskinen, et al. (1997): Suomalisten terveys 1996. Kansanterveyslaitos. Helsinki, Edita.

Badura, B., W. Ritter, et al. (1999): Betriebliches Gesundheitsmanagement – ein Leitfaden für die Praxis. Berlin, edition sigma.

Bahr, M. (1988): Anmerkungen zu »Workforce 21« aus der Sicht der CWA, in: Busch, R. (Hrsg.): Shareholder Value – Neue Unternehmensmoral? Berlin, Freie Universität – Referat Weiterbildung – Kooperationsstelle FU-DGB. 18.

Baltes, P. B. and J. Smith (1990): Toward a Psychology of Wisdom, in: Sternber, R. J. (Ed.): Wisdom: Its nature, origins, and development. New York, Cambridge University Press: 87-120.

Barnes-Farrell, J. L. and S. M. Rumery (2000): Work, age and the perception of age among workers in five nations. Department of Psychology, University of Connecticut, Storrs, Connecticut, USA.

(BAuA), Bundesanstalt für Arbeitsschutz und Arbeitsmedizin (Hrsg.) (1997): Arbeitsstreß. Schriftenreihe Übersetzung. Bremerhaven, NW Verlag.

Bauer, F., H. Groß, et al. (1996): Arbeitszeit '95. Arbeitszeitstrukturen und Arbeitszeitwünsche. Neuss, Ministerium für Arbeit, Gesundheit und Soziales des Landes Nordrhein-Westfalen.

Behrens, J. (2000): Was Demographie mit Kinder kriegen zu tun hat und was uns vorzeitig alt aussehen lässt – Illusionen im Trendmodell der Erwerbszeit, in: Altern und Arbeit: Herausforderung für Wirtschaft und Gesellschaft. Hrsg. von C. v. Rothkirch. Berlin, edition sigma: 228-258.

Berner, S. (1999): Auswirkungen von Personalabbaumaßnahmen auf die »Survivors«, in: Fehlzeiten-Report 1999 – Zahlen, Daten, Fakten aus allen Branchen der Arbeitswelt. B. Badura, M. Litsch und C. Vetter. Berlin – Heidelberg, Springer.

Birkholz, B. (2000): Hearing: Können Betriebe mit älterwerdenden Belegschaften auch zukünftig in den Wettbewerb um Produktinnovationen und Arbeitsproduktivität treten?, Fachtagung Forschungsverbund IBAB »Innovation, Belegschaftsstrukturen und Altern im Betrieb« – Dortmund.

BMfAuS (1999): Arbeitssicherheit '99 – Unfallverhütungsbericht Arbeit. Bonn, Bundesministerium für Arbeit und Sozialordnung – Referat Information, Publikation, Redaktion.

Bobke, M. H. (1998): Auswirkungen des Shareholder-Value-Ansatzes auf die Arbeitgeber-Arbeitnehmer-Beziehungen, in: Busch, R. (Hrsg.): Shareholder Value – Neue Unternehmensmoral? Berlin, Freie Universität Berlin – Referat Weiterbildung – Kooperationsstelle FU-DGB. 18: 101-106.

Boggild, H. (2000): Shift work and heart disease – Epidemiolocal and risk factor aspects. Faculty of Health Sciences. Aarhus, University of Aarhus.

Bullinger, H.-J., (Hrsg.) (1999): Dienstleistungen – Innovation für Wachstum und Beschäftigung. Herausforderungen des internationalen Wettbewerbs. Wiesbaden, Gabler.

Bundesamt für Statistik., (Hrsg.) (1998): Gesundheitsbericht für Deutschland. Stuttgart, Metzler–Poeschel.

Bundesmann-Jansen, J., H. Groß, et al. (2000): Arbeitszeit '99 – Ergebnisse einer repräsentativen Beschäftigtenbefragung zu traditionellen und neuen Arbeitszeitformen in der Bundesrepublik Deutschland. Köln, MASSK.

Costa, G. (1997): »The Problem: Shiftwork«, in: Chronobiology International. Special Issue on Jet Lag and Shiftwork: Current Perspektives on Intervention Strategies and Treatment. 14(2): 89-98.

Diebschlag, W. (1997): Arbeitsphysiologische Aspekte des Alterns. C-Kurs für Arbeitsmedizin vom 15.09.-10.10.1997, München, Bayerische Akademie für Arbeits-, Sozial- und Umweltmedizin.

Dupuis, H. und J. Konietzko (1989): Das Belastungs-Beanspruchungs-Konzept, in: Dies.: Handbuch der Arbeitsmedizin: Arbeitsphysiologie, Arbeitspathologie, Prävention. Landsberg, ecomed Verl.-Ges. 1: 1-7.

Ell, W. (1995): Arbeitszeitverkürzung zur Belastungsreduzierung älterer Arbeitnehmer im öffentlichen Personennahverkehr – 10 Jahre Erfahrungen aus den Interventionsmaßnahmen in den Verkehrsbetrieben in Nürnberg. Alt, erfahren und gesund. Betriebliche Gesundheitsförderung für älterwerdende Arbeitnehmer. H. G. I. Rudolf Karazman, Irene Kloimüller, Norbert Winker. Gamburg, Verlag für Gesundheitsförderung G. Conrad. 1: 160-170.

Ell, W. (1997): Die arbeitsmedizinische Beurteilung des Berufskraftfahrers. München, Bayerische Akademie für Arbeits-, Sozial- und Umweltmedizin, C-Kurs für Arbeitsmedizin vom 15.09.-10.10.1997.

Elsner, G. (1992): Risiko Nachtarbeit. Ein Gutachten für die Industriegewerkschaft Metall. Bonn, Dietz.

Ertel, M. (1999): Flexible Arbeitsformen und neue Arbeitsanforderungen. Problemfelder und Handlungsbedarf aus der Sicht des Arbeits- und Gesundheitsschutzes. 5. DAG-Computerforum, Fulda, DAG-Hausdruck 7/97.

Ertl, B. (2000): Gesundheitstage statt Krankentage – das betriebliche Gesundheitsförderungsprojekt für die Fahrer/innen der Verkehrsbetriebe München, in: »Wettbewerbsvorteil Gesundheit – Betriebliche Gesundheitsförderung und die Zukunft der Arbeit«. Köln, BKK Bundesverband.

Ertl, B., M. Schmid-Neuhaus, J. Tempel. (1998): Lebensqualität für Leistungskraft – Das Gesundheitsförderungsprojekt für die Bus-, Straßenbahn- und U-Bahn-Fahrer/innen der Verkehrsbetriebe/Stadtwerke München. Bremerhaven, Wirtschaftsverlag NW, Verlag für neue Wissenschaft GmbH.

Eskelinen, L. et al. (1991): »Relationship between the self-assessment and clinical assessment status and work ability«, in: Scand J Work Environ Health 17 (Suppl 1): 40-47.

Ferrie, J. E., M. J. Shipley, et al. (1995): »Health effects of anticipation of job change and non-employment: longitudinal data from the Whitehall II study.« BMJ (311): 1264-1269.

Feuerwehr (1996). Jahresbericht. München, Berufsfeuerwehr München-Branddirektion, An der Hauptfeuerwache 8, 80331 München.

Friczewski, F., W. Maschewski, et al. (1987): Herz-Kreislauf-Krankheiten und industrielle Arbeitsplätze. Frankfurt u.a., Campus.

Geißler, H. (2000): Kooperatives Gesundheitsmanagement: Rechtliche Grundlagen und innovative Möglichkeiten – Deutschland und Österreich. 4. Workshop Betriebliche Gesundheitsförderung, DGB Bildungszentrum Hamburg, DGB Bildungswerk-Hans Böckler Stiftung.

Geißler-Gruber, B. (2000): Präventionsarbeit ist Kommunikation. 4. Workshop Betriebliche Gesundheitsförderung, DGB Bildungszentrum Hamburg, DGB

Bildungswerk – Hans Böckler Stiftung.
GEK, (Hrsg.) (1999): GEK-Gesundheitsreport 1999. Schwerpunkt: Arbeitslosigkeit und Gesundheit. Schriftenreihe zur Gesundheitsanalyse. St. Augustin, ASgard-Verlag.
Giarini, O. und P. M. Liedtke (1998): Wie wir arbeiten werden. Der neue Bericht an den Club of Rome. Hamburg, Hoffmann und Campe Verlag.
Giesert, M. und J. Tempel (2000): »Psychische Belastungen und Arbeitsbewältigung – Ergebnisse einer Befragung von Mitgliedern in Betriebsratsgremien.« WSI Mitteilungen 53. Jahrgang (9): 603-608.
Giesert, M. und J. Tempel (2001): Gesunde Unternehmen – arbeitsfähige Mitarbeiterinnen und Mitarbeiter. Über die Notwendigkeit einer psychischen Gefährdungsbeurteilung. Düsseldorf, Hans Böckler Stiftung.
Göbel, E. (2000): Chancen der betrieblichen Gesundheitsförderung. 4. Workshop Betriebliche Gesundheitsförderung. D. B. e.V. DGB Bildungszentrum Hamburg, DGB Bildungswerk-Hans Böckler Stiftung: 20-25.
Günther, R. (1998): Lohnt sich Angst?, in: ›Lohn der Angst‹. Arbeitswelt und Männergesundheit – Wege in die Zukunft, Evangelische Akademie Nordelbien, Bad Segeberg.
Härmä, M. and J. Ilmarinen (1999): »Towards the 24-hour society – new approaches for aging shift workers?«, in: Scand J Work Environ Health 25 (6, special issue): 610-615.
Harych, H. (1995): »Sorge um den Arbeitsplatz, Arbeitslosigkeit und gesundheitliches Befinden – erste Ergebnisse einer Studie in Sachsen.« Gesundh-Wes. 57: 82-85.
Harych, H. und P. Harych (1997): Arbeitslosigkeit und gesundheitliche Folgen in Ostdeutschland. Berlin/Hamburg, Argument.
Herrmann, J. M. und W. Geigges (1996): Infektionskrankheiten, in: R. H. Adler, J. M. Herrman, K. Köhle et al., Psychosomatische Medizin. München u.a. Urban & Schwarzenberg.
Hettinger, T. (1985): Arbeitszeit und Pausen, in: G. Reichel, H. M. Bolt, T. Hettinger et al.: Grundlagen der Arbeitsmedizin. Stuttgart u.a., Kohlhammer.
Hoefert, H.-W. (1997): »Arbeitslosigkeit und Gesundheit – eine kritische Zwischenbilanz«, in: psychomed 9 (1): 4-11.
Huber, A. (1999): Die Stellung älterer Arbeitnehmer in einer alternden Gesellschaft, in: M. Gussone, A. Huber, M. Morschhäuser und J. Petrenz: Ältere Arbeitnehmer. Frankfurt am Main, Bund Verlag.
Huuhtanen, P. and M. Piispa (1999): Attitudes torwards early retirement and work, in: J. Ilmarinen and V. Louhevara: Finnage – Respect for the aging. Action programme to promote health, work ability and well-being of aging workers in 1990-96. Helsinki, Finnish Insitute of Occupational Health (FIOH). 26.
Ilmarinen, J. (1995): Arbeitsfähigkeit und Altern – 10 Jahre Längsschnittstudien in verschiedenen Berufsgruppen, in: R. Karazman, H. Geißler, I. Kloimüller und N. Winkler: Alt, erfahren und gesund. Betriebliche Gesundheitsförderung für älterwerdende Arbeitnehmer. Gamburg, G. Conrad, Verlag für Gesundheitsförderung. 1: 15-33.
Ilmarinen, J. (1999): Ageing Workers in the European Union – Status and promotion of work ability, employability and employment. Helsinki, Finnish Institute of Occupational Health, Ministry of Social Affairs and Health, Ministry of Labour.
Ilmarinen, J. (1999): Wandel der Leistungspotenziale im Prozess des Alterns:

Die Arbeitsfähigkeit kann mit dem Alter steigen. Fachkongress Altern und Arbeit, Berlin.
Ilmarinen, J. (2000): Die Arbeitsfähigkeit kann mit dem Alter steigen, in: C. v. Rothkirch (Hrsg.): Altern und Arbeit: Herausforderung für Wirtschaft und Gesellschaft. Berlin, edition sigma: 88-99.
Ilmarinen, J. und J. Tempel (2000): Präventive Arbeitsgestaltung für ältere Arbeitnehmer, in: U. Teske und B. Witte (Hrsg.): Prävention arbeitsbedingter Erkrankungen. Bd. 3: Menschengerechte Arbeitsgestaltung – Bedingungen und Chancen. Hamburg, VSA-Verlag. 101-149.
Ilmarinen, J., K. Tuomi, et al. (1997): »Changes in the work ability of active employees over an 11-years period«, in: Scand J Work Environ Health 23 (Suppl 1): 49-57.
Imhof, A. E. (1992): Ars Vivendi. Von der Kunst, das Paradies auf Erden zu finden. Wien u.a., Böhlau Verlag.
Jahn, I. (1998): Berufsverlauf und Lungenkrebsrisiko von Männern – eine sozialepidemiologische Fall-Kontroll-Studie. Bremer Institut für Präventionsforschung und Sozialmedizin (BIPS). Bremen, Universität Bremen.
Jansen, G. und J. Haas (1991): Kompendium der Arbeitsmedizin. Rheinland, TÜV Verlag.
Jansen, R. (2000): Arbeitsbelastungen und Arbeitsbedingungen. Fehlzeiten-Report 1999 – Zahlen, Daten, Fakten aus allen Branchen der Arbeitswelt. B. Badura, M. Litsch und C. Vetter. Berlin – Heidelberg, Springer.
Karasek, R. and T. Theorell (Eds.) (1990): Healthy Work. Stress, Productivity, and the Reproduction of Working Life. USA, BasicBooks.
Karazman, R. (1995): Abschiedsdynamik – Salutogene und pathogene Auswirkungen auf die Gesundheit älterwerdender Arbeitnehmer, in: R. Karazman, H. Geißler, I. Kloimüller und N. Winkler: Alt, erfahren und gesund – Betriebliche Gesundheitsförderung für älterwerdende Arbeitnehmer. Gamburg, G. Conrad-Verlag für Gesundheitsförderung. 1.
Knauth, P. und S. Hornberger (1994): Probleme und Wege der Einführung neuer Arbeitszeitmodelle. Wettbewerbsfähigkeit durch innovative Strukturen und Konzepte. K. J. Z. (Hrsg.): München, Carl Hanser Verlag. 1: 131-50.
Knauth, P. und S. Hornberger (1997): Schichtarbeit und Nachtarbeit. München.
Köchling, A. (1995): »Wie Betriebe heute mit Altersstrukturen (nicht mit Älteren) umgehen – Anforderungen an die Zukunft.« Mitteilungen aus der Arbeitsmarkt- und Berufsforschung 3 (Schwerpunktheft: Verteilung der Arbeit)(28): 437-453.
Köchling, A. (2000): Altersstrukturen als Gestaltungsfeld der Zukunft. Innovation und Leistung mit älterwerdenden Belegschaften, Bundesanstalt für Arbeitsschutz und Arbeitsmedizin Dortmund, GFAH-Selbstverlag.
Köchling, A. (2001): Früherkennung altersstruktureller Probleme im Betrieb – Ein Zwischenergebnis aus dem GfAH-Teilprojekt »Intergenerative Personalpolitik«. Dortmund, GfAH.
Köck, P. G. (1976): Berücksichtigung des Biorhythmus bei der Erholungszeitermittlung und Erholzeitvergabe, in: G. Hildebrandt (Hrsg.): Biologische Rhythmen und Arbeit. Bausteine zur Chronobiologie und Chronohygiene der Arbeitsgestaltung. Wien u.a., Springer-Verlag: 67.
Kogi, K. and J. E. Thurman (1990): An International Review Of Shift Work In The Chemical Industries, in: G. Costa, G. Cesana, K. Kogi and A. Wedderburn: Shiftwork: Health, Sleep and Performance. Frankfurt/Main, Lang. 10: 546-551.
Korczak, D., S. Klotzhuber, et al. (1999): Ernährungszustand von Nachtschicht-

arbeitern. Weiler/Allgäu, GP-Forschungsgruppe, im Auftrag des BMG, zur Veröffentlichung vorgesehen im NW-Verlag.
Korte, W. (1997): Männergesundheit, Zahlen, Fakten. MännerGesundheit, Hamburg, FHH-BAGS und HAG.
Kühn, H. (2001): Normative Ätiologie – Zur Herrschaftlichkeit des gesellschaftlichen Krankheitsverständnisses, in: T. Gerlinger, H. Heiskel, M. Herrmann et al.: Krankheitsursachen im Deutungswandel. Hamburg, Argument Verlag. 34: 11-18.
Lehr, U. (1991): Psychologie des Alterns. Heidelberg – Wiesbaden, Quelle & Meyer.
Leitner, K. (1999): Kriterien und Befunde zu gesundheitsgerechter Arbeit – Was schädigt, was fördert die Gesundheit? In: R. Oesterreich und W. Volpert (Hrsg.): Psychologie gesundheitsgerechter Arbeitsbedingungen. Bern u.a., Verlag Hans Huber. 59: 63-140.
Liedtke, P. M. (2000): »New Economy – new Labour«, in: Die Woche (17./20. April 2000): 10.
Lynch, J. J. (2000): A Cry Unheard – New Insights into the Medical Consequences of Loneliness. Baltimore, Bancroft Press.
Mangold, K. (1999): Globalisierung durch innovative Dienstleistung, in: H.-J. Bullinger (Hrsg.): Dienstleistungen – Innovation für Wachstum und Beschäftigte. Wiesbaden, Gabler.
Mansel, B. und G. Trautwein-Kalms (1998): Die Älteren als Joker – Angestellte zwischen Qualifikationsreserve und Arbeitsmarktpuffer. Hamburg, VSA-Verlag.
Markl, H. (1996). Eine evolutionäre Perspektive der Medizin, in: G. Kaiser, J. Siegrist, E. Rosenfeld und K. W.-À. Vandai (Hrsg.): Die Zukunft der Medizin – Neue Wege zur Gesundheit. Frankfurt a.M./New York, Campus. 4.
Marstedt, G., R. Last, et al. (1993): Gesundheit und Lebensqualität. Ergebnisbericht zu einer Untersuchung des Zentrums für Sozialpolitik über Arbeit und Freizeit, Gesundheit und Krankheit im Land Bremen.
Marstedt, G. und R. Müller (1998): »Ein kranker Stand? Arbeitsunfähigkeit und Erwerbsintegration im Öffentlichen Dienst«, in: Jahrbuch für Kritische Medizin (30): 21-36.
Marstedt, G., R. Müller, et al. (1999): young is beautiful? Zukunftsperspektiven, Belastungen und Gesundheit im Jugendalter – Ergebnisbericht zu einer Studie über Belastungen und Probleme, Gesundheitsbeschwerden und Wertorientierungen 14-25jähriger GEK-Versicherter. Schwäbisch Gmünd, GEK-Vorabbericht.
Matikainen, E., H. Rytkönen, et al. (1999): Health, Work Environment and Work Ability of Ageing Construction Workers in 1991-1995, in: FinnAge – Respect for the aging: Action programme to promote health, work ability and well-being of ageing workers in 1990-96. Helsinki, FIOH 26.
Maturana, H. R. und F. J. Varela (1987): Der Baum der Erkenntnis – Wie wir die Welt durch unsere Wahrnehmung erschaffen – die biologischen Wurzeln des menschlichen Erkennens. Bern u.a., Scherz Verlag.
Mogk, M. (2000): Alt und jung im Betrieb – Altersmischung als neue Zielvorstellung für Großbetriebe, in: C. v. Rothkirch (Hrsg.): Altern und Arbeit: Herausforderung für Wirtschaft und Gesellschaft. Berlin, edition Sigma: 350-360.
Moog, R. (1997): »Chronobiologische Grundlagen der Schichtarbeit – Aktuelle Entwicklung«, in: Arbeitsmed. Sozialmed. Umweltmed. 32 (1): 15-22.

Morschhäuser, M. (1999): Grundzüge altersgerechter Arbeitsgestaltung, in: M. Gussone, A. Huber, M. Morschhäuser und J. Petrenz: Ältere Arbeitnehmer. Frankfurt am Main, Bund-Verlag.
Müller, R. (1996): Rehabilitation als Gesundheitsförderung im Lebensverlauf. Patient ›Reha‹ – Aufgaben oder Aufgabe der Rehabilitation in schwierigen Zeiten, Summer School of Public Health in Delmenhorst, DruckHausRieck.
Naegele, G. (2000): Trends und Herausforderungen – Einführung in den Kongress »Altern und Arbeit«, in: C. v. Rothkirch (Hrsg.): Altern und Arbeit: Herausforderung für Wirtschaft und Gesellschaft. Berlin, edition sigma: 23-26.
Oppolzer, A. (2000): Ausgewählte Bestimmungsfaktoren des Krankenstandes in der öffentlichen Verwaltung – zum Einfluß von Arbeitszufriedenheit und Arbeitsbedingungen auf krankheitsbedingte Fehlzeiten, in: B. Badura, M. Litsch und C. Vetter (Hrsg.): Fehlzeiten-Report 1999. Berlin u.a., Springer.
Ornish, D. (1990): Program for Reversing Heart Disease. The only system scientifically proven to reverse heart disease without drugs or surgery. New York, Random House.
Österreich, R. und W. Volpert (Hrsg.) (1998): Psychologie gesundheitsgerechter Arbeitsbedingungen. Schriften zur Arbeitspsychologie. Bern u.a., Verlag Hans Huber.
Probst, G., S. Raub, et al. (1998): Wissen Managen – Wie Unternehmen ihre wertvollste Ressource optimal nutzen. Frankfurt am Main, Frankfurter Allgemeine Zeitung GmbH.
Punakallio, A., S. Lusa-Moser, et al. (1999): Health, Physical and Mental Capacity of Fire Fighters in Different Age groups, in: J. Ilmarinen and V. Louhevaara (Ed.): FinnAge – Respect for the aging: Action Programme to promote health, work ability and well-being of aging workers in 1990-96. Helsinki, FIOH. 26.
Rantanen, J. (2000): Key-note Adress 1. 26th International Congress on Occupational Health, Singapore.
Rantanen, J. (2001): »Impact of Globalization on Occupational Health«, in: Arbeitsmed. Sozialmed. Umweltmed. 4 (36): 153-160.
Reindl, J. (2000): Betriebliche Innovationsmilieus und das Alter(n) der technischen Intelligenz, in: A. Köchling, M. Astor, K.-D. Fröhner et al. (Hrsg.): Innovation und Leistung mit älterwerdenden Belegschaften. München und Mering, Rainer Hampp Verlag.
Reindl, J. (2000): Die technische Intelligenz im betrieblichen Innovationsmilieu. Innovation und Leistung mit älterwerdenden Belegschaften – Projektverbund »Innovation, Belegschaften und Altern im Betrieb«, Dortmund, 25. und 26. Mai, GfAH-Selbstverlag.
Rifkin, J. (1999): Das Ende der Arbeit und ihre Zukunft. Frankfurt am Main, Fischer Taschenbuch Verlag.
Rose, G. (1992): The Strategy Of Preventive Medicine. Oxford – New York – Tokio, Oxford University Press.
Rüdiger, H. W. (2000): »Arbeitsmedizin in der Arbeitswelt der Zukunft.«, in: Arbeitsmed. Sozialmed. Umweltmed. 35 (4): 168-175.
Rugulies, R. (2001): Risikofaktoren, Chlamydien und soziopsychophysiologische Zusammenhänge, in: T. Gerlinger, H. Heiskel, M. Herrmann et al.: Krankheitsursachen im Deutungswandel. Hamburg, Argument Verlag. 34: 19-39.
Sallinen, M., M. Härmä, et al. (2000): The prevalence of sleep debt and its association with fatigue, performance and accidents in the modern society, in: J. Rantanen, S. Lehtinen and K. L. Saarela (Ed.): Safety in the Modern Society – Work,

Home, Leisure. Helsinki, Finnish Institute of Occupational Health. 33: 140-143.
Sapolsky, R. M. (1996). Warum Zebras keine Migräne kriegen. München u.a., Piper.
Schug, R. und W. Müller-Limmroth (1996): Arbeit und Streß. Ein Ratgeber für die Praxis. München, Bayerisches Staatsministerium für Arbeit und Sozialordnung, Familie, Frauen und Gesundheit.
Schweflinghaus, W. (1995): Besser leben mit Schichtarbeit. Hilfen für Schichtarbeiterinnen und Schichtarbeiter. Essen, BKK BV.
Seitsamo, J. and M. Klockars (1997): »Aging and changes in health«, in: Scand J Work Environ Health 23 (suppl. 1): 27-35.
Sell, S. (2000): »Demografie und Sozialpolitik: Herausforderungen durch die Bevölkerungsentwicklung. Zur Entwicklung der Bevölkerung in Deutschland bis 2050«, in: Sozialer Fortschritt 8-9 (49): 217-219.
Sennett, R. and J. Cobb (1993): The Hidden Injuries Of Class. New York – London, Norton Paperback.
Shell, D., (Ed.) (2000): Jugend 2000 – 13. Shell Jugendstudie. Opladen, Leske und Budrich.
Siegrist, J. (1991): Soziale Krisen und Gesundheit. Veranstaltung zum Weltgesundheitstag 1991, Bonn.
Siegrist, J. (1996): Soziale Krisen und Gesundheit. Göttingen u.a., Hogrefe.
Smolander, J., J. Ilmarinen, et al. (1999): Cardiorespiratory capacity of ageing employees: an 11-year follow up, in: J. Ilmarinen and V. Louhevaara (Ed.): FinnAge – Respect for the ageing: action programme to promote the health, work ability and well-being of ageing workers, 1990-1996. Helsinki, Finnish Institute of Occupational Health. 26.
Soininen, H. (1999): Effects of physical exercise in the health, phsyical capacity and work ability of ageing police officers, in: J. Ilmarinen and V. Louhevaara (Ed.): FinnAge – Respect for the aging: Action programme to promote health, work ability and well-being of aging workers in 1990-96. Helsinki/Finland, Finnish Institute of Occupational Health (FIOH). 26: 128-137.
Stark, H., G. Enderlein, et al. (1998): Streß am Arbeitsplatz und Herz-Kreislaufkrankheiten. Bremerhaven, Wirtschaftsverlag NW.
Stegmann, W. (1999): Die Macht der Angst. Fehlzeiten Report – Psychische Belastungen am Arbeitsplatz. B. Badura, M. Litsch und C. Vetter. Berlin u.a., Springer: 130-141.
Taylor, F. W. (1913/1995): Die Grundsätze wissenschaftlicher Betriebsführung. Hemsbach – Weinheim, Beltz – Psychologische Verlagsunion.
Tempel, J. (1994). Prävention in der hausärztlichen Vertragsarztpraxis – Probleme, Möglichkeiten und ein praktischer Versuch. Bremerhaven, Wirtschaftsverlag NW – Verlag für neue Wissenschaft GmbH.
Tempel, J. (1995a): Allgemeinmedizinische Aspekte und Problemstellungen. Ergebnisse der wissenschaftlichen Begleitung des Gesundheitsförderungsprogramms der Münchner Verkehrsbetriebe (MVB). I. Karazman-Morawetz, H. Geißler, J. Tempel. München, Unveröffentlichter Bericht an die MVB.
Tempel, J. (1995b): »Arbeitsbedingte Erkrankungen. Ein Erfahrungsbericht aus der Hausarztpraxis über arbeitsbedingte Belastungen, Erkrankungen und Krisen«, in: Z. Allg. Med. 18/95: 1346-1354.
Tempel, J. (1997): Bitte nachts kein Müsli. Abschlußbericht: Mitarbeiterbefragung zu den Problemen und Folgen der eingeführten Drei-Schicht-Arbeit, beim Autor anfordern.

Tempel, J. (1998): Lebensarbeitszeit der Feuerwehrleute – Betroffenheitsanalyse. Arbeitswissenschaftliche Untersuchung. Erhältlich bei: ÖTV, Theodor-Heuss-Str. 2, 70174 Stuttgart, Tel. 0711 / 2097-323.
Tempel, J. (1999): Der Einfluß der Nachtarbeit auf den Gesundheitszustand, in: D. Korczak, S. Klotzhuber, J. Tempel, C. Eggerdinger und G. Schallenmüller: Ernährungszustand von Nachtschichtarbeitern (Veröffentlichung in Vorbereitung). München – Weiler/Allgäu, GP-Forschungsgruppe.
Tempel, J. (2000): Systeme verändern sich nur von innen! In: M. Giesert: Kooperation der Arbeitsschutzakteurinnen für eine Verbesserung von Gesundheit und Wohlbefinden am Arbeitsplatz. Düsseldorf 2000, DGB Bildungswerk e.V. 4.: 42-50.
Tikkanen, T. (1998): Learning and Education of older Workers. Lifelong learning at the margin. Jyväskylä, University of Jyväskylä.
Tuomi, K., P. Huuhtanen, et al. (2001): »Promotion of work ability, the quality of work and retirement.« JOM-accepted for publication.
Tuomi, K., J. Ilmarinen, et al. (2001): Arbeitsbewältigungsindex – Work Ability Index. Bremerhaven, Wirtschaftsverlag NW.
Tuomi, K., J. Ilmarinen, et al. (1997): »Aging, work, life-style and work ability among Finnish municipal workers in 1981-1992«, in: Scand J Work Environ Health 23 (Suppl. 1): 58-65.
Tuomi, K., J. Ilmarinen, et al. (1999): Work, Lifestyle, Health and Work Ability among ageing Municipal Workers in 1981-1992, in: J. Ilmarinen and V. Louhevaara (Ed.): FinnAge – Respect for the aging: Action programme to promote health, work ability and well-being of aging workers in 1990-96. Helsinki, Finnish Institute of Occupational Health. 26: 220-232.
Udris, I., U. Kraft, et al. (1992): »Arbeiten, gesund sein und gesund bleiben: theoretische Überlegungen zu einem Ressourcenkonzept«, in: Psychosozial 15 (Heft IV, Nr. 52): 26274-89.
Ulich, E. (1998): Arbeitspsychologie. Stuttgart, Schäffer-Poeschel-Verlag.
Volkholz, V. (2000a): Die »demographische Falle« – ihre Ursachen und ihre Wirkungen auf Wirtschaft und Betrieb. Innovation und Leistung mit älterwerdenden Belegschaften. Bundesanstalt für Arbeitsschutz und Arbeitsmedizin (BAuA) Dortmund., GfAH – Selbstverlag.
Volkholz, V. (2000b): Entwicklung und Verbreitung von Belastungen in der Arbeitswelt, in: U. Teske und B. Witte (Hrsg.): Prävention arbeitsbedingter Erkrankungen. Bd. 1: Arbeitsbedingungen, -belastungen und Gesundheitsrisiken. Hamburg, VSA Verlag: 17-54.
Volkholz, V. und A. Köchling (1999): Wandel von Erwerbsbiographien und Arbeitsschutzherausforderungen. Zukunft der Arbeitsbedingungen, Dortmund/ Berlin, Wirtschaftsverlag NW.
Wagner, D., M. Heinrichs, et al. (1999): »Primäre und sekundäre Posttraumatische Belastungsstörung: Untersuchungsbefunde bei Hochrisikopopulationen und Implikationen für die Prävention«, in: psychomed 11 (1): 31-39.
Wagner, N. (1996): Belastungen und ihre Folgen für den Gesundheitszustand im Feuerwehr- und Rettungsdienst – Hamburger Feuerwehrstudie. Hamburg, Senat der Freien und Hansestadt Hamburg – Arbeitsmedizinischer Dienst.
Wallis, V. (1994): Zwei alte Frauen. München, Wilhelm Heyne Verlag.
Wedderburn, A. and D. Scholarios (1993): »Guidelines for shiftworkers: trials and errors?« ERGONOMICS 36 (1-3): 211-217.
Wenzel, J., R. Gerzer, et al. (1998): Physiologische Regulation von zirkadianen

Rhythmen, in: J. Konietzko und H. Dupuis (Hrsg.): Handbuch der Arbeitsmedizin. Landsberg, ecomed.
Wirth, A. (1997): Adipositas – Epidemiologie, Ätiologie, Folgekrankheiten, Therapie. Berlin u.a., Springer.
Wolff, H. (1999): Ergebnisse des Forschungsschwerpunkts »Demografischer Wandel und die Zukunft der Erwerbsarbeit«. Fachkongreß Altern und Arbeit. Berlin, Bundesministerium für Bildung und Forschung – BMBF und Europäische Kommission.

Stichwortverzeichnis

Verzeichnis der Abbildungen und Tabellen

Hinter der Abbildungs-/Tabellenüberschrift findet sich jeweils die Seitenzahl.